Kerstin Seeger / Adrian Seeger (Hrsg.)

Management von Industriedienstleistern

Kerstin Seeger
Adrian Seeger (Hrsg.)

Management von Industriedienstleistern

Herausforderungen, Konzepte, Beispiele

GABLER

Bibliografische Information der Deutschen Nationalbibliothek
Die Deutsche Nationalbibliothek verzeichnet diese Publikation in der
Deutschen Nationalbibliografie; detaillierte bibliografische Daten sind im Internet über
<http://dnb.d-nb.de> abrufbar.

1. Auflage 2010

Alle Rechte vorbehalten
© Gabler Verlag | Springer Fachmedien Wiesbaden GmbH 2010

Lektorat: Ulrike M. Vetter

Gabler Verlag ist eine Marke von Springer Fachmedien.
Springer Fachmedien ist Teil der Fachverlagsgruppe Springer Science+Business Media.
www.gabler.de

Das Werk einschließlich aller seiner Teile ist urheberrechtlich geschützt. Jede Verwertung außerhalb der engen Grenzen des Urheberrechtsgesetzes ist ohne Zustimmung des Verlags unzulässig und strafbar. Das gilt insbesondere für Vervielfältigungen, Übersetzungen, Mikroverfilmungen und die Einspeicherung und Verarbeitung in elektronischen Systemen.

Die Wiedergabe von Gebrauchsnamen, Handelsnamen, Warenbezeichnungen usw. in diesem Werk berechtigt auch ohne besondere Kennzeichnung nicht zu der Annahme, dass solche Namen im Sinne der Warenzeichen- und Markenschutz-Gesetzgebung als frei zu betrachten wären und daher von jedermann benutzt werden dürften.

Umschlaggestaltung: KünkelLopka Medienentwicklung, Heidelberg
Druck und buchbinderische Verarbeitung: MercedesDruck, Berlin
Gedruckt auf säurefreiem und chlorfrei gebleichtem Papier
Printed in Germany

ISBN 978-3-8349-1170-4

Vorwort der Herausgeber

Die Bedeutung von Industriedienstleistern ist in den letzten Jahren stark gestiegen. Immer mehr Unternehmen nutzen für Aufgaben, die nicht das unmittelbare Kerngeschäft umfassen, externe Dienstleister. Die Spezifika der Leistungserbringung sowie die häufig anzutreffende Einbindung in die Wertschöpfungsprozesse der Kunden stellen die Manager dieser Unternehmen vor große Herausforderungen.

Das vorliegende Buch zeigt Ansatzpunkte auf, wie das Management von Industriedienstleistern erfolgreich gestaltet werden kann. Dabei werden sowohl theoretische Konzepte auf die Branche übertragen als auch praktische Erfahrungen aus dem Management von Industriedienstleistern aufgezeigt.

Ohne das Engagement der Autoren sowie ihre Bereitschaft, Beispiele aus der Unternehmenspraxis zu publizieren, hätte dieser Sammelband nicht entstehen können. Ihnen gebührt unser herzlicher Dank.

Besonders bedanken wir uns ebenfalls beim Gabler Verlag, namentlich bei Frau Ulrike M. Vetter, für die engagierte Betreuung dieses Projektes.

Schließlich danken wir Frau Tasja Prestien und Herrn Michael Lohmar für die Unterstützung bei der Erstellung des Manuskriptes.

Prof. Dr. Kerstin Seeger   Dr. Adrian Seeger

Inhaltsverzeichnis

Vorwort V

Abbildungs- und Tabellenverzeichnis IX

Autorenverzeichnis XIII

Kerstin Seeger/Adrian Seeger
Einleitung – Herausforderungen an Industriedienstleister 1

Teil 1: Strategien im Wettbewerb

Kerstin Seeger/Niclas Müller
Entwicklung wettbewerbsfähiger Strategien für Industriedienstleister 15

Kay Rothe
Herausforderungen der Internationalisierung von Industriedienstleistern ... 33

Teil 2: Gestaltung der Kundenbeziehung

Adrian Seeger/Norbert Keusen
Den Anforderungen der Industrie erfolgreich begegnen 51

Volker Eickenberg
Vertrauen als Erfolgsfaktor im Vertrieb von Industriedienstleistungen 69

Teil 3: Organisatorische Gestaltung von Industriedienstern

Philipp Gesche
Management komplexer Industriedienstleistungen in der Praxis 85

Klaus G. Schröder/Thomas Fretter
Supply Chain Collaboration im Facility Management 109

Rainer Paffrath
Nutzen der Prozessmodellierung beim Management von
Industriedienstleistungen 125

Claudia Lemke/Roman Tuschinski/Dieter Jester/Bernd Pederzani
IT-Dienstleistungsmanagement als Instrument zur Professionalisierung von
IT-Organisationen 145

Teil 4: Erfolgreiche Steuerung von Industriedienstleistern

Alexandra Hiendlmeier
Das Management Reporting auf dem Prüfstand 179

Johannes Wolf
Supply-Chain-Risikomanagement 201

Teil 5: Mitarbeiter als Erfolgsfaktor von Industriedienstleistern

Sven Kramer
Herausforderungen für Industriedienstleister bei Personalanpassungen 223

Christoph Bauer/Björn Bohlmann
Strategisches Management intellektueller Vermögenswerte 245

Svenja Deich
Rechtliche Herausforderungen des Personaleinsatzes bei Industriedienstleistern 271

Dunja Lang/Andreas Froschmayer/Aljoscha Kertesz
Change Management und Lernende Organisation als Beitrag zur Umsetzung
der Corporate Strategy 289

Literaturverzeichnis 311

Abbildungs- und Tabellenverzeichnis

Herausforderungen an Industriedienstleister
Abbildung 1: Marktstruktur für Industriedienstleistungen 4

Entwicklung wettbewerbsfähiger Strategien für Industriedienstleister
Abbildung 1: Mission und Vision des Beispiel-Unternehmens 25
Abbildung 2: Strategiebrücke 26
Abbildung 3: Auszug der strategischen Ziele des Beispiel-Unternehmens ... 28
Abbildung 4: Auszug der strategischen Messgrößen des Beispiel-Unternehmens 29
Abbildung 5: Auszug der strategischen Maßnahmen des Beispiel-Unternehmens 30

Den Anforderungen der Industrie gerecht werden
Abbildung 1: Klassifikation von Industriedienstleistern aus Sicht der Industrie .. 56
Abbildung 2: Versorgungsprozess von V&M mit MRL 65

Vertrauen als Erfolgsfaktor im Vertrieb von Industriedienstleistungen
Abbildung 1: Misstrauen, Kontrolle und Vertrauen 75

Management komplexer Industriedienstleistungen in der Praxis
Abbildung 1: Ablaufplanung des Projektes 92
Tabelle 1: Baugruppenbezeichnungen 94
Abbildung 2: Demontageschritte Walzenständer 97
Abbildung 3: Verpacktes Antriebsaggregat 99
Abbildung 4: Dokumentation für Mechanik, Elektrik und Hydraulik 101

Die Rückkehr des Realismus – Supply Chain Collaboration im Facility Management

Abbildung 1:	Grundmodell (Prozesse und Leistungen)	113
Abbildung 2:	Übersicht: Anforderungen, Inhalte und Nutzen	116
Abbildung 3:	Übersicht über die wesentlichen Leistungsmerkmale (1)	117
Abbildung 4:	Übersicht über die wesentlichen Leistungsmerkmale (2)	118
Abbildung 5:	Ganzheitliche Prozessbetrachtung	120

Nutzen der Prozessmodellierung beim Management von Industriedienstleistungen

Abbildung 1:	Schritte im Prozessmanagement	130
Abbildung 2:	XORB-Operator	132
Abbildung 3:	VB-Operator	133
Abbildung 4:	XORRB-Operator	134
Abbildung 5:	Weitere Fälle für die Modellierung von „Leistungsfamilien"	135
Abbildung 6:	Feature-Diagramm	137
Abbildung 7:	Angabe statistischer Verteilungen für das Eintreten von Ereignissen in ARENA	139
Abbildung 8:	Eingabe von Prozesszeiten- und Kosten in ARIS	139
Abbildung 9:	Eingabe einer statistischen Verteilung für die Bearbeitungszeit in ARENA	140

IT-Dienstleistungsmanagement als Instrument zur Professionalisierung von IT-Organisationen

Abbildung 1:	Zusammenfassung der wesentlichen Herausforderungen für die IT in Unternehmen	149
Abbildung 2:	Elemente des IT-Dienstleistungsmanagements und deren wesentliche Inhalte	155
Abbildung 3:	Systematik zur Erstellung von IT-Services	158
Abbildung 4:	Wesentliche Geschäftsprozesse einer IT-Organisation	162
Abbildung 5:	Zusammenfassung der wesentlichen Nutzenpotenziale eines IT-Dienstleistungsmanagements	165

Abbildungs- und Tabellenverzeichnis

Abbildung 6:   Phasen im Projekt „IT-Serviceorientierung" 168
Abbildung 7:   Systematik des IT-Service-Portfolios 171

Das Management Reporting auf dem Prüfstand

Abbildung 1:   Empfängerorientierung des Management Reportings 183
Abbildung 2:   Entscheidungsunterstützung durch das Management Reporting. 185
Abbildung 3:   Instrumente mit der größten Relevanz für die interne Steuerung. 187
Abbildung 4:   Ressourcenbindung im Management Reporting im Zeitvergleich 189
Abbildung 5:   Integration der Datenbasis 192
Abbildung 6:   Harmonisierung zwischen internem und externem Reporting 194
Abbildung 7:   Funktionale Trennung zwischen internem und externem Rechnungswesen 195
Abbildung 8:   Organisation und Steuerung des Reportings 197
Abbildung 9:   Vergangene und künftige Herausforderungen im Reporting 199

Supply-Chain-Risikomanagement

Abbildung 1:   Vielfältigkeit der Risikolandschaft 204
Abbildung 2:   Auswirkungen von Lieferkettenfehlfunktionen 207
Abbildung 3:   Phasen des Supply-Chain-Risikomanagements 209
Abbildung 4:   Risiko-Wesentlichkeitsportfolio 210
Abbildung 5:   Risiko-Beeinflussungsportfolio 211
Abbildung 6:   Reichweite des Risikomanagements (Logistikdienstleister) 213
Abbildung 7:   Hindernisse eines Supply-Chain-Risikomanagements 214
Abbildung 8:   Gewichtung der Risiken bei einem Frachtführer 217
Abbildung 9:   Gewichtung der Risiken bei einem Systemdienstleister 218

Herausforderungen für Industriedienstleister bei Personalanpassungen

Abbildung 1:   Die Varianten des Transfers: Transferagentur vs. Transfergesellschaft 235

| Abbildung 2: | Kostenverhältnis im Transfer | 239 |
| Abbildung 3: | Der Ablauf des Beschäftigungstransfers | 241 |

Strategisches Management intellektueller Vermögenswerte

Abbildung 1:	Die Bestandteile der individuellen Vermögenswerte und deren gegenseitige Beziehung	251
Abbildung 2:	Das Horváth & Partners-Modell zur Balanced Scorecard-Implementierung	256
Abbildung 3:	Das Horváth & Partners Strategiemodell	259
Abbildung 4:	Beeinflussungsmatrix intellektueller Ziele	262
Abbildung 5:	Die Darstellung intellektueller Ziele innerhalb einer Strategy Map	264

Rechtliche Herausforderungen des Personaleinsatzes

| Abbildung 1: | Dreiecksverhältnis | 275 |
| Infobox 1: | Abgrenzung Arbeitnehmerüberlassung - Werkvertrag ausgehend von § 1 AÜG | 276 |

Change Management und Lernende Organisation als Beitrag zur Umsetzung der Corporate Strategy

Infobox 1:	Logistik in Deutschland	291
Abbildung 1:	Dachser als transnationales Unternehmen	292
Infobox 2:	Strukturwandel als Auslöser für Wertemanagement	293
Abbildung 2:	Die Werte von Dachser	294
Infobox 3:	Die geplante Evolution nach W. Kirsch	301
Infobox 4:	Die Lernende Organisation nach Chris Argyris und Donald A. Schön	306
Infobox 5:	Erfahrungen mit dem Change Management bei Dachser	308

Autorenverzeichnis

Kerstin Seeger

Prof. Dr. Kerstin Seeger ist Professorin für Strategisches Management und Unternehmensführung an der Europäischen Fachhochschule (EUFH) Brühl. Seit 2008 ist sie zudem Dekanin des Fachbereichs Industriemanagement. Zuvor war sie leitende Beraterin bei der Horváth & Partner GmbH in Düsseldorf im Competence Center Strategisches Management und Innovation. Ihre Arbeitsschwerpunkte liegen auf den Gebieten Strategische Steuerung, Balanced Scorecard und Anreizsysteme. Zu diesen Themen hat sie zahlreiche Aufsätze und Bücher veröffentlicht und Vorträge gehalten. In den letzten Jahren hat Prof. Dr. Kerstin Seeger verschiedene Industriedienstleister zu diesen Themengebieten beraten.

Adrian Seeger

Dr. Adrian Seeger ist Sprecher der Geschäftsführung der Mannesmannröhren Logistic GmbH, Ratingen. Er trat 2006 bei dem Spezialisten für prozessoptimale Versorgung von Industriebedarfen und Reserveteilen ein und strukturierte das Unternehmen vom ehemaligen Konzernbereich der Mannesmann AG zu einem vertriebsorientierten Dienstleister um. Mit Dr. Seeger entwickelte und realisierte das Unternehmen den Geschäftsbereich Fulfillment-Service für industrielle Güter. Zuvor war Dr. Seeger Partner der intra-Unternehmensberatung (heute ein Unternehmen der RölfsPartner-Gruppe) und dort verantwortlich für das Competence-Center Einkauf & Logistik. Seine Kunden kommen vor allem aus der produzierenden Industrie. Dr. Seeger ist mit Beginn 2008 zum Handelsrichter am Landgericht Düsseldorf bestellt. Er ist Autor zahlreicher Veröffentlichungen rund um das Thema der (strategischen) Optimierung von Wertketten in der industriellen Landschaft und hat einen Lehrauftrag an der Düsseldorf Business School.

Autorenverzeichnis

Christoph Bauer	Christoph Bauer ist Consultant im Competence Center Transportation bei Horváth & Partners. Die Schwerpunkte seiner Beratungstätigkeit liegen im Bereich der Flughäfen/Fluggesellschaften sowie der Logistikdienstleister. Seine bisherigen Themenschwerpunkte beziehen sich auf das Prozessmanagement, Kostenrechnungssysteme sowie das Management intellektueller Vermögenswerte. Sein Studium der Ostasienwirtschaft sowie der Betriebswirtschaftslehre absolvierte er an den Universitäten Duisburg-Essen und Siegen.
Björn Bohlmann	Dr. Björn Bohlmann ist Principal und Leiter des Business Segments Logisitkdienstleister bei Horváth & Partners. Er verfügt über mehr als zehn Jahre Beratererfahrung in Themen des Strategischen Managements sowie des Prozess- und Performance-Managements und berät Unternehmen in allen Transport-Segmenten. Dr. Bohlmann hat zahlreiche Aufsätze und Bücher veröffentlicht und Vorträge zu aktuellen Themen seines Arbeitsgebietes gehalten. Sein Studium des Wirtschaftsingenieurwesens absolvierte er an der Universität Hamburg und der Technischen Universität Hamburg-Harburg. Er wurde an der Technischen Universität Berlin promoviert.
Svenja Deich	Dr. Svenja Deich ist Fachanwältin für Arbeitsrecht und arbeitet seit 2006 bei der Evonik Industries AG im Bereich Arbeits- und Sozialrecht. Zuvor war sie als Rechtsanwältin beim Verband der Führungskräfte Chemie (VAA) für die arbeitsrechtliche Beratung und Prozessvertretung von leitenden Angestellten und AT-Mitarbeitern zuständig. Daneben ist sie Referentin und Autorin zu verschiedenen arbeitsrechtlichen Themen.
Volker Eickenberg	Prof. Dr. Volker Eickenberg ist Professor für Vertrieb und Marketing an der Europäischen Fachhochschule (EUFH) Brühl. Seit 2007 ist er zudem Dekan des Fachbereichs Finanz- und Anlagemanagement. Zuvor war er in verschiedenen nationalen und internationalen Leitungs- und Spezialistenfunktionen im Vertrieb, Marketing und Consulting tätig. Seine Arbeitsschwerpunkte liegen auf dem Gebiet des vertikalen und regionalen Marketings sowie des personengebundenen Vertriebs.
Thomas Fretter	Dr. Thomas Fretter ist Geschäftsführer in der Unternehmensgruppe Götz, die zu den führenden Facility Management-Dienstleistern in Deutschland zählt. Nach dem Studium der Betriebswirtschaftslehre in Wuppertal und Köln war er während seiner Promotion wissenschaftlicher Mitarbeiter an der Universität zu Köln, bevor er leitende Funktionen in Unternehmen der

Gesundheitswirtschaft und des Facility Managements übernahm. Arbeits- und Interessenschwerpunkte sind integrierte Ansätze im Facility Management, PPP-Projekte und die Ausgründung von Servicegesellschaften.

Andreas Froschmayer   Dr. Andreas Froschmayer ist Bereichsleiter Corporate Development and Public Relations bei der Dachser GmbH & Co. KG. Seine beruflichen Tätigkeitsfelder reichen von der strategischen und strukturellen Ausrichtung des Gesamtunternehmens bis hin zur Entwicklung von strategischen Programmen und Wachstumsstrategien für Geschäftsfelder sowie Post-Merger-Integration-Projekten. Nach seinem Studium der Betriebswirtschaft arbeitete er als Abteilungsleiter Controlling in der Zentrale eines Dienstleistungsunternehmens, bevor er am Seminar für Strategische Unternehmensführung des Instituts für Organisation von Prof. Dr. Dres. h. c. Werner Kirsch an der Ludwig-Maximilians-Universität München promovierte. Er hat zahlreiche Beiträge in den Bereichen Supply Chain Management, strategisches Management und Logistik-Dienstleister veröffentlicht.

Philipp Gesche   Philipp Gesche ist Geschäftsführer der InduSer Industrieservice GmbH & Co. KG in Ratingen, eines in der Stahl- und Metallindustrie mit 70 Mitarbeitern führenden Industriedienstleisters im Bereich der Demontagen und Montagen, Instandhaltung, Daten- und Verfahrenstechnik. Zuvor verantwortete er den Bereich Einkauf/Kundenservice bei der Mannesmannröhren Logistic GmbH. Philipp Gesche hat Volkswirtschaftslehre an der Universität zu Köln und an der Universität Bonn studiert.

Alexandra Hiendlmeier   Alexandra Hiendlmeier ist Senior Manager und Teamleiterin Controlling/Unternehmenssteuerung bei der Cirquent GmbH, einem Unternehmen der NTT Data Group. Zuvor war sie leitende Beraterin bei Horváth & Partners im Competence Center Financial Industries.

Dieter Jester   Dieter Jester ist seit über 16 Jahren IT-Bereichsleiter der Europart Gruppe, seit Januar 2008 innerhalb der IT-Tochter Europart Data GmbH mit derzeit ca. 60 Mitarbeitern. In dieser Funktion baute er die IT-Funktion auf und verantwortete u. a. die Entwicklung, Einführung und Weiterführung der eigenentwickelten Warenwirtschaftslösung. Derzeit begleitet er als Gesamtprojektleiter die unternehmensweite SAP-Einführung. 2005 erhielt die IT der Europart Gruppe den Best-Practice-Award von Nordrhein-Westfalen für sichere Geschäftsprozesse. Dieter Jester ist gelernter Industriekaufmann.

Autorenverzeichnis

Aljoscha Kertesz Aljoscha Kertesz ist Referent für Public Relations und Public Affairs bei der Dachser GmbH & Co. KG. Zu seinen Aufgabengebieten gehören Krisenkommunikation, die kommunikative Unterstützung des Bereiches Corporate Human Resources und die Internationalisierung der Öffentlichkeitsarbeit in Österreich, Ungarn, der Slowakei und Großbritannien. Zuvor arbeitete er als Teamleiter bei einer der größten PR-Agenturen in Deutschland. Er studierte Betriebswirtschaft und International Relations in Brighton, Cambridge, New York, Wellington und Wuppertal.

Norbert Keusen Norbert Keusen ist Vorsitzender der Geschäftsführung der Vallourec & Mannesmann Deutschland GmbH, des Weltmarktführers für nahtlos warmgefertigte Röhren. Zuvor verantwortete Norbert Keusen den Bereich Finanz- und Rechnungswesen bei den Mannesmannröhren-Werken in Mülheim. Norbert Keusen engagiert sich aktiv im Verein der Förderer und Freunde für den Fachbereich Wirtschaft der Fachhochschule Düsseldorf e. V. für die enge Verzahnung von Wirtschaft und Studium.

Sven Kramer Nach Beendigung des Studiums des Wirtschaftsrechts begann Sven Kramer im Juli 2004 mit dem Aufbau des PEAG Fachkräftepools. Von Juni 2006 steuerte Sven Kramer die PEAG Personal GmbH zunächst als Geschäftsführer und wurde im Oktober 2007 zum Vorsitzenden der Geschäftsführung bestellt. Im Oktober 2007 trat er außerdem in die Geschäftsführung der Muttergesellschaft, der PEAG Personalentwicklungs- und Arbeitsmarktagentur GmbH, ein. Mit dem Ziel der Vermittlung von Arbeit in Arbeit setzt die PEAG auf Basis eines Transfersozialplans Lösungen um, die den wirtschaftlichen Umbau sozialverträglich gestalten und neue Berufsperspektiven für die betroffenen Mitarbeiter eröffnen.

Dunja Lang Dunja Lang ist Leiterin des Kompetenz-Center Change Management bei der Dachser GmbH & Co. KG. Ihre Arbeitsschwerpunkte liegen im Bereich Corporate Development auf den Themen strategische Schwerpunktprogramme, Change Management, Projektmanagement, Wissensmanagement und Lernende Organisation. Zuvor war sie Leiterin der internen Ausbildung sowie als Project Manager beim Malik Management Zentrum St. Gallen tätig. Sie kann zudem auf langjährige Führungserfahrung im Linien- und Projektmanagement zurückgreifen. Neben der Beratung hat sie Führungskräfte im Bereich Executive Education trainiert. Dunja Lang ist Autorin diverser Veröffentlichungen zu den Themen Führung, Change Management und Management

Development. Sie hat Lehraufträge in München und Lübeck zu den Themen Management und Leadership.

Claudia Lemke — Prof. Dr. Claudia Lemke ist seit 2007 Professorin für Wirtschaftsinformatik an der Hochschule für Wirtschaft und Recht Berlin. Zuvor vertrat sie für drei Semester die Professur für Informationsmanagement und Organisation an der Fachhochschule Stralsund. Claudia Lemke arbeitete als Unternehmensberaterin für führende Beratungsunternehmen, zuletzt als leitende Beraterin bei Horváth & Partners. Ihre Arbeitsschwerpunkte liegen auf den Gebieten der Weiterentwicklung von Konzepten und Methoden zur IT-Organisationsentwicklung sowie der Anwendung von Konzepten des IT-Servicemanagements in öffentlichen Organisationen und Forschungsinstituten. Claudia Lemke ist zudem als Beraterin in Fragen des Informationsmanagements tätig.

Niclas Müller — Dr. Niclas Müller ist Mitglied des Vorstandes der ThyssenKrupp Services AG. Dort verantwortet er die Business Unit Special Products mit einem Umsatz von 4 bis 5 Milliarden Euro und rund 8.000 Mitarbeitern. Der promovierte Metallurge ist im Segment Services seit 2001 als Manager erfolgreich tätig – zuletzt als Vorsitzender der Geschäftsführung der ThyssenKrupp Xervon GmbH sowie zuvor der ehemaligen DSU Gesellschaft für Dienstleistungen und Umwelttechnik (heute: ThyssenKrupp MillServices Systems GmbH).

Rainer Paffrath — Prof. Dr. Rainer Paffrath ist Dekan des Fachbereichs Wirtschaftsinformatik an der Europäischen Fachhochschule (EUFH) Brühl. Zuvor war er Director bei Simon, Kucher & Partner, Strategy & Marketing Consultants. Seine Arbeitsschwerpunkte, die er sowohl in der Unternehmenspraxis als auch in der Forschung & Lehre verfolgt, liegen insbesondere in der Integrationswirkung von Informationssystemen und der Managementunterstützung durch Informationssysteme. Zahlreiche seiner Projekte zu diesen Themen finden im Dienstleistungssektor ihre Anwendung.

Bernd Pederzani — Bernd Pederzani ist seit 2007 Vorsitzender des Gesellschafterausschusses der Europart Holding GmbH, nachdem er seine Funktion als geschäftsführender Gesellschafter der Europart Gruppe übergeben hat. Diese Aufgabe verantwortete er seit 1990 und baute in dieser Zeit Europart zum europaweit führenden technischen Großhändler im Lkw- und Pkw-Ersatzteil-Geschäft auf. Bernd Pederzani studierte Wirtschaftswissenschaften in Köln und Bochum und begann seine berufliche Karriere bei Unilever in Hamburg, ehe er ins eigene Familienunternehmen eintrat.

Autorenverzeichnis

Kay Rothe

Kay Rothe ist seit drei Jahren in den Vereinigten Arabischen Emiraten ansässig und seit Mitte 2007 Business Development Manager bei Berkeley Services (UAE) L.L.C., einer Tochterfirma der deutschen Klüh-Gruppe. Vorher war er in leitender Position bei einem führenden Facility-Management-Dienstleister in Abu Dhabi. Seine Arbeitsschwerpunkte sind Vertrieb, Unternehmensstrategie und Wissensmanagement.

Klaus G. Schröder

Klaus G. Schröder ist geschäftsführender Gesellschafter der kontura GmbH in Bonn. Er war als Consultant für die Reorganisation von Geschäftsprozessen bei international agierenden Großkonzernen tätig, bevor er Mitglied der Geschäftsleitung von Facility-Management–Dienstleistern wurde. 1999 gründete er die kontura GmbH, die er zu einem führenden Anbieter von Collaboration Management- und Qualitätsmanagement-Systemen für den Bereich Gebäudedienstleistungen ausgebaut hat. Sein fachlicher Schwerpunkt liegt hierbei auf der Gestaltung, Steuerung und Überwachung von Dienstleistungsprozessen über die Vergabe-Schnittstelle hinweg, in den Kernbranchen Industrie und Gesundheitswesen. Klaus G. Schröder leitet außerdem den Bereich Facility Management Consulting für den Refa Bundesverband in Darmstadt.

Roman Tuschinski

Roman Tuschinski ist Inhaber der RT Management Consulting, die sich auf die Beratung und das Coaching zur IT-Unternehmensentwicklung konzentriert und die strategische und operative Unterstützung durch Informationstechnologie begleitet. Davor war Roman Tuschinski bei Saurer GmbH & Co. KG als Vice President für die IT verantwortlich. Seine Karriere begann er als Projektleiter bei Schlafhorst AG und Co. KG, zuletzt als Geschäftsführer für den Konzern-IT-Bereich mit mehr als 80 Mitarbeitern. Roman Tuschinski begleitete in diesen Funktionen erfolgreich komplexe internationale SAP-Einführungen und definierte und realisierte mehrere IT-strategische Entscheidungen, u. a. die serviceorientierte Ausrichtung der IT.

Johannes Wolf

Prof. Dr. Johannes Wolf ist seit Oktober 2003 Dekan des Fachbereichs Logistikmanagement an der Europäischen Fachhochschule (EUFH) Brühl. Zuvor war er langjährig als Berater in den Bereichen ERP-Systemauswahl und -einführung sowie Geschäftsprozessanalyse tätig. Seine Arbeitsschwerpunkte sind Logistik, Controlling, ERP-Systeme und Geschäftsprozessanalyse.

Kerstin Seeger/Adrian Seeger

Einleitung – Herausforderungen an Industriedienstleister

1 Das Marktumfeld der Industriedienstleistung 3
2 Herausforderungen für die Marktteilnehmer 6
   2.1 Die Anbieterseite 6
   2.2 Die Nachfragerseite 8
3 Wesentliche Anforderungen an das Management von Industriedienstleistern 9

1 Das Marktumfeld der Industriedienstleistung

Der Begriff Industriedienstleistung umfasst alle Leistungen, die ein Unternehmen als Serviceleistung für ein Industrieunternehmen erbringt. Industriedienstleistungen sind heute fester Bestandteil in der industriellen Wertschöpfung, aber auch neben der Wertschöpfung (d. h. in Randbereichen) unverzichtbar. Dabei sind Industriedienstleistungen multifunktional – sowohl inhaltlich als auch zeitlich. Ein Blick auf die Anbieterstruktur zeigt dies:

Der Anbietermarkt für Industriedienstleistungen ist bezüglich der Unternehmensgröße dadurch gekennzeichnet, dass es einige wenige sehr große Unternehmen gibt, die mehrheitlich als Full-Service-Provider auftreten, und sehr viele kleine Unternehmen, die meist lokal als Spezialist tätig sind. Bezüglich des Angebotsspektrums ist der Markt der Industriedienstleister durch eine sehr breite Streuung verschiedenster Kompetenzen gekennzeichnet: vom Helfer bis zum Ingenieur – über alle Fachgebiete – begonnen beim großen Feld der Mechanik, über die Elektronik, die Elektrotechnik, Hydraulik/Pneumatik bis hin zum Reinigungs- und Wachservice oder dem Betrieb von ganzen Lägern. Das angebotene Leistungsspektrum ist nur schwer überschaubar.

Eine sinnvolle Möglichkeit, diese Vielzahl von Angeboten in eine anwendbare Übersicht zu bringen, ist es, die angebotenen Leistungen nach ihrer Strukturierbarkeit (und damit Wiederholbarkeit) mit den gegebenen Kompetenzklassen darzustellen. Dadurch wird eine Beschreibung der Marktstruktur möglich und nutzbar. Abbildung 1 visualisiert die Marktstruktur in dieser Logik.

Diese Marktstruktur ist eher zufällig entstanden und hat prinzipiell drei Quellen:

1. Die große Anzahl der Handwerksunternehmen, die für sich neue Geschäftsfelder öffnen und somit über ihre Spezialisierung hinaus begonnen haben, industrielle Prozesse zu bedienen. Ein Beispiel ist der Malerbetrieb, der früher Innenanstriche realisierte, dann die Sanierung von Oberflächen industriell startete und heute ganze Parkhäuser als Hausmeister betreut.

2. Die unternehmensinternen Spezialisten (z. B. die interne Instandhaltungsabteilung), die im Laufe der Zeit am freien Markt ihre Aktivitäten aufgenommen haben und somit spezielles Wissen aus der internen Unternehmensumwelt z. B. aus der Instandhaltung von Aggregaten am Anbietermarkt nutzbar gemacht haben. Ein bekanntes Beispiel sind diejenigen Unternehmen, die in Konzernverbünden zunächst intern zu einer Einheit zusammengefasst und später am freien Markt mit Hilfe einer internen Basis tätig wurden (z. B. Voith Industrieservice, ThyssenKrupp Services, Currenta (ehem. Bayer Industrie Service) u. a.).

3. Die etablierten Anbieter, die sich bereits sehr lange im Industriedienstleistungsmarkt befinden, jedoch schwerpunktmäßig in denjenigen Feldern tätig waren, die sehr einfach fremd zu vergeben sind. Hintergrund war häufig, dass interne Kräfte diese Tätigkeiten aufgrund zu hoher Lohnkosten nicht wirtschaftlich erbringen konnten. Die Reinigungsunternehmen sind dieser Gruppe in erster Linie zuzuordnen. Sie hatten bereits Kundenzugang und zeichnen sich heute dadurch aus, dass sie durch vertikale Integration bei ihren Bestandskunden neue Umsatzfelder erschließen oder kleine Spezialisten in ihr Portfolio aufnehmen (z. B. Piepenbrock Dienstleistungen, Schubert-Gruppe, ISS u. a.).

Abbildung 1: Marktstruktur für Industriedienstleistungen

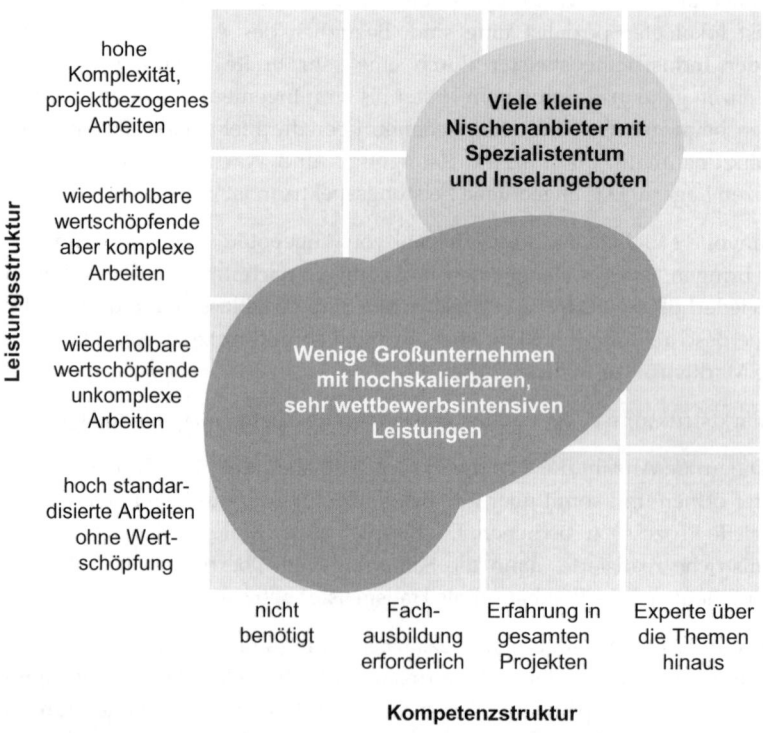

Diese Gruppen bilden den Angebotsmarkt der Industriedienstleistungen. Sie treffen auf die Nachfrager verschiedenster Industriebranchen und Größenordnungen. Bezogen auf die Industriedienstleitungen ist der relevante Nachfragermarkt nach

Industriestruktur und Größenklasse des Unternehmens zu strukturieren. Die nachfragerelevante Industriestruktur lässt sich wie folgt differenzieren:

- Prozessindustrien (beispielsweise Chemieparks, Energieerzeugungsanlagen, Lebensmittelproduzenten etc.) sind dadurch determiniert, dass sie häufig große, verbundene Aggregate betreiben, die nur selten angehalten werden. Unternehmen dieser Industrie sind oft als Großunternehmen einzustufen. Hier ist die Nachfrage nach Industriedienstleistungen sehr groß und vielfältig. Begonnen bei der Unterhaltsreinigung in Verwaltungen bis zum Betrieb ganzer Nebenaggregate oder Standorte sind alle Möglichkeiten gegeben. Das Geschäft für die Industriedienstleister ist bei diesen Kunden häufig stabil und unterliegt wenigen Schwankungen. Dementsprechend hoch ist die Wettbewerbsintensität.

- Serienindustrien (beispielsweise Automobilindustrie) sind dadurch gekennzeichnet, dass sie oft wenige Anlagen mit wenigen Fertigungsschritten betreiben. Der Anteil an manueller Tätigkeit zwischen den Produktionsschritten ist hoch. Die Produktionsschritte zeichnen sich oft durch hohen Wiederholungscharakter aus und sind gut geeignet, um diese an externe Dienstleister zu vergeben. Das erforderliche Know-how für die zu erbringende Dienstleistung ist oft überschaubar. Die Unternehmensgröße liegt eher im mittelgroßen bis vereinzelt im großen Feld. Eine Stabilität des Geschäfts für den Industriedienstleister ist in dieser Kundengruppe i. d. R. gegeben.

- Einzelfertiger (beispielsweise Maschinenbau) sind nur für spezialisierte Dienstleister interessant, die sich hier als verlängerte Werkbank positionieren und damit auftragsbezogen tätig werden. Der Anteil repetitiver Aufgaben beschränkt sich bei diesen Unternehmen auf geringwertige Leistungen. In dieser Industrie befinden sich mit Abstand die meisten Unternehmen, die oft in kleinen und mittelgroßen Strukturen organisiert sind. Hier sind eher projektbezogene Aufgaben ohne Wiederholungscharakter gefragt.

- Dienstleister (beispielsweise Entsorgungsunternehmen, Bildungseinrichtungen) sind eine neue und bisher recht selten betrachtete potenzielle Kundengruppe für Industriedienstleister, da diese Branchen in der Vergangenheit ausschließlich bei Reinigungsunternehmen im Fokus standen. Diese Branchen entwickeln sich aktuell in ihrer Bedarfsstruktur weiter und sind für Spezialisten ein durchaus interessantes Feld, zumal Fremdvergabe von Leistungen in der Dienstleistungsbranche üblich ist.

Die aufgezeigte Angebotsstruktur passt nun nicht eindeutig auf die skizzierte Nachfragestruktur. Beispielsweise können große Full-Service-Anbieter selten ausgeprägtes Spezialistentum vorweisen, weswegen ihre Präsenz bei Einzelfertigern und kleinen Prozessindustrien oft gering ist. Im Gegensatz dazu haben kleine Anbieter kaum eine Möglichkeit, in großen Unternehmensverbünden Aufträge zu bekommen, da sie wegen ihrer Unternehmensgröße bereits im Auswahlprozess nicht berücksichtigt werden. Zusammenschlüsse kleiner Anbieter – auch projektweise – finden nur selten statt.

Insgesamt steht der Markt für Industriedienstleistungen noch am Anfang seiner Entwicklung. Zum einen gibt es auf der Angebotsseite kaum eine sich abzeichnende Struktur. Zum anderen besteht auf der Nachfragerseite häusig keine Vorstellung darüber, wie eigene Prozesse durch die Nutzung von Fremdleistung optimierbar sind. Vor diesem Hintergrund gibt es für Industriedienstleister auf dem Markt noch großes Gestaltungspotenzial.

2 Herausforderungen für die Marktteilnehmer

2.1 Die Anbieterseite

Die drei oben beschriebenen Anbietergruppen bilden den Angebotsmarkt für Industriedienstleistungen. Zum einen sind sie aufgrund der Notwendigkeit, die Leistungen beim Kunden „vor Ort" zu erbringen, häufig regional organisiert. Zum anderen sind die aufgrund der Spezifika der nachgefragten Leistungen i. d. R. stark spezialisiert. Die meisten Industriedienstleister am Markt sind kaum größer als traditionelle Handwerksunternehmen (bis zu 10 Mitarbeiter). Unternehmen in der mittleren Größenordnung (bis zu 100 Mitarbeiter) sind deutlich seltener zu finden. Schließlich gibt es einige wenige Großunternehmen: die oft wahrgenommenen Konzernunternehmen mit mehreren tausend Mitarbeitern. Je nach Größe des Unternehmens steigen sein regionaler Ausdehnungsgrad und die Vielfalt der erbrachten Leitungen an – jedoch bilden sich in der Organisationsstruktur i. d. R. eine regionale Struktur sowie eine Spezialisierung auf einzelne Leistungen ab.

Aus der Angebotssicht zeichnen sich Industriedienstleister oft dadurch aus, dass sie ein sehr ausgeprägtes Stammkundengeschäft mit vielen kundenspezifischen Spezialisierungen vorweisen (beispielsweise werden neben anderen Leistungen auch die unternehmensinternen Botendienste „mitgemacht"). Diese sind in der vorzufindenden Form kaum dazu geeignet, an Dritte als „neue Leistung" angeboten zu werden, da die Spezifika der Leistungserstellung keine Übertragungschance bieten. Neugeschäft entsteht daher meist in gegebenen Netzwerken unter der Bedingung, dass die Kompetenzanmutung gegeben ist – Referenzmarketing dominiert.

Es wird bei Industriedienstleistern bisher kein „industrieller Ansatz" verfolgt, der eine hochskalierbare Leistung entwickelt und kostengünstig anbietet. Vielmehr dominiert das recht unstrukturiert gestaltete Geschäft der Umsatzausweitung bei einem Kunden, indem Leistungen anderer Dienstleister übernommen werden (z. B. zur Degression von Standortkosten) oder zusätzlich Aufgaben des internen Personals übernommen werden (teilweise nebst Personal). Letzteren Fall kann man als Inbound-Outsourcing bezeichnen. Er bietet den Kunden die Möglichkeit, ehemalige Fixkosten zu variabilisieren bei gleichzeitig nahezu ungeänderter Gouvernance. Viele Industriedienstleister folgen dem Kunden in diesem Wunsch und akquirieren auf diesem Wege eher zufällig neues Geschäft. Mit ihrem Kunden geraten sie dann oft und schleichend in eine Situation der gegenseitigen Abhängigkeit, obwohl dies von beiden Seiten nicht gewünscht war. Das neu gewonnene Geschäft beinhaltet regelmäßig die Entwicklung neuer Fertigkeiten auf der Seite des Dienstleisters. Diese werden „on the job" entwickelt. Nur sehr selten nutzen Dienstleister ihre vielfältigen Aufgaben und Tätigkeitsgebiete, um daraus konkrete verkaufbare Produkte zu entwickeln, die am Ende eine industrielle Vermarktung der Dienstleistung ermöglichen. Hier fehlt es eindeutig an einem strukturierten Prozess der Informationssammlung und standardisierten Produktdefinitionen. Ein Blick auf die Angebote der Industriedienstleister offenbart diese Situation eindrucksvoll und zeigt auf, wo in den kommenden Jahren Veränderungen stattfinden müssen, um in der Branche vom reinen Outsourcing zu Wertschöpfung zu gelangen: Die Definition von Produkten und Vermarktung derselben ist bei vielen Industriedienstleistern die wesentliche Herausforderung, die es in den kommenden Jahren zu bewältigen gilt, um nachhaltig neues Geschäft zu generieren und traditionelle Abhängigkeiten zu minimieren, und sich damit in die Lage zu versetzen, höhere Margen zu erzielen. Dazu bedarf es im ersten Schritt einer klar definierten Strategie, die im Unternehmen konsequent umgesetzt wird. Dabei sind Entscheidungen zu treffen, die die Leitungstiefe (von der verlängerten Werkbank bis zum Outsourcer) betreffen, die technische Kompetenz (vom reinen Stahlbau bis zur Programmierung), die Branchenfokussierung und den relevanten Markt. Erfahrungsgemäß sind Industriedienstleister oft Gelegenheitsgetrieben entstanden, daher birgt gerade dieser Aspekt besondere Herausforderungen.

Aufgrund der sehr breit gefächerten Anforderungen der Industriekunden kommt der Kundenschnittstelle besondere Bedeutung zu. Die Identifikation dieser Anforderungen sowie die Abstimmung des Leistungsangebotes hierauf sind Basis für eine erfolgreiche und langfristige Zusammenarbeit mit den Kunden. Der Vertriebsprozess ist auf diese Anforderungen abzustimmen, um die nicht-greifbaren Services zu vermarkten. Vor-Ort-Besuche bei den Kunden sind die Regel. Insgesamt gilt es ein sehr breites Buying-Center zu bedienen und Ansätze zu formulieren, die im Gegensatz zur klassichen Kunden-Lieferanten-Situation zwischen Einkauf und Technik mehr Kommunikation und neue Ansätze des Vertriebes erfordern. Der Aufbau gemeinsamer Gremien (Lenkungskreis), regelmäßiger Reviews und der Einsatz von Performance-Measurement-System sind Herausforderungen an die zukünftige Gestaltung der Leistungsbeziehung zwischen Kunde und Industriedienstleister.

In Bezug auf die Leistungserstellungsprozesse sind die Dienstleistungen in zwei Kategorien zu differenzieren: zum einen sich bei verschiedenen Kunden wiederholende, standardisierbare Dienstleistungen, zum anderen Dienstleistungen, die einmalig und individuell für einen Kunden erbracht werden. Gerade die einmalig zu erbringenden Dienstleistungen stellen hohe Anforderungen in allen Phasen von der Angebotsstellung inkl. der Kalkulation über die Leistungserstellung, das Qualitätsmanagement bis hin zur Abrechnung. Hier sind der Aufbau stabiler Prozesse sowie das Management der Mitarbeiter die wesentlichen Herausforderungen: Eine ständige Aus- und Weiterbildung in gewerkespezifischen Themen, aber auch zu Themen wie Projektmanagement oder KVP sind relevant für die Erhaltung und den Ausbau der Wettbewerbsposition.

Die Spezifika der Leistungserbringung stellen auch besondere Anforderungen an das Controlling. Eine Übertragbarkeit der aus der produzierenden Industrie bekannten Controlling-Konzepte ist häufig nicht möglich. Vielmehr bedarf es spezifischer Controlling-Instrumente, um die Steuerung des Industriedienstleisters zu ermöglichen.

Schließlich ergeben sich besondere Herausforderungen im kompletten Personalmanagement-Prozess. Die Bedeutung der Mitarbeiter und ihres Know-hows für den Erfolg eines Industriedienstleisters ist unbestritten. Viele Industriedienstleister verankern diesen Sachverhalt bereits in ihrer Vision und Mission. Daraus ergibt sich die Notwendigkeit, die Beschaffung, den Einsatz, die Weiterentwicklung, die Führung und Steuerung der Mitarbeiter an die Erfordernisse anzupassen, die sich aus den häufig – quantitativ und qualitativ – schwankenden Kapazitätsbedarfen an wechselnden Orten ergeben.

2.2 Die Nachfragerseite

Erst in der letzten Zeit hat die Industrie damit begonnen, ihre eingesetzten Dienstleister systematisch weiterzuentwickeln, um auch Wettbewerb in diesem Sektor zu erzeugen und Abhängigkeiten zu begrenzen. In Anbetracht oft fehlender Leistungsbeschreibungen und stark kundenindividualisierter Leistungen ist dies eine sehr langwierige Aufgabe. Dabei stellt sich die Frage, ob diese Stoßrichtung grundsätzlich richtig ist, denn das Interesse des nachfragenden Unternehmens liegt primär in der Qualität der Leistung. Weniger im Fokus steht der Preis, denn mit dem Einsatz des Dienstleisters ist normalerweise ein drastischer Lohnkostenverfall gegenüber dem Einsatz eigener Kräfte eingetreten. Das wesentliche Interesse muss daher in einer hochwertig erbrachten und für den Nachfrager steuerbaren Leistung sowie in der geeigneten Integration der Dienstleister bestehen.

Aus der Sicht der Nachfrager ist es allerdings heute – mit Ausnahme der hoch standardisierten Leistungsmodule insbesondere aus dem Reinigungsbereich – kaum möglich, eine strategische Integration der Dienstleister zu realisieren, da es an konkret messbaren Kriterien mangelt, die dem eigenen Leistungsprozess entsprechen. So gibt es in jedem Fertigungsunternehmen Kennzahlen der Leistungserbringung im jeweiligen Prozess. Der im Prozess integrierte Dienstleister ist bis heute davon oft nicht betroffen. Der wesentlicher Grund für diesen Mangel liegt in der immer noch vorherrschenden tradierten Sichtweise des Kunden von Industriedienstleistern: Der Anbieter ist ein Lieferant. Daher wird dieser von der Einkaufsabteilung geführt und nicht von dem kundeninternen Nachfrager (wie z. B. der Produktion). Es werden daher nur selten Leistungsziele vereinbart. Vielfach dominiert auf Nachfragerseite immer noch die Zufriedenheit damit, den eigenen Prozess nun lohnkostenoptimal ausgelagert zu haben. Eine strategische Steuerung zum Nutzen des eigenen Wettbewerbsvorteils ist bisher auf der Nachfragerseite kaum zu finden.

Es ist davon auszugehen, dass insbesondere der Bereich der strategischen Steuerung und Integration der ausgewählten Dienstleister ein sehr wesentliches Arbeitsfeld werden wird, um ihre Prozesse zur gleichen Effizienz und Effektivität wie die eigenen Prozesse zu führen. Denn nur die Gesamtheit funktionierender Prozesse entscheidet später über einen Wettbewerbsvorsprung. In einigen Industrien sind beispielsweise bereits heute derart viele Dienstleister an der Wertschöpfung beteiligt, dass eine Vernetzung der Steuerung zwingend notwendig wäre, um die Steuerbarkeit des Unternehmens zu erhalten. Ein Blick in die chemische Industrie offenbart diesen Mangel eindrucksvoll. Diese Herausforderung auf der Seite der Nachfrager muss bewältigt werden, denn sie ist das wesentliche Instrument, um die Abhängigkeiten zu strukturieren und die in der Zusammenarbeit befindlichen Vorteile maximal zu nutzen.

3 Wesentliche Anforderungen an das Management von Industriedienstleistern

Aus den dargestellten Herausforderungen ergeben sich besondere Anforderungen an das Management von Industriedienstleistern. Diese werden insbesondere im Bereich des strategischen Managements, des Managements der Kundenbeziehung, des Organisations- und Prozessmanagements, der Steuerung sowie des Human Resource Managements deutlich.

Den Ausgangspunkt für die Gestaltung der Managementsysteme bildet das strategische Management (Teil 1). Um im Wettbewerbsumfeld bestehen zu können, bedarf es einer geeigneten Strategie und ihrer konsequenten Umsetzung. Der Strategieprozess für Industriedienstleiter wird im Beitrag „Entwicklung wettbewerbsfähiger Strategien für Industriedienstleister" (Seeger/Müller) anhand eines Beispiels umfassend dargestellt. Denn eine gute Strategie und ihre konsequente Umsetzung bieten die Basis für den langfristigen Erfolg von Industriedienstleistern.

Insbesondere die Umsetzung einer Internationalisierungsstrategie stellt Industriedienstleister dabei vor umfassende Herausforderungen. Denn hierbei finden sowohl der komplette Leistungserstellungsprozess als auch die Kundenbeziehung „vor Ort" statt – gerade also auf Märkten, die sich stark vom Heimatmarkt unterscheiden, mit hoher Komplexität behaftet. Der Beitrag „Herausforderungen der Internationalisierung von Industriedienstleistern" (Rothe) stellt diese Thematik anhand des Markteintritts eines deutschen Industriedienstleisters in den Vereinigten Arabischen Emiraten dar.

Aufgrund der Unmittelbarkeit der Leistungserstellung beim und für den Kunden kommt der Gestaltung der Kundenbeziehung eine besondere Bedeutung zu (Teil 2). Erfolgreiches Dienstleistungsmanagement bedingt, die Anforderungen der Kunden aus der Industrie zu kennen und diesen mit einem angepassten Serviceportfolio zu begegnen. Diesen Aspekt greift der Beitrag „Den Anforderungen der Industrie erfolgreich begegnen" (Seeger/Keusen) auf, indem die Anforderungen analysiert werden und anhand eines konkreten Beispiels die Integration des Dienstleisters in die Leistungsprozesse des Kunden aufgezeigt wird.

Im Vorfeld der eigentlichen Leistungserstellung steht der Vertrieb der Industriedienstleistung. Da die Leistungsqualität im Vorfeld der Leistungserstellung für den Kunden nur schwer bewertbar ist, wird Vertrauen zur Schlüsselgröße im Vertriebsprozess. Diese Thematik wird im Beitrag „Vertrauen als Erfolgsfaktor im Vertrieb von Industriedienstleistungen" (Eickenberg) untersucht. Darauf aufbauend werden Maßnahmen herausgearbeitet, die die Bildung von Vertrauen im Vertriebsprozess fördern.

Im Rahmen der organisatorischen Gestaltung von Industriedienstleistern kommt sowohl der Gestaltung der Strukturen und Abläufe als auch deren systemtechnischer Unterstützung besondere Bedeutung zu (Teil 3). Aufgrund der Unterschiedlichkeit der Leistungsangebote sowie der Spezifika der Kundenanforderungen sind die Leistungserstellungsprozesse in vielen Dienstleistungsbereichen nahezu einzigartig. Am Beispiel der Demontage eines Walzgerüstes wird in dem Beitrag „Management komplexer Industriedienstleistungen in der Praxis" (Gesche) der komplette Leistungserstellungsprozess einer äußerst komplexen Dienstleistung dargestellt. Abschließend werden aus der praktischen Erfahrung Erfolgsfaktoren für das Management des Leistungserstellungsprozesses abgeleitet. Ein weiteres Beispiel der Leistungserstellung aus der Unternehmenspraxis ist Inhalt des Beitrags „Die Rückkehr des Realismus – Supply Chain Collaboration im Facility Management" (Schröder/Fretter), das die Leistungen des Facility Managements in den Mittelpunkt der Betrachtung stellt. Hier wird die Zusammenarbeit über die gesamte Supply Chain untersucht.

Die systematische Gestaltung der Prozesse bereits in der Planung der Industriedienstleistungen hilft, Effizienzpotenziale zu realisieren. Neben der Planung kommt die

Prozessmodellierung auch in der Durchführung, Steuerung und Kontrolle zum Einsatz. Das Vorgehen zur Prozessmodellierung sowie ihr Nutzen werden im Beitrag „Nutzen der Prozessmodellierung beim Management von Industriedienstleistungen" (Paffrath) aufgezeigt.

Die Besonderheiten von IT-Organisationen stehen im Mittelpunkt des Beitrags „IT-Dienstleistungsmanagement als Instrument zur Professionalisierung von IT-Organisationen" (Lemke/Tuschinski/Jester/Pederzani). Hier wird ein Ansatz für ein konsequentes IT-Dienstleistungsmanagement entwickelt sowie anhand eines Projektbeispiels seine Umsetzung exemplarisch aufgezeigt.

Das reibungslose Ablaufen aller unternehmerischen Prozesse bedingt ein geeignetes Controlling. Daher ist wesentliches Element eines erfolgreichen Industriedienstleistungs-Managements die Steuerung der Industriedienstleister (Teil 4).

Sowohl in der theoretischen Diskussion als auch in der praktischen Umsetzung steht in der jüngsten Vergangenheit das Berichtswesen im Fokus. Das Management braucht geeignete Kennzahlen in einer zweckmäßigen Aufbereitung, um das Unternehmen erfolgreich steuern zu könne. Die Ausgestaltung des Berichtswesens war Ausgangsfrage einer Studie, deren Ergebnisse im Beitrag „Das Management Reporting auf dem Prüfstand" (Hiendlmeier) zusammenfassend dargestellt sind.

Element eines umfassenden Controllings ist das Risikomanagement. Das reibungslose Funktionieren der kompletten Supply Chain ist Grundvoraussetzung für die erfolgreiche Leistungserstellung von Industriedienstleistern. Daher wird das „Supply-Chain-Risikomanagement" (Wolf) untersucht, indem die Folgen von Supply-Chain-Störungen analysiert und Ansätze eines Risikomanagements aufgezeigt werden.

Wesentlicher Erfolgsfaktor jedes Dienstleisters sind seine Mitarbeiter (Teil 5). Die Mitarbeiter und ihr Know-how unterscheiden erfolgreiche von weniger erfolgreichen Industriedienstleistern. Damit kommt dem Management der Human Resources entscheidende Bedeutung zu.

Schwankende Auftragslagen führen zu schwankenden Kapazitätsbedarfen. Daraus ergibt sich für Industriedienstleister die Notwendigkeit, die vorhandene Kapazität auch kurzfristig an den Bedarf anzupassen. Diese Thematik wird in dem Beitrag „Herausforderungen für Industriedienstleister bei Personalanpassungen" (Kramer) beleuchtet. Zudem wird ein Lösungsansatz durch den Aufbau strategischer Partnerschaften und ein verantwortungsvolles Trennungsmanagement aufgezeigt.

Aufgrund der hohen Bedeutung des Faktors Mensch und des Know-hows gewinnt das „Strategische Management intellektueller Vermögenswerte" (Bauer/Bohlmann) zunehmend an Bedeutung. Am Beispiel eines Logistikdienstleisters wird aufgezeigt, wie die Balanced Scorecard zur Steuerung der intellektuellen Ziele genutzt werden kann.

Die Besonderheiten im Rahmen des Personaleinsatzes erfordern es, auch die rechtlichen Aspekte stets im Fokus zu halten. „Rechtliche Herausforderungen des Personaleinsatzes bei Industriedienstleistern" (Deich) bedingen die Auseinandersetzung mit den rechtlichen Gestaltungsmöglichkeiten, insbesondere bei der Frage, ob Arbeitnehmerüberlassung oder Werkvertrag zur Anwendung kommen.

Schließlich verlangt das dynamische Wettbewerbsumfeld oft schnelle Strategiewechsel, die eine Anpassung der Organisation und der Mitarbeiter erfordern. Der Beitrag „Change Management und Lernende Organisation als Beitrag zur Umsetzung der Corporate Strategy" (Lang/Froschmayer/Kertesz) zeigt anhand eines konkreten Beispiels auf, wie das Change Management ausgestaltet werden kann und welche Rolle die Lernende Organisation in einem funktionierenden Change Management spielt.

Teil 1

Strategien im Wettbewerb

Kerstin Seeger/Niclas Müller

Entwicklung wettbewerbsfähiger Strategien für Industriedienstleister

1 Strategien im Wettbewerb 17
2 Die Wettbewerbsarena analysieren 18
   2.1 Analyse des Umfeldes des Industriedienstleisters 18
   2.2 Analyse der Erfolgspotenziale von Industriedienstleistern 21
3 Den strategischen Rahmen wettbewerbsfähig gestalten 24
4 Die Strategie im strategischen Zielsystem operationalisieren und im Wettbewerb bestehen 25
   4.1 Mit der strategischen Brücke von der Ist- zur Ziel-Position 25
   4.2 Messgrößen und Maßnahmen zur weiteren Operationalisierung der Strategie 28
5 Ausblick 31

1 Strategien im Wettbewerb

Damit ein Industriedienstleister langfristig erfolgreich sein kann, muss er im Wettbewerb bestehen können. Im Wettbewerb nicht nur mit anderen Dienstleistern, die ein ähnliches Leistungsspektrum anbieten, sondern auch im Wettbewerb mit den internen Leistungserbringern im Kundenunternehmen. Denn der Industriedienstleister wird nur dann den Auftrag zur Leistungserstellung erhalten können, wenn der Kunde sich entscheidet, die Leistung nicht (mehr) selbst zu erstellen, sondern diese auszulagern.

Daraus ergeben sich für Industriedienstleister umfassende Anforderungen an eine tragfähige – und damit wettbewerbsfähige – Strategie. Wie in jeder Branche bilden eine gute Strategie und ihre konsequente Umsetzung auch für Dienstleistungsunternehmen die Basis für den langfristigen Erfolg.

Strategie wird dabei verstanden als die grundsätzliche Ausrichtung einer Organisation, die die Gestaltung der Ressourcen und Kompetenzen sowie die dauerhafte Verhaltensweise des Unternehmens bestimmt.

Mit einer tragfähigen Strategie ist es dem Unternehmen möglich, sich in der Wettbewerbsumwelt dauerhaft Vorteile zu verschaffen, und zwar sowohl gegenüber den direkten Wettbewerbern im Sinne anderer Industriedienstleister als auch gegenüber den internen Leistungserbringern in den Kundenunternehmen. Nur darüber kann es gelingen, den langfristigen Erfolg des Unternehmens zu sichern (vgl. Seeger/Seeger, 2007, S. 196).

Die Erarbeitung der Strategie erfolgt in einem strukturierten Prozess. Ausgangspunkt eines umfassenden Strategieprozesses ist die strategische Analyse. Auf Basis der Analyse erfolgt die Entwicklung alternativer Strategieoptionen. Diese werden im nächsten Schritt bewertet, damit die geeignete Strategieoption ausgewählt werden kann. Schließlich wird die gewählte Strategie operationalisiert und im Unternehmen verankert (vgl. Currle/Schwertner, 2004, S. 31 ff.).

Inhaltlich beschäftigt sich die Strategiearbeit mit der Analyse und Ausgestaltung der Elemente der Strategie im Sinne des Strategiemodells. Diese Elemente der Strategie umfassen die Wettbewerbsarena, den strategischen Rahmen sowie das strategische Zielsystem (vgl. zur Darstellung des Strategiemodells Currle/Schwertner, 2005, S. 32 ff.).

Industriedienstleister stehen vor umfassenden Herausforderungen. So gehen vermehrt Industrieunternehmen dazu über, bisher interne Funktionen in eigenständige Unternehmen auszulagern, die als Beteiligungsunternehmen des Industrieunternehmens geführt werden. Damit ergibt sich neue Konkurrenz für die bestehenden Industriedienstleister. Auf der Kostenseite beeinflusst die Einführung eines Mindestlohns die Differenz zwischen den Industriedienstleistern und ihren Kunden. Teil der Herausforderung ist es auch, sich auf die immer schneller werdenden Veränderungen des Marktes einzustellen und Strategien zu entwickeln, die diesen Veränderungsprozessen rasch und ohne großen Aufwand angepasst werden können.

Auch die Konzentration in der Industriedienstleistungsbranche nimmt zu. Große Industriedienstleister kaufen verstärkt kleinere Unternehmen, um hierdurch das eigene Kunden- oder Dienstleistungsportfolio zu erweitern.

Zudem müssen hoch spezialisierte Dienstleistungen durch die Industriedienstleister nicht nur im Einzelfall, sondern schnell auch in großem Umfang nutzbar werden, um synergetische Potenziale zu nutzen und damit die Wettbewerbsfähigkeit zu steigern.

Schließlich erhöht die aktuelle Wirtschafts- und Finanzkrise den Wettbewerbsdruck insgesamt, indem die Kosten der Leistungen noch stärker in den Vordergrund rücken. Ferner wird externes Wachstum durch Akquisition erschwert, da Finanzmittel nicht mehr in gleichem Ausmaß und zu gleichen Konditionen wie in den vergangenen Jahren zur Verfügung stehen.

2 Die Wettbewerbsarena analysieren

Grundvoraussetzung zur Entwicklung einer Strategie, mit der das Unternehmen im Wettbewerb bestehen kann, ist die genaue Kenntnis eben dieses Wettbewerbs. Daher bildet den Startpunkt des Strategieprozesses die Analyse der Wettbewerbsarena. Diese besteht aus der Wettbewerbsarena im engeren Sinne, die Ohmae das „strategische Dreieck" nennt: Die Kunden, die Wettbewerber und das Unternehmen selber (vgl. Ohmae, 1982, S. 91 ff.). Die Wettbewerbsarena im weiteren Sinne umfasst darüber hinaus das globale Umfeld des Unternehmens. Hier stehen insbesondere das politisch-rechtliche, das demografisch-ökonomische, das soziokulturelle und das technologisch-ökologische Umfeld im Mittelpunkt der Analyse (vgl. zu geeigneten Instrumenten für die Umfeldanalyse Bea/Haas, 2005, S. 86 ff.).

2.1 Analyse des Umfeldes des Industriedienstleisters

Die Wettbewerbsarena von Industriedienstleistern in Deutschland wird insbesondere durch die Besonderheiten im politisch-rechtlichen Umfeld sowie die demografischen Entwicklungen beeinflusst. Daher stehen diese Elemente des globalen Umfeldes im Mittelpunkt der Analyse. Neben den Besonderheiten des unmittelbaren Marktumfeldes, innerhalb dessen der Industriedienstleister tätig ist, ergeben sich gerade für international tätige Industriedienstleister weitere Herausforderungen. Diese sind geprägt durch die Spezifika des jeweiligen Landes und müssen im Einzelfall detailliert analysiert werden. Insbesondere der Kenntnis landesspezifischer tarifrechtlicher und arbeitsrechtlicher Besonderheiten kommt bei Industriedienstleistern eine hohe Bedeutung zu.

Das politisch-rechtliche Umfeld für Industriedienstleister in Deutschland wird maßgeblich beeinflusst durch die herrschende Tarifpraxis. Diese Situation ist entscheidend für ausgelagerte Unternehmen. Hier ist oft eine völlig ungeeignete Tarifstruktur anzutreffen, die es gilt, im Zeitverlauf auf das Tarifniveau des Wettbewerbs zu bringen. Denn eine geeignete Tarifstruktur ist ein Element des Kostenvorteils des Dienstleisters gegenüber dem Industrieunternehmen.

Die demografisch-ökonomische Entwicklung führt dazu, dass auch bei Industriedienstleistern das notwendige Spezialistentum abschmilzt. In der Konsequenz konkurrieren nun die Dienstleister mit ihren Kunden am Arbeitsmarkt um die besten Kräfte. Diese Situation wird sich trotz wirtschaftlichen Abschwungs weiter verschärfen.

Zum Einstieg in die Analyse der Wettbewerbsarena im engeren Sinne ist zunächst der Markt für Industriedienstleistungen genauer zu untersuchen. Ein geeignetes Instrument zur Analyse des Marktes ist Porters Analyse der Wettbewerbskräfte (vgl. Porter, 1980, S. 6 ff.). Hierbei werden die Markteintrittsbarrieren, die Gefahr von Substituten, die Verhandlungsstärke der Kunden, die Verhandlungsstärke der Lieferanten und die Wettbewerber innerhalb der Branche untersucht. Diese Wettbewerbskräfte beeinflussen die Intensität des Wettbewerbs und damit die Rivalität in der Branche.

Die Eintrittsbarrieren in den Markt für Industriedienstleistungen können prinzipiell als niedrig bezeichnet werden. Große Investitionen sind nicht erforderlich, falls doch, so stehen sie in direktem Zusammenhang zu einem Kundenauftrag. Entscheidender Faktor beim Eintritt in den Markt ist das dem Leistungsspektrum angemessene Knowhow, zunehmend verbunden mit den Aspekten Qualität, Flexibilität und Arbeitssicherheit.

In Bezug auf Substitute stellt die Eigenerstellung der Leistungen durch interne Leistungserbringer das bedeutsamste Risiko dar. Die eigentliche Leistungserbringung kann bei Industriedienstleistungen schwer ersetzt werden – im Gegensatz zu beispielsweise Logistikdienstleistungen, bei denen eine klassische Spedition nicht nur abhängig von dem zu transportierenden Gut und der Distanz ist, sondern neben den Wettbewerbern in der eigenen Branche auch dem Wettbewerb von Paketdiensten, Luftfracht-Dienstleistern oder Bahnunternehmen gegenübersteht. Die Substitutionsgefahr durch die Eigenerstellung der Leistung durch interne Leistungserbringer ist gerade bei solchen Dienstleistungen, bei denen der Know-how-Verlust durch die Auslagerung unbedeutend ist, konjunkturellen Schwankungen unterworfen. Im anderen Fall gibt es keine Substitutionsgefahr durch interne Dienstleister, da diese oft bereits auf den Industriedienstleister übergegangen sind und damit das Know-how im Kundenunternehmen nicht mehr vorhanden ist.

Die Verhandlungsstärke der Kunden ist gerade bei der erstmaligen Vergabe der Leistung hoch. Für den Kunden besteht grundsätzlich nicht der Zwang, das Angebot des Industriedienstleisters anzunehmen; er kann die Leistung auch weiterhin selbst erbringen. Bei zunehmender Integration des Dienstleisters in die Leistungsprozesse des Kunden nimmt jedoch die Verhandlungsstärke des Kunden ab, da hierdurch die Abhängigkeit des Kunden von dem Industriedienstleister steigt. Die Verhandlung der Konditionen tritt jetzt in den Hintergrund; Integration und Steuerung der Zusammenarbeit in gemeinsamen Gremien wie beispielsweise den Steering Commitees treten in den Vordergrund.

Die wichtigste Ressource jedes Industriedienstleisters sind nicht Materialien, sondern seine Mitarbeiter. Gerade den Führungskräften kommt bei den häufig regional aufgestellten Industriedienstleistern aufgrund des engen Kundenkontaktes eine hohe Bedeutung zu. Daher spielen in Bezug auf die Verhandlungsstärke der Lieferanten insbesondere die (potenziellen) Mitarbeiter eine entscheidende Rolle. Abhängig von der Verfügbarkeit der erforderlichen Qualifikationsniveaus am Arbeitsmarkt schwankt die Verhandlungsstärke. Gerade bei hoch qualifizierten Mitarbeitern mit sehr spezifischen Qualifikationen ist die Verfügbarkeit am Arbeitsmarkt häufig eingeschränkt.

Der Markt für Industriedienstleistungen ist geprägt durch eine Vielzahl an Wettbewerbern unterschiedlicher Größenordnungen: Die Bandbreite reicht von Unternehmen mit wenigen Dutzend Mitarbeitern, einem engen Dienstleistungsangebot, einigen wenigen Kunden mit hoher Flexibilität und geringen Overhead-Strukturen bis hin zu Großunternehmen mit mehreren Zehntausend Mitarbeitern, einem breiten Dienstleistungsangebot, einem breiten Kundenkreis, häufig deutlich geringerer Flexibilität und ausgeprägten Overhead-Strukturen mit den damit verbundenen Kosten. Es zeichnet sich der Trend ab, auch in großen Dienstleistungs-Unternehmen über geeignete regionale Organisationsstrukturen die Vorteile der lokal agierenden kleinen Dienstleistungs-Unternehmen zu nutzen, um darüber die Wettbewerbsfähigkeit weiter zu steigern.

Für die Rivalität in der Branche folgt daraus, dass diese als groß zu kennzeichnen ist. Geringe Markteintrittsbarrieren sowie eine hohe Verhandlungsstärke der Kunden und Lieferanten führen dazu, dass eine große Anzahl an Wettbewerbern nicht nur um die Aufträge, sondern auch um die geeigneten Mitarbeiter konkurriert.

2.2 Analyse der Erfolgspotenziale von Industriedienstleistern

Weiteres Element der Analyse der Wettbewerbsarena im engeren Sinne ist die Analyse des Unternehmens selbst. Zweck der Unternehmensanalyse ist es, die gegenwärtig vorhandenen und zukünftig erwarteten Stärken und Schwächen des Unternehmens aufzuzeigen. Dabei bietet es sich an, die wesentlichen Erfolgspotenziale vorab zu identifizieren, um eine strukturierte Analyse der Stärken und Schwächen durchführen zu können.

Aus den Ergebnissen der vorangegangenen strategischen Analyse des Unternehmensumfeldes können Erfolgspotenziale für das Unternehmen abgeleitet werden. Erfolgspotenziale sind entscheidend dafür, dass sich das Unternehmen vom Wettbewerb differenzieren kann und wettbewerbsfähig ist. Im hier zugrunde liegenden Verständnis sind Erfolgspotenziale damit all diejenigen Elemente, die dem Unternehmen helfen, seine Vision zu realisieren.

Diese Erfolgspotenziale werden zum einen durch die Branche beeinflusst, in der das Unternehmen tätig ist, zum anderen durch das spezifische Geschäftsmodell des Unternehmens.

Bezüglich der Kategorisierung der Erfolgspotenziale wird der BSC-Logik gefolgt (vgl. zur ausführlichen Darstellung der Balanced Scorecard Kaplan/Norton, 1996, und Horváth & Partners, 2007). Dazu werden die vier Perspektiven – Finanzen, Kunden, Prozesse und Mitarbeiter – als Kategorien für die Erfolgspotenziale genutzt.

Oberster Erfolgsmaßstab für jedes Unternehmen ist der finanzielle Erfolg im Sinne des Ergebnisses oder des Wertbeitrages des Unternehmens. Daraus leiten sich als Erfolgspotenziale auf der Finanzperspektive unmittelbar der Umsatz sowie die Kosten ab. Zwar hat ein Industriedienstleister im Vergleich zu einem produzierenden Unternehmen i. d. R. einen deutlich geringeren Kapitalbedarf, dennoch können die Finanzlage bzw. die Finanzierungsmöglichkeiten auch für einen Industriedienstleister Erfolgspotenziale darstellen. Insbesondere vor dem Hintergrund einer Wachstumsstrategie, die auch auf der Akquisition von Wettbewerbern gründet, wird die Verfügbarkeit ausreichender Finanzmittel erfolgsentscheidend.

Zur Realisierung des finanziellen Erfolgs sind die wesentlichen Erfolgspotenziale im Hinblick auf die Kunden und die Prozesse des Dienstleisters zu nutzen. Die kundenbezogenen Erfolgspotenziale eines Industriedienstleisters leiten sich aus den Erwartungen der Kunden ab.

Entsprechend Porters Wettbewerbsstrategien stehen jedem Unternehmen zwei grundsätzliche Strategieoptionen zur Verfügung, um sich im Wettbewerb Vorteile zu verschaffen: die Differenzierungsstrategie und die Strategie der Kostenführerschaft. Mit beiden Strategieoptionen kann sich das Unternehmen sowohl auf dem Gesamtmarkt als auch in einer Nische positionieren. Ein Unternehmen wird langfristig nur dann erfolgreich sein, wenn es zwischen diesen Optionen eine klare Entscheidung trifft (vgl. Porter, 1980).

Um die Frage nach der Bearbeitung des Gesamtmarktes oder einer Nische zu beantworten, sind zunächst die Kundengruppen des Dienstleisters zu nennen sowie die Schwerpunkte innerhalb der Kundenstruktur zu identifizieren. Dabei spielt nicht nur die Branche der Kundenunternehmen eine entscheidende Rolle, sondern darüber hinaus auch der Grad der Kundendurchdringung mit mehreren Dienstleistungen.

Mit seinem Preis-Leistungs-Angebot muss sich der Dienstleister aus Sicht der Kunden von den Wettbewerbern differenzieren, um erfolgreich am Markt zu sein. Dies kann er analog zu Porters Wettbewerbsstrategien entweder über im Vergleich zu den Wettbewerbern niedrige Preis oder die Differenzierung des Leistungsangebotes erreichen. Hier sind Themen wie die Leistungsbreite und -tiefe, die Qualität der Leistungserstellung sowie allgemein die Erfüllung der kundenseitigen Erwartungen als Erfolgspotenzial zu untersuchen. Hierbei ist für jedes Leistungsangebot die aktuelle Marktposition zu analysieren. Daneben wird die Preisgestaltung oder Preispolitik als Erfolgspotenzial untersucht.

Industriedienstleistung ist ein Geschäft, das stark auf dem Vertrauen des Kunden in die Leistungsfähigkeit des Dienstleisters basiert. Dieses kundenseitige Vertrauen wird durch persönliche Erfahrungen geprägt, aber auch durch das Image des Dienstleisters am Markt. Somit wird das Image bzw. die Positionierung am Markt als Erfolgspotenzial betrachtet.

Während das Vertrauen in die Leistungsfähigkeit des Dienstleisters insbesondere zu Beginn der Geschäftsbeziehung erfolgsentscheidend ist, ist es im weiteren Verlauf die Zufriedenheit des Kunden mit der Leistungserstellung sowie den verbundenen Prozessen des Dienstleisters. Die Zufriedenheit wirkt sich wiederum maßgeblich auf die Kundenbindung aus, so dass beide Faktoren als Erfolgspotenziale zu betrachten sind.

Industriedienstleistungen werden vor Ort beim Kunden erbracht. Damit stellt die regionale Verbreitung eines Dienstleisters bis hin zur Internationalisierung im Vergleich zu produzierenden Unternehmen erhöhte Anforderungen. Entsprechend sind die regionalen Märkte, auf denen der Dienstleister aktiv ist, ebenfalls ein zu untersuchendes Erfolgspotenzial.

Auf der Prozessperspektive bestehen die Erfolgspotenziale aus den erfolgskritischen Prozessen eines Industriedienstleisters sowie aus seinem organisatorischen Aufbau.

Gemäß Chandlers bekanntem Zitat „Structure follows Strategy!" (Chandler, 1962, S. 14) ist die Organisationsstruktur im Hinblick auf ihre Passung zur Strategie zu beschreiben. Hier zeigt sich der bereits erwähnte Trend, dass Dienstleister sich vornehmlich regional organisieren, um nah am Kunden zu sein.

Erfolgskritische Prozesse eines Industriedienstleisters im Hinblick auf die kundenbezogenen Erfolgspotenziale sind insbesondere der Auftragsabwicklungsprozess sowie der Angebotsprozess mit der Kalkulation. Aber auch der Abrechnungsprozess kann – insbesondere soweit die Erwartungen der Kunden hier nicht erfüllt werden – erfolgskritisch sein.

Abhängig vom Leistungsspektrum des Industriedienstleisters werden weitere Prozesse zu Erfolgspotenzialen: Bei logistikintensiven Dienstleistungen werden die Logistikprozesse in die Betrachtung einbezogen. Beispiel hierfür ist die Bedeutung der Gerüstlogistik bei einem Gerüstbauer. Bei materialintensiven Dienstleistungen nimmt der Einkauf eine entscheidende Rolle ein. Beispiel hierfür sind Dienstleistungen im Bereich des C-Teile-Managements.

Unterstützt werden all diese Prozesse durch die IT-Infrastruktur, die sich ebenfalls als Erfolgspotenzial erweist. In Bezug auf die finanziellen Erfolgsfaktoren kommt der Produktivität in allen Prozessen als Erfolgspotenzial Bedeutung zu.

Schließlich werden die Erfolgspotenziale auf der Potenzialperspektive untersucht, die die Nutzung der Erfolgspotenziale auf der Prozess- und Kundenperspektive beeinflussen. Bei einem Dienstleister sind hier in erster Linie die Mitarbeiter zu nennen, denn die Mitarbeiter sind entscheidend für die gesamte Leistungserbringung des Dienstleisters und damit für seinen Erfolg. Hier sind sowohl die Qualifikationen der Mitarbeiter im operativen Bereich im Hinblick auf das angebotene Leistungsspektrum zu untersuchen als auch die vorhandenen Führungsqualifikationen, denn erfolgreiche Industriedienstleistung erfordert sowohl Know-how in den Leistungsprozessen als auch die richtige Führungskompetenz. Insbesondere den unternehmerisch geprägten Führungskräften in der Regionalorganisation kommt hierbei eine entscheidende Bedeutung zu.

Neben die Leistungsfähigkeit muss stets auch die Leistungswilligkeit treten, damit Leistung erzielt werden kann. Daher ist die Motivation der Mitarbeiter im Sinne der Zufriedenheit und der Mitarbeiterbindung als Erfolgspotenzial zu betrachten. Auch die Mitarbeiterstruktur ist bedeutsam, sowohl als absolute Summe der Beschäftigten als auch als relative Verteilung: sei es die altersmäßige Struktur oder die qualifikationsmäßige Struktur.

Für jedes Kriterium, das als Erfolgspotenzial identifiziert worden ist, wird die Ist-Position des Industriedienstleisters formuliert. Damit wird die Frage beantwortet, wo das Unternehmen heute steht.

Das systematische Durchdenken der Erfolgspotenziale führt zur Identifikation der wesentlichen Stärken und Schwächen des Industriedienstleisters. Diese können um die im Rahmen der Umfeldanalyse identifizierten Chancen und Risiken ergänzt werden. Damit führt die Erfolgspotenzial-Analyse die Ergebnisse der vorangegangenen Analysen zusammen und gibt eine übersichtliche Lagebeschreibung der Wettbewerbsarena. Damit bildet sie den Ausgangspunkt für die wettbewerbsfähige Gestaltung des strategischen Rahmens.

3 Den strategischen Rahmen wettbewerbsfähig gestalten

Zweiter Schritt im Rahmen des Strategieprozesses ist die Gestaltung des strategischen Rahmens. Hierbei wird der strategische Rahmen aufbauend auf den Ergebnissen der strategischen Analyse gestaltet, indem die wesentlichen Grundsatzentscheidungen für das Unternehmen getroffen werden. Die strategischen Grundsatzentscheidungen beinhalten die Formulierung von Vision und Mission ebenso wie die Gestaltung des Geschäftsmodells des Unternehmens und die Festlegung der grundsätzlichen Ziel-Position des Unternehmens (zur Differenzierung in den strategischen Rahmen und das strategische Zielsystem vgl. Horváth & Partners, 2007, S. 114 ff.).

Der Zweck des Unternehmens wird in der Mission formuliert. Sie beantwortet die Frage, welche Rolle das Unternehmen heute und zukünftig einnimmt. Die Mission hat langfristig Bestand. Sie ist zeitlich unbefristet und beschreibt die „Existenzberechtigung" des Unternehmens.

Die auf die Zukunft gerichtete Leitidee des Unternehmens wird in der Vision formuliert. Eine Vision wird so formuliert, dass sie sinnstiftend, motivierend und handlungsleitend für das Unternehmen und seine Mitarbeiter wirkt (vgl. Müller-Stewens/Lechner, 2005, S. 235). Die formulierte Vision beinhaltet idealtypisch den zeitlichen Horizont, bis zu dem die Vision Realität geworden ist. Damit kann die Vision auch als „Traum mit Verfallsdatum" bezeichnet werden.

Darüber hinaus werden Aussagen zu den angebotenen Leistungen des Dienstleisters sowie den Zielkundengruppen getroffen. Schließlich sollte in der Vision formuliert sein, durch welche Merkmale sich das Unternehmen von den Wettbewerbern abgegrenzt.

Im Folgenden wird das dargestellte Vorgehen anhand eines Beispiel-Unternehmens konkretisiert (vgl. Abbildung 1).

Aufbauend auf den strategischen Grundsatzentscheidungen, die in der Vision und Mission formuliert werden, wird die Ziel-Position des Industriedienstleisters konkretisiert. Das Vorgehen orientiert sich analog zur Analyse der Ist-Position an den identifizierten Erfolgspotenzialen. Zu jedem Erfolgspotenzial wird festgelegt, wie das Unternehmen zu einem definierten zukünftigen Zeitpunkt diesbezüglich aufgestellt sein will. Dabei muss die zukünftige Ausgestaltung der Erfolgspotenziale geeignet sein, die

Vision des Unternehmens zu realisieren. Geeigneter Zeithorizont für die Vision und die Ziel-Position sind fünf Jahre. Damit zeichnet die Ziel-Position ein die Vision konkretisierendes Bild des Unternehmens, wie es in fünf Jahren aussieht.

Abbildung 1: Mission und Vision des Beispiel-Unternehmens

Mission
Mit unseren komplexen Dienstleistungen steigern wir die Effizienz unserer Kunden in der Chemieindustrie. Wir zeichnen uns durch technische Kompetenz, Zuverlässigkeit und Flexibilität aus.

Vision
Im Jahr 2013 sind wir deutschlandweit mit unserem gesamten Dienstleistungsportfolio präsent und bieten unseren Kunden in der Chemieindustrie komplexe Dienstleistungen auf höchstem technischen Niveau. Damit erwirtschaften wir einen profitablen Umsatz von 300 Mio. Euro.

4 Die Strategie im strategischen Zielsystem operationalisieren und im Wettbewerb bestehen

4.1 Mit der strategischen Brücke von der Ist- zur Ziel-Position

Das dargestellte Vorgehen zur Erarbeitung des strategischen Rahmens sowie zur anschließenden Operationalisierung der Strategie kann auch bildlich ausgedrückt werden: Dem Verständnis der Vision als „Traum" folgend, besteht aus heutiger Sicht eine „Schlucht" zwischen dem aktuellen Standpunkt des Unternehmens und seiner Vision. Diese „Schlucht" kann mit einer Brücke überwunden werden. Da diese Brücke dem

Unternehmen hilft, seine Vision zu realisieren, soll sie hier als Strategiebrücke bezeichnet werden. Mit der Ist- und Ziel-Position sind die beiden Pfeiler der Strategiebrücke definiert. Um die Lücke zwischen Ist- und Ziel-Position zu schließen, muss das Unternehmen spezifische Entwicklungsschritte durchlaufen. Die Operationalisierung der Strategie besteht darin, die Entwicklungslücke zwischen der Ist- und der Ziel-Position zu schließen. Dazu muss der Industriedienstleister die Frage beantworten, welche Ziele er realisieren muss, um von der Ist- zur Ziel-Position zu gelangen. Dies erfolgt durch die Formulierung konkreter strategischer Ziele. Damit schlagen die strategischen Ziele die Brücke zwischen der Ist- und der Ziel-Position und stellen gleichsam die erforderlichen Entwicklungsschritte dar. Die folgende Abbildung 2 zeigt dieses Vorgehen auf.

Abbildung 2: Strategiebrücke

Dabei legt der strategische Rahmen mit Vision und Mission im wörtlichen Sinne den Rahmen fest, innerhalb dessen das strategische Zielsystem ausgestaltet werden kann. Während der strategische Rahmen über lange Zeiträume hin konstant bleibt, ist das strategische Zielsystem einer deutlich schnelleren Veränderung unterworfen. Dies resultiert daraus, dass sich mit jeder Weiterentwicklung des Unternehmens entsprechend der Erreichung seiner strategischen Ziele der jeweils aktuelle Ist-Zustand verändert. Wenn auch die Ziel-Position über lange Zeiträume konstant bleibt, so bedingt jedoch eine weiterentwickelte Ist-Position einen modifizierten Weg von der Ist- zur Ziel-Position und damit ein angepasstes strategisches Zielsystem.

Zur Gestaltung des strategischen Zielsystems wird die Strategie in klar definierte strategische Ziele operationalisiert, die festlegen, was das Unternehmen konkret erreichen will. Für jedes Erfolgspotenzial wird hinterfragt, wie groß die Lücke zwischen

Ist- und Ziel-Position ist und wie das Unternehmen diese Entwicklungslücke schließen kann. Abhängig von dem Ausmaß der Entwicklungslücke und der Handlungsnotwendigkeit wird entschieden, ob daraus ein strategisches Ziel abgeleitet werden muss:

- Stimmen Ist- und Ziel-Position (nahezu) überein, d. h. existiert keine Entwicklungslücke, und ist zudem keine Anstrengung erforderlich, um die Position zu halten, besteht keine Notwendigkeit, für dieses Erfolgspotenzial ein strategisches Ziel abzuleiten.
- Besteht hingegen eine Entwicklungslücke zwischen Ist- und Ziel-Position oder sind größere Anstrengungen erforderlich, die Position zu halten, müssen strategische Ziele abgeleitet werden, die helfen, die Entwicklungslücke zu schließen.

Damit ist mit der Strategiebrücke ein strukturiertes Vorgehen gegeben, die strategischen Ziele konsequent aus der zugrunde liegenden strategischen Analyse sowie den strategischen Grundsatzentscheidungen abzuleiten.

Da bereits die Erfolgspotenziale in Anlehnung an die Perspektiven der Balanced Scorecard identifiziert worden sind, können die erarbeiteten strategischen Ziele als Ausgangspunkt einer Balanced Scorecard unmittelbar den einzelnen Perspektiven zugeordnet werden. Die Betrachtung der vier Perspektiven stellt zudem sicher, dass das Zielsystem ausgewogen gestaltet ist, statt sich einseitig auf die finanziellen Erfolgsziele zu fokussieren.

Die Ziele beantworten damit die Leitfragen der jeweiligen Perspektive (vgl. Horváth & Partners, 2007):

- Die Ziele der Finanzperspektive beantworten die Frage, welche finanziellen Erfolgsziele das Unternehmen erreichen will, um seine Vision zu realisieren.
- Die Ziele der Kundenperspektive beantworten die Frage, wie die kundenseitigen Erfolgsfaktoren ausgestaltet sein müssen, damit sich das Unternehmen aus Kundensicht von den Wettbewerbern abgrenzt und damit die kundenbezogenen Erfolgsziele erreicht. Die kundenbezogenen Erfolgsziele wiederum beeinflussen unmittelbar die finanziellen Erfolgsziele des Unternehmens.
- Die Ziele der Prozessperspektive beantworten die Frage, wie die prozessualen Erfolgsfaktoren ausgestaltet sein müssen, um einerseits die Kundenziele und andererseits die Finanzziele bestmöglich zu unterstützen.
- Die Ziele der Potenzialperspektive schließlich beantworten die Frage, welche Potenziale für das Unternehmen als Erfolgsfaktoren anzusehen sind und wie diese zukünftig weiterzuentwickeln sind, damit die Ziele der Prozess- und Kundenperspektive bestmöglich unterstützt werden.

Dabei bleiben die strategischen Ziele der Balanced Scorecard nicht isoliert nebeneinander stehen. Vielmehr werden diese auf einer Strategy Map im Sinne einer strategischen Landkarte in ihrer Gesamtheit dargestellt. Die strategisch beabsichtigten Wirkungszusammenhänge zwischen den strategischen Zielen werden auf der Strategy Map durch Pfeile abgebildet, die die entsprechenden Ziele miteinander verbinden (vgl. Kaplan/Norton, 2004).

Dadurch zeigt die Strategy Map auf, warum sich der Industriedienstleister bestimmte Ziele vorgenommen hat, und wie diese die Realisierung der Vision unterstützen. Daraus resultiert die Möglichkeit, mit Hilfe der Strategy Map die „Geschichte der Strategie" zu erzählen und diese so verständlich an die Mitarbeiter im Unternehmen zu kommunizieren.

Als Brücke zwischen der Ist- und der Ziel-Position hat das Beispiel-Unternehmen ungefähr 20 wesentliche strategische Ziele für die vier Perspektiven formuliert. Einen Auszug hieraus zeigt die folgende Abbildung 3.

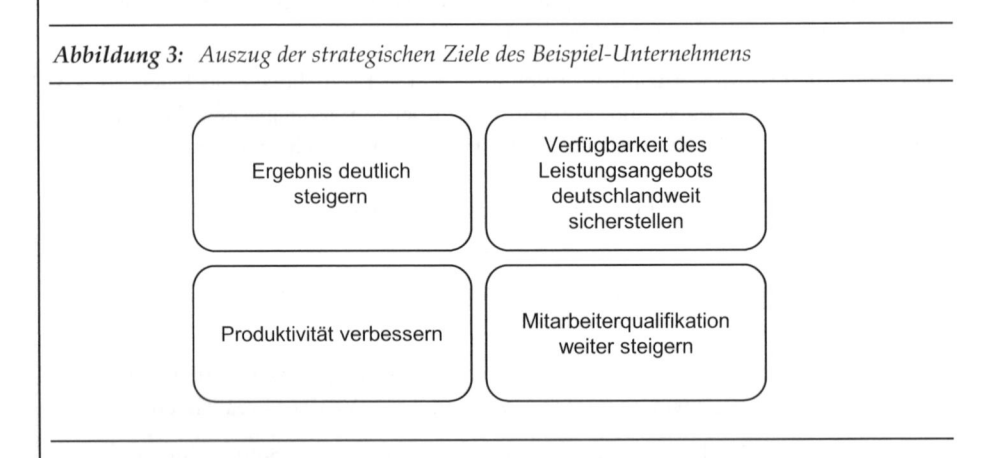

Abbildung 3: Auszug der strategischen Ziele des Beispiel-Unternehmens

- Ergebnis deutlich steigern
- Verfügbarkeit des Leistungsangebots deutschlandweit sicherstellen
- Produktivität verbessern
- Mitarbeiterqualifikation weiter steigern

4.2 Messgrößen und Maßnahmen zur weiteren Operationalisierung der Strategie

Mit der Formulierung der strategischen Ziele ist der erste Schritt der Operationalisierung der Strategie im Sinne der Balanced Scorecard erarbeitet. Analog zu der bekannten Aussage „If you can't measure it, you can't manage it." (Drucker) bedarf eine konsequente Strategieoperationalisierung zusätzlich der Festlegung von Messgrößen. Diese geben Auskunft darüber, woran festgemacht werden kann, ob ein Ziel erreicht worden ist. Dabei kommt es bei jedem Ziel darauf an, nicht einfach mögliche Messgrößen zu finden, sondern die bestgeeigneten Messgrößen auszuwählen.

Das Ablesen der Zielerreichung ist ausschlaggebendes Qualitätskriterium für die Eignung einer Messgröße. Darüber hinaus muss die Messgröße gewährleisten, dass sie das Verhalten der Mitarbeiter in die richtige Richtung lenkt. Erst im Anschluss an die Prüfung dieser beiden Anforderungen ist zu untersuchen, ob die Messgröße prinzipiell erhebbar ist, welche Schritte ggf. erforderlich sind, um die Messgröße im Unternehmen zu erheben, und wie aufwändig die laufende Erhebung der Messgröße ist. Erst die Beantwortung all dieser Fragen erlaubt die schlussendliche Auswahl der Messgrößen, die in der Balanced Scorecard Verwendung finden sollen.

Wesentliche strategische Messgrößen für den Industriedienstleister sind in der folgenden Abbildung 4 dargestellt.

Abbildung 4: Auszug der strategischen Messgrößen des Beispiel-Unternehmens

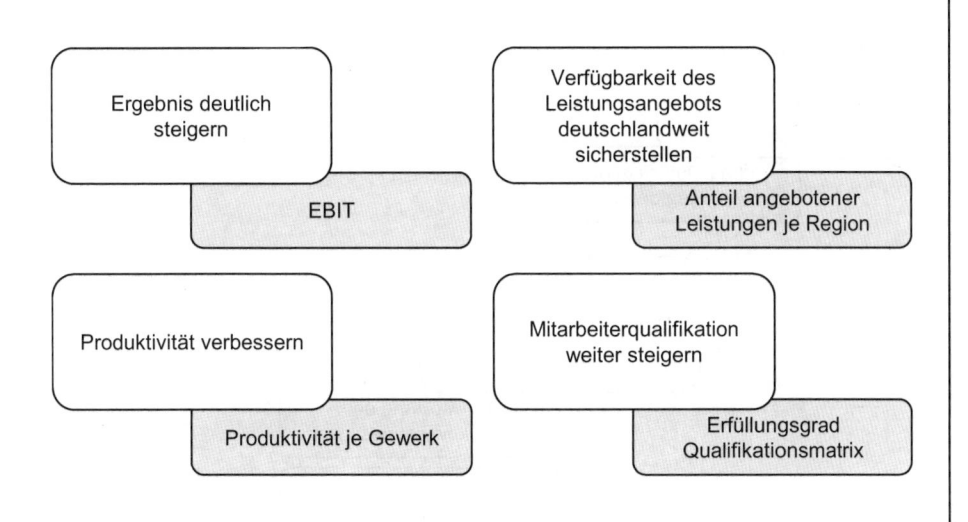

- Ergebnis deutlich steigern → EBIT
- Verfügbarkeit des Leistungsangebots deutschlandweit sicherstellen → Anteil angebotener Leistungen je Region
- Produktivität verbessern → Produktivität je Gewerk
- Mitarbeiterqualifikation weiter steigern → Erfüllungsgrad Qualifikationsmatrix

Das Setzen und Messen der strategischen Ziele allein generiert noch keine Aktionen. Das Unternehmen und seine Mitarbeiter werden dadurch allein nicht veranlasst, etwas zu unternehmen, das auf die Realisierung der Vision hinwirkt. Dazu bedarf es zusätzlich der Definition strategischer Maßnahmen. Diese beantworten die Frage, was zu tun ist, um das jeweilige Ziel zu erreichen.

Maßnahmen im Sinne der Balanced Scorecard haben Projektcharakter. Sie zielen auf die Erreichung eines einmaligen Resultates ab. Maßnahmen sind damit gekennzeichnet durch einen definierten Start- und Endtermin sowie einen beschreibbaren Ressourcenbedarf. Um die Umsetzung der Maßnahmen zu unterstützen, ist für jede Maßnahme eindeutig die Verantwortlichkeit festzulegen.

Der Beispiel-Industriedienstleiter hat ein umfassendes Maßnahmenprogramm formuliert, um die Erreichung der strategischen Ziele sicherzustellen. Die Verantwortung für die Durchführung der Maßnahmen haben vornehmlich Führungskräfte der ersten und zweiten Führungsebene übernommen, um so zum einen ein klares Commitment des Managements in Bezug auf die Strategie aufzuzeigen, zum anderen ihre Durchsetzungskraft bei der Strategieumsetzung zu nutzen. Wesentliche Maßnahmen sind in der folgenden Abbildung 5 beispielhaft dargestellt.

Damit ist die erste Voraussetzung dafür gegeben, dass der Industriedienstleister im Wettbewerb erfolgreich agieren kann: Eine tragfähige Strategie ist entwickelt und operationalisiert.

Abbildung 5: Auszug der strategischen Maßnahmen des Beispiel-Unternehmens

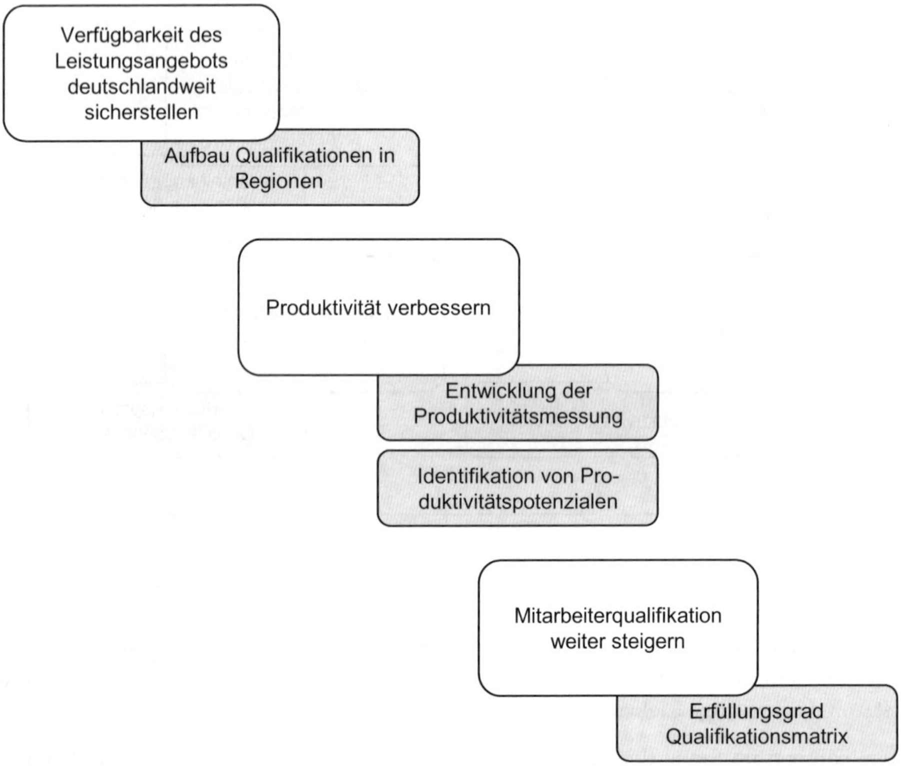

- Verfügbarkeit des Leistungsangebots deutschlandweit sicherstellen
  - Aufbau Qualifikationen in Regionen
- Produktivität verbessern
  - Entwicklung der Produktivitätsmessung
  - Identifikation von Produktivitätspotenzialen
- Mitarbeiterqualifikation weiter steigern
  - Erfüllungsgrad Qualifikationsmatrix

5 Ausblick

Mit der Entwicklung und Operationalisierung einer tragfähigen Strategie nutzt der Industriedienstleister bereits wesentliche Erfolgselemente einer konsequenten Strategiearbeit für sich. Dies allein reicht jedoch noch nicht aus, um die in der Vision formulierte Leitidee des Unternehmens zu realisieren. Nur durch die Verbindung der erarbeiteten Strategie mit einer konsequenten Umsetzungsarbeit kann der Industriedienstleister die Erfolgspotenziale der Strategie ausschöpfen.

Die Umsetzung der Strategie bedingt zunächst einmal, dass die Strategie den Mitarbeitern bekannt ist. Grundvoraussetzung hierzu ist eine klare und verständliche Kommunikation der Strategie. Ein geeignetes Instrument ist die Strategy Map. Diese kann auf vielfältige Weise im Unternehmen zur Kommunikation genutzt werden.

Das „Kennen" der Strategie seitens der Mitarbeiter ist ein Schritt auf dem Weg zu einer konsequenten Strategieumsetzung. Der zweite Schritt ist das „Wollen". Für die Mitarbeiter müssen Anreize geschaffen werden, auf die Erreichung der strategischen Ziele hinzuarbeiten. Neben die Kommunikation der Strategie rückt damit eine Anbindung der Strategie an die Anreizsysteme.

Schließlich bedingt eine konsequente Umsetzung der Strategie eine regelmäßige Auseinandersetzung mit dem Status der Strategieumsetzung, um darüber einen transparenten Überblick über das bisher Erreichte zu erlangen. Hierzu ist ein umfassendes Strategiecontrolling erforderlich, das sowohl den Status der Ziele, den Status der Messgrößen als auch den Status der Maßnahmen in einem Strategiereporting abbildet.

Damit hat der Industriedienstleister die Voraussetzungen geschaffen, die tragfähige Strategie erfolgreich umzusetzen – und damit im Wettbewerb erfolgreich zu agieren.

Kay Rothe

Herausforderungen der Internationalisierung von Industriedienstleistern
Markteintritt eines deutschen Dienstleisters in die Vereinigten Arabischen Emirate

1	Einleitung	35
2	Landesinformationen	35
3	Kultur und Religion	36
	3.1 Kultur der VAE	36
	3.2 Religion der VAE	37
4	Rechtliche Grundlagen	38
5	Arbeitsalltag in den VAE	39
	5.1 Nationalitätenmix	39
	5.2 Faktor Zeit	39
	5.3 Personalrekrutierung	41
	5.4 Erwartungen der deutschen Zentrale vs. Realität vor Ort	42
6	Markteintrittsstrategien für Dienstleister	43
7	Fazit	47

1 Einleitung

Die Vereinigten Arabischen Emirate (VAE) haben sich neben anderen Golfstaaten aufgrund ihrer erheblichen Erdöl- und Erdgasvorkommen seit den siebziger Jahren zu wichtigen Handelspartnern der Industrienationen entwickelt. Aus einer ehemals armen und sich hauptsächlich als Perlenfischer und Kamelzüchter verdingenden Nation ist innerhalb von drei Jahrzehnten ein bedeutender und finanzkräftiger Wirtschaftsraum geworden, der vermehrt nicht mehr nur das Interesse der erdölverarbeitenden Industrien auf sich zieht, sondern auch zunehmend im Fokus von Industriezweigen steht, die zum „schwarzen Gold" keinen Bezug haben.

Aufgrund ihrer enormen Wirtschaftskraft streben die Emirate in sämtlichen Lebensbereichen immer neuen Superlativen entgegen. Dies offenbart sich am deutlichsten im Bausektor, wo die zumeist staatlichen Baufirmen immer noch höhere, größere und luxuriösere Gebäude realisieren. Diese finden weltweit rasanten Absatz, wobei ein nicht unerheblicher Teil dieser Bauprojekte als reine Investitionsobjekte betrachtet werden, bei denen der Marktpreis nicht annähernd den tatsächlichen Wert der Immobilie repräsentiert.

Neben dem Bausektor betreiben die VAE eine konsequente Modernisierung und Diversifizierung ihrer Wirtschaft. Dies betrifft neben dem Energiesektor, in dem massive Investitionen in die Entwicklung alternativer Energien fließen, vor allem das verarbeitende Gewerbe, wie z. B. die Stahl- und Aluminiumindustrie. Die VAE möchten zukünftig einen höheren Wertschöpfungsanteil im eigenen Land halten und Kompetenz in Forschung und Entwicklung aufbauen. Diese Tendenzen führen zu einer erhöhten Attraktivität der VAE bei Zulieferbetrieben, Dienstleistern und Herstellern von Halbfertigprodukten gerade aus Deutschland. Vor diesem Hintergrund wird zunächst der Wirtschaftsstandort Vereinigte Arabische Emirate von mehreren Seiten beleuchtet. Darauf aufbauend werden die zu beachtenden Chancen und Risiken für einen Markteintritt von Industriedienstleistern erörtert.

2 Landesinformationen

Die Vereinigten Arabischen Emirate liegen auf der Arabischen Halbinsel uns sind ein föderaler Bundesstaat bestehend aus den sieben Emiraten Abu Dhabi, Dubai, Sharjah, Fujairah, Ras Al Khaimah, Ajman und Umm Al Quwain. In den VAE herrschst Tropenklima. Das bedeutet feuchtheiße Sommer mit bis über 50 Grad Celsius und nahezu 100 % Luftfeuchtigkeit sowie angenehme Winter mit 25 Grad Celsius und 50 % Luftfeuchtigkeit. Die Landesfläche beträgt etwa 83.600 qkm, was der Größe Portugals entspricht. 87 % davon entfallen auf das Emirat Abu Dhabi. Die VAE haben ca. 5 Millionen Einwohner, davon über 85 % Ausländer. Die Hauptstadt ist Abu Dhabi. Neben der Landessprache Arabisch ist Englisch weit verbreitet und auch als allgemeine Handelssprache anerkannt. Die Staatsreligion ist der Islam, doch darf jeder Ausländer seine eigene Religion frei praktizieren (vgl. Buck, 2007, S. 9).

An der Spitze der 1971 gegründeten VAE steht der vom obersten Rat der sieben Emire gewählte Präsident; gegenwärtig ist dies Sheikh Kalifa Bin Zayed Al Nahyan. Dieser nimmt, ähnlich wie der Bundespräsident, repräsentative Aufgaben wahr. Sein Stellvertreter und Regierungschef der VAE ist der Emir von Dubai, Sheikh Mohammed bin Rashid Al Maktoum. Beide haben bei allen Beschlüssen Vetorecht, womit faktisch Alleinherrschaft besteht. Der Rat der Emire bestimmt die Richtlinien der Politik, ernennt das Kabinett der Minister und eine beratende Nationalversammlung. Zwar geht die Gesetzgebung formell vom Kabinett aus, de facto wird die Macht jedoch von den sieben Emiren ausgeübt. Gewerkschaften und Parteien sind verboten (vgl. Kabasci/Oldenburg/Franzisky, 2007, S. 156 ff.).

Die Verwaltung der einzelnen Emirate erfolgt autonom, obwohl das Landesbudget zu 75 % vom Emirat Abu Dhabi und zu 21 % vom Emirat Dubai aufgebracht wird. Dies liegt daran, dass 90 % der Erdölvorkommen und damit die Einnahmen durch dessen Verkauf auf dem Gebiet des Emirates Abu Dhabi liegen. Diese Subventionierung der kleineren Emirate, hauptsächlich durch Abu Dhabi, führt immer wieder zu Konflikten, da sich die finanziell abhängigen Emirate dem Diktat des geldgebenden Emirates unterwerfen müssen. Daher verläuft die wirtschaftliche Entwicklung jener Gebiete wesentlich langsamer und nur im „geduldeten Rahmen". Dies ist auch der Grund, weshalb das Emirat Dubai frühzeitig auf alternative Einnahmequellen wie Tourismus, Handel, Finanzen und Logistik gesetzt hat.

3 Kultur und Religion

3.1 Kultur der VAE

Zwei Drittel der heutigen Bevölkerung der VAE kennen nur ein Leben im Erdölzeitalter mit all seinen Annehmlichkeiten. Daher sehen sich die Regierungen der jeweiligen Emirate dazu veranlasst, die Bedeutung des kulturellen Erbes und der eigenen Herkunft hervorzuheben und darzustellen. Die Mehrzahl der älteren Staatsbürger der VAE ist davon überzeugt, dass die alten beduinischen Werte Charakterstärke und Identität verloren gehen würden, wenn sie der nachfolgenden Generation nicht anschaulich vermittelt werden. Daher wird sehr viel Wert auf traditionelle Musik, Tänze,

Lesungen, aber auch sportliche Aktivitäten wie Reiten und Pferderennen, Falknerei, Kamelzucht und Dhausegeln gelegt.

Ein wesentlicher Beitrag des Bewahrens und Förderns der VAE-Identität besteht in den archäologischen Ausgrabungen, der Errichtung von Museen und so genannter Heritage Villages, aber auch der Rekonstruktion zerstörter historischer Gebäude. In mehreren Emiraten haben sich in den letzten Jahren örtliche Kulturgesellschaften mit Unterstützung staatlicher Verwaltungen und großer Privatinitiativen des kulturellen Erbes angenommen. Das Emirat Sharjah wurde dafür von der Unesco ausgezeichnet. Mit der Ankündigung eines Kulturbezirks auf der Saadiyat Insel plant Abu Dhabi, sich als Kulturstandort von Weltrang zu etablieren: Geplant sind ein Guggenheim-Museum, ein Kunstmuseum in Kooperation mit dem Louvre, ein Zentrum für darstellende Kunst, ein maritimes Museum sowie das Nationalmuseum zu Ehren von Sheikh Zayed, dem 2004 verstorbenen Gründer der VAE. Dubai plant ein Opernhaus, ein großzügiges Museum für arabische Kunst und ein Maritimmuseum.

3.2 Religion der VAE

Die offizielle Religion der VAE ist der Islam, doch werden andere Religionen und Kulturen respektiert. Somit gibt es auch zahlreiche christliche Kirchen im Land. Der Islam ist in den VAE wie auch in anderen Ländern des Mittleren Ostens mehr als nur eine Religion – er beeinflusst das tägliche Leben der Gläubigen wesentlich mehr, als dies vom Christentum in der westlichen Welt bekannt ist. Er bestimmt den Tagesablauf, angefangen von der Kleidung bis hin zu Essen und Trinken. Fast jedes Viertel hat eine Moschee, in der sich die Gläubigen fünfmal am Tag zum Gebet versammeln.

Der heilige Fastenmonat Ramadan ist die Zeit, in der die Muslime den Koran würdigen. Der Zeitpunkt des Ramadan richtet sich nach den Mondphasen. Zwischen Sonnenauf- und Sonnenuntergang darf der Gläubige weder essen noch trinken. Von Angehörigen anderer Religionen werden Höflichkeit und Respekt gegenüberRdem ramadan erwartet. Auf das Essen, Trinken und Rauchen in der Öffentlichkeit während des Tages im Ramadan sollte verzichtet werden. Der Alkoholausschank ist auf die Abendstunden beschränkt, und die Öffnungszeiten mancher Geschäfte sind kürzer als außerhalb des Ramadans. Auch das Unterhaltungsprogramm ist eingeschränkt. In den Hotels spürt der Tourist allerdings wenig vom Ramadan. Hier ist das Essen und Trinken den ganzen Tag über – teilweise in separaten Bereichen – erlaubt. Höflichkeit und Gastfreundschaft sind hochgeschätzte Tugenden in der arabischen Welt. Besucher sind immer von der Wärme und Freundlichkeit angetan (vgl. Janzir, 2007, S. 52 ff.).

Die arabische Nationaltracht ist den hohen Temperaturen der Gegend angepasst. Die Männer tragen ein bequemes weißes Gewand, das bis zu den Knöcheln reicht und Kandoura oder Dishdasha heißt. Frauen tragen eine lange schwarze, langärmelige

Abayah. Eine Kopfbedeckung wird von beiden getragen als Schutz gegen den Sand und die Mittagssonne.

4 Rechtliche Grundlagen

Das Rechtssystem der VAE basiert zum größten Teil auf altem französischen und englischen Recht. Das islamische Recht, die Shari'a, ist zwar nach der Verfassung eine Hauptquelle der Gesetzgebung, spielt jedoch in der praktischen Anwendung des Zivil- und Wirtschaftsrechts keine Rolle mehr; lediglich in Familienangelegenheiten wird diese noch angewandt. Man kann insofern aber von einem dualen Rechtssystem sprechen, als dass alte und neue Gesetze stets auf ihre Kompatibilität mit dem islamischen Recht geprüft werden und mit diesem vereinbar sein sollten. Das vertragsrechtliche Grundprinzip der Shari'a „Der Vertrag ist das Gesetz der Parteien" sollte daher immer beachtet werden. Die relevanten Rechtsquellen in der Reihenfolge ihrer Bedeutung sind: Erstens Verfassung, zweitens Bundes- und Emiratsgesetzgebung, drittens Shari'a, viertens Handelsbräuche und Praxis. Obwohl die einzelnen Emirate nach der Verfassung grundsätzlich über die Befugnis verfügen, Gesetze zu erlassen, gilt auf den wirtschaftlich wichtigsten Grundgebieten dennoch einheitliches Recht, da der föderale Gesetzgeber von seiner vorrangigen Gesetzgebungsbefugnis Gebrauch macht. Insbesondere sind hier das Zivilgesetzbuch der VAE aus dem Jahr 1985 und das Handelsgesetzbuch der VAE aus dem Jahr 1993 hervorzuheben, die wesentliche Teile des vermögensrechtlichen Zivilrechts der VAE abdecken. Diese Gesetzeswerke gewinnen auch deshalb zunehmend an Bedeutung, da insbesondere die Gerichte der VAE diese Gesetze anwenden, bestätigen und auslegen.

Die VAE verfügen über einen dreistufigen Gerichtsaufbau. Jedes der sieben Emirate hat die Möglichkeit, eigene, unabhängige Gerichte einzurichten. Davon haben bislang aber nur Abu Dhabi und Dubai Gebrauch gemacht. Die anderen fünf Emirate verfügen zwar über erst- und zweitinstanzliche Gerichte, ordnen sich in letzter Instanz aber dem Supreme Court in Abu Dhabi unter. Die Höhe der Gerichtskosten ist in den verschiedenen Emiraten unterschiedlich und orientiert sich am Streitwert, wobei es in allen Emiraten Höchstgrenzen gibt. Die Höhe des Anwaltshonorars unterliegt der freien Vereinbarung. In der Regel werden Stunden- oder Pauschalhonorare, die sich nach der Höhe des Streitwertes richten, vereinbart. Anwaltskosten sind auch für die siegende Partei, bis auf verschwindend geringe Summen, nicht erstattungsfähig (vgl. Kabasci et al., 2007, S. 160 f.).

5 Arbeitsalltag in den VAE

5.1 Nationalitätenmix

Die VAE gehören zu den am schnellsten wachsenden Nationen der Welt. In den letzten zehn Jahren wuchs die Bevölkerung durchschnittlich um mehr als 6 % pro Jahr auf momentan etwa 4,3 Millionen. Es werden jeden Tag rund 1.000 neue Visa ausgestellt.

Der mit 85 % recht hohe Ausländeranteil der Bevölkerung der VAE ist neben dem Erdöl für den Reichtum des Landes verantwortlich. Expatriates (Gastarbeiter) sind es, die das System am Golf am Laufen halten: Nahezu alle Arbeiten werden in den VAE von Ausländern verrichtet. Bei den einheimischen Familien arbeiten oft mehrere Putzfrauen und Kindermädchen sowie ein Chauffeur, ein Gärtner und ein Koch. Die Banker und Manager größerer Firmen und Hotels stammen meistens aus Europa und den USA, die Manager mittlerer und kleinerer Firmen auch aus anderen arabischen Ländern und Asien. Techniker kommen aus Europa und den USA, Ärzte ebenfalls, jedoch zunehmend auch aus Jordanien und Ägypten. Das Hotelpersonal stammt aus Indien und von den Philippinen. Harte körperliche Arbeit verrichten Inder, Sri Lanki, Pakistani und Bangladeshi. Die überwiegende Mehrzahl von ihnen muss ohne Ehefrauen und Familienangehörige in den Emiraten leben. Erst ab einem Einkommen von 4.000 Dirham (1 VAE Dirham = 0,20 EUR, Stand 02.04.2009) im Monat und schriftlicher Einverständniserklärung des Arbeitgebers erhält die Familie des Gastarbeiters eine Aufenthaltsgenehmigung. Die ausländischen Arbeitskräfte sind mit diesen Einschränkungen einverstanden, denn die steuerfreie Entlohnung in den VAE entspricht einem Vielfachen der Bezahlung in ihrem Heimatland: Der Monatslohn für einen Bauarbeiter liegt bei ca. 120 EUR. Zu diesem Gehalt kommen freie Unterkunft, Verpflegung, Transport, Kleidung, Krankenversicherung und ein Heimflug alle zwei Jahre hinzu. Bei Verlust der Arbeitsstelle muss der Arbeitnehmer nach 30 Tagen das Land verlassen, wenn er in diesem Zeitraum keine neue Anstellung findet. Eine Einbürgerung sehen die Gesetze der VAE in der Regel für Ausländer nicht vor.

5.2 Faktor Zeit

„Die Schweizer haben die Uhr erfunden, die Araber die Zeit."

Viele, auch erfahrene Geschäftsleute aus westlichen Ländern, sind der Meinung, dass die Araber aufgrund ihres Reichtums durch die Exploration und den Verkauf des Erdöls ihr Vermögen nun verschwenderisch und großzügig ausgeben und daher Geschäftsverhandlungen im Mittleren Osten schnell und leicht von der Hand gehen und die Einheimischen sprichwörtlich mit dem Vertrag in der Hand am Flughafen warten.

Dem ist leider nicht so. Sicherlich haben Locals eine Schwäche für Luxusgüter aller Art und geben dafür auch gerne und viel Geld aus, doch im Geschäftsleben sind sie genauso harte und schwierige Verhandlungspartner, wie man sie überall auf der Welt findet. Schließlich haben die Araber schon um ca. 4000 vor Christus mit Weihrauch, Perlen und Stoffen gehandelt, wobei die Preise in langwierigen und intensiven Verhandlungen festgelegt wurden. Das Handeln ist Teil der arabischen Preisfindungskultur, und das Aushandeln eines Preises ist Voraussetzung für ein beide Seiten zufriedenstellendes Geschäft.

Der Faktor Zeit ist für eine erfolgreiche und vor allem langfristige und stabile Geschäftsentwicklung in den VAE von entscheidender Bedeutung. Ausgangspunkt für eine Erschließung des hiesigen Marktes ist eine Präsenz vor Ort. Es gibt nur sehr wenige Beispiele, in denen ausländische Firmen langfristig gute Geschäfte im Mittleren Osten getätigt haben, ohne selbst vor Ort zu sein. Entscheidend sind somit die persönlichen Kontakte zu den zukünftigen Partnern. Die Araber sind zwar mit allen modernen Kommunikationsmitteln ausgestattet, doch kann Vertrauen nur entstehen und können Preise nur verhandelt werden bei einer Tasse Tee oder Kaffee, bei der man sich gegenübersitzt und die Reaktionen und Emotionen des Anderen spürt und sieht. Dutzende E-Mails und Telefonate können diese Stunde nicht ersetzen.

Eine weitere Hürde für westliche Geschäftsleute ist die immer noch weit verbreitete Inkonsistenz, Wankelmütigkeit und Unpünktlichkeit der Araber. Dies wird zum Teil damit begründet, dass in früheren Zeiten Termine für ein Treffen nur grob zwischen den Gebeten vereinbart wurden. Dieser Zeitraum umfasst aber zum Teil bis zu fünf Stunden. Daher werden auch heute noch Termine nicht mit der erwarteten Disziplin eingehalten, im Gegenzug wird jedoch Disziplin von der anderen Seite verlangt. Gerade für erste Reisen in die Region zum Erkunden des Landes und das Treffen zukünftiger Geschäftspartner ist daher zu empfehlen, den Terminkalender nicht allzu vollzuladen und mindestens einen Tag Karenzzeit vorher und einen Tag am Ende einzuplanen. Grundsätzlich ist davon auszugehen, dass bis zu einem Jahr vergehen kann, bis die richtige Gesellschaftsform für die zu gründende Firma oder Niederlassung sowie die richtigen Partner vor Ort gefunden sind, die in der Lage und willens sind, in Verhandlungen über den Kauf eines bestimmten Produktes oder Services zu gehen. Umfangreiche Hilfe bieten dazu die Industrie- und Handelskammern, die Außenhandelskammer sowie diverse Branchenverbände und Beratungsfirmen.

Zu Beginn eines jeden Geschäftstermins sprechen die Geschäftspartner über allgemeine Themen, das eigentliche Geschäft bleibt zunächst im Hintergrund. Auch wenn dies anfänglich etwas gewöhnungsbedürftig ist, sollten sich Expatriates diesen Sitten und Gebräuchen anpassen, wollen sie erfolgreich Geschäfte in den VAE abschließen. Danach folgt mitunter eine mehrere Monate dauernde Phase des Treffens und Verhandelns – schnelle Entscheidungen sollten nicht erwartet werden. Ist schließlich der Vertrag mit einem Einheimischen unterzeichnet, kann diesem die Lieferung des Produktes oder der Dienstleistung nicht schnell genug gehen. Auf eine gewisse Mobilisierungsphase sollte daher schon während der Verhandlungen dezent hinweisen werden.

Ist der Verhandlungspartner hingegen schon etwas länger bekannt und wurde bereits das eine oder andere Geschäft getätigt und somit gegenseitiges Vertrauen erlangt, kommt es durchaus vor, dass die Verhandlung am Ende eines Geschäftstreffens beim Gehen zur Ausgangstür noch schnell erledigt und bei der Lieferung des Produktes oder Service eine längere Mobilisierungsphase akzeptiert wird. Ist die anfängliche Durststrecke überwunden, wurde ein Netz von Kunden und Partnern aufgebaut und die Gewohnheiten des Landes verinnerlicht, sind die Araber sehr verlässliche Geschäftspartner (zum Vergleich kultureller Unterschiede Hecht-El Minshawi, 2007, S. 23 f.).

5.3 Personalrekrutierung

Obwohl offiziell jeden Tag in Dubai etwa 1.000 neue Arbeitserlaubnisse ausgestellt werden, herrscht dennoch ein Mangel an Arbeitskräften. Dies betrifft sämtliche Bereiche. Vom einfachen Arbeiter über Fachkräfte bin hin zu Führungskräften und Managern. Für jeden Bereich gibt es in den VAE spezielle Wege der Rekrutierung:

Einfache und gering ausgebildete Arbeiter werden mittels Rekrutingagenturen eingestellt. Diese haben sowohl ein Büro in den VAE als auch ein Büro in dem jeweiligen Heimatland der Bewerber. Da die Gehälter in diesem Bereich mit 120 EUR bis 150 EUR pro Monat immer noch sehr niedrig sind, beschränkt sich die Auswahl auf Länder mit sehr geringem Durchschnittseinkommen wie Nepal, Bangladesch, Pakistan und Sri Lanka. Das bisherige Hauptrekrutierungsland Indien wurde in den letzten Jahren immer unattraktiver, da aufgrund des dortigen Wirtschaftsaufschwungs ähnliche Gehälter erzielt werden können wie in den VAE und daher ein vorübergehender Umzug ins Ausland zum Geldverdienen nicht mehr notwendig ist.

Besteht ein Bedarf an Arbeitern, teilt die Firma diesen an die entsprechende Agentur mit. Diese beginnt mit der Vorauswahl der Lebensläufe und filtert passende Kandidaten heraus. Sodann reist ein Vertreter der einstellenden Firma in das Land und führt die Einstellungsgespräche. Erfahrungsgemäß werden von der engeren Auswahl aufgrund eines Mangels an Englisch-Sprachkenntnissen letztendlich nur 10 % bis 20 % der Bewerber eingestellt. Vor der Einreise der Angestellten werden die entsprechenden Visadokumente beantragt, deren Erstellung mehrere Wochen dauern kann und pro Person etwa 600 EUR kostet. Nach der Einreise muss sich jeder Bewerber noch einer medizinischen Untersuchung unterziehen, bevor das endgültige Residenz-Visum ausgehändigt wird.

Die Rekrutierung von Fachkräften und technisch versiertem Personal stellt die größte Herausforderung für Firmen in den VAE dar. Der Mangel an gut ausgebildetem Personal ist ein Grund für die unzureichende Qualität der Bauausführung und Installation technischer Anlagen. Es besteht eine Diskrepanz zwischen den aus Industrienationen gelieferten modernen Maschinen und Anlagen und dem Level an Wissen und Erfahrung des installierenden, steuernden und wartenden Personals. Da die Einstellung von Fachkräften aus westlichen Ländern die hiesigen Gehaltsstrukturen massiv übersteigt, werden meist in den oben genannten Ländern ausgebildete Techniker rekrutiert und vor Ort in den VAE abermals geschult und weitergebildet, um befriedigende Leistungen zu erzielen. Da dies ein langwieriger und kostenintensiver Prozess ist, gehen Firmen in den VAE dazu über, gut ausgebildetes Personal von anderen ansässigen Firmen abzuwerben. Daher ist die Fluktuation entsprechend hoch.

Führungskräfte und Manager werden in den VAE unter Zuhilfenahme von Personalvermittlern und Headhuntern eingestellt. Aufgrund der wirtschaftlichen Entwicklung des Landes und dem Mangel an ausgebildetem und erfahrenem Personal bewegen sich die Gehälter in Leitungsebenen weit über dem Durchschnitt anderer industrialisierter Länder. Daher versuchen lokale Firmen, mit Hilfe international tätiger Personalvermittler Führungskräfte in ihren Heimatländern zu rekrutieren, da dort die Einkommen noch vergleichsweise angemessen sind. Die Firma übernimmt dann zumeist die Übersiedlungs-, Umzugs- und Einreisekosten. Das Gehalt besteht aus einem Basisgehalt, einer Wohnung oder dem Zahlen einer Unterkunftspauschale. Hinzu kommen Krankenversicherung, ein Firmenwagen, Schulgeld für die Kinder sowie jährliche Heimflüge für die Familie. Nach einigen Jahren Erfahrung in den VAE können gute Mitarbeiter in Managementpositionen hervorragende Gehälter erzielen, da ein nicht unerheblicher Teil der Expatriates nach drei bis fünf Jahren wieder in das jeweilige Heimatland zurückkehrt und daher das Angebot nochmals eingeschränkt wird.

Die Regierung der VAE versucht seit einigen Jahren durch Stipendien für international renommierte Hochschulen im Ausland, die Kooperation mit ausländischen Spitzenuniversitäten und deren Ansiedlung in den VAE und verschiedenen Bildungsoffensiven, die eigene Bevölkerung zu besserer Ausbildung und Qualifizierung zu ermutigen, damit diese später Leitungspositionen in emiratischen Unternehmen besetzen können.

5.4 Erwartungen der deutschen Zentrale vs. Realität vor Ort

Die tägliche Arbeit eines Managers in einem Unternehmen in Dubai und den VAE, dessen Muttergesellschaft aus Deutschland kommt, ist geprägt durch einen Spagat zwischen verschiedenen Kulturen, Religionen, Weltanschauungen sowie Bildungs- und Sprachniveaus. Täglich aufs Neue besteht die Herausforderung darin, einen passenden Mix zu finden, welche Informationen der Muttergesellschaft mitgeteilt, welche in abgeschwächter oder leicht veränderter Form berichtet und was lieber verschwiegen und selbst gelöst werden sollte. Die Diskrepanz zwischen den Erwartungen der Zentrale und den Begebenheiten des Alltags haben folgende Gründe:

Wie bereits erwähnt, haben die Araber und auch andere Völker eine sich von der deutschen unterscheidende Auffassung von Zeit, Pünktlichkeit und Disziplin. Dies führt zwangsläufig immer zu Erklärungsbedarf des deutschen Managers in den VAE gegenüber der Zentrale in Deutschland, da viele Dinge wesentlich länger dauern als erwartet.

Ein Vorgesetzter, zumal noch aus einer westlichen Industrienation, genießt in den VAE ein sehr hohes Ansehen gegenüber seinen Angestellten. Die mittleren und unteren Führungsschichten sind häufig durch Inder oder Pakistani besetzt. Da es sich in diesen Kulturkreisen nicht gebührt, dem Vorgesetzten zu widersprechen, werden Anweisungen stets mit Zustimmung und Einverständnis entgegengenommen. Häufig wird jedoch die Aufgabe nicht oder nur teilweise verstanden, wodurch das Ergebnis nicht den Erwartungen entspricht. Dies bedeutet, dass entweder mehrfach nachgebessert werden muss oder der Vorgesetzte schließlich die delegierte Aufgabe nochmals alleine erledigt.

Ein weiterer Grund liegt in der arabischen Hilfsbereitschaft und Freundlichkeit. Verhandelt man mit einem Araber über ein Geschäft, erhält man nur selten eine Absage im ersten Gespräch. Dies wird aber gelegentlich fälschlicherweise als Zusage des Geschäfts gewertet und an die deutsche Zentrale weitergeleitet. Sollte sich später herausstellen, dass die Aussage nun nicht mehr gilt oder nicht mehr in diesem Umfang, besteht wiederum Erklärungsbedarf (vgl. Kabasci, 2006, S. 217 ff.).

6 Markteintrittsstrategien für Dienstleister

Grundsätzlich gilt bei nahezu jeder ausländischen Geschäftstätigkeit in den VAE weiterhin das Prinzip der lokalen Beteiligung, auch wenn es durch die Möglichkeit, sich in den diversen Freizonen niederzulassen, zunehmend an Gewicht verliert. Dadurch soll die Beteiligung der Staatsbürger der VAE an dem wirtschaftlichen Aufschwung gewährleistet und eine letzte Kontrolle durch Einheimische sichergestellt werden. Allein das reine Exportgeschäft auf Einzelfallbasis und die Freihandelszonen sind von dieser Regel ausgenommen.

Oft wird das Prinzip der lokalen Beteiligung fälschlicherweise pauschal mit dem so genannten Sponsor gleichgesetzt. Dass dem Begriff „Sponsor" jedoch eine vielschichtige Bedeutung zukommt, ist zumeist unbekannt. Ursprünglich fungierte der Sponsor ausschließlich als Bürge für Ausländer, die in den VAE Geschäfte tätigten. Mit zunehmenden ausländischen Unternehmensaktivitäten in den Emiraten hat sich jedoch sowohl der Begriff als auch die Haftung des Sponsors gewandelt. „Sponsorship" im gesellschaftsrechtlichen Sinne beispielsweise umfasst nunmehr die schon angesprochene obligatorische Beteiligung emiratischer Staatsangehöriger an Gesellschaften, die von der rein administrativen Funktion als so genannter National Service Agent bei Zweigniederlassungen bis hin zu der Beteiligung an Gesellschaften als „tatsächlicher" Gesellschafter reicht.

Während den Sponsor früher grundsätzlich eine Haftung für alle Aktivitäten des „Gesponsorten" traf, besteht diese heute nur noch in ganz bestimmten Ausnahmefällen. Im Hinblick auf die Besonderheit der lokalen Beteiligung und die übrigen, oftmals unbekannten gesetzlichen und wirtschaftlichen Bestimmungen sind deshalb insbesondere zwei Punkte von entscheidender Bedeutung:

- Der richtige lokale Geschäftspartner, sei es als Handelsvertreter oder Eigenhändler, Partner einer Joint-Venture-Gesellschaft, Service Agent einer Zweigniederlassung, Tender Agent oder bloßer Abnehmer von Waren;
- Eine wohlausgewogene und an die lokalen gesetzlichen und wirtschaftlichen Gepflogenheiten angepasste vertragliche Grundlage bei jeder Art von geschäftlicher Verbindung.

Oft kann die Suche nach dem richtigen lokalen Geschäftspartner eine längere Zeit in Anspruch nehmen, die zwar Geduld erfordert, sich aber in jedem Fall auszahlt. Vor einer übereilten und ungeprüften vertraglichen Bindung an einen lokalen Partner kann im Hinblick auf die oft weitreichenden rechtlichen Folgen deshalb nur gewarnt werden. Sofern nicht ausreichend eigene Erfahrungswerte und hiesige Beziehungen vorhanden sind, sei eine professionelle Beratung durch die Industrie- und Handelskammern sowie Branchenverbände angeraten. Daneben sind, wie schon erwähnt, der persönliche Kontakt zu den arabischen Geschäftspartnern, ein langer finanzieller Atem und eine wie auch immer geartete lokale Präsenz vor Ort für eine erfolgreiche Gestaltung der wirtschaftlichen Tätigkeiten in den VAE wichtig.

Zweigniederlassungen deutscher Unternehmen können in den VAE in verschiedenen Formen gegründet werden. Neben der klassischen Zweigniederlassung (Branch) kommt auch ein Repräsentanzbüro (Representative Office) in Betracht. Beiden Niederlassungsformen ist gemein, dass sie zu 100 % im Eigentum der ausländischen Muttergesellschaft stehen. Im Gegensatz zu einem Joint Venture bzw. einer lokalen Gesellschaft benötigen diese Niederlassungen keinen lokalen Partner, sondern lediglich einen einheimischen so genannten National Service Agent, der aber weder Teilhaber oder Angestellter ist noch sonstige Mitspracherechte besitzt. Sein Aufgabenbereich beschränkt sich auf die im National Service Agent Agreement genannten Dienstleistungen, wie die Unterzeichnung von Visaanträgen und Lizenzformularen. Dafür erhält er eine Aufwandsentschädigung, die frei vereinbar ist. Um die Gründung von

Joint-Venture-Gesellschaften in den VAE zu fördern und eine Umgehung des Prinzips der lokalen Beteiligung zu verhindern, haben die Verwaltungsbehörden in den vergangenen Jahren die wirtschaftlichen Aktivitäten von Branches aber weitgehend eingeschränkt. Zudem ist es Branches nicht erlaubt, an öffentlichen Ausschreibungen teilzunehmen. Daher ist diese Art von Markteintritt für einen Dienstleister aus Deutschland nicht zu empfehlen.

Die Gründung eines Repräsentanzbüros ermöglicht dem ausländischen Unternehmen bei überschaubarem Aufwand eine ständige Firmenvertretung vor Ort. Dem Repräsentanzbüro, das ebenso wie die Branch keine eigene Rechtspersönlichkeit besitzt, kommt allerdings nach dem Grundgedanken des Gesetzes keine aktive Funktion zu. Es ist ihm untersagt, eigene wirtschaftliche Aktivitäten zu entfalten, zu fakturieren und Erlöse aus Geschäftstätigkeiten zu vereinnahmen. Daher ist diese Rechtsform für einen Dienstleister als Markteintritt nicht zu empfehlen, sollte der Vollständigkeit halber aber genannt werden.

Im Gegensatz zu einer Branch und einem Representative Office ist es Joint-Venture-Gesellschaften in den VAE erlaubt, selbständige wirtschaftliche Aktivitäten wie beispielsweise direkte Vertriebstätigkeiten einschließlich Im- und Export der Produkte, Produktionsaktivitäten oder Teilnahme an öffentlichen Ausschreibungen oder anderen Großprojekten im Dienstleistungssektor anzustreben. Diese Gesellschaftsform geht über eine bloße Repräsentanz in den VAE hinaus und kommt daher den Interessen des deutschen Dienstleisters für einen Markteintritt in den VAE am meisten entgegen (vgl. Kooperationsformen bei Welge/Holtbrügge, 2006, S. 117 ff.). Es gibt ähnlich wie in Deutschland daher die Möglichkeit der Gründung einer Limited Liability Company LLC (vergleichbar GmbH) oder einer Public Joint Stock Company PJSC (vergleichbar AG). Trotz des bereits 1995 erfolgten WTO-Beitritts der VAE und entsprechender Verpflichtungserklärungen der VAE-Regierung können sich Ausländer und ausländische Unternehmen in den VAE wie schon erwähnt derzeit weiterhin nur als Minderheitsgesellschafter an lokalen Gesellschaften beteiligen. Mindestens 51 % des Gesellschaftskapitals sind zwingend einem Staatsangehörigen der VAE oder einer zu 100 % in emiratischem Eigentum stehenden juristischen Person zu überlassen. Der ausländische Gesellschafter muss daher versuchen, seine Interessen durch entsprechende Abfassung des Gesellschaftsvertrags zu wahren, um sich so seine Einflussnahmemöglichkeiten zu sichern. Werden zudem Nebenvereinbarungen der Gesellschafter (so genannte Sponsorverträge oder auch Side bzw. Partners' Agreements) zur Gleichstellung der Parteien oder zur kompletten Ausschaltung des lokalen Gesellschafters getroffen, erhält der lokale „sleeping partner" im Gegenzug in aller Regel eine vertraglich vereinbarte Haftungsfreistellung sowie eine gewisse Pauschalvergütung. Trotz verschiedener Verbotsregelungen im VAE-Gesellschaftsgesetz sind solche Nebenvereinbarungen zwar üblich, nach der bisher geltenden Rechtsprechung zumindest aber gegenüber Dritten unwirksam.

Die VAE verfügen zudem über eine Vielzahl von Frei- oder Freihandelszonen. Diese stellen eine attraktive Variante zu einer Niederlassung direkt in den VAE dar. In den Frei(handels)zonen kommen die zentrale Lagerhaltung für die Region oder die Fertigung zu günstigen Konditionen in Betracht. Sie bieten im Wesentlichen folgende Investitionsanreize:

- 100 % Kapital- und Gewinnvereinnahmung
- Zollbefreiung
- Keine Währungsrestriktion
- Keine Körperschaftsteuern für einen garantierten Zeitraum von 15 bis zu 50 Jahren
- Keine Einkommensteuer
- Geringe Personal- und Energieversorgungskosten
- Angemessene Pacht- und Mietzinsen
- Hochentwickelte Infrastruktur

Obwohl die in den Frei(handels)zonen gegründeten Niederlassungen oder Gesellschaften trotz ihrer Lage auf dem Staatsgebiet der VAE zumindest in zoll- und einfuhrtechnischer Hinsicht als nicht emiratische Unternehmen betrachtet werden, haben viele ausländische Unternehmen diese Möglichkeit in Anspruch genommen, um sich regionale Standortvorteile zu sichern und auch ohne lokalen Partner relativ einfach auf dem hiesigen Markt Präsenz zeigen zu können. Zu beachten ist allerdings, dass die in den Frei(handels)zonen gegründeten Niederlassungen aufgrund ihrer rechtlichen Qualifizierung als ausländische Gesellschaften zum Export in die VAE entweder einen Handelsvertreter, eine Vertriebsgesellschaft oder einen (End-)Abnehmer benötigen, der über eine entsprechende Einfuhrgenehmigung verfügt. Auch eine Teilnahme an öffentlichen Ausschreibungen ist nicht ohne weiteres möglich. Auch sei erwähnt, dass die Vorbehalte gegenüber ausländischen, in Freihandelszonen ansässigen Unternehmen von Seiten der Einheimischen erheblich sind, da die Meinung vorherrscht, dass das besagte Unternehmen zwar die Vorteile des hiesigen Marktes nutzen möchte, sich aber dennoch nicht in Gänze den lokalen Gewohnheiten und Pflichten inklusive des Akzeptierens einer Minderheitsbeteiligung, wie sie bei Joint-Venture-Gesellschaften der Fall ist, hingeben möchte. Daher ist es für ausländische Firmen in Frei(handels)zonen anfänglich oft schwieriger, den lokalen Markt zu erschließen und umfangreiche Aufträge zu generieren.

Der Bereich der Industriedienstleistung und des Facility Managements hat in den VAE in den letzten Jahren einen massiven Aufschwung erlebt. Im Zuge der Modernisierung der bestehenden Industrien sowie der Ansiedlung neuer Wirtschaftszweige in den Bereichen Stahl- und Aluminiumverarbeitung sowie der erneuerbaren Energien haben sich in den Emiraten zunehmend auch Gesellschaften aus dem Zulieferbereich und dem Beschaffungsmanagement etabliert. Damit erfolgt eine vertikale Ausdehnung der Distributions- und Wertschöpfungskette vor Ort in den VAE, wodurch wiederum mehr Einnahmen für den Staat generiert werden.

Grundsätzlich ist es vor einem Markteintritt in die VAE empfehlenswert, umfangreiche Marktanalysen vor Ort zu betreiben, ob ein Unternehmen mit einem ähnlichen Produkt- oder Dienstleistungsangebot schon im Markt vertreten ist bzw. ob es ein etabliertes lokales Unternehmen gibt, welches die entsprechende Leistung als Portfolioerweiterung aufnehmen könnte (vgl. die Grundlagen der Internationalisierung bei Perlitz, 2004, S. 65 ff.).

Eine Bindung an ein lokales Unternehmen oder einen einflussreichen Einheimischen sollte zwar ausführlich geprüft werden, erleichtert und vereinfacht den Markteintritt jedoch ungemein. Es werden sprichwörtlich „Türen geöffnet", Kontakte hergestellt und gelegentlich Entscheidungen bei Behörden beschleunigt und auf den rechten und erwarteten Weg gelenkt. Sicherlich ist auch ein langfristiger Erfolg im Alleingang möglich. Dennoch hat die Erfahrung gezeigt, dass sich unter Zuhilfenahme von sowohl erfahrenen einheimischen als auch ausländischen Mentoren sowie bereits bestehenden Strukturen, Organisationen und vor allem Vertriebswegen der wirtschaftliche und emotionale Erfolg wesentlich schneller einstellt.

7 Fazit

Die Vereinigten Arabischen Emirate sind ein aufstrebender und in den nächsten Jahren an Relevanz gewinnender Wirtschaftsraum. In dieser multi-kulturellen Gemeinschaft zu leben und zu arbeiten lässt oft über vermeintlich etablierte Wege, Normen, Anschauungen und Prozesse nachdenken und über den Tellerrand hinaus schauen.

Wird mit dem Gedanken gespielt, einen Markteintritt in die VAE zu wagen, gibt es einige wenige, jedoch elementare Regeln, um erfolgreich zu sein: Grundsätzlich sollte, wie eigentlich bei jedem Besuch eines fremden Landes, eine gewisse Toleranz gegenüber den Traditionen, Bräuchen und Sitten des Gastlandes geübt werden. Gerade in den VAE sind zudem die Präsenz vor Ort und persönliche Kontakte durch nichts zu ersetzen. Im Vorfeld sollte dafür gesorgt werden, dass die notwendigen finanziellen Mittel zur Verfügung stehen. Ferner sollte geklärt sein, ob bei der Suche nach einem lokalen Partner und der richtigen Gesellschaftsform Hilfe benötigt wird.

Wenn dann noch ausreichend Geduld und maßvolle Preisvorstellungen mitgebracht werden, steht dem „Abenteuer Emirate" nichts mehr im Wege.

Teil 2
Gestaltung der Kundenbeziehung

Adrian Seeger/Norbert Keusen

Den Anforderungen der Industrie erfolgreich begegnen
Anforderungsgerechte Gestaltung der Leistungen

1 Der Einsatz von Industriedienstleistern in der Industrie 53
2 Anforderungen der Industrie an ihre Dienstleister und deren Ausgestaltung 55
   2.1 Anforderungen im Auswahlprozess 57
   2.2 Anforderungen im Auftragsprozess 59
   2.3 Anforderungen im Abrechnungsprozess 63
3 Erfahrungen bei der Integration von Dienstleistern 65
4 Fazit und Ausblick 67

1 Der Einsatz von Industriedienstleistern in der Industrie

Industriedienstleistungen sind heutzutage ein fester Bestandteil der industriellen Wertschöpfung. Der wesentliche Grund für diese Situation liegt in der seit etwa Mitte der 90er Jahre stark zunehmenden Konzentration auf die Kernkompetenzprozesse als Ergebnis der rasanten Globalisierungswelle. Dies brachte großen Veränderungsdruck in die industrielle Landschaft Deutschlands: Fusionen wie beispielsweise diejenige zwischen Thyssen und Krupp, Standortverlagerungen wie beispielsweise bei Puma und Adidas oder die Reduktion von Wertschöpfungstiefen – all diese Strategien wurden als Reaktion auf erheblich gestiegenen Kostendruck gestartet und werden teilweise aktuell noch umgesetzt. Während dabei Fusionen oder Standortverlagerungen meistens als „in sich geschlossene" Projekte sehr zügig umgesetzt wurden, kommt der Notwendigkeit der Optimierung der Wertschöpfungstiefe eine wesentlich längere Aufmerksamkeit im Unternehmen und insbesondere im Management zu.

Auf Aktivitäten außerhalb ihrer Kernkompetenz konzentrieren sich Industrieunternehmen schon lange nicht mehr. Dieser Trend ist ungebrochen und wird weiter anhalten, denn neben der Notwendigkeit zur Kostenoptimierung entsteht derzeit ein neues Problem, dem sich insbesondere Industrieunternehmen in der Zukunft stellen müssen: der Ausbildung, der Integration und der mittelfristigen Entwicklung und Bindung von Fach- und Führungskräften. Denn das Fehlen von Personal in der erforderlichen Qualität und Quantität für Management- und Spezialistenaufgaben verstärkt die unternehmensinterne Konzentration auf Kernfelder und die strategische Integration von Industriedienstleistern zur Unterstützung der nachhaltig stabilen Erbringung der Wertschöpfung.

Die heute eingesetzten Industriedienstleistungen sind schon lange nicht mehr ausschließlich die klassischen Niedriglohnleistungen, wie z. B. Reinigung oder Wachdienste. Industriedienstleistungen werden heutzutage von der Industrie in nahezu allen Bereichen der Wertschöpfung und ihrer administrativen Unterstützungsprozesse eingesetzt. Begonnen bei konstruktiven Leistungen von Ingenieurbüros im Rahmen der Neu- und Umgestaltung von Anlagen und Gebäuden, über die Installation und Deinstallation von Aggregaten, die Reparatur von Maschinenteilen, den Betrieb ganzer Anlagen bis hin zur Integration vertikaler Prozesse, wie beispielsweise dem C-Teile-Management, nutzt das moderne Industrieunternehmen ganz bewusst alle Bereiche aus der Industriedienstleistung zur nachhaltigen Optimierung von Effizienz und Effektivität. Genauso wie Strategien zur Optimierung des Zukaufsvolumens (wie z. B. Global Sourcing/E-Procurement/Reengineering) heute ein ganz selbstverständlicher Teil der Strategieoperationalisierung sind, plant das Industrieunternehmen den Einsatz von Industriedienstleistern strategisch und steuert diese im Top-Management wie eigene Bereiche. Die Form der Zusammenarbeit bestimmt dabei das Anforderungsprofil an den Dienstleister.

Hierbei wird grundsätzlich unterschieden zwischen projektbezogener Zusammenarbeit und langfristiger Integration. Letzterer Fall wird im Weiteren näher betrachtet und bezogen auf die Anforderungen im Prozess der Zusammenarbeit aus der Sicht des Industrieunternehmens analysiert. Anschließend wird die konkrete Realisierung durch einen Industriedienstleister vorgestellt und diskutiert. Das diskutierte Beispiel entstammt der industriellen Praxis zwischen den Unternehmen Vallourec & Mannesmann Tubes (V&M) und der Mannesmannröhren Logistic (MRL). Die Unternehmen haben einen vertikal integrierten Prozess realisiert, der eine vollständige Konzentration auf Kernkompetenzen in den tangierten Prozessen bei V&M zulässt und gleichzeitig über den Gesamtprozess eine hohe Standardisierung und Nutzung von Synergien erlaubt. Ziel ist ein Minimum an Prozessaufwand bei gleichzeitig hoher Leistungsqualität und Transparenz. Der gemeinsam realisierte Prozess findet derzeit in den europäischen Produktionswerken Anwendung. Er wird strategisch durch das Management gesteuert und unterliegt einem kontinuierlichen gemeinsamen Verbesserungsprozess.

Vallourec & Mannesmann Tubes ist Weltmarktführer bei nahtlos warmgefertigten Stahlrohren für alle Anwendungen und betreibt weltweit elf Anlagen zur Rohrherstellung, davon acht Anlagen in Europa, drei Anlagen in Brasilien und den USA und darüber hinaus ein Werk zur Weiterverarbeitung von Stahlrohren in China. Die Jahresproduktion von bis zu drei Millionen Tonnen deckt das weltweit umfangreichste Abmessungsprogramm für nahtlose Stahlrohre ab.

Mannesmannröhren Logistic ist Spezialist für die prozess- und aufwandsoptimale Versorgung von Unternehmen mit allgemeinem Industriebedarf und Reserveteilen – dem so genannten „MRO-Management" (vgl. Theißen/Seeger, 2004, S. 113 f.). Durch sein hochmodernes Zentrallager in Ratingen versorgt MRL im Umkreis von bis zu 750 km Kunden mit über 50.000 verschiedenen Artikeln des Industriebedarfs 24 Stunden am Tag. Im Jahresschnitt bearbeitet MRL etwa 100.000 Bestellungen, 450.000 Lageraufträge und fährt bis zu 1.300 Abladestellen auf Werksgeländen mit über 25.000 Stopps an. Dabei werden ca. 4.400 t Waren bewegt. Die Integration der physischen und elektronischen Belegkette in ein barcodegestütztes System rundet das Leistungsprofil ab.

2 Anforderungen der Industrie an ihre Dienstleister und deren Ausgestaltung

Die Festlegung des Anforderungsprofils von Industrieunternehmen an ihre (langfristig eingesetzten) Dienstleister bedingt zunächst eine Klassifikation der verschiedenen Leistungsarten von Industriedienstleistern, denn im Fokus stehen strategische Verbindungen mit dem Ziel nachhaltiger Zusammenarbeit.

Hier sind einerseits zu unterscheiden: Die klassischen Industriedienstleistungsbereiche wie beispielsweise Reinigungsleistungen, Cateringleistungen oder auch Wachdienste. In diesem Bereich spricht man heute vom so genannten: „Facility Manager Management" (Dienstleistungen rund um das Gebäude/Gelände).

Andererseits entstehen zunehmend Services, die, wie bereits einleitend erläutert, deutlich tiefer in die Wertschöpfung des Industrieunternehmens eingebunden sind und bei denen im Wesentlichen das Know-how für die abzuwickelnden speziellen Prozesse den besonderen Wettbewerbsfaktor darstellt. Diese Form der Industriedienstleistung ist in den vergangenen Jahren sehr schnell und stark gewachsen. Erkennbare Kompetenzprofile sind:

- „Monteur" (Dienstleistungen zur Ingangsetzung der Produktion),
- „Instandhalter" (Dienstleistungen rund um den Betrieb von Aggregaten),
- „Logistiker" (Dienstleistungen rund um die Supply Chain) und
- „Outsourcer" (Dienstleistungen zur Optimierung administrativer Prozesse).

Erfahrungsgemäß decken diese fünf Kategorien einen großen Teil des regelmäßigen Bedarfs für Industrieunternehmen ab. Kombinationen der oben genannten Kategorien sind möglich, wobei diese nicht schematisch auftreten. Eine in der jüngsten Vergangenheit vermehrt auftretende Art stellt der so genannte „Betreiber" dar. Besonders bei größeren Industrieparks (insbesondere der chemischen Industrie) tritt diese Form als tief integrierter Facility Manager auf, der neben den oben genannten Dienstleistungen auch weitere Spezialaufgaben übernimmt. Diese Kombinationen sind häufig Ergebnis eines vorangegangenen Outsourcing-Prozesses, der meist lokale Besonderheiten aufweist. Sonderprojekte mit Bedarfen zur Spitzenabdeckung (z. B. Revisionen) sollen hier zur weiteren Klassifikation nicht berücksichtigt werden.

Die Anforderungen in den abgeleiteten Detaillierungen hängen maßgeblich davon ab, wie tief sich die Integration in den einzelnen Leistungsbereichen und über die Leistungsbereiche hinweg im Gesamtsystem darstellt:

- Die Gruppen der Monteure und Instandhalter sind ist als „Integrationsinseln" zu beschreiben. Hier erbringt z. B. der Instandhalter eine regelmäßige Reinigung, Wartung und Inspektion eines Aggregates im Produktionsprozess.

- Die Gruppe der Outsourcer ist als „Prozessintegratoren" aufzufassen, die verschiedene Funktionalitäten der unternehmenseigenen Organisation miteinander prozessual verbinden und Schnittstellen optimieren. Hier erbringt z. B. der „Logistiker" Beschaffungsleistungen für den Einkaufsbereich, die er dann lagerseitig für den Instandhaltungsbereich verarbeitet sowie bis an die Verbrauchsstelle verteilt und damit für den Produktionsbereich bzw. dessen interne Logistik tätig wird. Somit werden Prozesse funktionsübergreifend in einen neuen, geschlossenen Prozess integriert.

Die nachfolgende Abbildung 1 stellt die Differenzierung dar.

Abbildung 1: *Klassifikation von Industriedienstleistern aus Sicht der Industrie*

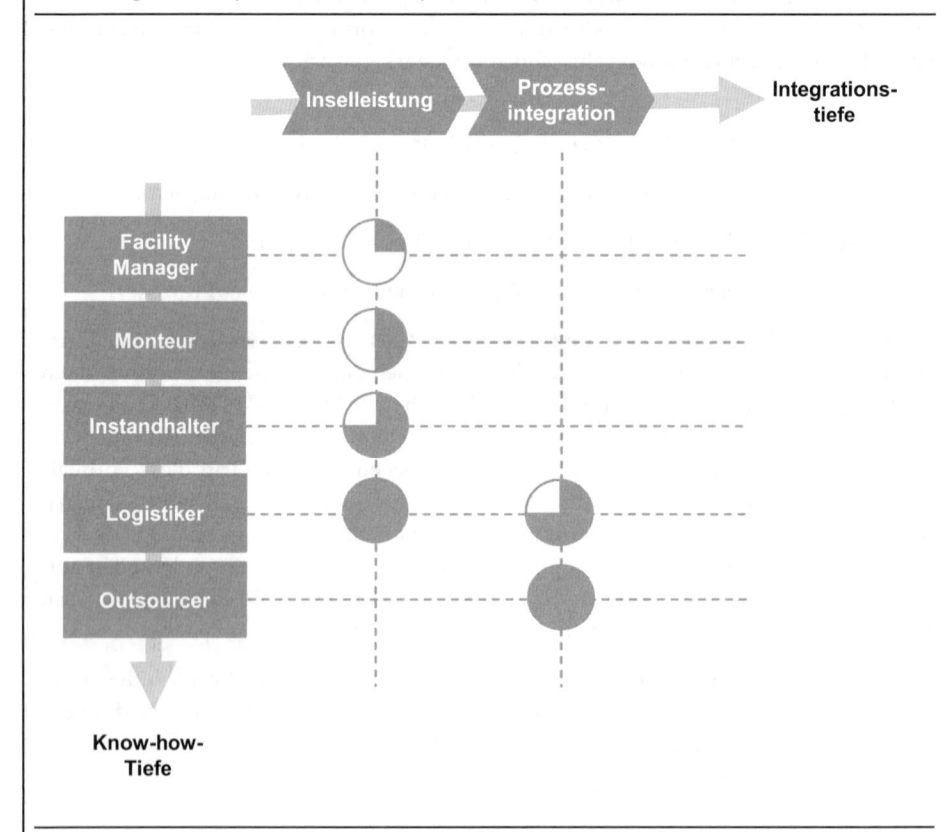

Den Anforderungen der Industrie erfolgreich begegnen

Die so genannten „Prozessintegratoren" sind es, die im Folgenden weiter betrachtet werden. Die Anforderungen an diese Unternehmen übersteigen die rein einkaufseitigen Anforderungen, die die Industrieunternehmen an ihre Dienstleistungslieferanten stellen. Diese Art der Zusammenarbeit bedingt eine Kongruenz zu den strategischen Rahmenbedingungen des beauftragenden Industrieunternehmens, da sie auf Nachhaltigkeit, kontinuierliche Zusammenarbeit und gemeinsame Optimierung ausgelegt ist. Die klassische Kunde-Lieferant-Beziehung wird hierbei um eine strategische Komponente erweitert, die anforderungsgerecht ausgestaltet und in der Auftragsbearbeitung steuerungsgerecht umgesetzt werden muss. Der Maßstab, der dabei anliegt, ist mit dem zur Steuerung unternehmensinterner Abteilungen gleichzusetzen. Die Steuerungseinheit ist das Top-Management. Beteiligungsverhältnisse oder sogar die Unterstützung durch finanzielle oder managementtechnische Mittel sind bei dieser Form der Industriedienstleistung denkbar. Dies unterstreicht den strategischen Charakter der Leistungserbringung.

2.1 Anforderungen im Auswahlprozess

Entsprechend der Ausweitung des Blickwinkels von der Kunde-Lieferanten-Beziehung hin zur strategischen Zusammenarbeit wird zur Sicherstellung von Versorgungsnotwendigkeiten ein aktiver Austauschprozess zwischen dem Industriedienstleister und dem Unternehmen unabdingbar (vgl. Jung/Seeger, 2005, S. 131).

V&M formuliert dies im Leitbild wie folgt: Ziel ist es, „langfristige Geschäftsbeziehungen [aufzubauen] … ‚Best Practice' einzuführen und seine bereichsübergreifende Wirkung bewusst zu [steuern]." Ziel der V&M ist es, Synergien durch Standardisierung von Prozessen zu realisieren und zusammen mit dem Dienstleister die Wettbewerbsfähigkeit selbst in „konjunkturabhängigen Situationen" meistern zu können. Damit hat V&M im Vergleich zu vielen anderen Industrieunternehmen heute schon in der strategischen Formulierung einen größeren gedanklichen Rahmen aufgespannt, der zum Ziel hat, die Wettbewerbsfähigkeit nachhaltig zu stärken. Kontinuität ist für V&M Voraussetzung für eine erfolgreiche Zusammenarbeit im Feld der „Prozessintegratoren". Viele andere Industrieunternehmen haben diese Möglichkeit der integrativen Zusammenarbeit noch nicht realisiert, da hier vorwiegend Preisdiskussionen das tägliche Geschäft bestimmen (vgl. Kiepen/Seeger, 2005, S. 77 f.).

Damit ist die erste Anforderung formuliert: Kongruenz zu der strategischen Zielrichtung von V&M. D. h. in diesem Fall, nachhaltig Synergien durch Standardisierung von Prozessen zu realisieren, um die Wettbewerbsfähigkeit zu optimieren. Unternehmen, die sich diesem Ziel stellen, müssen daher konkret bereit sein,

- die Prozesse von V&M zu verstehen, zu adaptieren und diese mittelfristig durch Anwendung von Referenzerfahrungen zusammen mit V&M zu optimieren.

- Ziele als gemeinsames Steuerungsinstrument zu akzeptieren, die es in der späteren Realisierung umzusetzen gilt. Konkret heißt dies in der täglichen Arbeit bei V&M: Ziele gelten für beide Seiten.

- Transparenz über die Zielerreichung aufzuzeigen, d. h. anhand von Controllingdaten die Entwicklung nachvollziehbar für beide Seiten darzustellen und bei Abweichungen reagieren zu können.

- eine enge Zusammenarbeit und regelmäßige Abstimmung über die Fortschritte durchzuführen (Steering Commitee), so dass stetig Verbesserungen vorgenommen werden und keine Kommunikationsprobleme entstehen.

Nur unter diesen genannten Bedingungen ist es möglich und nachhaltig erfolgreich, Prozessintegratoren vor dem Hintergrund der o. a. Zielsetzung einzubinden und optimale Ergebnisse zu erzielen. V&M verfolgt mit MRL das Ziel des Auf- und Ausbaus einer langfristigen Geschäftsbeziehung in Deutschland und in Frankreich. Ziel ist es, länderübergreifende Synergien und „Best Practices" im Geschäftsfeld MRO-Management zu realisieren. Dazu ist eine Standardisierung der Prozesse und Systeme sowie von Bedarfssortimenten zu realisieren (vgl. Fell, 2003, S. 220).

Eine weitere Anforderung eines Industrieunternehmens wie V&M an seine Dienstleister ist es, die geforderten Standards einzuhalten und zu kontrollieren. Neben qualitätsrelevanten Aspekten wie einer ISO-Zertifizierung oder der unbedingten Einhaltung von Umwelt- und Sicherheitsrichtlinien sowie vorgeschriebenen Richtlinien der V&M gehört hierzu auch die Bereitschaft des Unternehmens, mit V&M zu wachsen und neue Wege zu gehen. Als international agierendes Unternehmen ändern sich Anforderungen schnell. Der „Prozessintegrator" benötig daher Flexibilität und Weitsicht, um diesen Weg zu gehen. MRL seinerseits entwickelte und setzte neben Französisch sprechenden Mitarbeitern auch französische, V&M-spezifische IT-Lösungen ein, die am Markt nicht zu beschaffen waren (vgl. Mende/Seeger, 2007, S. 3).

Unternehmen, die sich der strategischen Herausforderung stellen, erhalten eine Art Partnerstatus bei V&M, d. h., sie bekommen die volle Unterstützung eines Weltmarktführers. Konkret bedeutet dies in der Zusammenarbeit mit MRL exemplarisch:

- Ein starkes Engagement von V&M in der nachhaltig erfolgreichen Entwicklung einer langfristigen Geschäftsbeziehung zu MRL: d. h. MRL bei der Ausgestaltung von Prozessen frühzeitig zu integrieren. Eine direkte Kommunikation zwischen dem Management beider Unternehmen ist durch Integration der V&M im Beirat der MRL sichergestellt.

- Die Möglichkeit für MRL, seine Leistungen auch bei kooperierenden Unternehmen anzubieten oder V&M-Lieferanten zu nutzen: So ist es MRL beispielsweise gelungen, Kunden von V&M für die angebotene Leistung auf Empfehlung zu akquirieren.

- Die Möglichkeit, in andere Länder zu expandieren: MRL ist erst durch V&M der Schritt in den französischen Markt gelungen. Damit können nun dort weitere Akquisitionen durchgeführt werden. Ende 2008 startete MRL eine eigene Logistik für die französischen Werke der V&M als Basis für die Belieferung neuer französischer Kunden.

- Einen Ansprechpartner für das gesamte Unternehmen zu haben: Dies hat V&M durch eine international zentrale Einkaufsstruktur ermöglicht, so dass MRL im operativen Tagesgeschäft stets direkt kommuniziert und auf beiden Seiten keine Informationen verloren gehen. Somit ist die schnelle Handlungsfähigkeit zur Zufriedenheit beider Partner sichergestellt. Ein abgestimmtes gemeinsames Controlling der Zusammenarbeit gehört dabei genauso dazu wie regelmäßige Abstimmungen zu operativen Themen auf Shop-Floor-Ebene.

Viele Veröffentlichungen zum Thema Lieferantenintegration und Aufbau von partnerschaftlichen Lieferantenbeziehungen geben Hinweise zur Formulierungen der Anforderungen. Neu an diesen Anforderungen ist die Orientierung an der strategischen Ausrichtung und deren operativer Umsetzung im Tagesgeschäft, d. h. der Integration der Lieferanten in die strategischen Ziele des Unternehmens (vgl. Kunkel, 2004, S. 242).

V&M hat damit einen sehr fortschrittlichen Weg eingeschlagen, der es ermöglicht, sich zukünftig immer stärker auf die Kernkompetenzen zu konzentrieren und gleichzeitig hohe Stabilität und nachhaltige Effizienz in den von Prozessintegratoren erbrachten Nebenkompetenzen sicherzustellen.

Im Gegensatz zu anderen Industrieunternehmen liegt dabei der Fokus nach der Auswahl der Partner klar auf der kooperativen Zusammenarbeit, die stets transparent und in enger Abstimmung erfolgt.

Kapitel 2.2 konzentriert sich – aus der Sicht des Dienstleisters – auf den Prozess von der Auftragsstellung bis zur Integration als Partner am Beispiel der Zusammenarbeit zwischen den französischen Werken der V&M und MRL. Das Projekt wird im Folgenden als „MRL France" bezeichnet. Da es sich hierbei nicht um einen inhaltlich klar abgrenzbaren Vorgang handelt, werden Ergebnisse der Vorgehensweise teilweise vorweggenommen, wenn diese in eine direkte Realisierung münden.

2.2 Anforderungen im Auftragsprozess

Den beschriebenen Anforderungen als „MRO-Dienstleister" zu entsprechen bedeutet, bereits vor der Leistungserbringung Transparenz über die zu erwartenden Anforderungen zu haben, um Leistungsprozesse darauf einstellen zu können.

MRL hat dazu eine Methodik entwickelt, die heutzutage bei jedem Integrationsprozess Anwendung findet. Diese Methodik folgt einigen Anforderungen, die vor jeder Leistungserbringung geprüft werden und nachträglich als Prüfkriterium heranzuziehen sind:

- Realisierungsorganisation,
- Prozesstransparenz,
- Produktkenntnis und
- Nutzen für die beteiligten Partner.

Das Kriterium „Realisierungsorganisation" beschreibt als erster Baustein im Auftragsprozess die Einheitlichkeit und Klarheit in Kommunikation und Auftragsbearbeitung. MRL bildet dazu mit seinen Kunden von Beginn an ein Projektteam, das später (meist in kleinerer Besetzung) in ein Steuerungsteam migriert. Im Projekt MRL France besteht dieses Team aus einem Steering Committee unter Beteiligung des Top-Managements auf beiden Seiten. Dieses kommt mindestens alle acht Wochen zusammen und bespricht zusammen mit der Projektleitung den Fortschritt sowie die noch offenen Punkte. Die Projektleitung –ebenso bestehend aus Mitarbeitern von V&M und MRL – führt dazu eine offene Punkte-Liste, die mit dem Projektplan verknüpft ist. Die Mitglieder der Projektleitung treffen sich mehrmals im Monat.

Diese Methodik entspricht dem Handbuch Projektmanagement und wird bei V&M im Tagesgeschäft gelebt. Im Gegensatz zu den sonst üblichen Organisationen ist hierbei die MRL genauso eingebunden wie andere interne Abteilungen (wie z. B. IT). Damit unterstreicht V&M seinen Integrationsanspruch an seine Partner. MRL muss dazu – genauso wie eine interne Abteilung – Kapazität und Kompetenz bereitstellen, Informationen aufbereiten und sich mit seinen internen „Kollegen" synchronisieren. Die zwischen MRL und V&M gefundene Form der Zusammenarbeit ist transparent und entspricht dem Verständnis einer erfolgreichen und modernen Prozessintegration. Sie ist der entscheidende Schlüssel für die erfolgreiche Umsetzung von gemeinsamen Dienstleistungsprojekten und damit erste Anforderung im Auftragsprozess.

Hinter dem Begriff „Prozesstransparenz" verbirgt sich eine sehr stringente Methodik, die die zu erbringenden Dienstleistungsprozesse vorab strukturiert aufnimmt und für die spätere Realisierung modelliert, so dass auf dieser Basis eine Umsetzung steuerbar wird. Die Methodik orientiert sich an den Tools der klassischen Geschäftsprozessoptimierung, fokussiert jedoch verstärkt Schnittstellenthematiken für eine spätere Realisierung von Prozessen als Integrator. MRL hat hierzu eine hoch standardisierte, fragebogengestützte Analysemethodik entwickelt, die in der Projektorganisation zum Einsatz kommt. Als MRO-Integrator fokussiert die Analyse die Prozesse Beschaffung, Warehousing, Distribution, Finanzen und Systeme. Mit Hilfe von strukturierten Interviews führt die Projektleitung die notwendigen Informationen aus der Organisation zusammen und konzipiert den Soll-Prozess. Hierauf aufbauend werden alle notwendigen Vor- und Nachteile diskutiert, Rahmenbedingungen geprüft und Nutzenpotenziale abgeschätzt. Im Ergebnis entsteht ein potenzieller Soll-Prozess, den das Steering Committee beschließen und zur Umsetzung freigeben muss. Im Fall von MRL France hat diese Analyse etwa sechs Monate Durchlaufzeit in Anspruch genommen, bis eine entscheidungsreife Konzeption vorgelegt wurde. Die zukünftigen Prozesse wurden im Frühjahr 2008 durch das Steering Committee beschlossen. Im Anschluss daran setzte V&M zusammen mit MRL eine Realisierungsorganisation in Gang, um die Soll-Prozesse zu realisieren. Im Herbst 2008 wurden die ersten Prozesse umgesetzt.

Der kritische Pfad in diesem Vorgehen ist die ständige Aufrechterhaltung vollständiger Informationstransparenz sowie die permanente Prüfung der Ausrichtung auf das gewünschte Ziel. Eingebettet in eine funktionierende Realisierungsorganisation, die auf der Basis einer Analyse argumentieren kann, haben MRL und V&M schnell Fortschritte erzielen können.

Als „Produktkenntnis" wird eine spezifische Anforderung aus dem Umfeld des MRO-Managements bezeichnet, die den MRO-Integrator in die Lage versetzt, die tatsächlichen Bedarfe seines Kunden zu verstehen und später bedienen zu können. Hintergrund dieser Anforderung ist die Tatsache, dass es keine standardisierten Produktkataloge für MRO-Artikel gibt. Dies ist das erkennbare Ergebnis unterschiedlicher Verkaufsstrategien von Hersteller und Handel mit der Folge erschwerter Vergleichbarkeit von Artikeln, mangelnder Erkennbarkeit von Veränderungen und einem nahezu unmöglichen Management des benötigten Contents. Zudem will heutzutage kein Industrieunternehmen Contents für E-Systeme managen, denn dies kann und wird nie zu seiner Kernkompetenz gehören. MRL hat für diese Situation und deren spezifische Anforderung eine Vorgehensweise entwickelt, die einer Normung entspricht. Ziel dieser Methodik ist es, für V&M einheitliche, für alle verständliche Contents zu erstellen, die gleichsam dem Anspruch genügen, am Markt unter Berücksichtigung anerkannter Schlüsselsysteme ausgeschrieben zu werden. Die Methodik folgt dabei immer folgenden Schritten:

1. Aufnahme der Artikelbezeichnungen und aller Informationen nach einem standardisierten Muster (Datenstruktur). In diesem Fall füllt V&M einen Masterdatensatz aus und stellt diesen bereit.

2. Prüfung der Artikel nach folgender Reihenfolge: Lieferant/Artikel/Texte und Zuschlüsselung der MRL-Nummern sowie Texte und gängiger Kodifizierungen. Dieser Prozess erfordert tiefe Produktkenntnis und wird daher von einer Gruppe spezialisierter Mitarbeiter übernommen.

3. Synchronisierung mit dem bestehenden Sortiment und dessen Abnahmestruktur zu einem neuen Content sowie Integration neuer Artikel und Erweiterung um sinnvolle Sortimentsbreiten (Beispiel: Es ist immer sinnvoll, neben einem Hammer 200 gr. auch ein Exemplar 100 gr., 500 gr. und 1.000 gr. zu integrieren. Unsinnig

wäre es hingegen, alle Hämmer eines Herstellers einzupflegen, da dies wiederum keine Fokussierung ermöglicht).

4. Bereitstellung des neuen Contents an die Kunden in den vorgegebenen Formaten (zum Beispiel BMECat) zur Prüfung, Freigabe und Integration in die Systeme.
5. Review des Contents und Aktualisierung desselben durch ein fest installiertes System unter Integration des Users.

Im Zuge des Projektes MRL France wird diese Systematik genutzt und mit den Bedarfen der deutschen Werke synchronisiert. Damit entsteht für V&M erstmals ein unternehmenseinheitlicher, weitgehend standardisierter, mehrsprachiger und damit transparenter Content mit tatsächlichen Bedarfen und definierten Qualitäten. Diese Möglichkeit ist industrieweit nahezu einzigartig, da der MRO-Integrator MRL die Arbeit stets aus dem Blickwinkel des Dienstleisters erbringt, der im Gegensatz zum Händler keine Margen im Produktpreis verstecken muss, sondern die Marktgegebenheiten nutzen kann. V&M nutzt diese Chance nun ganzheitlich zur nachhaltigen Verbesserung seiner Prozesse.

Das Kriterium „Nutzen für die beteiligten Partner" als weitere Anforderung im Prozess der Auftragserbringung beschreibt eine Herausforderung, die kommunikativen Charakter hat und Führungsstärke bedingt. Integriert ein Unternehmen externe Dienstleister, so wird es sich im Vorfeld dieser Entscheidung bezüglich der Wirtschaftlichkeit klar positioniert haben und dies auch entsprechend in der Führungsorganisation kommuniziert haben. V&M hat im genannten Projekt nicht nur umfassend schriftlich berichtet; zusammen mit MRL sind die beteiligten Organisationseinheiten und deren Mitarbeiter vor Ort informiert worden (in so genannten Road-Shows). Erfahrungsgemäß ebbt jedoch die jeweils eingangs verbreitete Euphorie bald ab und – wie in jedem Umsetzungsprojekt – Fragezeichen ziehen auf. Dies kann u. U. bis zur völligen Erlahmung von Projekten führen. MRL und V&M organisieren daher regelmäßige Projektsitzungen unter Einbeziehung der betroffenen Organisationen, um über den Status zu berichten und die ersten Erfolge darzustellen, die dann in die Organisation transportiert werden. In diesen Sitzungen werden die formulierten Ziele mit dem erreichten Status abgeglichen und Maßnahmen besprochen. Nur die permanente Durchführung dieser Gespräche sichert das hohe Interesse ab und ermöglicht es, die Nutzenpotenziale stets in Erinnerung zu bringen und operativ erfolgreiche Umsetzungen zu kommunizieren. MRL ist auf diese Form der Kommunikation eingestellt und managt das relativ komplexe Buying-Center seiner Kunden durch eine intern streng organisierte Ansprache seiner Kunden.

2.3 Anforderungen im Abrechnungsprozess

Unter dem Begriff Abrechnung wird in der Zusammenarbeit zwischen Industrieunternehmen und deren Dienstleister viel mehr subsumiert, als die reine Nomenklatur im ersten Schritt vermuten lässt. Die Abrechnung von Leistungen erfordert Systeme und Prozesse zur Erfassung der Leistung sowie auch leistungsbeschreibende Verzeichnisse. Beide Elemente sind so zu kombinieren, dass sie für das abrechnende Unternehmen ein Maximum an Transparenz bieten, eine möglichst einfache Abrechnung ermöglichen und gleichzeitig ein Steuerungssystem beinhalten, das es dem Auftraggeber erlaubt, die Inanspruchnahme zu optimieren, und dem Auftragnehmer erlaubt, die Leistungserbringung zu verbessern (vgl. Ehrenberg/Seeger, 2005, S. 51 ff.).

Transparenz in die Abrechnung von Dienstleistungsprozessen zu bringen ist für viele Dienstleister noch neu. Bis heute ist es oft nicht gelungen, ein für beide Seiten transparentes Abrechnungsmodell zu erstellen. Immer wieder auftretende Nachträge zeigen dies deutlich. Auch die oft fälschliche Nutzung von Leistungsverzeichnissen oder das Fehlen von Steuerungskapazität ermöglicht gerade im Bereich der Abrechnung von Leistungen vielfach Interpretationsspielräume für Leistungserbringer, aber auch für Leistungsnachfrager. Insgesamt muss man diese Situation als sehr unbefriedigend bezeichnen. Gerade vor dem Hintergrund steigender Nutzungsgrade von Dienstleistern entsteht hier ein Problem, insbesondere dann, wenn dieser Dienstleister ein „Integrator" ist und damit auch noch unternehmensinterne Wertschöpfung übernimmt.

Diesem Problem haben sich die Partner V&M und MRL ganzheitlich angenommen und eine Lösung gefunden, die transparent ist und für beide Seiten Steuerungsmöglichkeiten bietet.

V&M bezieht von MRL die ganzheitliche Dienstleistung „MRO-Management". Wie oben kurz angedeutet, versorgt MRL die V&M weitgehend mit allen Bedarfen, die als C-Teile zu bezeichnen sind, d. h. oft sehr geringwertig sind und nur selten einer hohen Wiederholhäufigkeit unterliegen. Beispiele für die versorgten Warengruppen sind: Werkzeuge, Arbeitsschutzartikel, Büromaterialien, Installationsmaterial, Verbindungselemente und weitere Artikel des allgemeinen Industriebedarfs. Die Nutzung dieser Artikel zeichnet sich dadurch aus, dass die Werte der versorgten Artikel stets klein sind (im Schnitt unter 50 EUR je Position), gleichzeitig die Kosten für den Prozess – die Total Costs of Ownership – bei etwa dem Dreifachen (mehr als 160 EUR je Position) liegen. Als Gründe hierfür sind insbesondere anzuführen: eine Vielzahl von intern zu betreuenden Bedarfsträgern, eine sehr hohe Anzahl von Bestellungen mit geringen Werten, eine extrem hohe Anzahl von Zulieferern mit oft nur kleinen Gesamtvolumina, eine hohe Anzahl von Eingangsrechnungen zur internen Kontrolle. Zusammengenommen steht der Aufwand zur Versorgung nicht im Verhältnis zum Nutzen der Produkte. Diesen Prozess erbringt MRL heute für V&M und konnte die Kosten vom etwa Dreifachen des Warenwertes um den Faktor zehn reduzieren (vgl. Seeger, 2007,

S. 199). Wie steuert V&M nun diesen Prozess und behält gleichzeitig volle Kostenkontrolle?

MRL und V&M haben im ersten Schritt ihre Kommunikation auf eine elektronische Basis gestellt. Im Projekt MRL France beispielsweise wurde dazu ein V&M-angepasstes E-Procurement installiert, das mit dem ERP-System von V&M und MRL verbunden ist. Damit haben beide Partner sichergestellt, mit einheitlichen Formaten zu kommunizieren – dies ist die erste Basis für nachhaltige Prozesseffizienz. Anschließend hat MRL Contents für das System bereitgestellt, die im Gegensatz zu anderen Industrieunternehmen vorab zwischen V&M und MRL fixiert wurden. Diese so genannten V&M-spezifischen Kataloge folgen ausschließlich den Bedarfen von V&M und nicht den Angeboten des Marktes. Die Artikel haben eine V&M-spezifische Nomenklatur (die so genannte „MGO"). Dies ist die zweite Basis für Prozesseffizienz. V&M hat seinerseits nun User im System freigegeben, MRL hat zu diesen Usern Abladeorte definiert, so dass die bestellte Ware möglichst nah an den Ort des Verbrauchs geliefert werden kann. Beide Informationen stehen beiden Partnern und den Usern zur Verfügung. Bestellt nun ein User über das System, so erhält MRL einen Auftrag zu einem definierten Sortiment. Dies ermöglicht eine geplante Bevorratung und – speziell für V&M – den Online-Einblick in die MRL-Bestände. Werden die Artikel nun entnommen, so wird mit Entnahme der Position eine Buchung mit Referenz auf die V&M Bestellnummer erzeugt. Sind alle Buchungen für einen Auftrag erfolgt, so erzeugt MRL einen Lieferschein in elektronischer Form und übermittelt diesen an das V&M-System. Hier kann auf Basis der Einheitlichkeit von Bestell- und Artikelnummer eine vollelektronische Wareneingangsverbuchung erfolgen. Parallel dazu erhält jedes Packstück einen „klassischen" Lieferschein. Stimmt dieser nicht mit der Lieferung überein, so hat der User die Pflicht, den Umstand anzuzeigen, d. h. den elektronisch bereitgestellten Wareneingang nicht zu buchen. Ist die Lieferung in Ordnung, so wird auf Basis der Lieferdaten eine elektronische Gutschrift an MRL erzeugt, die wiederum im System bei MRL vollautomatisch geprüft wird. Auf Basis dieser Daten erfolgt der Zahlungslauf bei V&M.

Der Prozess ist in sich vollständig geschlossen, d. h., nur freigegebene User können freigegebene Contents bestellen. Damit hat V&M vollständige Kontrolle und Transparenz geschaffen. In Anbetracht der Komplexität der Ausgangssituation hat diese Lösung eine verblüffende Einfachheit erreicht, die es ermöglicht, das beschriebene Missverhältnis von Wert und Prozessaufwand zu optimieren. Heute laufen etwa 110.000 Aufträge zwischen V&M und MRL pro Jahr über diese Lösung. Die Contents werden etwa viermal pro Jahr vollständig aktualisiert. Dieser Ansatz ist sehr konsequent und unterstreicht den Anspruch von V&M, mit seinen Partnern integrative Lösungen zu realisieren (vgl. Seeger, 2008, S. 146).

Die nachfolgende Abbildung 2 zeigt den gemeinsamen Prozess nochmals exemplarisch auf.

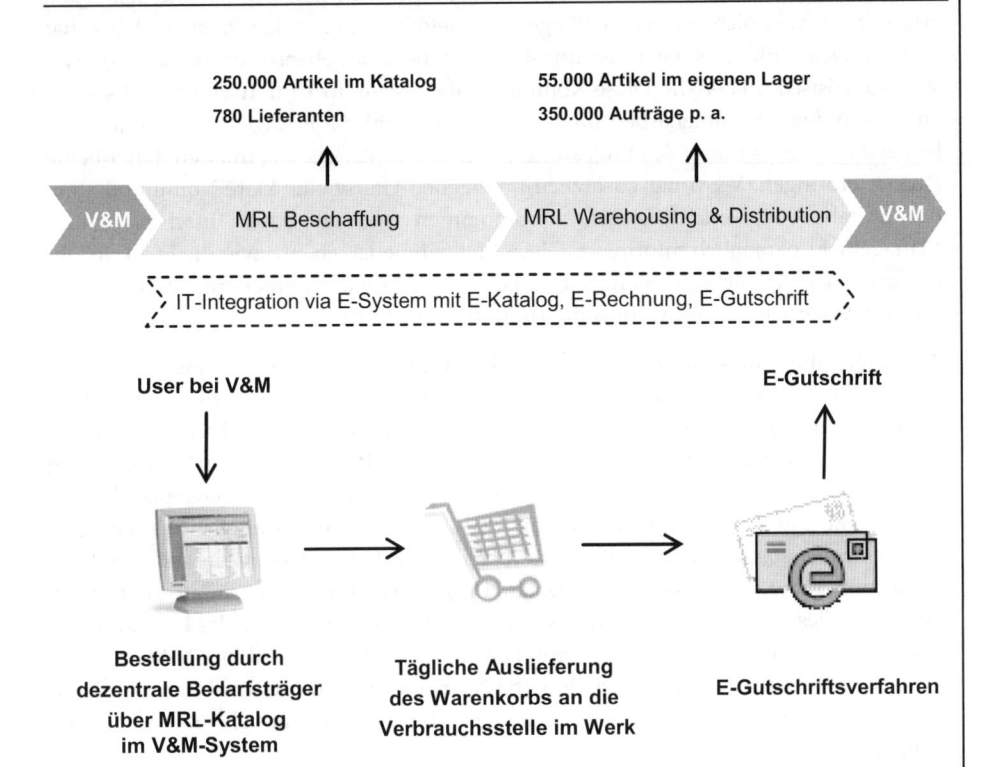

Abbildung 2: Versorgungsprozess von V&M mit MRL

250.000 Artikel im Katalog
780 Lieferanten

55.000 Artikel im eigenen Lager
350.000 Aufträge p. a.

V&M → MRL Beschaffung → MRL Warehousing & Distribution → V&M

IT-Integration via E-System mit E-Katalog, E-Rechnung, E-Gutschrift

User bei V&M

E-Gutschrift

Bestellung durch dezentrale Bedarfsträger über MRL-Katalog im V&M-System

Tägliche Auslieferung des Warenkorbs an die Verbrauchsstelle im Werk

E-Gutschriftsverfahren

3 Erfahrungen bei der Integration von Dienstleistern

Die Zusammenarbeit mit „Prozessintegratoren" ist für Industrieunternehmen nicht gleichzusetzen mit der Beschaffung von Dienstleistungen. Die Zusammenarbeit mit „Prozessintegratoren" ist dann erfolgreich, wenn einige Faktoren realisiert werden:

Kommunikation ist ein wesentlicher, wenn nicht sogar der bedeutendste Erfolgsfaktor. Zu Beginn der Zusammenarbeit ist dazu eine Projektstruktur unverzichtbar. Im Projekt MRL France wird diese Struktur bis zum vollständigen Roll-Out erhalten bleiben.

V&M hat in Frankreich Personal abgestellt, MRL hat ebenso Kapazitäten bereitgestellt. Ein Regelmeeting findet monatlich statt. Selbst nach dem Roll-Out ist eine Steuerung erforderlich, was nicht mit einer Pflege von Lieferanten gleichzusetzen ist. V&M hat dabei in Deutschland einen Steuerungskreis etabliert, der ebenso regelmäßig tagt wie sein französisches Pendant. Diese Kommunikationsstruktur ist notwendig und gerade zu Beginn der Zusammenarbeit unverzichtbar, obwohl die Erfolge der Zusammenarbeit erst mit Realisierung des Projektes entstehen. Die Vorleistung müssen daher beide Partner erbringen. V&M hat zusätzlich im eigenen Hause eine klare Kommunikation der anstehenden Veränderungen vorgenommen und alle User durch das Top-Management persönlich informiert. Diese Maßnahme ist, ebenso wie die Struktur der Zusammenarbeit, nicht als Standard zu bezeichnen, sondern unterstreicht den strategischen Anspruch von V&M für seine zukünftige Struktur.

Aufgabenteilung und professionelles Projektmanagement sind ebenso als wesentliche Erfolgsfaktoren zu bezeichnen. Auch wenn dies banal erscheint, so ist es doch täglich zu beobachten, dass Projekte nicht vorankommen oder plötzlich die Richtung ändern, weil interne Gründe dagegensprechen. V&M und MRL haben eine Projektleitung installiert, die – wie in einem Beratungsprojekt – direkt dem Top-Management berichtet. Dies zwingt zu präziser Bearbeitung der Aufgaben und ermöglicht es, aufkommende Probleme auf direktem Wege zu lösen. Die Erfahrung zeigt, dass es durchaus zu Beginn notwendig war, den direkten Draht zum Top-Management zu nutzen. Nachdem dies in der Organisation bekannt war, stieg die Akzeptanz des Projektes. Die beschriebene Struktur und deren Positionierung sind kein Standard und haben sich als extrem erfolgreich erwiesen, da sie innerhalb einer sehr großen Organisation nachhaltig Schnelligkeit und Durchsetzungsvermögen schaffen und damit alle Stärken nutzen können.

Die Integration von MRL wäre nicht gelungen, wenn nicht parallel eine Integration aller User stattgefunden hätte. Diesen zusätzlichen Bottom-up-Ansatz entwickelte das Projektteam frühzeitig und realisierte diesen durch strukturierte, aber freiwillige Besuche bei den Usern des neuen Systems. Nachdem erste Besuche stattgefunden hatten, ergaben sich die verbleibenden Termine nahezu von selbst. Um Nachhaltigkeit in diese Gespräche und Meinungsaustausche zu bringen, startete V&M auf der deutschen Seite nach einer gewissen Zeit der Zusammenarbeit eine Kundenbefragung bei allen Usern. Hier wurden die bereits diskutierten Themen aufgegriffen und weitere Verbesserungspotenziale abgefragt. Die Ergebnisse wurden an alle zurückgespiegelt. Heute finden regelmäßige Besuche der User im Team V&M und MRL (manchmal auch mit Lieferanten) statt, um einen kontinuierlichen Verbesserungsprozess zu gewährleisten. Im Ergebnis wurde damit eine Lösung realisiert, die wie eine interne Abteilung zu sehen ist und darüber hinaus den Anspruch hat, permanent verbessert zu werden.

Als weiterer, wesentlicher Erfolgsfaktor ist Transparenz zu nennen. MRL und V&M haben Systeme installiert, die es ermöglichen, die erbrachten Prozesse sehr transparent zu überwachen. Zusätzlich berichtet MRL über die wesentlichen Eckpunkte der Zusammenarbeit im Rahmen der Regelgespräche im Projekt, im Tagesgeschäft und auf Managementebene im Beirat. Damit ist stets volle Transparenz über die Zusammenarbeit und deren operative und wirtschaftliche Ergebnisse gegeben. Dies ist die Basis für eine nachhaltige, vertrauensvolle Zusammenarbeit, die dem Anspruch der V&M genügt, „... langfristige Geschäftsbeziehungen [aufzubauen] ..." und zusammen mit dem Dienstleister die Wettbewerbsfähigkeit selbst in „... konjunkturabhängigen Situationen ..." meistern zu können. Im Gegensatz zu vielen anderen Industrieunternehmen haben die Partner die Basis hierfür geschaffen (vgl. Michel, 2003, S. 530 f.).

4 Fazit und Ausblick

Die Integration von Prozessdienstleistern – „den Integratoren" – wird künftig stärker zunehmen als in der zurückliegenden Zeit. Gründe hierfür sind zum einen die veränderten technischen Möglichkeiten, wie die beschriebenen Umsetzungen bei V&M und MRL. Diese Entwicklung ist rasant und schafft erst dadurch Möglichkeiten, irrelevante Nebenprozesse mit größerer Komplexität an Partner zu übergeben. Zum anderen ist jedes Industrieunternehmen von einem schnellen, demografisch bedingten Abfluss von Kompetenz und Kapazität betroffen. In dieser Situation ist eine strategische Konzentration auf die eigenen Kernprozesse oberste Priorität mit der Folge verstärkter Nutzung von Partnern. Dies bereits heute – auch gegen interne Bedenken – umzusetzen, ist ein zentrales Thema, welches hilft, morgen Wettbewerbsvorteile zu realisieren.

Die Beschaffung von Dienstleistungen wird zunehmend professionalisiert. Der Einsatz von Refa-Methoden fällt heute durch technische Unterstützung leichter, um z. B. die Erstellung und marktseitige Verwendung von Leistungsverzeichnissen mittels elektronischer Plattformen zu ermöglichen. Zudem ist das Qualifikationsniveau in den Einkaufsbereichen in den letzten Jahren stark gestiegen, so dass komplexere Themen auch einkaufseitig analysiert und konzipiert werden können. Hierdurch ist es heute an der Tagesordnung, entlang der Prozesskette Dienstleistungen isoliert zu betrachten und ggf. neue Leistungen erstmals zu kreieren.

Die Konzentration auf Kernkompetenzen ist kein neues Thema, sondern eine permanente Managementaufgabe. Vor dem Hintergrund der oben genannten Veränderungen muss jedoch die Frage von echter Kernkompetenz im Sinne von Wettbewerbsvorteilen stets neu beantwortet werden. Industrieunternehmen müssen bei dieser Überlegung ihre technologischen Kompetenzen in den Vordergrund stellen und weniger auf Nebenprozesse Wert legen, insbesondere wenn diese standardisierbar und damit effizient z. B. durch einen Prozessintegrator abzuwickeln sind.

Nicht zuletzt ist die Variabilisierung von Fixkosten ein Thema, das nicht zu vernachlässigen ist. Konjunkturelle Schwankungen mit teilweise extremen Ausschlägen sind

Adrian Seeger / Norbert Keusen

heute keine Seltenheit mehr. Daher muss jedes Industrieunternehmen eine intelligente Vorsorge treiben, um diesen Schwankungen professionell zu begegnen. Der Einsatz von Prozessintegratoren, die auch bei anderen Unternehmen im gleichen Geschäftsfeld tätig sind, ist dabei eine sinnvolle Lösung zum Erhalt der Leistungsfähigkeit und zur Schonung von wichtigen Ressourcen.

Der Markt für Industriedienstleitungen wird wachsen. Moderne Industrieunternehmen begreifen diese Entwicklung als Chance und integrieren die Möglichkeiten intelligent in eigene Prozesslandschaften. Dienstleister müssen ihrerseits die Kapazität und Kompetenz mitbringen, die industriellen Prozesse zu verstehen, zu adaptieren und effizient zu optimieren, so dass nach einer Phase des Aufbaus ein Gesamtsystem reibungslos und nachhaltig funktionieren kann.

Volker Eickenberg

Vertrauen als Erfolgsfaktor im Vertrieb von Industriedienstleistungen
Diskussion einer unsichtbaren Schlüsselgröße

1 Einleitung 71
2 Diskussionsvorbereitende Klärungen 72
    2.1   Industriedienstleistungen 72
    2.2   Vertrieb und Key Account Management 73
    2.3   Erfolg und Erfolgsfaktoren 73
    2.4   Vertrauen und vertrauensnahe Begriffe 73
3 Diskussion des Vertrauensbegriffs 76
    3.1   Behinderung des Vertrauens 76
    3.2   Förderung des Vertrauens 77
        3.2.1   Fremdvertrauen 77
        3.2.2   Vertrauensbildende Maßnahmen 78
        3.2.3   Selbstvertrauen 79
4 Konklusion zur Anwendung in der Praxis 80

1 Einleitung

Das Jahr 2008 wird wohl als Jahr in Erinnerung bleiben, in dem das Vertrauen in eine global funktionierende Bankenwelt erschüttert worden ist. Diese Erschütterung ließ nicht nur die Finanzbranche erbeben, sondern zeigte auch seismografische Auswirkungen auf andere, kapitalintensiv produzierende Branchen, d. h. die Branche der Industrie und damit auch die Branche der Industriedienstleister, die hier vor dem Hintergrund der Banken- und Wirtschaftskrise im Fokus steht.

Im Allgemeinen reagieren Menschen auf Krisen mit einer ihnen innewohnenden naturgemäßen Angst, die im Besonderen bestehende Geschäftsbeziehungen im B2B-Bereich trüben kann. Am ehesten spürt eine Trübung des geschäftlichen Miteinanders zwischen Industrie und Industriedienstleister der Vertrieb, genauer: der Vertrieb von Industriedienstleistungen. Der Key Account Manager, der die Beziehungen zu den Entscheidungsträgern in der Industrie mittels diverser Kommunikationsinstrumente pflegt, mag dann trotz längerer Geschäftskontakte zögerliches Verhalten bei der Auftragsvergabe oder -verlängerung wahrnehmen. Ein solches Verhalten der Industriekunden scheint für den Vertrieb schwierig bis ausweglos zu sein; denn die Angst kann nicht mit preisreduzierten Dienstleistungen oder kostenfreien Zusatzleistungen beseitigt werden, da sie meist unbestimmt und nicht greifbar ist.

Dagegen besteht für den Vertrieb die Chance, dass er trotz der vorhandenen Ängste eine andere, ebenso nicht greifbare Größe gewinnen kann. Das Wichtigste, was ein Key Account Manager von seinem Kunden erhalten kann, ist Vertrauen. Es ist unsichtbar, aber machtvoll. Es bestimmt die Wirksamkeit aller Vertriebsaktivitäten. Mit dem Vertrauen auf eine individuelle und bedarfsgerechte Beratung öffnet der Industriekunde dem Key Account Manager die Tür, lässt ihn ein, legt ihm seine Situation offen und schenkt ihm schließlich seine Unterschrift. Das Kundenvertrauen zu gewinnen und zu behalten, ist der wichtigste Erfolgsfaktor im Vertrieb. Das wirft verschiedene Fragen auf, die darauf abzielen, was Vertrauen eigentlich ist und was dabei zu beachten ist, was Vertrauen behindert und fördert.

Vorrangiges Ziel des Beitrags ist es, Vertrauen als Erfolgsfaktor im Vertrieb von Industriedienstleistungen aufzuzeigen. Damit wird auch das Ziel verfolgt, das im Allgemeinen in der Praxis vorherrschende Geschäftsgebaren, nämlich zu einem kontrollierten Vertriebserfolg zu gelangen, zu relativieren, indem verschiedene Vertrauensaspekte beleuchtet und in Zusammenhang gebracht werden. Schließlich wird auch das Ziel verfolgt, die Diskussion um den Vertrauensbegriff anzuregen. Der Nutzen des Themas besteht darin, Vertrauen und vertrauensnahe Begriffe in einem vertriebsorientierten Kontext zu verstehen und dabei das Zusammenspiel verschiedener Vertrauen stärkender Aspekte zu erkennen. Dies beinhaltet auch eine Unterscheidung, wie Vertrauen behindert und gefördert wird.

Volker Eickenberg

Zunächst werden im zweiten Kapitel grundlegende Begrifflichkeiten geklärt, die für ein tieferes Verständnis des Themas erforderlich sind. Im dritten Kapitel erfolgt die Diskussion des Vertrauensbegriffs, indem zunächst vorgestellt wird, was das Vertrauen behindert. Zum Aufbau eines Spannungsverhältnisses wird anschließend der Gegenentwurf dargestellt, was Vertrauen fördert. Im vierten Kapitel werden die aus der Diskussion entwickelten Erkenntnisse genutzt, Anregungen für die Anwendung in der vertrieblichen Praxis zu geben, wie Key Account Manager Vertrauen als Erfolgsfaktor im Vertrieb von Industriedienstleistungen für sich verankern und von den Kunden erhalten.

Als Grundlage für die Bearbeitung des Themas werden Literaturinhalte aus unterschiedlichen Disziplinen herangezogen, da die Thematik neben betriebswirtschaftlichen Aspekten auch von der Soziologie, Psychologie und Philosophie berührt wird.

2 Diskussionsvorbereitende Klärungen

Für ein grundlegendes und einheitliches Verständnis vom Vertrauen als Erfolgsfaktor im Vertrieb von Industriedienstleistungen werden folgende Begrifflichkeiten definiert:

- Industriedienstleistungen,
- Vertrieb und Key Account Management,
- Erfolg und Erfolgsfaktoren sowie
- Vertrauen und vertrauensnahe Begriffe.

Den Anfang machen die Industriedienstleistungen, da sie den zu vertreibenden Gegenstand des Vertriebs darstellen.

2.1 Industriedienstleistungen

Unter Industriedienstleistungen werden Dienstleistungen für die Industrie verstanden. Aus der Fülle der vorhandenen Industriedienstleistungen mögen zwei zum Verständnis und Umreißung des Begriffs dienen, indem sie näher benannt werden. Dies sind zum einen Dienstleistungen, die sich auf das Reinigen, Beschichten und Sanieren von Maschinen, Werkshallen und Produkten beziehen. Zum anderen ist es die Entwicklung von unternehmensspezifischer Software zur Erstellung von Gütern. Diesen Dienstleistungen wird in der Literatur eine Zukunftsperspektive zugesprochen (vgl.

Meffert/Burmann/Kirchgeorg, 2008, S. 31 ff.). Für die Förderung dieser Zukunftsperspektive ist der Vertrieb bzw. das Key Account Management zuständig.

2.2 Vertrieb und Key Account Management

Der Vertrieb kann als Subinstrument des Marketing-Instrumentes Kommunikationspolitik verstanden werden (vgl. Weis, 2007, S. 83). Erklärte Ziele sind neben der Gewinnung von Kunden auch die Herbeiführung von Kundenaufträgen und die Aufrechterhaltung erfolgreicher Geschäftsbeziehungen zu Kunden (vgl. Kuhlmann, 2001, S. 10). Der Vertrieb ist wichtigstes Kommunikationsinstrument im zwischenmenschlichen Kontakt zu den industriellen Geschäftspartnern. Häufig werden die Kontakte über Großkundenbetreuer, so genannte Key Account Manager, gepflegt, die die Vertriebs- und Marketing-Aktivitäten planen, koordinieren und kontrollieren (vgl. Backhaus/Voeth, 2007 S. 265; Vergossen, 2005, S. 248; Weis, 2005, S. 64 ff.). Sie selbst sind insofern Erfolgsfaktoren für den Vertrieb von Industriedienstleistungen und somit für den Erfolg verantwortlich.

2.3 Erfolg und Erfolgsfaktoren

Der Erfolg im Vertrieb bzw. eines Key Account Managers wird als die Erreichung eines gewünschten Ergebnisses durch Tun, Dulden oder Unterlassen verstanden. Erfolgsfaktoren sind in diesem Kontext alle geistigen, seelischen und körperlichen Verhaltensweisen des Key Account Managers, die dazu beitragen, Neukunden sicherer, gezielter und schneller zu finden und zu gewinnen sowie durch eine individuelle, wettbewerbsfähige Persönlichkeit zu überzeugen. Beispielhafte Erfolgsfaktoren eines Key Accounters sind angenehme Umgangsformen, Geduld, Humor, Überzeugungskraft, Beredsamkeit, Takt, Schlagfertigkeit und Intuition. Als Erfolgsfaktor gilt auch die Fähigkeit, Vertrauen zu erwerben und zu festigen.

2.4 Vertrauen und vertrauensnahe Begriffe

Oftmals wird Vertrauen damit umschrieben, dass man jemandem vertraut, weil man sich auf jemanden ein- und verlassen kann. Mit Vertrauen verhält es sich z. B. wie mit Gesundheit, Freiheit und Gerechtigkeit. Sie werden als Wert kaum wahrgenommen bzw. als selbstverständlich angesehen. Erst durch Abwesenheit oder durch Verletzung dieser Werte werden sie als wichtig erachtet. Der Mangel erzeugt dann den Wunsch nach diesen Werten. Es stellt sich die Frage, wie Vertrauen im Kontext des Vertriebs von Industriedienstleistungen definiert werden kann.

Vertrauen ist die geistige Vorwegnahme (Kopfaspekt) und die damit gefühlsmäßig entwickelte Meinung (Gefühlsaspekt), Menschen (Key Account Manager) so zu verstehen und so zu akzeptieren, dass sie dem Betroffenen (Industriekunden) jetzt oder später einen wiederholbaren Vorteil verschaffen oder einen Nachteil vermeiden helfen. Positive Erfahrungen verstärken das Vertrauen der Industriekunden, um ihre Geschäftschancen und damit verbundene freiheitsorientierten Gefühle zu bedienen. Vertrauen der Industriekunden in den Key Account Manager schwebt somit nicht lose im Raum, sondern ist stets auf den konkreten und sicheren Nutzen bezogen, den er bietet. Neben Marketing-Konzepten, die auf Kundengewinnung und -bindung ausgerichtet sind, und beratenden Kompetenzen im Vertrieb nimmt Vertrauen eine Schlüsselrolle ein, weil es z. B.

- zu schnelleren und flexibleren Entscheidungen führt,
- Kommunikation zwischen Kunden und Vertrieb ermöglicht,
- zu Kreativität führt und Innovationen ermöglicht,
- Menschen zu Kunden macht,
- Kunden bindet,
- zu Ertragswachstum führt oder
- Kosten spart (vgl. Sprenger, 2007, S 15 ff.).

Menschen wollen, können und müssen vertrauen, da sie unkontrollierbaren Zuständen ausgesetzt sind. Einige Beispiele mögen dies deutlich machen: So müssen Menschen als Neugeborene ihren Eltern vertrauen, ihren Körperfunktionen, wie Herzschlag, Blutkreislauf, Stoffwechsel, und dass die Erde sich auch morgen noch drehen wird. Ebenso bleibt ihnen nichts anders übrig, als der arbeitsteiligen Gesellschaft zu vertrauen, die Güter und Dienstleistungen produziert. Dies gilt auch für das Rechtssystem, Wirtschaftssystem und die herrschenden Marktmechanismen. Schließlich vertrauen sie auch den Kompetenzen, die z. B. ein Pilot, Arzt, Rechtsanwalt, Notar, Architekt, IT-Spezialist, Wissenschaftler hat. Oder sie vertrauen einfach den Orts- und Sprachkundigen fremder Gebiete und Sprachen, wenn sie sich im Urlaub befinden (vgl. Sprenger, 2007, S. 55).

Andererseits gibt es Menschen, die den vorgenannten Beispielen misstrauen. Dabei ist Misstrauen nicht als Gegenteil von Vertrauen zu verstehen. Misstrauen nimmt eine komplementäre Perspektive zum Vertrauen ein (vgl. Sprenger, 2007, S. 70). Mit anderen Worten: Wer misstraut, sieht ein halb gefülltes Glas Wasser stets halb leer, aber niemals halb voll. Misstrauen ist ebenso eine geistige Vorwegnahme (Kopfaspekt) und eine damit gefühlsmäßig entwickelte Meinung (Gefühlsaspekt), Menschen so zu verstehen, dass sie dem Betroffenen jetzt oder später einen Nachteil verschaffen oder einen Vorteil verhindern. Negative Erfahrungen verstärken das Misstrauen der Betroffenen, um ihre sicherheitsorientierten Gefühle zu bekräftigen.

Ursache dieser unterschiedlichen Perspektiven ist die Angst. Angst im hier verstandenen Sinne ist ein unangenehmes Gefühl, das sich auf ein Ereignis projiziert, das noch nicht eingetreten ist (vgl. Panse/Stegmann, 1997, S. 37 ff.). Allgemein gesprochen bezieht sich Angst also auf einen möglichen erwartbaren Nachteil für Körper und Gesundheit. Furcht kann dagegen als eine konkretisierte Angst bezeichnet werden. Furcht bezieht sich auf ein Ereignis, das nicht nur möglich ist, sondern mit einer gewissen Wahrscheinlichkeit eintritt (vgl. Panse/Stegmann, 1997, S. 40). Haben Menschen Angst, dann haben sie zwei Reaktionsmöglichkeiten: Entweder reagieren sie mit Flucht oder mit Angriff. Diese Reaktionsmöglichkeiten geben den Menschen Kontrolle über die Lösung von bedrohlich empfundenen Situationen (vgl. Panse/Stegmann, 1997, S. 85 ff.). Angriff und Flucht korrespondieren als Reaktionsmuster mit den Perspektiven Misstrauen und Vertrauen. Vertrauen und Misstrauen sind insofern keine Gegensätze, sondern unterschiedliche Perspektiven zur Bewertung der Chancen auf Angriff oder Flucht.

Kontrolle kann als Vergleichsgröße zu Misstrauen oder Vertrauen verstanden werden. Insofern leitet Kontrolle als Ist-Größe einen Soll-Ist-Vergleich zur Soll-Größe Misstrauen oder Vertrauen ein. Damit erfährt der oftmals negativ besetzte Begriff Kontrolle eine neue, positiv besetzte Bedeutung; denn Kontrolle enthält somit die Chance, Ausdruck der Dankbarkeit zu sein, indem das eigene Sicherheits- oder Freiheitsgefühl bestätigt wird. Die folgende Abbildung 1 verdeutlicht den Zusammenhang von Vertrauen und vertrauensnahen Begriffen.

Abbildung 1: Misstrauen, Kontrolle und Vertrauen

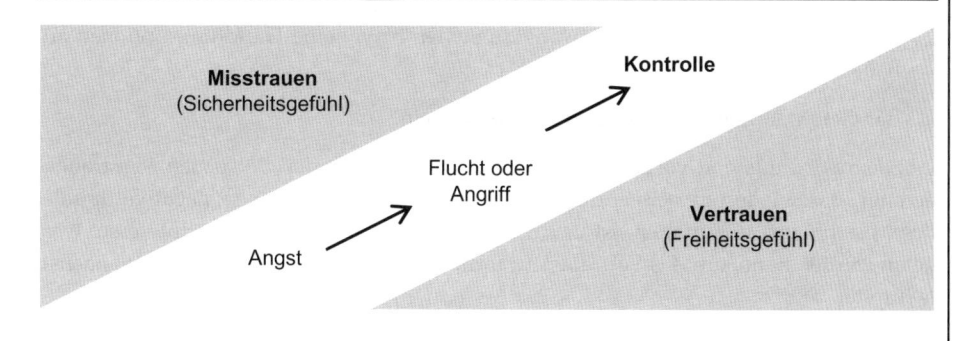

Angst löst beim Betroffenen Angriff oder Flucht vor der Angst auslösenden Situation aus. Die Entscheidung zur Flucht wird dann ausgeübt, wenn der Betroffene keine Möglichkeit sieht, die spezifische Situation erfolgreich zu lösen. Dagegen greift er an, wenn er eine Möglichkeit sieht, die spezifische Situation erfolgreich zu lösen. Unabhängig davon erfolgt eine Bewertung, die zum Misstrauen und damit zu einem Sicherheitsgefühl oder zum Vertrauen und damit zu einem Freiheitsgefühl führt. Anschließend erfolgt eine Kontrolle, um sich zu vergewissern, ob Misstrauen oder Vertrauen berechtigt waren. In der Diskussion steht demnach, was Vertrauen behindert und fördert.

3 Diskussion des Vertrauensbegriffs

3.1 Behinderung des Vertrauens

Vertrauen im hier verstandenen Sinne wird durch eine Vielzahl von Faktoren behindert, die mehr oder weniger starken Einfluss auf das Vertrauen der Kunden nehmen. Repräsentative, Vertrauen behindernde Beispiele sind:

- das eigene negative Weltbild,
- das eigene negative Menschenbild,
- Verurteilung menschlichen Verhaltens ohne Kenntnis der Zusammenhänge,
- Bestätigung negativer Kundenerwartungen,
- das eigene unberechenbare Verhalten, das den Kunden keine Orientierung bietet,
- das Gefühl, unter Handlungszwang zu stehen bzw. keine Handlungsoptionen zu haben oder
- das Gefühl, ungerecht behandelt worden zu sein.

Letztlich wird aus den vorgenannten Vertrauen behindernden Beispielen Misstrauen erzeugt, das wiederum verstärktes Misstrauen generiert. Um diese negative Spirale des Misstrauens aufzuhalten, ist es im Rahmen einer Diskussion von Interesse, was getan werden kann, um das Vertrauen zu fördern. Eine Antwort darauf gibt das nächste Kapitel.

3.2 Förderung des Vertrauens

Vertrauen wird von vielen Faktoren gefördert. Ihr Einfluss auf das Vertrauen hat unterschiedliche Intensität. Förderlich für das Vertrauen der Kunden sind z. B.:

- das eigene positive Weltbild,
- das eigene positive Menschenbild,
- eine ausgewogene Beurteilung menschlichen Verhaltens bei Kenntnis der Zusammenhänge,
- die Bestätigung positiver Kundenerwartungen,
- das eigene berechenbare Verhalten, das den Kunden Orientierung bietet,
- das Gefühl, keinem Handlungszwang ausgesetzt zu sein bzw. mehrere Handlungsoptionen zu haben,
- das Gefühl, gerecht behandelt worden zu sein,
- Selbstvertrauen,
- Fremdvertrauen oder
- der Einsatz von vertrauensbildenden Maßnahmen.

Sicherlich gibt es eine Reihe von Verkaufsschulungen, die auf die vorgenannten Aspekte hinweisen und Vertrauen schaffende Verhaltensweisen vermitteln, um das so dringend benötigte Kundenvertrauen zu gewinnen. Jedoch sollte sich jeder, der im personengebundenen Vertrieb tätig ist, dessen bewusst sein, welche versteckten Hürden vorhanden sind, um das Kundenvertrauen in der Verkaufspraxis zu gewinnen; denn Key Account Manager haben gleich drei dieser Hürden im Wettlauf um den Kunden zu nehmen. Konkret geht es darum, dem Kunden zu vertrauen, Vertrauen in die vertrauensbildenden Maßnahmen zu haben und schließlich um die Überzeugung des Key Account Managers, dass er selbst vertrauenswürdig ist, damit der Kunde ihm vertraut. Nachfolgend werden die Vertrauen fördernden Faktoren Fremdvertrauen, vertrauensbildende Maßnahmen und Selbstvertrauen einer näheren Betrachtung unterzogen, da sie wesentlich zur Entwicklung des Vertrauens beitragen.

3.2.1 Fremdvertrauen

Der erste wichtige Schritt für den Key Account Manager ist, dass er dem Kunden vertrauen kann. Das mag zunächst seltsam klingen, wird aber verständlich, wenn zwei Aspekte berücksichtigt werden: Zum einen ist Kontrolle als vergleichende Ist-Größe zur Soll-Größe Vertrauen zu verstehen. Und zum anderen ist ein Verständnis dafür zu entwickeln, dass es Key Account Manager gibt, die sich davor fürchten, vom Kunden kontrolliert zu werden, und sei es nur, weil der Kunde Fragen stellt. Solche Vertriebskräfte können ein negatives Bild vom Kunden entwickeln, und zwar mit der Folge, dass der Kunde als bloßer Umsatzfaktor oder auf eine Unterschrift reduziert wird. Ein solches Bild kann aufgrund verschiedener Umstände entstanden sein. Ein Umstand mag der eigene Erfolgsdruck sein, dem sich der betroffene Manager ausgesetzt sieht oder dem er ausgesetzt ist. Dann passiert es leicht, dass er sich instrumentalisiert fühlt und dies auf den Kunden überträgt. Bringt der Key Account Manager dem Kunden Vertrauen entgegen, entwickelt er ein positives Bild vom Kunden, indem er als Mensch gesehen wird, der Rat und Tat benötigt. Manchmal ist es für ein positives Kundenbild auch hilfreich, sich den Kunden als seinen besten Freund vorzustellen. In aller Regel hat der Kunde keine bösen Absichten. Er will vertrauen. Doch dafür muss ihm der Key Accounter einen Vertrauensvorschuss schenken. Danach kann der Key Account Manager sich darüber freuen, dass im zweiten Schritt seine vertrauensbildenden Maßnahmen positive Wirkung zeigen.

3.2.2 Vertrauensbildende Maßnahmen

Vertrauensbildende Maßnahmen verlieren ihre Wirkung, wenn sie als Kontrollinstrument verstanden werden. Fragetechniken haben dann eher den Charakter einer gelenkten, kontrollierten Gesprächsführung, um den Kunden zielgerichtet zur Unterschrift zu führen, z. B. Fragetechniken und antrainierte Verhaltensweisen. Vertrauensbildende Maßnahmen sollen zur Persönlichkeit des Key Account Managers passen, der Situation angemessen sein und akzentuiert eingesetzt werden. Andererseits werden vertrauensbildende Verhaltensweisen vom Key Account Manager allein dadurch beeinflusst, dass er von ihrer förderlichen Wirkungsweise nicht überzeugt ist. Sollten dann doch einmal echte, auf Vertrauen ausgerichtete Maßnahmen angewendet werden, dann werden sie auf den Key Account Manager, dem ja Kontrolle vertraut ist, fremd wirken, auch wenn sie noch so wirkungsvoll sein mögen. Dies nimmt auch der Kunde wahr. Er merkt, dass eine solche Vertriebskraft antrainierte Verhaltensweisen zeigt, da ihr eine echte, authentische, positive Grundhaltung zum Menschen fehlt. Wenn der Key Account Manager allerdings eine positive Meinung vom Kunden hat, dann unterstreichen die nachstehenden probaten Beispiele seine Aktivitäten, das Kundenvertrauen zu gewinnen, zu bestätigen und zu festigen, wenn er

- dem Kunden Wertschätzung zeigt,

- Augenkontakt mit dem Kunden hält,

- Gemeinsamkeiten mit dem Kunden betont,

- dem Kunden ein Höchstmaß an Berechenbarkeit, Orientierung und Sicherheit gibt,

- dem Kunden verschiedene alternative, individuelle und flexible Problemlösungen anbietet,
- schnelle Reaktionsbereitschaft im Bedarfsfall zeigt,
- gegenüber dem Kunden freundlich ist und bleibt,
- den Kunden im Sinne seiner wirtschaftlichen Bedürfnisse unterstützt,
- Kundenerwartungen positiv erfüllt und Versprechen einhält,
- dem Kunden fundierten, soliden, fachlich kompetenten und ehrlichen Rat gibt sowie
- dem Kunden gegenüber auch seine Verwundbarkeit zeigt (eine andere Ansicht vertreten Backhaus/Voeth, 2007, S. 517 ff.).

Selbstverständlich gilt es, diese vertrauensbildenden Maßnahmen nicht einfach zu kopieren, sondern auf den persönlichen Kommunikationsstil abzustimmen. Dazu zählt auch, dass Kleidung, Schmuck, Körperhaltung, Gestik und Mimik und das Verhalten im Kundengespräch die Persönlichkeit des Key Account Managers unterstreichen und somit den authentischen, überzeugenden Auftritt beim Kunden fördern (vgl. Görgen, 2005, S. 18 ff.). Werden diese Aspekte individualisiert und verinnerlicht, dann wird der Key Account Manager im dritten Schritt auch selbst davon überzeugt sein, dass der Kunde ihm vertrauen wird.

3.2.3 Selbstvertrauen

Es gibt Key Account Manager, die sagen sich, Theorie ist das eine, Praxis das andere. Sie mögen ihre Verkaufserfolge darauf zurückführen, dass Misstrauen und Kontrolle im Verkauf wirksamer als Vertrauen sind. Möglich ist auch, dass sie dem Begriff Vertrauen misstrauen und sich selbst als nicht vertrauenswürdig empfinden. Diese Haltung beruht zum Teil auf der in der Verkaufspraxis fehlenden Zeit für die eigene Reflexion. Gleichwohl benötigt Kundenvertrauen Zeit, um sich für beide Seiten im Gespräch entwickeln zu können. Zugegeben: Den schnelleren und kurzfristigen Erfolg gibt es mit einer vom Manager kontrollierten Gesprächsführung, die meist zur Kundenunterschrift führt. Der langfristige Erfolg kann aber nur auf gegenseitigem Vertrauen aufgebaut werden. Hierzu gehört die Überzeugung des Key Account Managers, dass er sich selbst als vertrauenswürdig empfindet und sich grundsätzlich dafür entscheidet, Vertrauen für langfristige Kundenbindungen einzusetzen.

Selbstvertrauen ist allerdings die schwierigste Hürde beim Erwerb von Vertrauen, da fraglich ist, inwiefern der Einzelne sich selbst als vertrauenswürdig empfinden kann oder will. Sich selbst zu vertrauen, erfordert mehr Mut, Disziplin und Stärke, als anderen zu vertrauen, da Selbstvertrauen mit Selbstverantwortung korrespondiert. Selbstverantwortung basiert auf der Überzeugung, Wahlmöglichkeiten und Kriterien für die Bewertung chancen- und risikoreicher Beziehungen zu haben. Wahlmöglichkeiten hat derjenige, der sich nicht fremdbestimmt fühlt, sondern sich selbstbestimmt erlebt und somit frei agieren und reagieren kann. Ein in diesem Kontext entwickeltes Selbstvertrauen und sich selbst kritisch zu betrachten benötigen regelmäßige und konsequente Übung, um dauerhaft gegenseitiges Vertrauen für gemeinsame Erfolge zu erhalten. Aufgrund der Diskussion werden Empfehlungen gegeben, wie das Vertrauen im Vertrieb von Industriedienstleistungen gewonnen und gefestigt werden kann.

4 Konklusion zur Anwendung in der Praxis

Gespräche, insbesondere persönliche Verkaufsgespräche mit Industriekunden, bilden die Kernfunktion des Vertriebs der Industriedienstleister. Der Persönlichkeit des Key Account Managers und die mit ihr verbundenen Vertrauensaspekte werden als wesentliche Erfolgsfaktoren bewertet (vgl. Vergossen, 2005, S. 256). Vertrauen wird vor, während und nach dem Verkaufsgespräch mit Kunden erzeugt. Die Verhaltensempfehlungen und die damit verbundene praktische Vertrauensarbeit im Vertrieb von Industriedienstleistungen folgen den einschlägig bekannten Gesprächsphasen während der Verkaufsdurchführung (vgl. Vergossen, 2005, S. 256; Weis, 2005, S. 233):

- Key Account Manager sollten den Kunden reden lassen, vor allem ausreden lassen. Sie sollten den Kunden nicht unterbrechen, aufmerksam zuhören und Verständnis für die Situation und Argumentation des Kunden signalisieren, wenn er sich beispielsweise über seine Wettbewerber oder Kunden beschwert.

- Die Vertriebskräfte sollten hinhören, was der Kunde zu ihnen sagt und wie er es sagt. Aktives Zuhören ist wichtiger als Zureden. Wird dem Kunden zugeredet, hört er zwar noch zu, aber nicht mehr hin.

- Key Account Manager bleiben während des ganzen Kundenbesuchs ein freundlicher und höflicher Gesprächsteilnehmer. Ein Kundenbesuch ist kein Kampfgespräch ums Rechthaben. Es wird um die Gunst des Kunden und um Lösungen geworben. Denn die Industriedienstleistung unterstützt als lösungsgebende Komponente indirekt das Profitinteresse und die Wettbewerbsfähigkeit der Industrie.

- Key Account Manager sollten sich immer wieder ein Bild davon machen, wie sie mit Spaß und mit großer Zufriedenheit mit dem Kunden Geschäfte machen. Sie sind erfolgreich, wenn sie an dieses Bild glauben.

- Key Account Manager sollten erfolgreiches Verhalten nicht von anderen kopieren. Sie sollten sich selbst treu bleiben, den Mut haben, sie selbst zu sein. Das ist das Beste, was sie sich und dem Kunden geben können.

- Key Account Manager sollten freundlich sein und lächeln. Das hat selbst im Industriekundenbereich so manches Eis gebrochen.

- Key Account Manager sollten nicht zu lange darauf warten, dass der Kunde seine Probleme anspricht. In aller Regel schmeichelt es dem Kunden, wenn sie den ersten Schritt auf ihn zugehen.

- Key Account Manager sollten daran denken, dass sie Kundenprobleme enthüllen und lösen. Sie verkaufen stets den Kundennutzen, der den Kaufimpuls des Kunden wecken soll. Nur wenn der Key Account Manager selbst von der Dienstleistung überzeugt ist, kann er auch den Kunden überzeugen. Denn der Nutzen einer Dienstleistung erschließt sich nicht unbedingt von selbst, er muss vielmehr greifbar und damit begreifbar präsentiert werden.

- Key Account Manager sollten mit dem Kunden gemeinsam die Vorteile oder vermeidbare Nachteile abwägen, die mit der Industriedienstleistung verbunden sind.

- Kundeneinwände sind Wasser auf den Argumentationsmühlen des Vertriebs, da sie eine versteckte Aufforderung zu einem Dialog sind. Zum Beispiel steckt im Einwand „zu teuer" keine Ablehnung, sondern eher eine Einladung an den Key Account Manager, einen Bezug zum Preis-Leistungsverhältnis der angebotenen Dienstleistung herzustellen.

- Key Account Manager sollten lernen, zu ihren Kunden ein intensives und verständnisvolles Vertrauen aufzubauen und mit vertrauensbildenden Maßnahmen zu pflegen. Es versteht sich fast von selbst, dass Vertrauen beim Kunden auch erreicht wird, wenn man sich ihm gegenüber aufrichtig und ehrlich verhält.

- Seriosität erreichen Key Account Manager, indem sie es vermeiden, dem Kunden gegenüber aufdringlich zu erscheinen. Ein verhaltenes Auftreten ist zum Beispiel auf Industriemessen geboten, wenn die Unternehmer angesprochen und für die angebotenen Dienstleistungen interessiert werden sollen, da die Zielgruppe ein distinguiertes Vorgehen erfordert.

- Key Account Manager sind Spezialisten ihrer Dienstleistungen. Sie zeigen ihre sachliche Kompetenz auch dadurch, dass sie dem Kunden komplexe Sachverhalte gut erklären können. Offenheit und Klarheit sind ihre Trümpfe. Gelegentlich helfen Miniaturmodelle für eine verständlichere und Nutzen orientierte Darstellung der Dienstleistung.

- Mit vielen Kunden sind Key Account Manager auf Du und Du. Sie sollten darauf achten, dass sie trotz oder gerade wegen dieses vertraulichen Tonfalls zu den Kunden nicht respektlos erscheinen.

- Key Account Manager sollten in Konkurrenzsituationen sowohl dem Mitbewerber als auch dem Kunden gegenüber sachlich bleiben. Sie sollten sich nicht vom Kunden zu einem unsachlichen oder ungenauen Vergleich sowie zu einem vorschnellen Urteil provozieren lassen.

- Key Account Manager sollten in Konkurrenzsituationen ihre Stärken vertreten. Sie liefern dem Kunden neutrale und überprüfbare Fakten. Das schließt auch ein, dass sie die Stärken des Wettbewerbers loben sollten, wenn sie eindeutig und offensichtlich sind.

- Vertriebskräfte sollten beim Kunden keinen Konkurrenten schlechtmachen, sondern ein fairer Mitstreiter bleiben, auch wenn sich der Wettbewerber ihnen gegenüber unfair verhält. Zum Beispiel wird dies auch vom Kunden bewusst provoziert, um herauszufinden, ob die Vertriebskraft darauf eingeht, Integrität und Loyalität zeigt oder leichtfertig Unternehmensgeheimnisse des Wettbewerbs preisgibt.

- So gut es ist, Kundenprobleme anzusprechen, besser ist es, sensibel dafür zu sein, wann der Kunde das Gespräch beenden möchte. Für gewöhnlich wird er dann einsilbiger, schweigsam sowie auf nonverbale Art unkonzentrierter wirken und auf seine Uhr schauen.

Wenn der Vertrieb bzw. der Key Account Manager geneigt ist, Vertrauen als Schlüsselgröße für die Ziele und Aufgaben im Verkauf von Industriedienstleistungen neu zu bewerten, dann hat er krisensicheres Kapital aufgebaut, das zwar trotz mancher Einflüsse wie ein Börsenkurs schwanken mag, aber die Volatilität dürfte stets nach oben zeigen und damit auf Erfolgskurs bleiben.

Teil 3

Organisatorische Gestaltung

von Industriedienstleistern

Teil B

Philipp Gesche

Management komplexer Industriedienstleistungen in der Praxis
am Beispiel der Demontage eines Walzgerüsts

1 Komplexe Industriedienstleistungen 87
    1.1 Abgrenzung komplexer Industriedienstleistungen 87
    1.2 Das Problem der Nichtwiederholbarkeit 88
    1.3 Black-Box und Risiko 89

2 Die Verlagerung eines Walzgerüsts 89
    2.1 Die Aufgabenstellung 89
    2.2 Das Leistungsverzeichnis: Von der Demontage zur Remontage 91
    2.3 Projektüberblick 91

3 Demontage 96
    3.1 Demontage von Großteilen der Mechanik am Beispiel der Walzenständer 96
    3.2 Freilegen der Sohlplatten und Antriebsaggregate 98
    3.3 Demontage der Elektrik 99
    3.4 Zerlegung der Baugruppen und Dokumentation 100

4 Logistik 101
    4.1 Containerverpackung 101
    4.2 Innerbetriebliche Logistik 102
    4.3 Schiffstransport 103

5 Erfolgsfaktoren im Management komplexer Industriedienstleistungen 104
    5.1 Bauleitung 104
    5.2 Arbeitssicherheit 104
    5.3 Kommunikation 105
    5.4 Finanzierung 106

6 Fazit 106

1 Komplexe Industriedienstleistungen

1.1 Abgrenzung komplexer Industriedienstleistungen

Industriedienstleister bieten Dienstleistungen mit unterschiedlichen Komplexitätsgraden an (vgl. Corsten, 1997, S. 31 ff.). Häufig werden Industriedienstleistungen isoliert mit Blick auf einzelne Gewerke betrachtet; im Fokus stehen z. B. Reinigungs- und Entsorgungsleistungen, Personalgestellung bzw. Zeitarbeit oder Transportleistungen. Diese Leistungen sind standardisierbar, werden unter hohem Wettbewerbsdruck angeboten und zunehmend unter einer stark preisorientierten Betrachtung eingekauft.

Komplexere Leistungen werden hingegen mit Blick auf produzierende Unternehmen als Nachfrager unter den Überschriften Engineering, Instandhaltungsmanagement, Datenverarbeitung oder Wartung und Service betrachtet. Mehr als der Preis steht hier aufgrund der hohen Qualitätsanforderung des Kunden die inhaltlich-technische Qualität der Leistung im Vordergrund.

Während die erste Betrachtung stark auf die Nutzung von personellen oder technischen Kapazitäten abstellt, stehen bei der zweiten technisches Know-how und Leistungsergebnisse im Vordergrund.

Die Nachfrage nach Industriedienstleistungen begründet sich im Wesentlichen in der verstärkten Konzentration der produzierenden Unternehmen auf ihre Kernkompetenzen und dem damit verbundenen Abbau der innerbetrieblichen personellen und infrastrukturellen Kapazitäten (vgl. Ernst/Mallmann/Dombrowski, 2006, S. 126). Hieraus folgt häufig auch die Auslagerung der innerbetrieblichen Kompetenz in der operativen Abwicklung von Leistungsanforderungen des Managements, sofern diese von den Kernanforderungen aus Produktion und Instandhaltung abweichen.

Diese Situation muss im Rahmen des Managements industrieller Dienstleistungen Berücksichtigung finden: Rein kapazitive Leistungen wie die Gestellung von Fachpersonal wird vom Kunden in geringerem Umfang nachgefragt, da zusätzlich die planerische Leistung mit Blick auf das angestrebte technische Ergebnis benötigt wird und beides nur im Verbund sinnvoll eingekauft werden kann.

Der Dienstleister übernimmt damit die Koordinationsfunktion von den Fachabteilungen des Kunden, d. h., die Fachabteilung überwacht nur noch das Ergebnis der Leistungserstellung. Die Prozesshoheit geht auf den Dienstleister über, dieser hat die verschiedenen Gewerke und Ressourcen zu koordinieren.

Um diese Leistung anbieten zu können, sind technisches Grundlagen- und prozessuales Erfahrungswissen sowie Managementfähigkeiten vorzuhalten. Beide sind damit wesentliche Anforderungen bei der Weiterentwicklung von Industriedienstleistern vom Kapazitätsanbieter zu einem wertschöpfenden Partner der produzierenden Unternehmen (vgl. Fließ, 2009, S. 24).

1.2 Das Problem der Nichtwiederholbarkeit

Viele klassische Industriedienstleistungen sind von einer wiederkehrenden Leistungserstellung geprägt; diese folgt zwingend dem der Dienstleistung häufig zugrunde liegenden Outsourcing-Gedanken und der vom Kunden angestrebten Reduktion der Wertschöpfungstiefe. Beispiele hierfür sind Reinigungs- und Entsorgungsleistungen, IT/TK-Leistungen oder Transportlogistik (vgl. Theißen/Seeger, 2004, S. 110).

Der wiederkehrende Charakter dieser Leistungen erlaubt es Auftraggeber und Dienstleister, im Rahmen einer Hochlaufkurve wechselseitig Erfahrungen zu sammeln. Diese fließen in die Verbesserung der technischen und persönlich-kommunikativen Schnittstellen ein und führen letztlich zu einer Verbesserung der Produktivität des Dienstleisters. Je tiefer die Integration des Dienstleisters in die Unternehmensprozesse, desto größer ist der Effekt einer erfolgreichen Hochlaufkurve auf die Produktivität der Zusammenarbeit. Kurz, beide Seiten investieren in die Schnittstellen (z. B. durch festes Personal im Rahmen einer Festbaustelle auf dem Werksgelände des Kunden), weil sich diese Investition im Hinblick auf die angestrebte längerfristige Zusammenarbeit rechnet (vgl. Bandow, 2006, S. 252 f.).

Gänzlich anders stellt sich die Situation im nachfolgend beschriebenen Fall einer Demontage eines Walzgerüsts[1] dar: Eine solche Demontage hat einen nicht wiederkehrenden Charakter und kann im Misserfolgsfall nicht wiederholt werden. Das Prinzip des Trial-and-Error als Ausgangspunkt des kontinuierlichen Verbesserungsprozesses steht damit nicht zur Verfügung. Zur Nichtwiederholbarkeit der Leistung kommen in der Regel absolute zeitliche Restriktionen seitens des Kunden hinzu: Die Leistung muss bis zu einem fixen Zeitpunkt erbracht sein.

Damit ergibt sich die zweite Anforderung an den Dienstleister: Die Schnittstellen zum Kunden müssen sehr kurzfristig installiert werden und unmittelbar funktionieren. Dies führt zu hohen Anforderungen an das Projektmanagement und die operative Leitung der Arbeiten auf der Baustelle. Gleichzeitig kann der Dienstleister den Bedürfnissen des Kunden nicht mehr durch reine Kapazitätsbereitstellung gerecht werden. Die Nichtwiederholbarkeit erfordert technisches und prozessuales Erfahrungswissen in Kombination mit der Bereitstellung der notwendigen Kapazitäten (vgl. Engelhardt/Reckenfelderbäumer, 1993, S. 286).

---

[1] Die beschriebene Demontage wurde durch die Induser Industrieservice GmbH & Co. KG, Ratingen, in Zusammenarbeit mit der KHW-Gruppe, Meerbusch, im Jahr 2008 durchgeführt.

1.3 Black-Box und Risiko

Bereits in der Angebotsphase hat der Dienstleister eine weitere Aufgabenstellung zu lösen: Trotz der Nutzung vorhandener Pläne, ausführlicher Ortsbegehung und intensivem Austausch mit Wissensträgern im Betrieb vor Ort verbleibt ein hoher Grad an Unklarheit über die tatsächlichen Gegebenheiten während der Durchführung der Leistung. Der Dienstleister steht einer Black-Box gegenüber, deren Inhalt trotz des vorhandenen Erfahrungswissens nur in Teilen antizipierbar ist. Die verbleibende Unklarheit führt unmittelbar zu einem wirtschaftlichen Risiko des Dienstleisters, da dieser wie oben beschrieben keine Gewerke anbietet, sondern im Rahmen eines Werkvertrags das Leistungsergebnis schuldet. In dem nachfolgend beschriebenen Fall der Verlagerung des Walzgerüsts ist auf Basis von Konstruktionszeichnungen und Vor-Ort-Besichtigungen eine Abschätzung möglich – nicht erkennbare Schwierigkeiten (wie im folgenden Beispiel dargestellt) sind das Risiko des Dienstleisters.

Das Management des Dienstleisters hat vor diesem Hintergrund die Aufgabe, die Projektschritte zu identifizieren, die auf dem kritischen Pfad liegen, und ihnen besondere Aufmerksamkeit zu widmen. Hierbei ist die Black-Box zu berücksichtigen, d. h., es können häufig nur Wahrscheinlichkeiten des Eintreffens eines Ereignisses zur Risikoeinschätzung herangezogen werden. Im Folgenden werden Beispiele dafür aufgeführt, dass kritische Ereignisse tatsächlich eintreten und den Projekterfolg oder die Wirtschaftlichkeit der Dienstleistung beeinträchtigen können.

Das Management eines Industriedienstleisters muss also Koordinationsfunktion und Schnittstellenmanagement erbringen sowie durch planerische Aktivitäten das Risiko des Auftraggebers senken oder gänzlich übernehmen. Diese Aufgaben gehen weit über die Bereitstellung von technischen oder personellen Ressourcen hinaus und machen deutlich, dass komplexe Industriedienstleistungen mit steigender Wertschöpfung verbunden sind.

2 Die Verlagerung eines Walzgerüsts

2.1 Die Aufgabenstellung

Ein Walzwerk mit einem Gesamtgewicht von 2.400 Tonnen war am derzeitigen Produktionsstandort im europäischen Ausland fachgerecht zu demontieren, zu verpacken und zu transportieren, so dass am neuen Standort die Remontage durchgeführt und der erneute Produktionsbetrieb aufgenommen werden konnte.

Philipp Gesche

Diese Leistung war als Werkvertrag ausgeschrieben, der Dienstleister übernimmt die Koordinationsfunktion als Generalunternehmer und ist verantwortlich bis zur Übergabe der verpackten Komponenten an den Kunden zur Zwischenlagerung. Die Remontage war nicht Vertragsbestandteil.

Eine solche Verlagerung kann aus verschiedenen Gründen stattfinden:

- Verlagerung an logistisch oder kostenseitig günstigere Standorte (z. B. aus historisch bedingten Innenstadtlagen),
- Optimierung des Materialflusses durch Layoutveränderungen,
- Kostenreduzierung durch Verlagerung an Niedriglohnstandorte oder Standortzusammenlegung oder
- Verlagerung der Produktionskapazitäten in neue Märkte.

Im konkreten Fall plante der Kunde die Verlagerung der Produktionskapazität in einen neuen Absatzmarkt im Ausland.

Die Aufgabenstellung erforderte die Koordination der folgenden Einzelgewerke und Dienstleister: Bauleiter Montage und Schlosser, Dokumentierer Mechanik, Bauleiter Elektrik und Monteure, Dokumentierer Elektrik, Bauleiter Verpackung und Verpacker, Spedition Straße und Binnenschiff, Innerbetriebliche Logistikpartner (Spezialgerät), Reinigungskräfte, Stemmarbeiten und Kran- und Staplergestellung sowie Managementleistungen wie Technische Bauleitung, Projektleitung, Dokumentation der Demontage und entstehender Schnittstellen, Mechanik, Hydraulik, Pneumatik und Elektrik. Insgesamt kamen für die unmittelbare Demontage und die Verpackung mehr als 20 Mitarbeiter zum Einsatz.

Während die Einzelgewerke und Dienstleistungen weitestgehend standardisiert am Markt verfügbar sind, bestand die komplexe Aufgabe darin, diese zu einer effektiven und effizienten Gesamtleistung zu koordinieren.

Darüber hinaus musste bei der Personalauswahl berücksichtigt werden, dass eine Demontage anders als eine Montage in der Regel – und so auch hier – nicht nach Zeichnung und Stückliste erfolgen kann, da diese nicht zu Verfügung stehen. Ein Teil der Mitarbeiter muss also in der Lage sein, auf Basis des eigenen technischen Verständnisses des Ineinandergreifens der Anlagenteile Entscheidungen zu treffen. Diese Mitarbeiter müssen mit Hilfskräften kombiniert werden, um einen effizienten Kosten-Kompetenz-Mix zu erzielen.

2.2 Das Leistungsverzeichnis: Von der Demontage zur Remontage

Das Leistungsverzeichnis beinhaltete die Aufgabenstellung, das Walzgerüst so zu demontieren, dass die folgenden Anforderungen erfüllt sind:

- Der Transport der Anlage über weite Strecken inkl. Seetransport ist möglich.
- Eine Einlagerung über mehrere Jahre ist möglich.
- Das Gerüst kann anschließend am neuen Standort remontiert und in Betrieb genommen werden.

Diese Anforderungen unterscheiden sich wesentlich von einer reinen Demontage zur Verschrottung und erfordern neben dem sorgfältigen, erhaltenden Umgang mit den Komponenten

- eine lückenlose Dokumentation der Demontage,
- die Konservierung der Anlagenteile sowie
- eine seefeste und korrosionsschützende Verpackung.

Die große zu überbrückende Distanz erfordert zudem eine kleinteiligere Zerlegung, um einen möglichst großen Teil der Anlage in Containern transportieren zu können und nur wenige Großteile als schweres Stückgut.

2.3 Projektüberblick

Das Projekt startete mit den vorbereitenden Schritten Ist-Aufnahme und Planung. Danach erfolgten die Dokumentation, die tatsächliche Demontage und Verpackung und anschließend die Transportlogistik. Abbildung 1 gibt einen Überblick über den Ablauf, die einzelnen Module und deren wesentliche Teilschritte.

Die Ist-Aufnahme der Situation vor Ort und der zu demontierenden Anlage hatte das wesentliche Ziel, eine möglichst große Transparenz über die Aufgabenstellung sowie die kritischen Pfade zu erzeugen. Der technische Programmablauf wurde erhoben und damit die Funktionalität und der innere Zusammenhang der Anlage in Erfahrung gebracht.

Abbildung 1: Ablaufplanung des Projektes

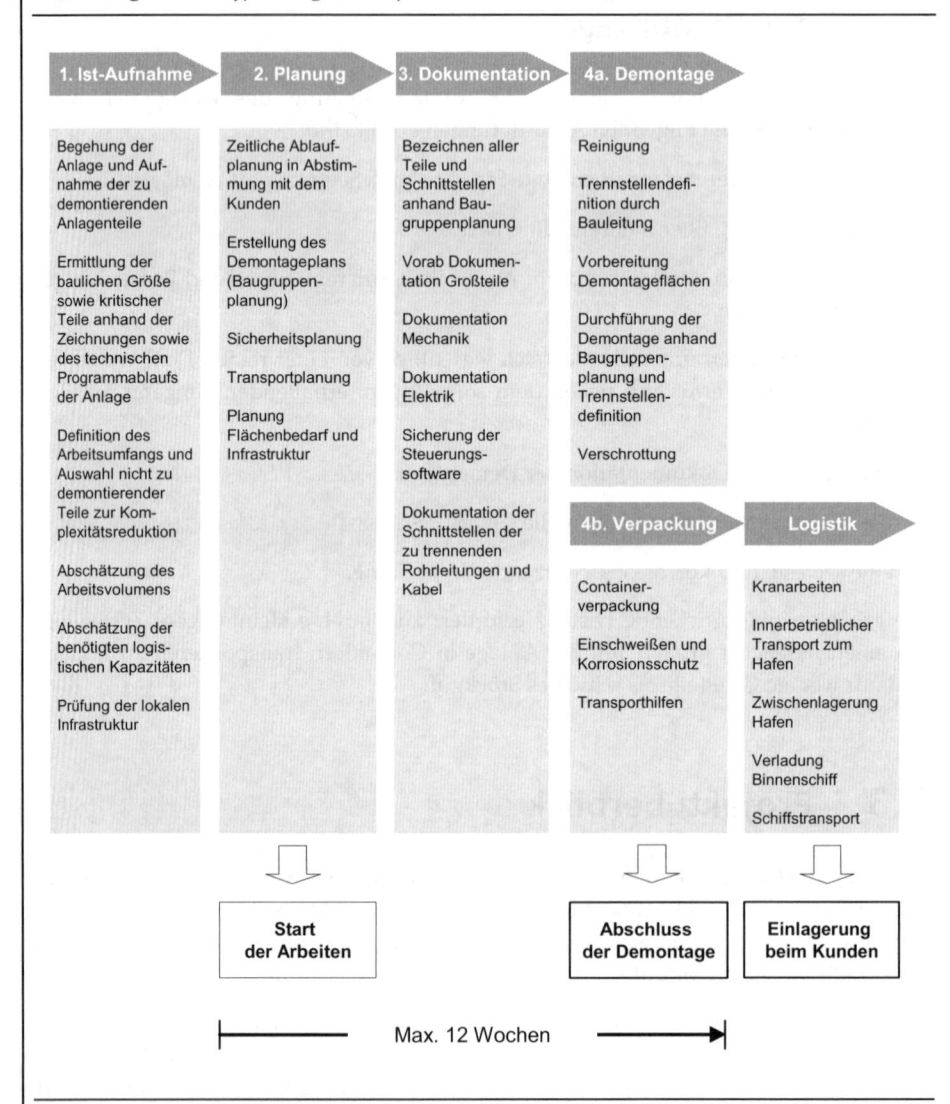

1. Ist-Aufnahme	2. Planung	3. Dokumentation	4a. Demontage
Begehung der Anlage und Aufnahme der zu demontierenden Anlagenteile	Zeitliche Ablaufplanung in Abstimmung mit dem Kunden	Bezeichnen aller Teile und Schnittstellen anhand Baugruppenplanung	Reinigung
			Trennstellendefinition durch Bauleitung
Ermittlung der baulichen Größe sowie kritischer Teile anhand der Zeichnungen sowie des technischen Programmablaufs der Anlage	Erstellung des Demontageplans (Baugruppenplanung)	Vorab Dokumentation Großteile	Vorbereitung Demontageflächen
	Sicherheitsplanung	Dokumentation Mechanik	Durchführung der Demontage anhand Baugruppenplanung und Trennstellendefinition
	Transportplanung	Dokumentation Elektrik	
Definition des Arbeitsumfangs und Auswahl nicht zu demontierender Teile zur Komplexitätsreduktion	Planung Flächenbedarf und Infrastruktur	Sicherung der Steuerungssoftware	Verschrottung
Abschätzung des Arbeitsvolumens		Dokumentation der Schnittstellen der zu trennenden Rohrleitungen und Kabel	

		4b. Verpackung	Logistik
Abschätzung der benötigten logistischen Kapazitäten		Containerverpackung	Kranarbeiten
			Innerbetrieblicher Transport zum Hafen
		Einschweißen und Korrosionsschutz	
Prüfung der lokalen Infrastruktur		Transporthilfen	Zwischenlagerung Hafen
			Verladung Binnenschiff
			Schiffstransport

⇩ Start der Arbeiten   ⇩ Abschluss der Demontage   ⇩ Einlagerung beim Kunden

|⎯⎯⎯⎯ Max. 12 Wochen ⎯⎯⎯⎯►|

Quelle: InduSer Industrieservice GmbH & Co. KG

In Verbindung mit den technischen Zeichnungen konnten so die Informationen über die Komplexität der Demontage für die Ermittlung des Personalbedarfs gewonnen werden. Gleichzeitig gaben die baulichen Größen (Gewichte und Abmessungen) Hinweise für die zu planende Logistik auf der Baustelle und für den anschließenden Transport.

Zuletzt wurde die vorhandene Infrastruktur (Flächen, Hallenkrannutzung, Torgrößen, Hallenhöhe, Zugriff auf ortskundige Mitarbeiter) geprüft und bewertet.

Planung der Demontage anhand von Baugruppen

Es ist für die Bauleitung elementar, das Ineinandergreifen der einzelnen Aggregate im tatsächlichen Produktionsablauf zu kennen. Deshalb begann die Planung mit der Ist-Aufnahme der Anlage anhand der technischen Zeichnungen und Pläne sowie dem Produktionsprogramm zum Verständnis des Zusammenhangs der einzelnen Aggregate. Auf dieser Basis erfolgte eine Aufteilung der Anlage in funktional und räumlich abgegrenzte Baugruppen. Jede erhielt eine eindeutige Kurzbezeichnung. Diese Baugruppen waren Grundbausteine für die spätere Dokumentation und die Planung des eigentlichen Demontageablaufs.

Die Dokumentation der Demontage sowie Planung und Durchführung der Montagearbeiten orientierten sich an diesen Baugruppendefinitionen. Gemeinsam mit dem Kunden wurden dann die Anlagenteile identifiziert, die mit hoher Sicherheit nicht zur Remontage kommen würden, da das neue Anlagenlayout aller Voraussicht nach einen großflächigeren Aufbau ohne Unterkellerung zulassen wird. Zusätzlich wurde definiert, dass Kabel und Leitungen sowie Rohrleitungen zum Teil nicht demontiert, sondern verschrottet werden, da bei der Remontage diese Teile in jedem Fall in anderen Längen und Bauarten neu montiert werden müssen. Darüber hinaus wurde entschieden, welche Teile ganzteilig oder zerlegt transportiert werden sollten.

Insgesamt konnte so der Demontage- und Dokumentationsaufwand deutlich reduziert werden, ohne die Anforderungen des Kunden zu verletzen.

Einen vollständigen Überblick über alle definierten Baugruppen gibt Tabelle 1.

Zeitplan und Black-Box

Der Kunde hatte einen maximalen Demontagezeitraum von zwölf Wochen vorgeschrieben und dieser wurde ihm vertraglich zugesichert. Die Zeitplanung wurde damit zu einer reinen Kapazitäts- und Reihenfolgeplanung. Auf Basis der Ergebnisse der Ist-Aufnahme wurde eine dem Zeitplan entsprechende Personalkapazität bereitgestellt. Durch Rückwärtsplanung wurden die wesentlichen Meilensteine des Demontageprozesses (z. B. Abschluss der Reinigungsarbeiten, Ziehen der Ständer, Schiffsverladung) zeitlich fixiert.

Tabelle 1: Baugruppenbezeichnungen

Baugruppe	Bezeichnung
SP	Spindelgetriebe
0	Zulauframpe
1	Doppelkonushaspel
2	Ablaufvorrichtung
3	Einlaufhaspel
4	Bundwagen Einlauf
5	Einlaufumlenkrolle
6	Walzgerüst
7	Auslaufumlenkrolle
8	Auslaufhaspel
9	Bundwagen Auslauf
10	Emulsion
11	Getriebeschmierung
12	Morgöl
13	Hydraulik
14	Leitstände
15	Kontergewicht Akkumulator
16	Hochdruckhydraulik Walzenanstellung
17	Ablauframpe
T	Transformatoren

In der realen Projektabwicklung haben sich erwartungsgemäß Planabweichungen ergeben, von denen einige beispielhaft aufgeführt sind und die Black-Box-Situation des Dienstleisters illustrieren:

Die ursprüngliche Planung sah eine serielle Vorgehensweise bei der Demontage vor, die sich an die vom Verkäufer durchzuführenden Reinigungs- und Spülarbeiten zeitlich anschließt. Da diese Arbeiten schneller als geplant fertiggestellt waren, konnte die Demontage an verschiedenen Baugruppen gleichzeitig begonnen werden. Dies erforderte zeitweise einen höheren Personaleinsatz, führte aber aufgrund der parallel stattfindenden Arbeiten dazu, dass der ursprüngliche Zeitplan um mehrere Wochen unterschritten wurde.

Im unmittelbaren Umfeld der Baustelle wurden andere Anlagen weiterhin zur Produktion genutzt. In diesen Anlagen entstand ein Kurzschluss, der unter anderem zu einem Stillstand des Hallenkrans führte. Während dieses Stillstands war die Containerbeladung und -verladung nicht durchführbar, so dass sich im Gesamtablauf der Logistik Verzögerungen ergaben. Die mit engen Zeitfenstern integrierten Speditionsdienstleister haben die entstandenen Wartezeiten weiter belastet.

Solche ungeplanten externen Beeinträchtigungen des Projektablaufs sind Risiko des Dienstleisters und bei der Projektkalkulation zeitlich und wirtschaftlich zu berücksichtigen.

Flächenbedarf und Infrastruktur

Für einen reibungslosen Ablauf der Demontage war es wesentlich, dass eine ausreichende Arbeits- und Lagerfläche zur Verfügung stand. Benötigt wurden neben der Demontagezone rund um die Anlage eine Freifläche für die ständige Lagerung von 640-Fuß-Containern sowie eine Freifläche für die Verpackungsarbeiten von 300 Quadratmetern. Hinzu kamen Flächen für die Verpackung, die Verladung sowie Hilfsflächen für jeweils zwei Büro-, Mannschafts- und Werkzeugcontainer.

Darüber hinaus war die Möglichkeit, den vorhandenen Hallenkran zu nutzen, ein wesentliches Kriterium für einen wirtschaftlichen und zeitgenauen Ablauf der Arbeiten, insbesondere bei der Demontage des schweren Maschinenbaus.

Trotz der im Vorfeld durchgeführten Planung und Abstimmung ist eine Beeinträchtigung der angenommenen Infrastruktur nicht auszuschließen. Dies ist nicht notwendigerweise auf mangelnde Kooperation des Werksbetreibers zurückzuführen, sondern auf Anforderungen des laufenden Produktionsbetriebs, die im Konfliktfall höher priorisiert werden.

Beispielsweise wurde der zugesagte Hallenkran zeitweise für die eigene Produktion benötigt und stand deshalb für die Demontagearbeiten nicht zur Verfügung. Der Dienstleister trägt für diese Situation das Risiko und ist gleichzeitig nur begrenzt in der Lage, diese Situation zu beeinflussen.

Weitere Beispiele für Black-Box-Situationen im Projektverlauf:

- Black-Box-Beispiel Hallenkran: Sollte der Hallenkran nicht zur Verfügung stehen, muss ein externer Autokran bereitgestellt werden. Die Mehrkosten trägt der Dienstleister.

Philipp Gesche

- Black-Box-Beispiel Führerscheine: Kran- und Staplerarbeiten durften trotz der vorhandenen international gültigen Führerscheine erst nach Ableistung erneuter Schulungen nach Werksstandards durchgeführt werden. Es entstanden ungeplante zeitliche Verzögerungen.

- Black-Box-Beispiel Kooperationsbereitschaft: Die hohe Kooperationsbereitschaft des Verkäufers hat zum Projekterfolg und der Vermeidung ungeplanter Zusatzkosten und zeitlicher Verzögerungen wesentlich beigetragen, ein Beispiel für ein positives Black-Box-Problem.

3 Demontage

3.1 Demontage von Großteilen der Mechanik am Beispiel der Walzenständer

Die wesentliche Herausforderung bei der Demontage bestand zum einen im Umgang mit schweren Großteilen, wie nachfolgend am Beispiel der Walzenständer erläutert wird. Zum anderen waren bei der kleinteiligen Zerlegung einzelner Aggregate die Belange der Dokumentation und die Remontageanforderung zu beachten. Hinzu kam die enge Koordination mit dem Verpacker, da beide Gewerke zeitlich ineinandergreifen.

Für die Illustration des Demontageablaufs wird hier das Beispiel der Demontage der Walzenständer (Baugruppe 6) ausgewählt. Die notwendigen Arbeitsschritte und deren Reihenfolge werden in Abbildung 2 schematisch dargestellt.

Die Ständer haben ein Einzelgewicht von 108 Tonnen und eine Höhe von mehr als sechs Metern. Diese Dimensionen machen deutlich, dass die Planung der Arbeitsschritte und die enge Koordination der Gewerke wesentliche Faktoren für den Erfolg sind.

Im realen Projekt wurden die ursprünglichen Möglichkeiten zum Anschlagen der Ständer nicht genutzt, da aufgrund des hohen Gesamtgewichts deren statische Stabilität in Zweifel gezogen wurde. Da ein sicherer Hebevorgang der Ständer zwingend notwendig war, wurde stattdessen eine tragfähige Stahltraverse mit Lastauge auf die Oberseite der Ständer geschweißt. Dieses Vorgehen erlaubte die notwendige statische Berechnung der entstehenden Kräfte und einen Hebevorgang im Gleichgewicht.

Abbildung 2: Demontageschritte Walzenständer

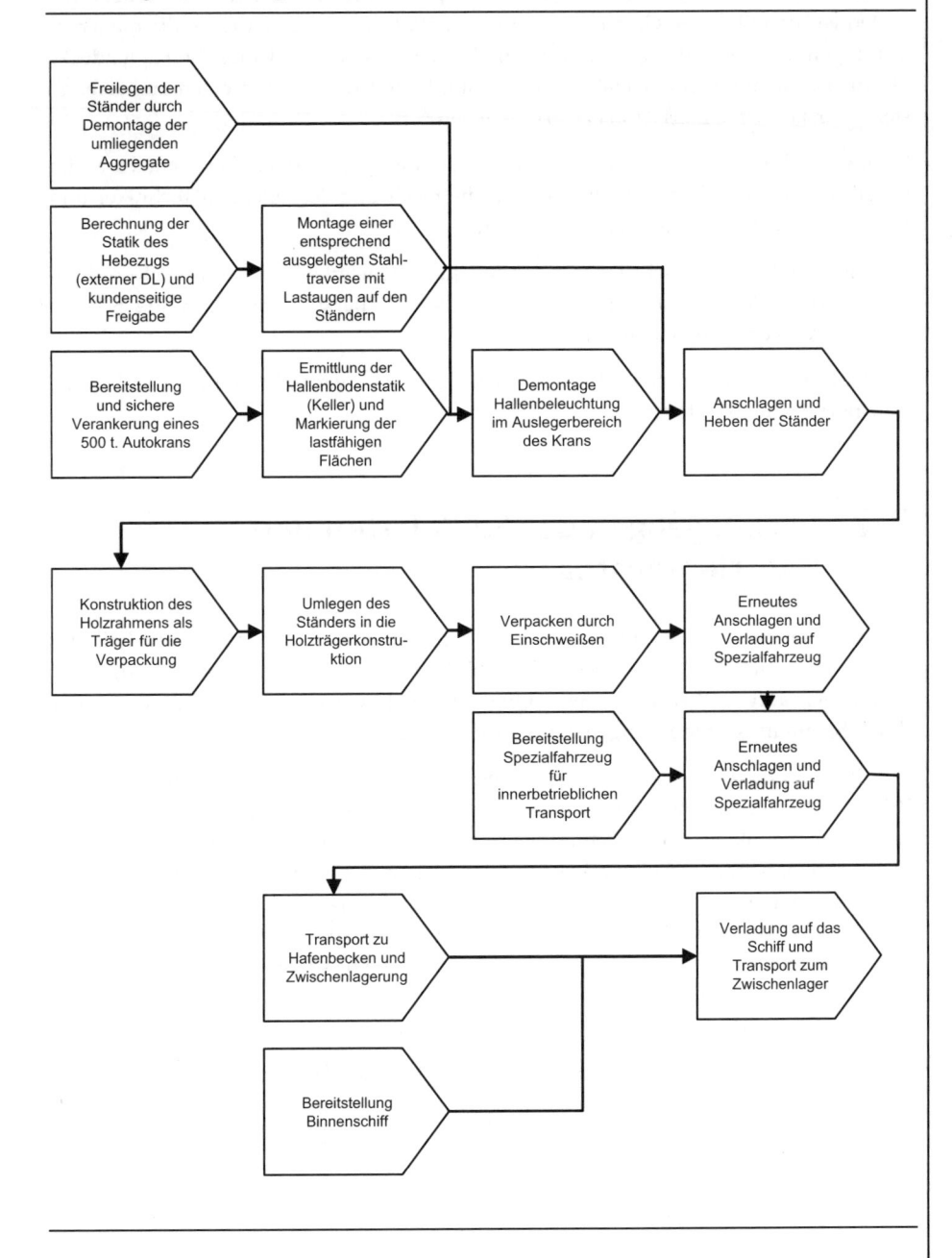

- Freilegen der Ständer durch Demontage der umliegenden Aggregate
- Berechnung der Statik des Hebezugs (externer DL) und kundenseitige Freigabe
- Montage einer entsprechend ausgelegten Stahltraverse mit Lastaugen auf den Ständern
- Bereitstellung und sichere Verankerung eines 500 t. Autokrans
- Ermittlung der Hallenbodenstatik (Keller) und Markierung der lastfähigen Flächen
- Demontage Hallenbeleuchtung im Auslegerbereich des Krans
- Anschlagen und Heben der Ständer
- Konstruktion des Holzrahmens als Träger für die Verpackung
- Umlegen des Ständers in die Holzträgerkonstruktion
- Verpacken durch Einschweißen
- Erneutes Anschlagen und Verladung auf Spezialfahrzeug
- Bereitstellung Spezialfahrzeug für innerbetrieblichen Transport
- Erneutes Anschlagen und Verladung auf Spezialfahrzeug
- Transport zu Hafenbecken und Zwischenlagerung
- Verladung auf das Schiff und Transport zum Zwischenlager
- Bereitstellung Binnenschiff

Zum Anziehen der Ständer wurde ein 500-Tonnen-Autokran bereitgestellt. Vor dessen Einsatz war eine Prüfung der baulichen Statik des Hallenbodens notwendig, um den sicheren Stand des Autokrans unter Last zu gewährleisten. Auf dem unterkellerten Boden wurden über den Geschossträgern die Belastungszonen markiert, die die Kranlast tragen konnten. Zusätzlich musste im Auslegerbereich des Krans die Hallendecke bis zur Dachkante von der Hallenbeleuchtung befreit werden, um einen ausreichend steilen Anstellwinkel des Krans zu ermöglichen.

Beides sind Beispiele für Black-Box-Situationen, die zu erwarten, aber nicht vorab im Detail planbar sind. Zur Lösung muss auf die Erfahrung der leitenden Techniker und Ingenieure zurückgegriffen werden können.

Die Vielzahl der Arbeitsschritte und der beteiligten Gewerke illustrieren die Koordinationsfunktion des Industriedienstleisters. Es war sicherzustellen, dass alle Schritte zeitlich und technisch ineinandergreifen.

Die Walzenständer konnten schließlich sicher gezogen, verpackt und für den Schiffstransport bereitgestellt werden.

3.2 Freilegengen der Sohlplatten und Antriebsaggregate

Die Sohlplatten (Fundamentplatten) der Walzenständer waren als Bestandteil der Anlage ebenfalls zu demontieren. Die Sohlplatten sind aus Stahlguss gefertigt und unterliegen aufgrund des spröden Gefüges unter Einwirkung von Zugkräften oder durch Spannungsveränderungen bei Wärmebehandlung der Bruchgefahr.

Mit Blick auf die hohen Herstellkosten und Lieferzeiten der Sohlplatten musste diese Bruchgefahr bei den notwendigen Brennarbeiten (Wärmebehandlung) an den Verschraubungspunkten berücksichtigt werden. Die notwendigen Hebekräfte wurden durch eine entsprechende Unterbohrung der Platten symmetrisch angelegt, um einen Bruch zu vermeiden. Die so freigelegten Platten können bei der Remontage wieder zum Einsatz kommen. Ebenfalls bereits im Hinblick auf die geplante Remontage wurden die jeweils 40 Tonnen schweren Antriebsaggregate nicht demontiert. Dies verminderte einerseits den Demontageaufwand erheblich, andererseits auch die spätere Remontage. Dies reduziert für den Kunden die Gesamtkosten der Verlagerung.

Um dies zu ermöglichen, wurden die Fundamentrahmen freigestemmt und mit angeschweißten Transportösen versehen. Die so vorbereiteten Aggregate konnten dann mit einer selbsttragenden Holzkonstruktion verpackt, folienverschweißt und für den Transport bereitgestellt werden (vgl. Abbildung 3).

Abbildung 3: *Verpacktes Antriebsaggregat*

3.3 Demontage der Elektrik

Die Demontage der Elektrik unterscheidet sich von der mechanischen Demontage nur unwesentlich. Auch hier war das wesentliche Ziel, dass die elektrischen Komponenten in ihrer Funktionalität nicht beeinträchtigt werden. Dies wurde erreicht durch die

- Sicherstellung des Programmabzugs der Steuerung,
- Entscheidung über geeignete Trennstellen der Kabel und Leitungen und vollständige Dokumentation der Schnittstellen,
- Planung und Entscheidung, welche Schaltanlagen verschrottet werden, da deren Ersatzteilversorgung nicht gewährleistet ist oder deren Integrierbarkeit in ein neu-

es Anlagenlayout unwahrscheinlich ist (hierzu ist Kenntnis des neuen Standorts notwendig),

- Verpackung insbesondere der Schaltschränke in Aluminiumfolie, um das Eindringen von Feuchtigkeit und das Entstehen von Kondenswasser während Transport und Lagerung zu vermeiden, sowie

- Entfernung der Pufferbatterien aus den SPS, um ein Auslaufen während der Lagerzeit zu vermeiden.

3.4 Zerlegung der Baugruppen und Dokumentation

Die Dokumentation der Demontage war in Form eines hierarchischen Baums aufgebaut und orientierte sich an den definierten Baugruppen.

Jedes Bauteil bzw. jede Trennstelle erhielt unterhalb der Baugruppennummer eine fortlaufende Nummer, z. B. Baugruppe 4 (Bundwagen Einlauf) – Bauteil 4 oder kurz 4.4. Diese Bezeichnung wurde vor der Demontage auf das Bauteil aufgebracht, bei Trennstellen beidseitig. Im Fall eines Eletrikbauteils wurde zur Unterscheidung zusätzlich die Bezeichnung EL aufgeführt, es ergab sich also 4.EL.4.

Zu jeder Bezeichnung dieser Art wurde ein Foto aufgenommen und digital archiviert. Die Bilder in Abbildung 4 zeigen beispielhaft die Dokumentation für Mechanik, Elektrik und Hydraulik.

Alle Informationen zu den Bauteilen (Bezeichnung, Bildname, Querverweise, Handbücher und Zeichnungen) einer Baugruppe wurden tabellarisch zusammengefasst. Auf diese Weise entstand eine vollständige Dokumentation der gesamten Anlage, anhand derer die Remontage durchgeführt werden kann.

Die tatsächliche Demontage erfolgte weitestgehend manuell; punktuell wurden Werkzeuge wie Pressluftmeißel oder Minibagger eingesetzt, und für schwere Teile wurde ein Kran benötigt. Wesentlich war, dass genügend Monteure an den Arbeiten beteiligt waren, die in der Lage sind, die funktionalen Zusammenhänge der Anlage auch ohne Zeichnung und Stückliste zu verstehen und die Arbeiten entlang dieses Verständnisses auszuführen. Andernfalls ist die Vollständigkeit und Funktionserhaltung der Teile aufgrund von Fehleinschätzungen ihrer Funktion nicht zu erwarten. Das eingesetzte Hilfspersonal übernahm die Reinigung der demontierten Teile sowie das Verschrotten nicht mehr benötigter Komponenten.

Abbildung 4: Dokumentation für Mechanik, Elektrik und Hydraulik

(a) (b)

(c) (d)

(a) Mechanik Motorbremse Einlaufhaspel 3.5 , (b+d) Hydraulik Konushaspel 1x1 und 1x2 , (c) Elektrik Konushaspel 1.EL.3

4 Logistik

4.1 Containerverpackung

Integrale Bestandteile des Projekts waren die seefeste Verpackung in Container und der Transport in das 800 Kilometer entfernte Zwischenlager. Als Vorbereitung für einen späteren Seetransport der Anlage wurde der größtmögliche Teil der demontierten Aggregate in 47 Container (davon 10 High-Cube-Container für die stehende Lagerung von Schaltschränken) verpackt.

Hierzu wurden durch den Verpacker Stauböden aus einer Holzkonstruktion angefertigt, auf denen die demontierten Anlagenteile gelagert, mit Trockenmittel versehen und eingeschweißt wurden. Diese Stauböden wurden schließlich in die Container eingefahren und dort zur Ladungssicherung verzurrt.

Die Montage- und Lagerstellen der Anlagenteile sowie blanke Flächen z. B. der Arbeitswalzen wurden vor der Einlagerung gereinigt und entfettet sowie neu konserviert. Gemeinsam mit dem dichten Verschweißen der Verpackungsfolie und den eingebrachten Trockenmitteln ist das Ziel dieser Maßnahmen ein möglichst hoher Korrosionsschutz.

Für jeden Container wurde in Vorbereitung der späteren Remontage eine Colliliste angefertigt. Anhand dieser Liste kann jedes Anlagenteil unmittelbar aufgefunden werden und unproduktive Suchzeiten werden vermieden.

Für alle zu hebenden Teile war das reibungslose Zusammenwirken des Demontageteams mit dem Verpackungsteam ein wesentlicher Erfolgsfaktor und deshalb durch die Bauleitung sicherzustellen. Das Ziel war, dass jedes Teil so selten wie möglich angeschlagen und gehoben werden muss. Nach dem Heben aus der Baustelle sollte es direkt in die vorbereitete Verpackung eingelegt werden können. Nach dem Verpacken sollte es nicht auf der Baustelle zwischengelagert werden müssen, sondern mit einem letzten Hebevorgang direkt in den Hafentransport übergeben werden.

4.2 Innerbetriebliche Logistik

Für den innerbetrieblichen Transport der Großteile der Anlage aus der Werkshalle bis zum Hafenbecken wurden mehrfach überbreite Spezialfahrzeuge eingesetzt. Diese Dienstleistung ist im Regelfall standardisiert und ohne weitere Schwierigkeiten zu erbringen. In diesem Fall konnten die Fahrzeuge jedoch nur durch einen einzigen ortsansässigen Anbieter zur Verfügung gestellt werden, der diesen Auftrag zu deutlich höheren Konditionen abwickelte, als unter regulären Wettbewerbsbedingungen realisierbar gewesen wäre.

Hier zeigte sich die Auswirkung der Nichtwiederholbarkeit des Projekts: Für den externen Dienstleister bestand kein Anreiz, eine gesunde Kundenbeziehung aufzubauen, sondern lediglich der Anreiz zur Gewinnmaximierung. Der Dienstleister unter Leistungszwang ist von der Kooperationsbereitschaft solcher Engpassanbieter abhängig und muss die so entstehenden Preisforderungen akzeptieren. Dieses wirtschaftliche Risiko verbleibt beim Dienstleister.

Aus dem gleichen Grund wurden während des Projektverlaufs die ursprünglich geplante Zwischenlagerung der 47 Seecontainer im Hafen und der anschließende Transport per Binnenschiff verworfen. Der innerbetriebliche Transport, die Lagerung und Verladung konnten wie im Fall der Spezialtransporte nicht unter Wettbewerbsbedingungen eingekauft werden. Im Ergebnis wurde auf den dann kostengünstigeren Straßentransport aller 47 Container umgeplant.

Der wirtschaftliche Projekterfolg war in beiden Beispielen durch eine Black-Box-Situation beeinträchtigt.

4.3 Schiffstransport

Die Kalkulation der Schiffskapazität musste anhand der Abmessungen und Gewichte der wesentlichen Baugruppen auf Basis der technischen Zeichnungen und Anlagenbemessung bereits im Vorfeld des Projekts erfolgen.

Der exakte Stauplan für die Beladung des Schiffes wurde dann anhand der realen Abmessungen und Stückgewichte erst im Laufe der Demontage erstellt und war nicht nur für die Kalkulation der Frachtraten durch den Schiffseigner notwendig, sondern auch Grundlage für die spätere Beladung.

Die Beladung erfolgte unter Nutzung des vorhandenen Hafenportalkrans unter eigener Regie, d. h., der Dienstleister trug das Koordinations- und Laderisiko.

Eine weitere Restriktion war die Größe und Zugänglichkeit des verfügbaren Hafenbeckens. Das vorhandene Becken ließ eine Schiffslänge von 90 Metern bei 5,50 Metern Breite zu. Dies war für die benötigte Zuladung gerade ausreichend.

Bei der Projektkalkulation und Planung des zeitlichen Ablaufs bestand ein weiteres Black-Box-Problem, da die Schiffsgröße und die dadurch bestimmten Transportkosten abhängig vom Pegelstand und der damit verbundenen Zuladungsfähigkeit des Schiffes sind. Bei Unterschreitung zuvor festgelegter Grenzpegelstände entstehen so genannte Kleinwasserzuschläge auf die Grundfrachtraten, die bis zu 20 % der Gesamtfrachtrate betragen können. Im Rahmen des engen Terminplans war eine Verschiebung des Transports auf einen günstigeren Zeitpunkt hinsichtlich der Pegelstände nicht realisierbar. Im durchgeführten Projekt entstanden so wesentliche Mehrkosten durch Niedrigwasser.

Philipp Gesche

5 Erfolgsfaktoren im Management komplexer Industriedienstleistungen

5.1 Bauleitung

Ein wesentliches Erfolgskriterium bei Großprojekten dieser Art ist das breite persönliche technische und organisatorische Erfahrungswissen des Führungsmitarbeiters. Die Reaktion auf unvorhergesehene Ereignisse kann umso umsichtiger und zielsicherer erfolgen, je größer dieses Erfahrungswissen bei der Entscheidungsfindung genutzt werden kann.

Die Bauleitung hat in der Koordinationsfunktion alle Gewerke und Dienstleister mit Blick auf das Gesamtprojekt zu optimieren. Hierbei sind Konflikte mit einzelnen Subunternehmern zu erwarten, da diese die geschuldete Leistung kostenoptimal erbringen möchten und demgegenüber ein geringeres Interesse an den Auswirkungen ihrer Einzelentscheidungen auf den Gesamterfolg des Projekts haben.

So ist z. B. der Verpacker an einer optimalen Größe der einzelnen Bauteile hinsichtlich Handling und Materialaufwand interessiert. Auf der anderen Seite müssen bei der Ermittlung der optimalen Größe der Bauteile auch Anforderungen des Demontageteams, der Dokumentation und der Remontage Berücksichtigung finden.

Von der Bauleitung muss deshalb nachhaltige Durchsetzungsstärke und Führungsfähigkeit eingebracht werden, immer mit dem Ziel, keine lokalen, sondern globale Optima zu erzielen.

Zusätzlich zu der sehr erfahrenen Bauleitung vor Ort wurde das Demontageprojekt durch einen Projektingenieur betreut. Dieser Mitarbeiter verfügt ebenfalls über langjährige Erfahrung in der De- und Remontage von Anlagen und entlastete den Bauleiter in kaufmännischen Belangen (Dienstleistungseinkauf) sowie bei der generellen Kommunikation mit den Entscheidungsträgern des Kunden und des Anlagenverkäufers.

5.2 Arbeitssicherheit

Die Arbeitssicherheit ist ein nicht zu unterschätzender Erfolgsfaktor. Neben dem offensichtlich anzustrebenden Schutz der Gesundheit der Mitarbeiter hat Unfallfreiheit erhebliche positive Auswirkungen auf den Projektablauf. Unfälle führen zu zeitlichen Verzögerungen und erzeugen Unsicherheit beim Kunden und im Projektteam. In der Folge eines Unfalls ist zudem eine höhere Kontrolle durch die Werksverantwortlichen zu erwarten, was zu weiteren zeitlichen Verzögerungen und Einschränkungen führt.

Die folgenden Grundregeln wurden während des gesamten Projektverlaufs von allen Beteiligten eingehalten und führten zu mehr als 7.000 Stunden unfallfreiem Arbeiten:

- strenge Einhaltung der Sicherheitsvorschriften sowohl landes- als auch werksspezifisch,
- konsequente Führung durch die Bauleitung an kritischen Montageabschnitten,
- ununterbrochene Nutzung der persönlichen Schutzausrüstung sowie
- konsequente Planung und Vorbereitung der Arbeitsschritte für umsichtiges und sicheres Arbeiten.

Zusätzlich wurde der besonderen Situation auf der Baustelle Rechnung getragen: Aufgrund des hohen Verschmutzungsgrades der Baustelle insbesondere durch Schmiermittel sind Gefahren häufig nicht sichtbar. Hinzu kommt die hohe Rutschgefahr. Beides wurde insbesondere den weniger erfahrenen Hilfsmonteuren wiederholt vermittelt.

5.3 Kommunikation

Eingangs wurde bereits beschrieben, dass die Schnittstellen zum Kunden sehr kurzfristig installiert werden und unmittelbar funktionieren müssen. Aufgrund der Nichtwiederholbarkeit des Projekts dürfen wesentliche Anforderungen des Kunden nicht durch Abstimmungsschwierigkeiten unbekannt bleiben.

Gleichzeitig führen die Übertragung der Koordinationsfunktion vom Kunden auf den Dienstleister und der reduzierte Fokus des Kunden auf operative Details zu einem Unsicherheitspotenzial.

Beide Aspekte, die Anforderung an das Funktionieren der Schnittstellen und das Ziel, Unsicherheiten zu vermeiden oder abzubauen, erfordern eine reibungslose Kommunikation zwischen Bau- und Projektleitung und dem Kunden. Diese Anforderung ist bei der Auswahl des Führungspersonals zu berücksichtigen.

Im Fall der beschriebenen Demontage stellte der Kunde hohe Anforderungen an die Dokumentation des Projektablaufs. Hierzu war eine intensive Absprache mit dem Projektleiter des Kunden erforderlich, da eine nicht den Wünschen des Kunden entsprechende Dokumentation in der Situation der Nichtwiederholbarkeit nicht nachträglich erstellbar gewesen wäre.

Eine intensive Kommunikation fördert darüber hinaus den Abbau von Black-Box-Problemen: Dezentrales Wissen im Werk wird durch den Austausch mit erfahrenen Mitarbeitern vor Ort nutzbar gemacht und verkürzt dann beträchtlich die Informationswege.

Als Beispiel für nicht ausreichende Kommunikation im Projekt können Ersatzteile für die Anlage genannt werden, die erst kurz vor Abschluss der Demontagearbeiten von Mitarbeitern des Verkäufers identifiziert wurden. Ein Volumen von sechs zusätzlichen Containern musste unter nicht kalkuliertem erheblichen Mehraufwand dezentral abgeholt, zusätzlich dokumentiert und verpackt werden. Eine engere Abstimmung mit den Know-how-Trägern vor Ort hätte diesen Mehraufwand verringern können.

5.4 Finanzierung

Die Finanzierung ist eine generelle Managementanforderung, die unabhängig vom jeweiligen Projekt bei allen komplexen Industriedienstleistungen auftritt.

Aufgrund der hohen Stundenanzahl und der Vielzahl von externen Dienstleistungen, die in sehr kurzer Zeit anfallen, entsteht für den Dienstleister ein hoher Liquiditätsabfluss. Der Dienstleister muss deshalb über die Fähigkeit zur Finanzierung des Gesamtprojekts verfügen. Im Rahmen der Vertragsverhandlungen mit dem Auftraggeber kann dies durch eine Vereinbarung von für beide Seiten transparenten Zahlungszeitpunkten analog zum Projektfortschritt unterstützt werden.

Es ist dennoch wesentlich, dass der Dienstleister in der Lage ist, aus eigenen Mitteln die Projektdurchführung unabhängig von den Zuflüssen seitens des Auftraggebers zu gewährleisten. Mit Zuflussverzögerungen sowie ungeplanten Abflüssen ist zu rechnen. Um eventuelle Unterdeckungen schon im Vorfeld zu erkennen und entsprechend zu planen, sollte eine Liquiditätsrechnung durchgeführt werden, die neben dem Plan- auch ein Worst-Case-Szenario berücksichtigt.

6 Fazit

Für Industriedienstleister besteht im aktuellen und zukünftigen Wettbewerbsumfeld eine große Chance darin, Wachstum durch die Erbringung komplexer Leistungen mit höherem Wertschöpfungsanteil zu generieren. Das beschriebene Projekt des Walzgerüstes zeigt exemplarisch, dass die Kombination von wenig komplexen und standardisierten Einzelgewerken zu einem Gesamtgewerk neue Herausforderungen für das Management bietet. Die wesentlichen Faktoren für eine erfolgreiche Umsetzung sind:

- professionelle Projektplanung und permanente Verfolgung des Projektes,
- umfassende Erfahrungen im Projektmanagement mehrstufiger Projekte,

- reibungslose und gleichzeitig flexible Koordination der zu integrierenden Dienstleistungen und Subunternehmen,
- hohe kommunikative Fähigkeiten sowohl gegenüber dem Kunden als auch gegenüber den Mitarbeitern in den verschiedenen Gesprächsebenen,
- die Bereitschaft zur Übernahme technischer und damit wirtschaftlicher Risiken,
- professioneller Umgang mit Black-Box-Situationen sowie
- breiter Erfahrungsschatz der integrierten Mitarbeiter.

Diese Erfolgsfaktoren machen das Risiko in der Erbringung komplexer Industriedienstleistungen beherrschbar und schaffen damit die Möglichkeit, diese Leistungen zu attraktiven Konditionen anzubieten.

Zukünftig ist davon auszugehen, dass es verstärkt Nachfragen nach der Realisierung komplexer Projekte geben wird. Die immer weniger vorhandene kundeneigene Kapazität und vorhandene Kompetenz unterstreichen diesen Trend.

Klaus G. Schröder/Thomas Fretter

Supply Chain Collaboration im Facility Management
Die Rückkehr des Realismus

1	Dienstleistungen – die strukturelle Einzigartigkeit	111
2	Eine Branche definiert sich über den Preis	112
3	Leistung im Mittelpunkt: Supply Chain Collaboration	114
4	Grundanforderungen an ein Qualitätsmanagementsystem	115
5	Ganzheitliche Prozessbetrachtung führt zu qualitativer Optimierung	119
6	Facility Management – Dienstleister am Scheideweg	121
7	Fazit	122

1 Dienstleistungen – die strukturelle Einzigartigkeit

In den vergangenen zwei Jahren haben vor allem die Stichworte „Entsendegesetz" und „Jobmotor" die deutschen Dienstleistungsunternehmen wieder stärker in den Fokus der Wirtschaftsredaktionen treten lassen. Als wesentliche Frage wurde in diesem Zusammenhang immer wieder formuliert: Was macht Dienstleistungen so besonders und einzigartig?

Dienstleistungen sind insbesondere gekennzeichnet durch:

- einen abstrakten, immateriellen Charakter,
- nicht lagerfähige Leistungen,
- sehr beschränkte Transportfähigkeit,
- oftmals individualisierte Lösungen,
- häufig personalintensive Leistungserbringung und
- schwer standardisierbare Leistungen (vgl. Meffert, 1986, S. 44).

Im Mittelpunkt der Beziehungen zwischen Lieferant und Kunde sollte daher die Erkenntnis stehen, dass Kundenbeziehungen im Dienstleistungsgeschäft überdurchschnittlich direkt und intensiv angelegt sind. Allzu häufig sind Kunden an der Erbringung der Dienstleistung beteiligt. Die Abstraktheit der Dienstleistung verlangt mithin eine besondere Berücksichtigung verhaltensbedingter Komponenten im Beziehungsmanagement zum Kunden. Die subjektive Bewertung von Nutzen, die Messung von Qualität allein greifen hier zu kurz.

Es ist die Intention dieses Beitrages, einen Weg aus dem Dilemma zwischen rein preisorientierten Vergabeentscheidungen und oftmals qualitativ unzureichenden (Gegen)Dienstleistungen aufzuzeigen. Das traditionelle Modell „Geld gegen Dienstleistung" greift im Hinblick auf die hohe Komplexität des Facility Managements in der Industrie zu kurz (vgl. Abbildung 1).

Mitwirkung und Mitbestimmung des Kunden müssen sich künftig in gemeinsamen Arbeitsplattformen abbilden, die Rückkoppelungen in die operativen Leistungsprozesse ermöglichen: Supply Chain Collaboration (vgl. Völker/Neu, 2008).

2 Eine Branche definiert sich über den Preis

Die Konzeption, Vergabe und operative Steuerung infrastruktureller Gebäudedienstleistungen hat sich in den vergangenen zwei Jahrzehnten zunehmend zu einer Spiegelfechterei entwickelt. Infrastrukturelle Gebäudedienstleistungen umfassen die Flächenorganisation, zentrale Gebäudedienste, Kommunikationsdienste, Büroservice, Verpflegung, Transporte und Bestandspflege (vgl. Hellerforth, 2001, S. 122). Während sich auf der einen Seite die Leistungswünsche der Auftraggeber kaum verändert – beispielsweise den allgemeinen technischen Verbesserungen angepasst – haben, haben sich auf der anderen Seite die Preise vieler Dienstleister für die Erbringung von Gebäudedienstleistungen in einem Umfang reduziert, wie sie sich nicht durch realistische Steigerungen der Produktivität oder Einkaufsvorteile rechtfertigen lassen.

Der brutale Preiswettbewerb holt die Dienstleister regelmäßig wieder ein – Auftraggeber lassen dies zu; das Verschwinden von Dienstleistern aus dem Angebotsmarkt nimmt zu. In weiten Teilen der Branche ist inzwischen jedes objektive Maß verloren gegangen. Die Auftraggeber befinden sich häufig bei der Vergabe von infrastrukturellen Gebäudediensten in einer schwierigen Situation, denn heutzutage gibt es keinen objektiven Maßstab für die Ermittlung einer realistischen Produktivität im Rahmen der Personalbedarfsermittlung. Somit ist eine Vergabeentscheidung unter qualitativen Aspekten kaum begründbar. Daher haben sich in den vergangenen Jahren in der Regel klassische Preisentscheidungen durchgesetzt. Während der Laufzeit des Vertrages zeigte sich dann aber allzu häufig, dass sich viele ambitionierte Aussagen der betreffenden Dienstleister in der Praxis nicht oder nur bei mangelhafter Qualität umsetzen ließen.

Bereits in der zweiten Hälfte des 19. Jahrhunderts soll sich der englische Sozialkritiker John Ruskin (1819 – 1900) kritisch zur Preiswürdigkeit von Waren oder Dienstleistungen geäußert haben: „Es gibt kaum etwas auf der Welt, das nicht irgendjemand ein wenig schlechter machen kann und ein wenig billiger verkaufen könnte, und die Menschen, die sich nur am Preis orientieren, werden die gerechte Beute solcher Machenschaften. Es ist unklug, zu viel zu bezahlen, aber es ist auch unklug, zu wenig zu bezahlen. Wenn Sie zuviel bezahlen, verlieren Sie etwas Geld, das ist alles. Wenn Sie dagegen zu wenig bezahlen, verlieren Sie manchmal alles, da der gekaufte Gegenstand die ihm zugedachte Aufgabe nicht erfüllen kann. Das Gesetz der Wirtschaft verbietet es, für wenig Geld viel Wert zu erhalten. Nehmen Sie das niedrigste Angebot an, müssen Sie für das Risiko, das Sie eingehen, etwas hinzurechnen. Wenn Sie dies tun, dann haben Sie auch genug Geld, um für etwas Besseres mehr zu bezahlen." [2]

---

[2] Dieses Zitat hat es – vor allem bei Verkaufstrainern – zu einer gewissen Beliebtheit gebracht. Gleichwohl konnte bis heute nicht eindeutig John Ruskin zugeordnet werden.

Supply Chain Collaboration im Facility Management

Die folgende Abbildung 1 verdeutlicht die unterschiedlichen Leistungen des Facility Management in der Industrie.

Abbildung 1: Grundmodell (Prozesse und Leistungen)

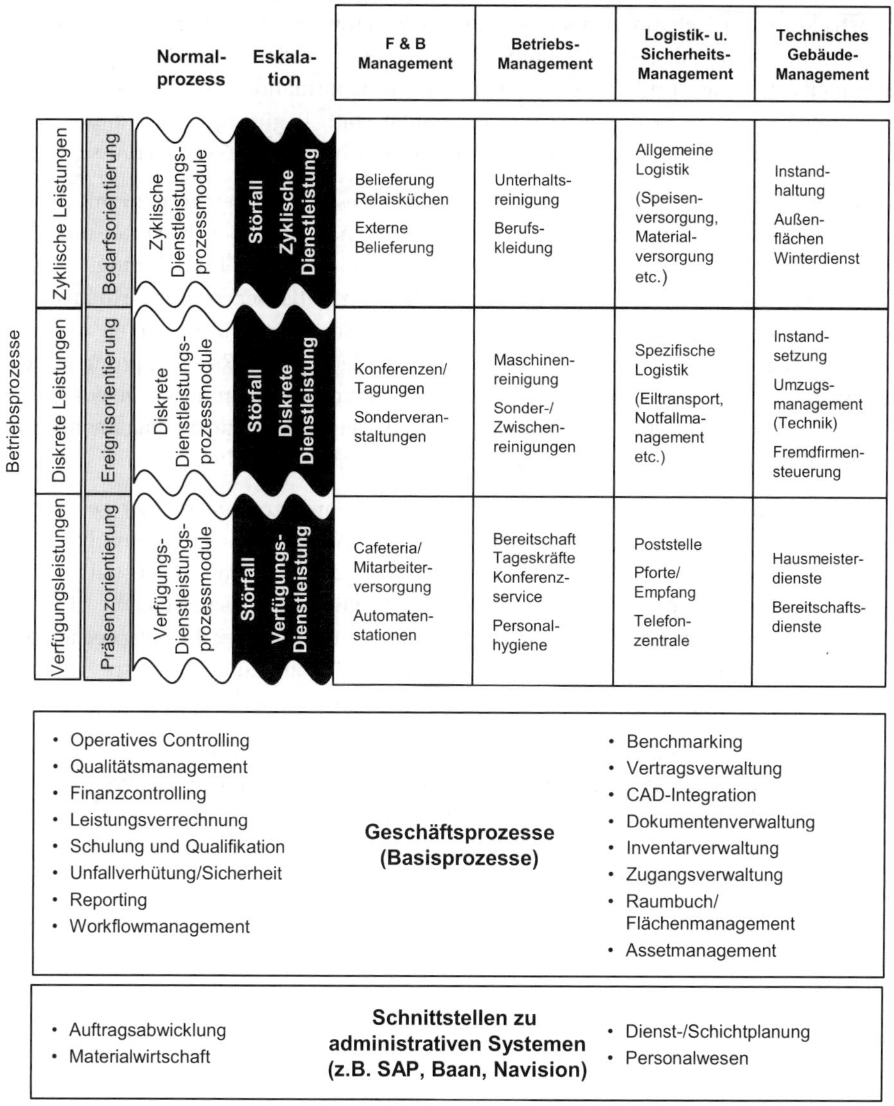

Betriebsprozesse	Normalprozess	Eskalation	F & B Management	Betriebs-Management	Logistik- u. Sicherheits-Management	Technisches Gebäude-Management
Zyklische Leistungen / Bedarfsorientierung	Zyklische Dienstleistungsprozessmodule	Störfall Zyklische Dienstleistung	Belieferung Relaisküchen / Externe Belieferung	Unterhaltsreinigung / Berufskleidung	Allgemeine Logistik (Speisenversorgung, Materialversorgung etc.)	Instandhaltung / Außenflächen Winterdienst
Diskrete Leistungen / Ereignisorientierung	Diskrete Dienstleistungsprozessmodule	Störfall Diskrete Dienstleistung	Konferenzen/ Tagungen / Sonderveranstaltungen	Maschinenreinigung / Sonder-/ Zwischenreinigungen	Spezifische Logistik (Eiltransport, Notfallmanagement etc.)	Instandsetzung / Umzugsmanagement (Technik) / Fremdfirmensteuerung
Verfügungsleistungen / Präsenzorientierung	Verfügungs-Dienstleistungsprozessmodule	Störfall Verfügungs-Dienstleistung	Cafeteria/ Mitarbeiterversorgung / Automatenstationen	Bereitschaft Tageskräfte Konferenzservice / Personalhygiene	Poststelle / Pforte/ Empfang / Telefonzentrale	Hausmeisterdienste / Bereitschaftsdienste

- Operatives Controlling
- Qualitätsmanagement
- Finanzcontrolling
- Leistungsverrechnung
- Schulung und Qualifikation
- Unfallverhütung/Sicherheit
- Reporting
- Workflowmanagement

Geschäftsprozesse (Basisprozesse)

- Benchmarking
- Vertragsverwaltung
- CAD-Integration
- Dokumentenverwaltung
- Inventarverwaltung
- Zugangsverwaltung
- Raumbuch/ Flächenmanagement
- Assetmanagement

- Auftragsabwicklung
- Materialwirtschaft

Schnittstellen zu administrativen Systemen (z.B. SAP, Baan, Navision)

- Dienst-/Schichtplanung
- Personalwesen

Klaus G. Schröder / Thomas Fretter

3 Leistung im Mittelpunkt: Supply Chain Collaboration

Das obige Zitat hat seine Aktualität bis heute nicht verloren. Gerade im Bereich der infrastrukturellen Gebäudedienste ist es oftmals schwierig, realistische Leistungsbewertungen von unrealistischen zu unterscheiden. Da hier vielfach ein objektiver Leistungsmaßstab fehlt, findet nicht selten eine Transformation des Preis-Leistungs-Verhältnisses zu Lasten der Ausführungsqualität statt. Begünstigt wird dieser Umstand zudem durch mangelhafte oder missverständliche Leistungsverzeichnisse.

Seit einiger Zeit werden daher verstärkt Qualitätsmesssysteme eingesetzt, mit denen die Leistungsausführung gemäß den werkvertraglichen Vorgaben bewertet und dokumentiert werden soll. Solche Messsysteme werden in der Regel durch mobile elektronische Geräte unterstützt und bieten eine Reihe von statistischen Auswertungsmöglichkeiten. Allerdings handelt es sich, wie der Name schon sagt, um Systeme, die ausschließlich der Messung der Kundenzufriedenheit dienen. Eine Rückkopplung in den operativen Leistungsprozess sowie eine Durchdringung der Planungs-, Dispositions- und Controllingfunktionen im Sinne eines integrierten Qualitätsmanagements für infrastrukturelle Dienstleistungen fehlen hier allerdings vollständig.

Aus diesen Erfahrungen heraus lässt sich somit die Forderung nach einer gemeinsamen und effizienten Arbeitsplattform für alle Beteiligten im Sinne einer Supply Chain Collaboration (vgl. Völker/Neu, 2008) für die relevanten Gebäudedienstleistungen begründen. Im Mittelpunkt stehen hier die arbeitsteilige Organisation sowie die Verteilung von Einzelaufgaben an spezialisierte Dienstleister, die über die entsprechenden Fachqualifikationen verfügen müssen und die einen Zugang zu branchenspezifischen Ressourcen (zu entsprechenden Lohn- und Gehaltstarifen) gewährleisten.

Dabei sind sowohl Konstellationen mit mehreren hochspezialisierten Einzel-Dienstleistern, aber auch Varianten mit Systemdienstleistern, die komplexe, fachübergreifende Aufgabenstellungen beherrschen, denkbar. Die Zukunft gehört leistungsfähigen, flexiblen und hocheffizienten Dienstleistungsnetzen, die ihre Leistungsprozesse auf einer einheitlichen Systemplattform abwickeln (vgl. Wirt/Baumann, 2001).

Es ist nicht zuletzt die zunehmende Komplexität der Vergabeverfahren in Industrie und öffentlicher Verwaltung, die nach Systemdienstleistern oder Dienstleistungsnetzen verlangt. Immer häufiger gelangen nicht isolierte Teilleistungen, sondern ganze Dienstleistungspakete zur Ausschreibung und stellen hohe Anforderungen an Konzeption und Umsetzung. Hier sind es vor allem große Institutionen des Gesundheitswesens, konkret Universitätskliniken und Krankenhäuser, die aus dem integrierten Management komplexer Leistungspakete Synergieeffekte erwarten und benötigen. Abbildung 2 beschreibt beispielhaft anhand des Teilbereiches „Reinigungsleistungen" zunächst die strategischen Anforderungen mit ihren Inhalten sowie den konkreten Nutzen.

Hierbei ist bei allen Beteiligten natürlich eine weitgehende Bereitschaft notwendig, sich auf ein gemeinsames Zielsystem zu verständigen und alle relevanten Prozesse sowie deren Schwachstellen den Partnern im Sinne einer lernenden Organisation jeweils offenzulegen. Der Weg von einer klassischen Auftraggeber-Auftragnehmer-Beziehung hin zu einer arbeitsteiligen, langfristig ausgerichteten Partnerschaft ist damit klar vorgezeichnet. Dabei schlummern insbesondere in den gemeinkostenintensiven administrativen Prozessen erhebliche Rationalisierungspotenziale.

4 Grundanforderungen an ein Qualitätsmanagementsystem

Neben den oben bereits erwähnten wert- bzw. ergebnisorientierten Anforderungen gibt es eine ganze Reihe weiterer, inputorientierter Grundanforderungen an ein Qualitätsmanagementsystem für infrastrukturelle Gebäudedienstleistungen:

- Flexibilität
    - Reaktion auf Flächenänderungen (Umnutzungen, Umbauten, Umzüge etc.)
    - Reaktion auf Leistungsänderungen (Mehr- und Minderleistungen, Einzel- und Sonderaufträge etc.)
    - Eignung als Planungs- und Dispositionsinstrument für alle Dienstleistungen (insbesondere tagesgenaue Personaleinsatzplanung und -abrechnung)
- Transparenz
    - Rückschlüsse auf Kostenänderungen bei Leistungsänderungen
    - Umfassendes Personalmanagement
    - Materialwirtschaft
    - Schnittstellen zu administrativen Systemen

Klaus G. Schröder / Thomas Fretter

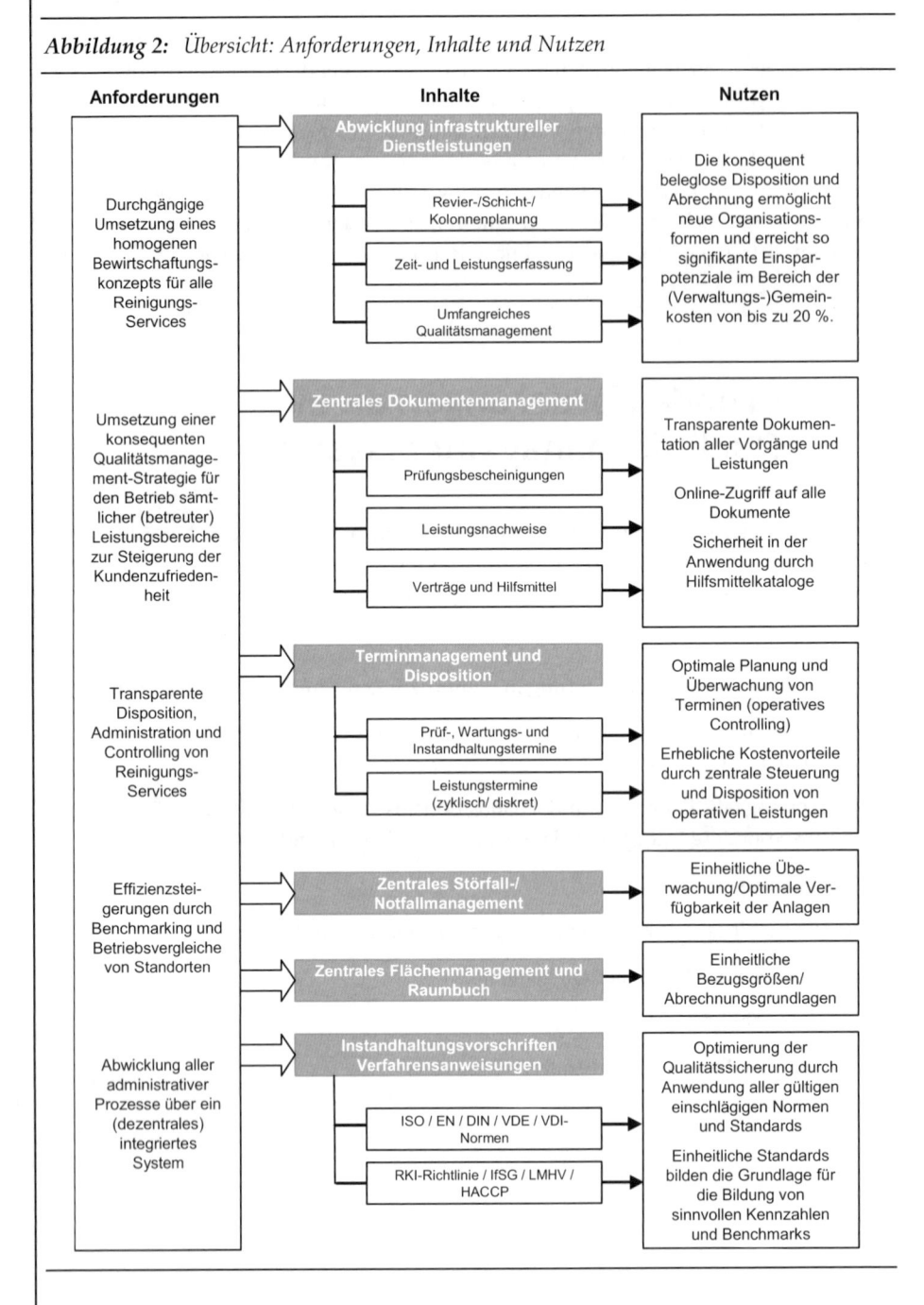

Abbildung 2: *Übersicht: Anforderungen, Inhalte und Nutzen*

Anforderungen	Inhalte	Nutzen
Durchgängige Umsetzung eines homogenen Bewirtschaftungskonzepts für alle Reinigungs-Services	**Abwicklung infrastruktureller Dienstleistungen** - Revier-/Schicht-/Kolonnenplanung - Zeit- und Leistungserfassung - Umfangreiches Qualitätsmanagement	Die konsequent beleglose Disposition und Abrechnung ermöglicht neue Organisationsformen und erreicht so signifikante Einsparpotenziale im Bereich der (Verwaltungs-)Gemeinkosten von bis zu 20 %.
Umsetzung einer konsequenten Qualitätsmanagement-Strategie für den Betrieb sämtlicher (betreuter) Leistungsbereiche zur Steigerung der Kundenzufriedenheit	**Zentrales Dokumentenmanagement** - Prüfungsbescheinigungen - Leistungsnachweise - Verträge und Hilfsmittel	Transparente Dokumentation aller Vorgänge und Leistungen Online-Zugriff auf alle Dokumente Sicherheit in der Anwendung durch Hilfsmittelkataloge
Transparente Disposition, Administration und Controlling von Reinigungs-Services	**Terminmanagement und Disposition** - Prüf-, Wartungs- und Instandhaltungstermine - Leistungstermine (zyklisch/ diskret)	Optimale Planung und Überwachung von Terminen (operatives Controlling) Erhebliche Kostenvorteile durch zentrale Steuerung und Disposition von operativen Leistungen
Effizienzsteigerungen durch Benchmarking und Betriebsvergleiche von Standorten	**Zentrales Störfall-/ Notfallmanagement**	Einheitliche Überwachung/Optimale Verfügbarkeit der Anlagen
	Zentrales Flächenmanagement und Raumbuch	Einheitliche Bezugsgrößen/ Abrechnungsgrundlagen
Abwicklung aller administrativer Prozesse über ein (dezentrales) integriertes System	**Instandhaltungsvorschriften Verfahrensanweisungen** - ISO / EN / DIN / VDE / VDI-Normen - RKI-Richtlinie / IfSG / LMHV / HACCP	Optimierung der Qualitätssicherung durch Anwendung aller gültigen einschlägigen Normen und Standards Einheitliche Standards bilden die Grundlage für die Bildung von sinnvollen Kennzahlen und Benchmarks

- Vergleichbarkeit
    - Eindeutige Bezugsgrößen
    - Normenkonformität
    - Einheitliche Service Levels
    - Einheitliche Prozesse und Verfahren
- Homogenität
    - Einheitliche Datenbasis (Datenbank/CAD)
    - Standardisierte Kennzeichnung von Objekten (Allgemeine Kennzeichnungssystematik)
    - Qualitätssicherung in der Dokumentation

Gefordert ist daher eine durchgängige, vollständig prozessorientierte Systematik, die es erlaubt, vor dem Hintergrund der spezifischen Gebäudebeschaffenheit des Kundenobjektes alle individuellen Qualitätsanforderungen des Kunden in Prozess- und Verfahrensbeschreibungen zu transformieren.

Abbildung 3: Übersicht über die wesentlichen Leistungsmerkmale (1)

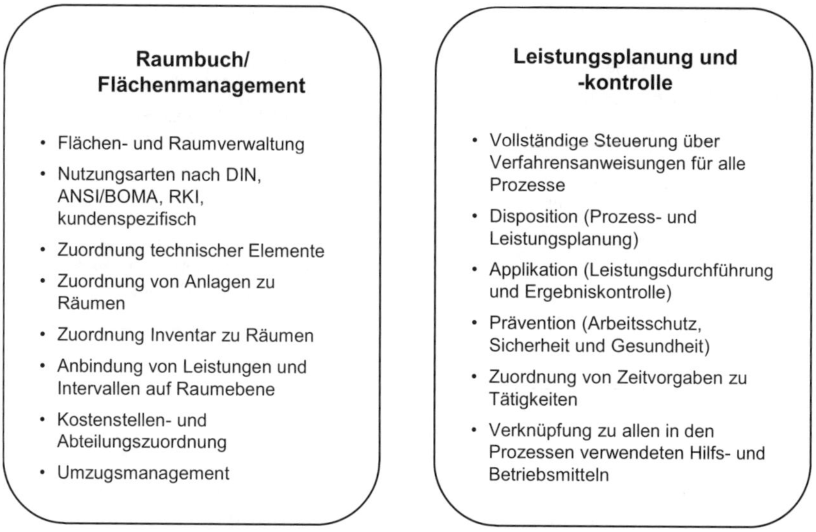

Raumbuch/ Flächenmanagement

- Flächen- und Raumverwaltung
- Nutzungsarten nach DIN, ANSI/BOMA, RKI, kundenspezifisch
- Zuordnung technischer Elemente
- Zuordnung von Anlagen zu Räumen
- Zuordnung Inventar zu Räumen
- Anbindung von Leistungen und Intervallen auf Raumebene
- Kostenstellen- und Abteilungszuordnung
- Umzugsmanagement

Leistungsplanung und -kontrolle

- Vollständige Steuerung über Verfahrensanweisungen für alle Prozesse
- Disposition (Prozess- und Leistungsplanung)
- Applikation (Leistungsdurchführung und Ergebniskontrolle)
- Prävention (Arbeitsschutz, Sicherheit und Gesundheit)
- Zuordnung von Zeitvorgaben zu Tätigkeiten
- Verknüpfung zu allen in den Prozessen verwendeten Hilfs- und Betriebsmitteln

Klaus G. Schröder / Thomas Fretter

Auf der Grundlage dieser Prozess- und Verfahrensbeschreibungen werden dann (z. B. auf Grundlage von Refa-Methoden) objekt- und kundenspezifische Zeitvorgaben durch empirische Zeitaufnahmen für das Objekt ermittelt, die schließlich die Grundlage für die Personalbedarfsermittlung und die Personaleinsatzplanung bilden. Diese Zeitvorgaben wiederum bilden einen objektiven Bewertungsmaßstab, der bei der Ausschreibung von Gebäudedienstleistungen und ihrer Vergabe an ein leistungsfähiges Fachunternehmen zur Entscheidungsfindung herangezogen wird.

Parallel zur Vergabe werden die Bestandsdaten des Kundenobjektes bereits frühzeitig in das entsprechende Management-System überführt. Dabei ist die Nutzung moderner Informations- und Kommunikationstechnologien unerlässlich. Für Leistungsnachweise und Qualitäts-Checks sind dabei mobile Datengeräte (PDA mit WLAN oder Mobilfunk) geradezu prädestiniert.

Abbildung 4: Übersicht über die wesentlichen Leistungsmerkmale (2)

Prozessmanagement
Leistungen/Produktivität

- Auftragsverwaltung (Historie)
- Leistungsnachweise (Regiearbeiten, zyklische Tätigkeiten)
- Abnahmescheine und Qualitätsnachweise
- Zeiterfassung im Objekt
- Personalstatistik (Stunden- und Leistungslisten etc.)
- Standard-Reports für alle kaufmännischen Fragestellungen
- Taggenaue Überprüfung des Personaleinsatzes (Limit, etc.)

Qualitätsmanagement
Leistungsnachweis

- Lückenlose Dokumentation der Leistungsergebnisse (qualitativ und quantitativ)
- Zugriff auf alle Prozesse, Hilfsmittel und Dokumente im Prozess
- Dokumentation der angewandten Verfahren und Methoden
- Rückgriff auf handelnde Personen (Unterweisung, Nachschulung)
- Umfassende statistische Auswertung aller erzielten Ergebnisse
- Anonymisierte Objektvergleiche und praxisrelevante Benchmarks (kostenpflichtige Option)

Alle wichtigen Ereignisse werden so papierlos im laufenden Prozess dokumentiert, bewertet und drahtlos in Echtzeit via Internet an einen Service-Leitstand übermittelt. Dort werden alle Prozesse überwacht und koordiniert sowie der gesamte Personaleinsatz disponiert. Jede Planungsabweichung wird sofort erfasst und Gegenmaßnahmen können unmittelbar eingeleitet werden.

Die Abbildungen 3 und 4 zeigen die elementaren Leistungsmerkmale in den vier entscheidenden Dimensionen:

- Raumbuch und Flächenmanagement,
- Leistungsplanung und -kontrolle,
- Prozessmanagement, Leistungen und Produktivität sowie
- Qualitätsmanagement und Leistungsnachweis.

5 Ganzheitliche Prozessbetrachtung führt zu qualitativer Optimierung

Die verwendeten Daten werden im Rahmen einer ganzheitlichen Prozessbetrachtung über den gesamten Projektlebenszyklus fortentwickelt. Dabei ist von entscheidender Bedeutung für das Qualitätsmanagement, dass die Veränderung quantitativer Daten innerhalb des Lebenszyklus mit qualitativen Veränderungen korrelieren muss. Nur so sind auch qualitative Optimierungen oder die Freisetzung von Synergiepotenzialen sinnvoll zu begründen. Einen Überblick über die ganzheitliche Prozessbetrachtung gibt Abbildung 5.

Während in den frühen Projektphasen die Festlegung der strategischen Rahmenbedingungen (Machbarkeit, Zeitplan, Kostenrahmen und Qualitätsanspruch) im Vordergrund steht, folgen in der eigentlichen Realisierung die operativen Methoden zur Umsetzung dieser Rahmenbedingungen im Hinblick auf die Erfüllung des geforderten Qualitätsniveaus, die Einhaltung der vereinbarten Budgets, die Verfügbarkeit von Anlagen und Leistungen sowie die Beachtung sicherheitsrelevanter Auflagen und Vorschriften.

Nach der Entscheidung für einen leistungsfähigen Partner wird über die gesamte Vorbereitungsphase (Pre Opening) sowie die Anlaufphase (Opening) und den laufenden Betrieb (Operating) das Management-System vollständig entwickelt und implementiert. Im Rahmen dieser Implementierung werden alle im Rahmen der Ausschreibungsvorbereitung definierten Prozess- und Verfahrensbeschreibungen detailgenau mit dem Dienstleister gemeinsam umgesetzt.

Klaus G. Schröder / Thomas Fretter

Abbildung 5: *Ganzheitliche Prozessbetrachtung*

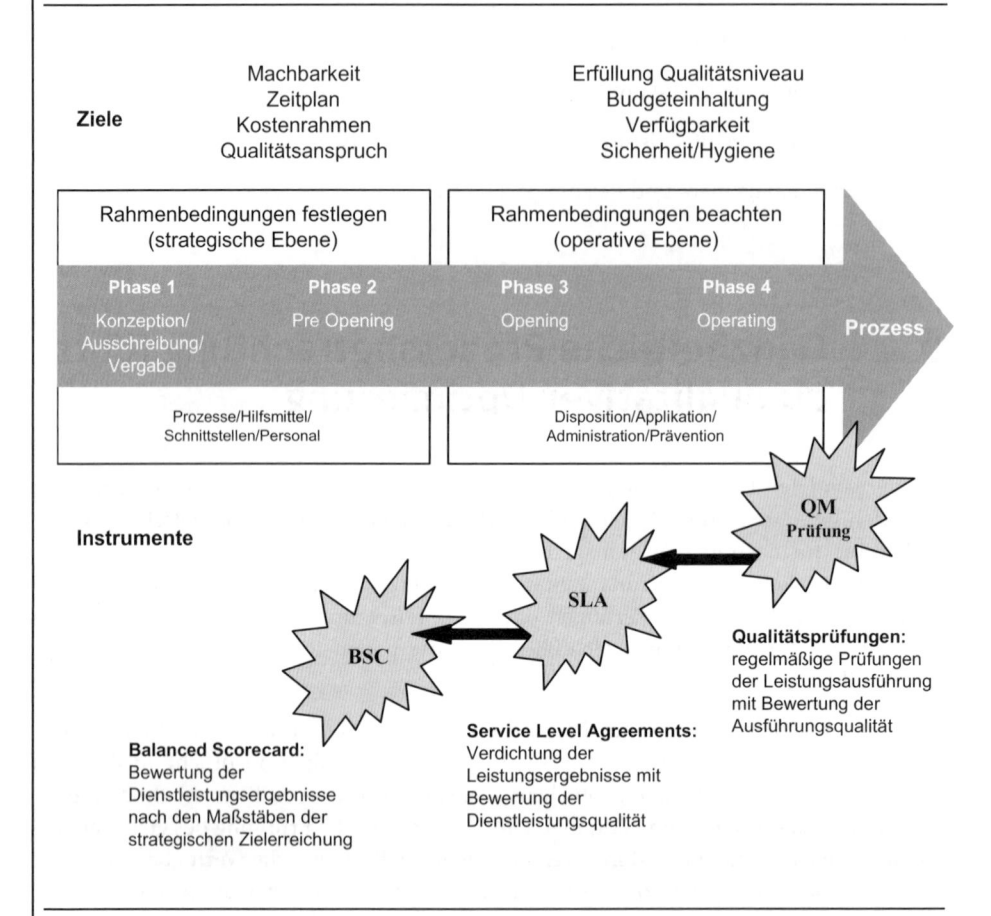

Ziele
- Machbarkeit
- Zeitplan
- Kostenrahmen
- Qualitätsanspruch

- Erfüllung Qualitätsniveau
- Budgeteinhaltung
- Verfügbarkeit
- Sicherheit/Hygiene

Rahmenbedingungen festlegen (strategische Ebene)

Rahmenbedingungen beachten (operative Ebene)

Phase 1 Konzeption/Ausschreibung/Vergabe
Phase 2 Pre Opening
Phase 3 Opening
Phase 4 Operating

Prozess

Prozesse/Hilfsmittel/Schnittstellen/Personal

Disposition/Applikation/Administration/Prävention

Instrumente

BSC ← SLA ← QM Prüfung

Balanced Scorecard: Bewertung der Dienstleistungsergebnisse nach den Maßstäben der strategischen Zielerreichung

Service Level Agreements: Verdichtung der Leistungsergebnisse mit Bewertung der Dienstleistungsqualität

Qualitätsprüfungen: regelmäßige Prüfungen der Leistungsausführung mit Bewertung der Ausführungsqualität

---

Der Auftraggeber wird somit erstmals in die Lage versetzt, seine Vergabeentscheidung unter qualitativen Gesichtspunkten zu bewerten und die Einhaltung der definierten Prozesse mit einem leistungsfähigen Instrument ohne zusätzlichen Zeitaufwand zeitnah zu überwachen und ggf. korrigierend einzugreifen.

6 Facility Management - Dienstleister am Scheideweg

Vor dem aufgezeigtem Hintergrund kann in den nächsten Jahren von einer weiteren Verlagerung der Kernkompetenzen vieler klassischer Gebäudedienstleister ausgegangen werden. Während künftig die Fragen der fachlichen Ausgestaltung der Steuerungssysteme wieder stärker von Auftraggebern, spezialisierten Beratern und beratungskompetenten Systemdienstleistern beantwortet werden, verschieben sich die Aufgaben der klassischen Dienstleister zunehmend in die folgenden operativen Bereiche:

- Flexible Bereitstellung von Personal
    - zur richtigen Zeit
    - am richtigen Ort
    - in der benötigten Menge
    - mit der erforderlichen Qualifikation
    - und mit allen zur Arbeitsausführung benötigten Hilfsmitteln
- Flexible, d. h. verursachungsgerechte, Abrechnung von Leistungen
- Durchführung von kundenspezifischem Qualitätsmanagement

Bereits heute zeichnet sich ab, dass nur wenige Dienstleistungsunternehmen die Herausforderungen eines Systemanbieters im Facility Management mit einer hohen Wertschöpfungstiefe tatsächlich mit guten Qualitätsergebnissen realisieren können.

Neben ausgeprägtem Fach-Know-how in den Teilbereichen des Gebäudemanagements sind dann vor allem Managementfähigkeiten gefordert, die sich in flexibler und exakter Planung, Steuerung und Controlling der Prozesse widerspiegeln.

Viele Anbieter werden auch künftig nicht über eine ausreichende Steuerungs- und Entwicklungskompetenz für komplexe Dienstleistungspakete verfügen.[3] Daher ist es umso wichtiger, dass sich gerade mittelständische Marktteilnehmer den Konzepten einer Supply Chain Collaboration nicht verschließen, sondern sich aktiv in entsprechende Netzwerke einbringen und die ihnen zugedachte Rolle dort zuverlässig erfüllen.

---

[3] Im Vorteil könnten jene Dienstleister sein, die bereits über langjährige Erfahrungen im Management von Servicegesellschaften (z. B. von Krankenhäusern) verfügen. Die hier häufige Einbeziehung von Personal des Auftraggebers im Rahmen von Personalbeistellungen erfordert ein Höchstmaß an Systemkompetenz (vgl. hierzu auch Fretter/Thelen, 2006, S. 172-174).

Aus den laufenden Qualitätsprüfungen erfolgt mittelfristig die Ableitung zur Erfüllung der Service Level Agreements im Sinne einer relativen Zielerreichung (vgl. Ellis/Kauferstein, 2004; Berger, 2007). Diese Ergebnisse werden schließlich weiter verdichtet und gehen als Input in die Qualitätsperspektive der Balanced Scorecard ein (vgl. Friedag/Schmidt, 1999).

Durch die Einführung und Nutzung dieser Form der Zusammenarbeit ergeben sich für alle Beteiligten Vorteile. Der Auftraggeber erhält bei allen Kosten und Leistungen vollständige Transparenz und kann so Wechselbeziehungen zuverlässig herausarbeiten.

Zudem kann die Entscheidung für die Zusammenarbeit mit einem externen Partner von einer reinen Preisentscheidung zu einer qualitativ begründeten Entscheidung verlagert werden. Ferner kann ein kundenspezifisches Qualitätsmanagement implementiert werden. Für den Auftragnehmer ergeben sich Vorteile insbesondere im Hinblick auf die Erreichung längerfristiger Vertragslaufzeiten und somit auf die Überwindung der beliebigen Austauschbarkeit.

Auf dieser Grundlage lassen sich stabile Deckungsbeiträge erwirtschaften, die nicht selten mit einem Know-how-Gewinn einhergehen.

7 Fazit

Kundenbeziehungen im Dienstleistungsgeschäft sind überdurchschnittlich direkt und intensiv angelegt, oft sind Kunden unmittelbar an der Erbringung der Dienstleistung beteiligt. Das häufige Dilemma zwischen rein am Preis orientierten Vergabeentscheidungen und im Gegenzug qualitativ unzureichenden Dienstleistungen gilt es daher zu überwinden.

Die Mitwirkung des Kunden muss sich künftig in gemeinsamen Arbeitsplattformen abbilden, die Rückkoppeluneng in die operativen Leistungsprozesse ermöglichen: Supply Chain Collaboration heißt der vielversprechende Lösungsansatz im Sinne einer arbeitsteiligen Organisation sowie der Verteilung von Einzelaufgaben an spezialisierte Dienstleister. Der Weg zu einer langfristig ausgerichteten Partnerschaft zwischen Kunde und Dienstleister ist damit vorgezeichnet; hier liegen insbesondere in den gemeinkostenintensiven administrativen Prozessen erhebliche Rationalisierungspotenziale. Reine Qualitätsmessinstrumente reichen zur Abbildung dieser Prozesskooperation nicht aus.

Vielmehr ist nach Abstimmung der wesentlichen Zieldimensionen zwischen Kunde und Dienstleister das erforderliche Qualitätsmanagementsystem anhand der folgenden inputorientierten Grundanforderungen auszuwählen: Flexibilität, Transparenz, Vergleichbarkeit, Homogenität. Die verwendeten Daten sind dann im Rahmen einer ganzheitlichen Prozessbetrachtung über den gesamten Projektlebenszyklus fortzuentwickeln, die Veränderung quantitativer Daten innerhalb des Lebenszyklus muss mit qualitativen Veränderungen korrelieren.

Der Auftraggeber wird somit erstmals in die Lage versetzt, seine Vergabeentscheidung unter qualitativen Gesichtspunkten zu bewerten und die Einhaltung der definierten Prozesse mit einem leistungsfähigen Instrument ohne zusätzlichen Zeitaufwand zeitnah zu überwachen und ggf. korrigierend einzugreifen.

Als Konsequenz verschieben sich die Aufgaben der klassischen Dienstleister. Zunehmend sind vor allem Managementfähigkeiten gefordert, die sich in flexibler und exakter Planung, Steuerung und Controlling der Prozesse widerspiegeln. Gerade mittelständische Marktteilnehmer dürfen sich den Konzepten einer Supply Chain Collaboration nicht verschließen, sondern sollten sich aktiv in entsprechende Netzwerke einbringen und die ihnen zugedachte Rolle dort zuverlässig erfüllen.

Durch die Einführung und Nutzung dieser Form der Zusammenarbeit ergeben sich für alle Beteiligten Vorteile. Der Auftraggeber erhält bei allen Kosten und Leistungen vollständige Transparenz und kann so Wechselbeziehungen zuverlässig herausarbeiten. Für den Auftragnehmer ergeben sich Vorteile insbesondere im Hinblick auf die Erreichung längerfristiger Vertragslaufzeiten und somit auf die Überwindung der beliebigen Austauschbarkeit.

Rainer Paffrath

Nutzen der Prozessmodellierung beim Management von Industriedienstleistungen

1	Einleitung	127
2	Prozessmodellierung bei der Planung von Industriedienstleistungen	131
	2.1 Ergänzung des Prozessmodells um Varianten	131
	2.2 Feature-Diagramme als Navigationsinstrumente	136
	2.3 Simulation von Industriedienstleistungen	137
3	Prozessmodellierung bei der Durchführung, Steuerung und Kontrolle von Industriedienstleistungen	141
4	Fazit	143

1 Einleitung

Das Management von Industriedienstleistungen ist durch vielfältige Methoden zu unterstützen. Besonders relevant sind Modellierungsmethoden, da es mit ihrer Hilfe gelingt, abstrahierende Darstellungen zu erzeugen. Diese helfen bei großer Detailvielfalt dabei, Dienstleistungen effizient zu gestalten bzw. nur mit wirklich systemnotwendiger Flexibilität auszustatten. Zudem dienen geeignet konstruierte Modelle als besonders gutes Kommunikationsinstrument zwischen unterschiedlichen – fachfremden – Parteien, die mit Entwicklung, Ausführung und/oder Redesign von Industriedienstleistungen befasst sind.

Dieser Beitrag setzt sich zum Ziel, das Nutzenpotenzial der Prozessmodellierung in den verschiedenen Phasen eines Dienstleistungslebenszyklus zu demonstrieren. Ein Schwerpunkt wird dabei auf die Entwurfs- bzw. Planungsphase gelegt. Darüber hinaus werden Gestaltungsempfehlungen für die Form der Prozessmodellierung gegeben, so dass in den unterschiedlichen Phasen und für unterschiedliche Stakeholder das Nutzenpotenzial der Prozessmodellierung tatsächlich entfaltet wird (vgl. auch den Service-Blueprint-Ansatz bei Fließ/Nonnenmacher/Schmidt, 2004). Der Beitrag ist aus Sicht des Managements für Industriedienstleistungen geschrieben, welches geeignete, marktorientierte Dienstleistungen entwerfen, diese effizient ausführen und steuern sowie kontrollieren möchte. Er ist im Kern der Disziplin Wirtschaftsinformatik zuzurechnen, die eine zielgerichtete Informationsversorgung insbesondere zur inner- und zwischenbetrieblichen Gestaltung von Informations-, Güter- und Geldflüssen durch geeigneten Einsatz von Informationssystemen anstrebt (vgl. Heinrich/Heinzl/Roithmayr, 2007, S. 13 ff.).

In vielen Fällen sind die Erbringer der Industriedienstleistungen aus Industrieunternehmen (vgl. Kastner, 2008, S. 580 ff.) ausgelagert worden, um die Unternehmung in durch klare Schnittstellen miteinander verbundene Module neu zu organisieren (vgl. zu den Prinzipien der funktionalen und informalen Bindung sowie der schmalen Datenkopplung Balzert, 1992, S. 190 ff.). Während Prozesse der Leistungserbringung im engeren Sinne in dem Kernunternehmen verbleiben, finden sich unterstützende Dienstleistungen bei ausgelagerten Netzwerkpartnern wieder, die einerseits Spezialisierungseffekte erreichen und andererseits durch das externe Angebot Skaleneffekte erzielen können. Aus Sicht der ausgliedernden Unternehmen können spezialisierte, individuelle Dienstleistungen mit klarer Kostenstruktur bezogen werden, was zu einer deutlichen Komplexitätsreduktion für das Management führt. Beispiele für Industriedienstleistungen sind Montage, Wartung und Reinigung von Anlagen, Logistikdienstleistungen, Facility Management und Sourcing.

In einem Produkt-Service-Kontinuum (vgl. Kotler/Armstrong/Saunders/Wong, 2003, S. 730 ff.) sind Industriedienstleistungen direkt in der Nähe des Service-Pols anzusiedeln; d. h., es handelt sich zumeist um (annähernd) „reine" Dienstleistungen (z. B.

Reinigung) oder Dienstleistungen, bei denen Produkte („minor goods", z. B. auszutauschende Verschleißteile bei der Wartung von Anlagen) lediglich eine Begleiterscheinung darstellen.

Beim Management von Industriedienstleistungen sind vielfältige Aspekte zu beachten:

- Kompliziertheit (vgl. Heinrich/Heinzl/Roithmayr, 2007, S. 186 f.): Die durch Industriedienstleistungen angesprochenen Systeme enthalten üblicherweise eine Vielzahl von unterschiedlichen Systemelementen. So sind z. B. die zu wartenden Maschinen ggf. vom selben Typ, unterscheiden sich aber in vielerlei Details.
- Komplexität (vgl. Heinrich/Heinzl/Roithmayr, 2007, S. 186 f.): Zwischen den Systemelementen liegen vielfältige Beziehungen vor.
- Vielzahl an Qualifikationen bzw. Disziplinen: Um Dienstleistungen ausführen zu können, sind vielfältige Zusammenhänge zu beachten. So muss z. B. bei der Wartung von Betriebsmitteln zumindest in Teilbereichen deren Funktionsweise bekannt sein.
- Varianz über Kunden: Die angebotenen Dienstleistungen folgen einem Muster, sind aber stets kundenindividuell anzupassen bzw. zu konfigurieren.
- Varianz über Zeit: Aufgrund von Kundenentscheidungen oder externen Einflüssen sind Dienstleistungen im Zeitverlauf häufig zu modifizieren.

Diese Charakteristika von Industriedienstleistungen erschweren die Planung, Steuerung und Kontrolle derselben erheblich. Die Management-Tätigkeit ist aus diesem Grund durch vielfältige Techniken zu unterstützen. Die in diesem Beitrag im Vordergrund stehende Technik ist die Prozessmodellierung.

Die Modelldefinition Schüttes, der einem konstruktionsorientierten Modellierungsverständnis folgt, ist für die Klärung des Begriffs Modellierung geeignet: „Ein Modell ist das Ergebnis einer Konstruktion eines Modellierers, der für Modellnutzer eine Repräsentation eines Originals zu einer Zeit als relevant mit Hilfe einer Sprache deklariert" (Schütte, 1998, S. 59). Demnach wird mit Hilfe einer grafischen Notation (= Sprache) eine Darstellung eines Originals angefertigt. Je nach Modellierungszweck bzw. „Modellnutzer" ist ggf. eine andere Modellierungsform angemessen. Schüttes Definition erlaubt ausdrücklich nicht nur die bloße Abbildung eines Originals (z. B. zu Dokumentationszwecken), sondern vielmehr auch die Abbildung eines Soll-Zustands bzw. die Konstruktion von wünschenswerten Zuständen. Dies ist für die Planungsphase von Industriedienstleistungen von besonderer Relevanz. Der generelle Nutzen der Modellierung besteht in der Organisationsgestaltung (Beschreibung und Optimierung) sowie der Anwendungssystemgestaltung (vgl. Schwegmann, 1999, S. 16 ff.). Beide Aspekte kommen im Folgenden zum Tragen.

Der Begriffsbestandteil „Prozess-" von Prozessmodellierung deutet darauf hin, dass in der vorliegenden Ausarbeitung Industriedienstleistungen prozessual verstanden werden. In Analogie zu den Definitionen von z. B. Hansen/Neumann (vgl. Hansen/Neumann, 2005, S. 233) oder Staud (vgl. Staud, 2006, S. 6) ist ein Prozess eine Menge verknüpfter Aktivitäten, die zur Erfüllung einer Aufgabe (= Dienstleistung) notwendig sind und die in einer bestimmten Reihenfolge – teilweise parallel bzw. sequenziell – auszuführen sind. Außerdem wird klar, dass hier ausschließlich Ablaufmodelle und keine Strukturmodelle gemeint sind (vgl. Schütte, 1998, S. 65).

Für die Darstellung von Prozessen haben sich unterschiedliche Notationen etabliert. Die eher fachkonzeptionelle Sicht der deutsprachigen Wirtschaftsinformatik präferiert die von Scheer hervorgebrachten Ereignisgesteuerten Prozessketten, während sich die Softwareentwicklung stärker an der Darstellung mit Hilfe der Unified Modeling Language orientiert; hier sind besonders Aktivitätsdiagramme besonders geeignet, um sequenzielle oder parallele Abfolgen von Tätigkeiten zu modellieren. Die Diskussion um die Auswahl der „besten" Modellierungsform ist akademisch, da gezeigt wurde, dass die unterschiedlichen Notationen ineinander überführt werden können (vgl. Störrle, 2005, S. 218). Zudem basieren beide Notationen auf Petrinetzen bzw. den mit Petrinetzen darstellbaren endlichen Automaten (vgl. Balzert, 2001, S. 106). Im Folgenden werden Ereignisgesteuerte Prozessketten zur Modellierung verwendet.

Da Ereignisgesteuerte Prozessketten auf nur wenige Modellelemente zurückgreifen, sind sie einer wirtschaftlichen Prozessmodellierung besonders zuträglich. An wesentlichen Symbolen werden Ereignisse und Funktionen unterschieden. Funktionen modellieren hier die in einer Dienstleistung auszuführenden Tätigkeiten und werden mit Hilfe von Rechtecken dargestellt. Beispiele für die sich über einen Zeitraum erstreckenden Funktionen bei Industriedienstleistungen sind „Prüfung der Dichtigkeit" oder „Wechsel des Dichtrings" bei einer Wartungsleistung.[4] Ereignisse sind im Gegensatz zu Funktionen zeitpunktbezogen und markieren exogene oder endogene Zustandsänderungen. So kann es sein, dass ein Ereignis den Schlusspunkt einer Tätigkeit markiert und gleichermaßen die Startbedingung für darauf folgende Tätigkeiten. Ereignisse werden mit Hilfe von länglichen Sechsecken dargestellt. Beispiele für Ereignisse sind „Öl tritt aus" oder „Dichtring gewechselt". In einer Ereignisgesteuerten Prozesskette, die jeweils mit einem Ereignis beginnt und endet, ist die Regel zu beachten, dass Ereignisse und Funktionen stets alternieren (vgl. Scheer, 1998, S. 49 ff.).

Um exklusive, inklusive oder parallele Ereignisse bzw. Tätigkeiten bei Industriedienstleistungen zu modellieren, stehen in der Notation der Ereignisgesteuerten Prozesskette so genannte Konnektoren zur Auswahl. Der XOR-Konnektor markiert Exklusivität,

---

4   Eine wichtige Frage betrifft die Granularität der Funktionen bzw. der Ereignisgesteuerten Prozesskette an sich. Hier ist auf den Modellierungszweck zu verweisen: Stets ist nur so detailliert zu modellieren, wie es nötig ist. Eine zu detaillierte Darstellung widerspricht den Modellierungszielen der Wirtschaftlichkeit und der Klarheit (vgl. zu Grundsätzen ordnungsgemäßer Modellierung Rosemann in Schwegmann, 1999, S. 19). Eine detaillierte und dennoch klare Modellierung kann mit Hilfe von Hierarchisierung erreicht werden (vgl. Seidlmeier, 2006, S. 73 f.).

während „oder" im weiteren Sinne mit Hilfe des V-Konnektors dargestellt wird. Schließlich wird ein logisches „und" mit Hilfe eines auf dem Kopf stehenden „V" dargestellt. Grundsätzlich sind beliebige Konnektoren zwischen Ereignissen und Funktionen möglich, mit zwei Ausnahmen: Ein Ereignis ist nicht in der Lage zu entscheiden, welche der nachfolgenden (exklusiven oder inklusiven) Funktionen ausgeführt werden sollen (vgl. Seidlmeier, 2006, S. 82 f.).

Nachdem Industriedienstleistungen definiert und charakterisiert sind sowie eine geeignete Notation zur Modellierung von Dienstleistungsprozessen eingeführt ist, erfolgt nunmehr die Demonstration des Nutzenpotenzials der Prozessmodellierung für das Management. Hierbei folgt die Gliederung einer klassischen Vorgehensweise im Prozessmanagement (vgl. Abbildung 1). Wie oben eingegrenzt liegt der Schwerpunkt dieses Beitrags in der Planungsphase, konkret die operative Planung, die nach einer (strategischen) Dienstleistungsentwicklung einsetzt (vgl. Lange/Schick, 2005, S. 3 ff.).

Abbildung 1: Schritte im Prozessmanagement

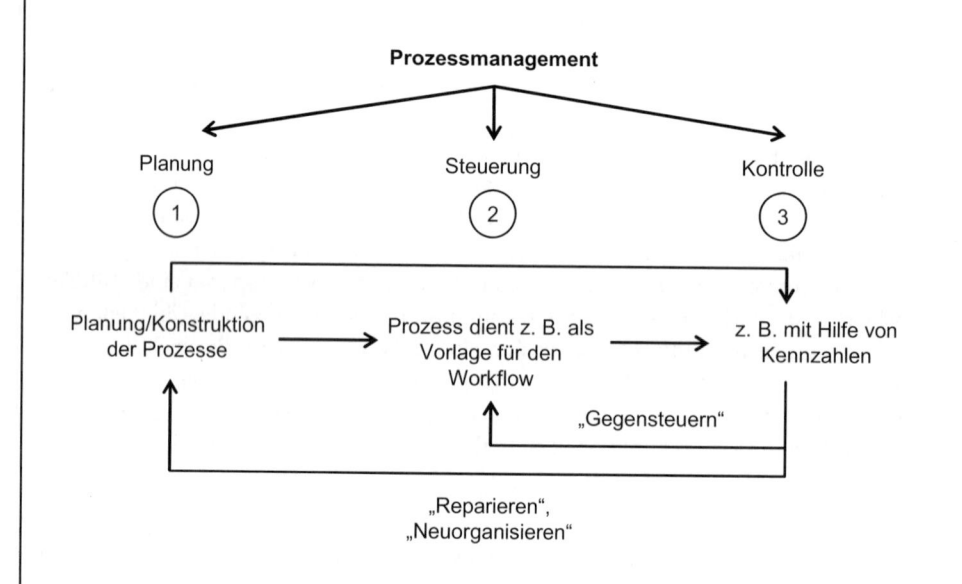

Prozessmanagement

Planung (1) → Planung/Konstruktion der Prozesse

Steuerung (2) → Prozess dient z. B. als Vorlage für den Workflow

Kontrolle (3) → z. B. mit Hilfe von Kennzahlen

„Gegensteuern"

„Reparieren", „Neuorganisieren"

2 Prozessmodellierung bei der Planung von Industriedienstleistungen

Idealerweise bietet ein Industriedienstleister seine Services nicht nur historisch bedingten, festen Netzwerkpartnern an, sondern ist auch auf dem Markt aktiv, um ein ausgewogenes Kundenportfolio zu erhalten. In diesem Zusammenhang stellt sich für das Management das o. g. Charakteristikum der „Varianz über Kunden" als problematisch heraus. Mit anderen Worten wird nicht nur eine Standard-Dienstleistung angeboten, sondern letztlich eine „Familie von Industriedienstleistungen". So ist es z. B. möglich, dass unterschiedlichen Kunden eine einheitlich lautende Wartungstätigkeit „Dichtheit prüfen" angeboten wird, diese im kundenindividuellen Fall jedoch völlig unterschiedlich ausgeprägt sein kann. Das Prozessmodell des Industriedienstleisters ist also um Varianten zu ergänzen; durch Konfiguration des Prozessmodells soll schließlich ein kundenindividuelles Modell erzeugt werden, d. h., von jedem im Prozessmodell enthaltenen Feature kann das Kundenunternehmen aus den Ausprägungen die gewünschte auswählen und sich so eine individuelle Leistung konfigurieren.

Für die Prozessmodellierung hat dies zwei Konsequenzen: Zum einen ist das Prozessmodell um Varianten zu ergänzen; zum anderen muss eine Überblicksdarstellung hinzugefügt werden, die dem Management bzw. dem Kunden die marktseitig verfügbaren Features und die möglichen Ausprägungen zeigt.

2.1 Ergänzung des Prozessmodells um Varianten

Die Möglichkeit, Varianten zu modellieren, wird in Prozessmodellen des Industriedienstleisters mit Hilfe der Unterscheidung zwischen so genannte Buildtime- und Runtime-Operatoren erreicht (vgl. Paffrath, 2002, S. 15 ff.). „Buildtime" bezeichnet den Zeitpunkt der Erzeugung bzw. Konfiguration eines kundenspezifischen Prozesses. „Runtime" hingegen ist die Zeit, in der die kundenindividuelle Dienstleistung ausgeführt wird. Sowohl zur Buildtime als auch zur Runtime kann es Varianten geben. Eine Variante zur Runtime bedeutet, dass der Dienstleister im operativen Betrieb alternative „Routen" einschlagen kann, um die Dienstleistung bei einem Kunden zu erbringen (z. B. hinsichtlich der Reihenfolge der Aktivitäten). Eine Variante zur Buildtime hingegen bedeutet, dass bei verschiedenen Kunden des Dienstleisters unterschiedliche Wege zur Erbringung der Dienstleistung eingeschlagen werden und dass man sich zur Buildtime für eine Variante fest entscheidet, die bei einer kundenindividuellen Dienstleistung zur Verfügung stehen soll. Eine erste Möglichkeit in diesem Zusammenhang verdeutlicht Abbildung 2.

Abbildung 2: XOR$_B$-Operator

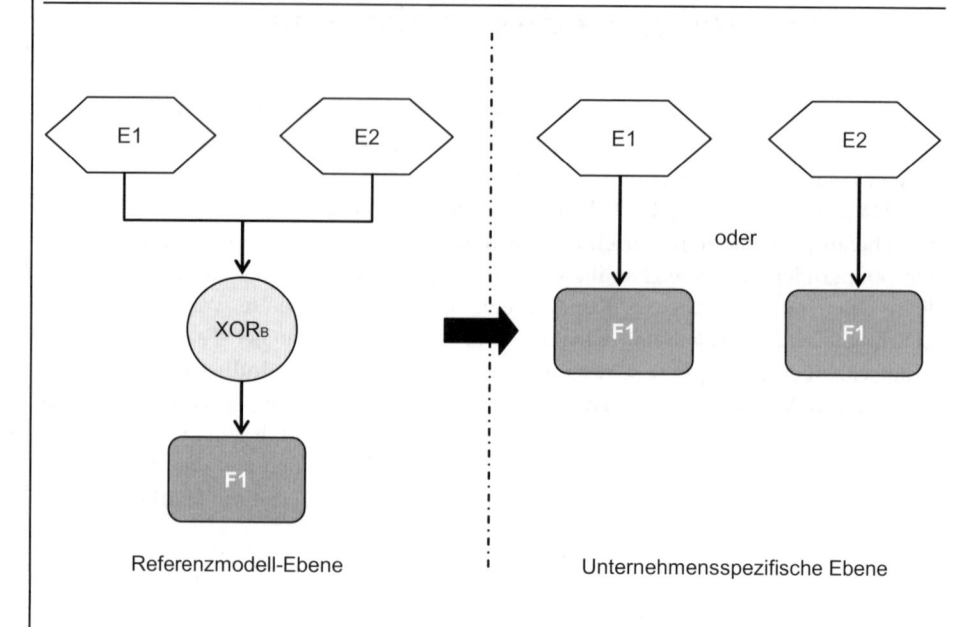

Referenzmodell-Ebene | Unternehmensspezifische Ebene

In der linken Hälfte der Abbildung 2 ist das allgemeine Modell (Referenzmodell) des Dienstleisters abgebildet. Das tiefgestellte B im XOR-Konnektor markiert eine Buildtime-Variationsmöglichkeit. Aus diesem Referenzmodell können nun zwei unterschiedliche Modelle erzeugt werden, die z. B. bei unterschiedlichen Kunden eingesetzt werden (siehe rechte Seite der Abbildung 2). Bezeichnet Ereignis E1 z. B. „Dichtring schadhaft", E2 „Wartungszeitpunkt erreicht" und F1 „Dichtring ersetzen", so enthält das allgemeine Modell zwei unterschiedliche Konzepte zur Bestimmung des Ersatzzeitpunkts. In dem einen Fall wird der Dichtring erst ersetzt, wenn er tatsächlich schadhaft ist. In dem anderen Fall soll der Ersatz stattfinden, wenn der zuvor definierte Wartungszeitpunkt erreicht wurde – unabhängig vom Zustand des Dichtrings.

Aus dem dargestellten Modell können nunmehr sogar drei kundenindividuelle Varianten konfiguriert werden. Zusätzlich zu den beim XOR$_B$-Operator möglichen Varianten, besteht beim V$_B$-Operator auch die Möglichkeit, hieraus eine „und"-Verbindung im kundenindividuellen Fall zu generieren. Bezeichnen E1 und E2 die Ereignisse einer Logistikdienstleistung „Fahrzeug ist beladen" und „Lieferpapiere verfügbar", so ist es im kundenspezifischen Fall auch möglich, beide Ereignisse gleichzeitig als Startbedingungen für eine beispielhafte Funktion „Tour beginnen" zu formulieren (siehe unterer Teil der Abbildung 2). Wie zuvor beim XOR$_B$-Operator kann zur Buildtime auch nur je ein Ereignis als Startereignis für die Funktion ausgewählt werden (siehe oberer Teil der Abbildung 2).

Abbildung 3: V$_B$-Operator

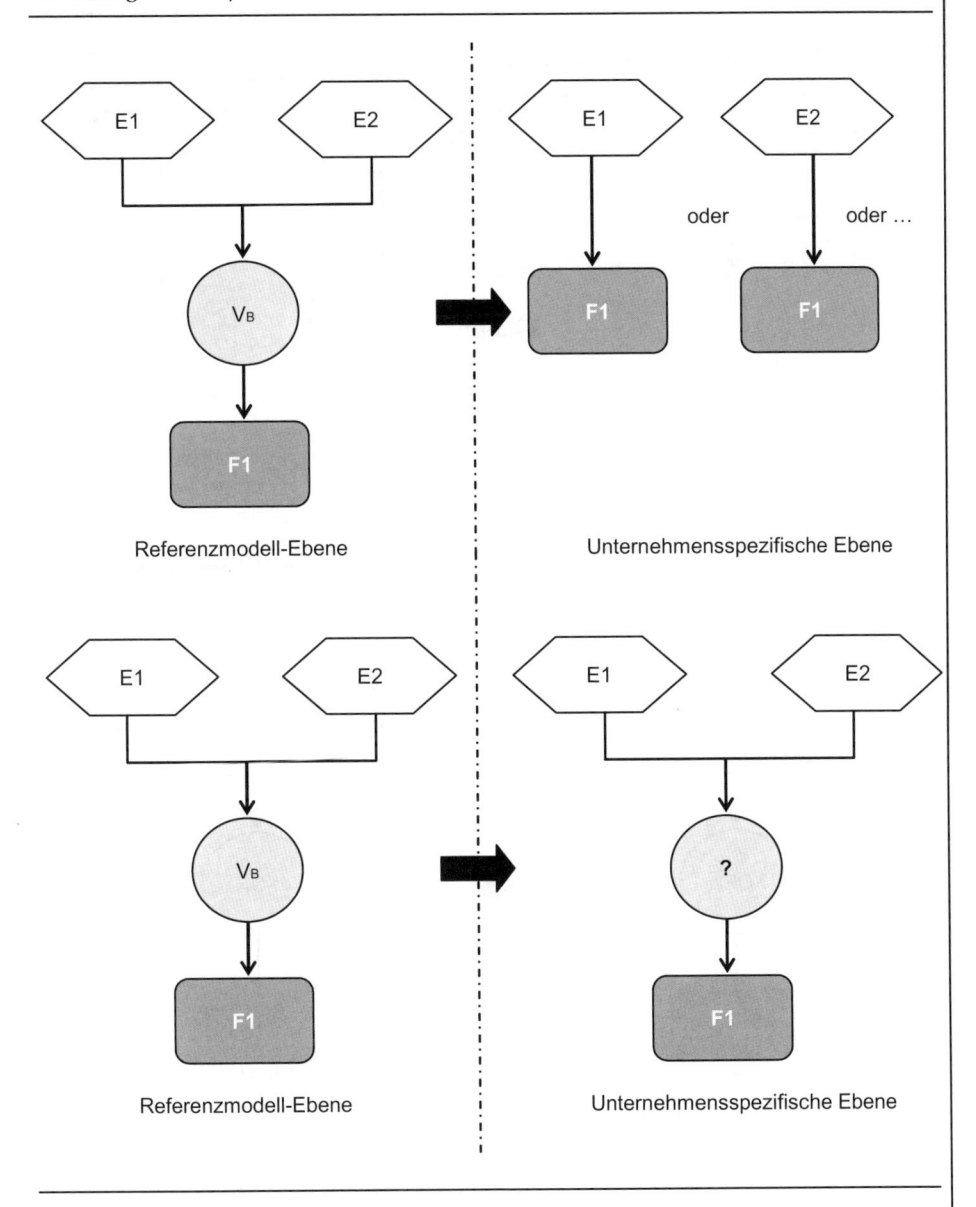

Eine Möglichkeit, auch auf der Runtime-Ebene Variationen zuzulassen, stellt der XOR$_{RB}$-Operator dar (vgl. Abbildung 4).

Abbildung 4: XOR$_{RB}$-Operator

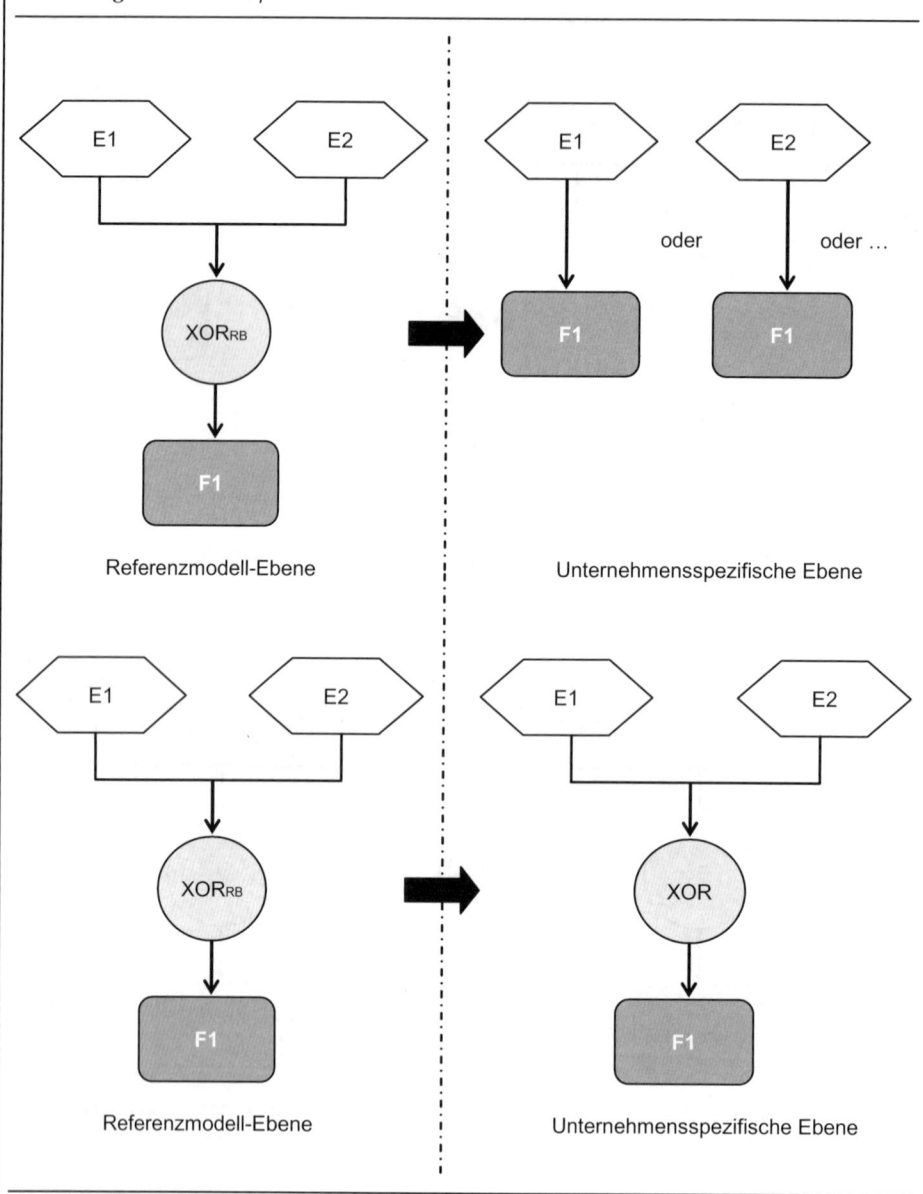

Nutzen der Prozessmodellierung beim Management von Industriedienstleistungen

Auf das Beispiel von Abbildung 2 zurückkommend, wäre bei einem Kundenunternehmen nun auch der Fall möglich, den Ersatz des Dichtrings entweder vom Eintritt einer Beschädigung oder vom Eintritt des definierten Austauschzeitpunkts abhängig zu machen (siehe unterer Teil der Abbildung 2), je nachdem, welches Ereignis zuerst eintritt.

Analog kann ein V_{RB}-Operator verwendet werden, aus dem für die kundenindividuelle Ebene sowohl „oder"- als auch „und"-Varianten erzeugt werden können. Die geschilderten Modellierungsmöglichkeiten sind zudem noch um die in Abbildung 5 dargestellten Fälle zu erweitern. Hier wird ergänzt, dass eine Funktion mehrere Ereignisse auslöst (siehe linker Teil der Abbildung 5), dass die Ausführung mehrerer Funktionen ein Ereignis bedingt (siehe mittlerer Teil der Abbildung 5) und dass das Eintreten eines Ereignisses mehrere (parallel auszuführende) Funktionen in Gang setzt.

Abbildung 5: Weitere Fälle für die Modellierung von „Leistungsfamilien"[5]

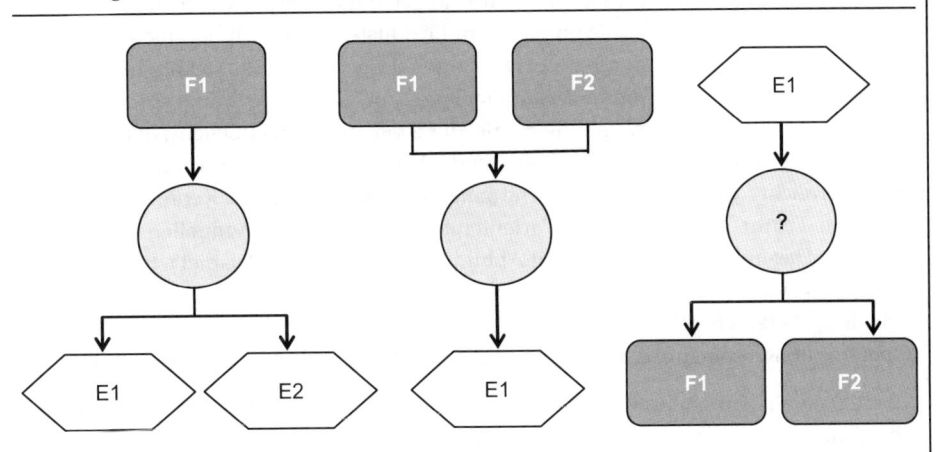

Zusammenfassend stellt die Referenzmodellierung dem Industriedienstleister einen umfangreichen Modellierungsbaukasten zur Verfügung, der zur Planung (und später zur Konfiguration) der anzubietenden Dienstleistungen verwendet werden kann. Die Ermittlung der möglichen Varianten geschieht in einem umfangreichen Prozess der so genannte Domänenanalyse (vgl. Paffrath, 2002, S. 39 ff.). Problematisch an der bisherigen Vorgehensweise ist, dass im Rahmen der Modellierung relativ umfangreiche Modelle entstehen, die zwar das Dienstleistungsangebot erschöpfend darstellen, aber hinsichtlich des Modellierungsgrundsatzes der Klarheit Schwächen aufweisen. Aus

---

[5] Die ersten beiden Teilmodelle der Abbildung erscheinen bewusst ohne Angabe eines konkreten Konnektors, da grundsätzlich alle drei Formen eines Konnektors eingesetzt werden können.

diesem Grund wird die Modellierung im Folgenden um ein „Navigationsinstrument" ergänzt.

2.2 Feature-Diagramme als Navigationsinstrumente

Ein Feature-Diagramm ist eine baumförmige Darstellung der „Features" (Merkmal, Charakteristikum), hier angewandt für Industriedienstleistungen. Die in Abbildung 6 dargestellte Dienstleistung hält drei obligatorische Features F1 bis F3[6] für die Industriekunden bereit. Obligatorische Features sind durch ausgefüllte Kreise an den Kanten dargestellt. Der nicht ausgefüllte Kreis, hier z. B. bei Feature F4, hingegen symbolisiert ein optionales Feature. Auf der jeweils untersten Ebene des Feature-Diagramms sind Ausprägungen der Features zu erkennen. Während F1 und F4 keine Alternativen zulassen, handelt es sich bei F2 und F3 um so genannte alternative Features. Die Ausprägungen F21 und F22 des Features F2 sind exklusiv, was durch den nicht ausgefüllten Kreisbogen zwischen den relevanten Kanten dargestellt wird. So könnte es sich bei dem Feature F2 z. B. um die in Zusammenhang mit Abbildung 2 angesprochene Teilleistung „Dichtheit prüfen" handeln, die die zwei unterschiedlichen Ausprägungen „Dichtring ersetzen, wenn schadhaft" und „Dichtring ersetzen, wenn Wechselzeitpunkt erreicht" auf der Kundenebene zulässt (XOR_B-Operator). Kennzeichnend für exklusive Features ist, dass keine Varianten auf der kundenindividuellen Ebene möglich sind. Das in Zusammenhang mit Abbildung 3 aufgeführte Beispiel ist ebenfalls ein exklusives Feature, da zur Runtime (kundenindividuelle Ebene) keine Varianten möglich sind.[7] Letztlich geht es bei dieser Kategorie von Features um die Features, deren Operator im Referenzprozessmodell lediglich ein tiefgestelltes B im Namen trägt.

F3 ist ebenfalls ein alternatives Feature; allerdings kann die Teilleistung auf Kundenebene hier entweder aus F31, F32 oder der Kombination aus F31 und F32 bestehen. Hier ist nun das wesentliche Charakteristikum, dass auch auf der Kundenebene eine Variationsmöglichkeit bestehen kann. Das im Zusammenhang mit Abbildung 4 angesprochene Feature der Dichtheitsprüfung, das den Austausch des Dichtrings entweder im Schadensfall oder aber nach Ablauf einer Frist zulässt (je nachdem, welches Ereignis zuerst eintritt), fällt beispielsweise in diese Kategorie.

---

[6] „F" steht hier für „Feature" und nicht – wie zuvor bei den Ereignisgesteuerten Prozessketten – für „Funktion".
[7] Hierzu müssten in Abbildung 6 allerdings drei unterschiedliche Ausprägungen abgebildet werden.

Abbildung 6: Feature-Diagramm[8]

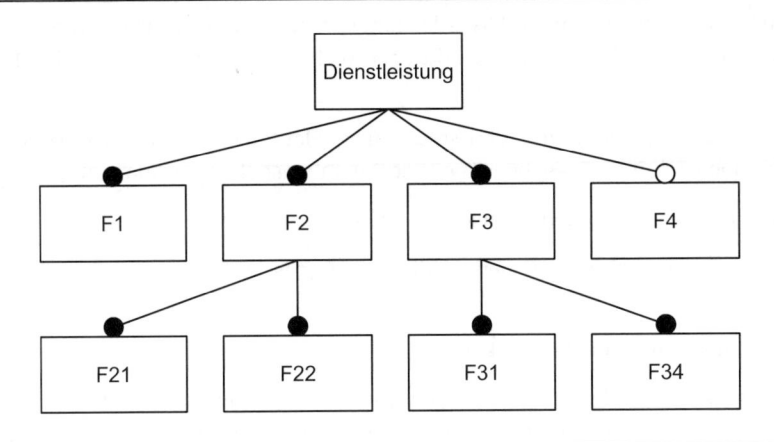

Mit den Variantendarstellungen und dem Navigationsinstrument der Feature-Diagramme verfügt ein Industriedienstleister über eine wertvolle Planungshilfe für seine Dienstleistungen. Die Variationsmöglichkeiten können sowohl auf übergreifender Ebene im Feature-Diagramm als auch auf detaillierter Ebene im Prozessmodell dargestellt werden. Wie oben beschrieben, wird ein solches Domänenmodell nicht nur zu reinen Dokumentationszwecken angefertigt, sondern dient besonders auch der Entwicklung von Industriedienstleistungen (vgl. etwa die Methode des morphologischen Kastens nach Zwicky, 1959).

Das hier angefertigte Modell kann zudem die fachkonzeptionelle Basis für vielfältige weitere Planungshilfen bzw. Anwendungssysteme sein. So kann auf Basis der hier gezeigten Modelle das Leistungsangebot für den Angebots- oder Abrechnungsprozess präsentiert werden. Denkbar ist schließlich auch ein Dienstleistungs-Konfigurator, der die marktseitig verfügbaren Leistungselemente übersichtlich darstellt (vgl. Paffrath, 2002, S. 45 ff.).

2.3 Simulation von Industriedienstleistungen

Die dargestellten Modelle helfen bei der Konstruktion bzw. inhaltlichen Ausgestaltung von Dienstleistungen. Im Planungsprozess muss aber auch immer die Wirtschaftlichkeit der geplanten Dienstleistungen im Auge behalten werden. Ein probates Mittel

---

[8] Für die Erstellung von Feature-Diagrammen stehen inzwischen erste Softwaretools zur Verfügung. So ist etwa im Microsoft Developer Network das Programm „Feature Model DSL" für die Entwicklungsplattform Visual Studio 2008 erhältlich.

stellen in diesem Zusammenhang computergestützte Simulationen auf Basis von Prozessmodellen dar. Die Erkenntnisgewinne durch Simulation ergeben sich insbesondere dadurch, dass die geplanten Dienstleistungsprozesse unter Effizienzgesichtspunkten sowie zeitlich und kostenmäßig „durchgespielt" werden können (vgl. Pidd, 1998, S. 3 ff.).

Zur Durchführung einer Simulationsstudie für geplante Dienstleistungen ist zunächst eine Aufgabenstellung anzugeben. Typische Aufgabenstellungen sind z. B.:

- Ermittlung von geplanten Prozesslaufzeiten,
- Identifikation von potenziellen zeitlichen Engpässen bzw. Kapazitätsengpässen oder
- Ermittlung von (Plan-)Prozesskosten.

In Abhängigkeit von der Aufgabenstellung sind Inputdaten zu ermitteln und empirisch zu validieren. Hierbei wird – bei der Verwendung von Ereignisgesteuerten Prozessketten – zwischen Inputdaten für Ereignisse und Inputdaten für Funktionen unterschieden. Für exogene Ereignisse muss beispielsweise angegeben werden, wann und wie häufig sie eintreten. Bezug nehmend auf das o. g. Beispiel der Logistikdienstleistung ist etwa zu ermitteln, wie häufig und wann Fahrzeuge in einem Verteilzentrum eintreffen. Da das Eintreten eines Ereignisses üblicherweise zeitlich variiert, ist ebenfalls eine Spannweite bzw. Standardabweichung oder besser eine statistische Verteilung ins Kalkül einzubeziehen. Idealerweise basiert die angenommene statistische Verteilung auf realistischen Werten, d. h., sie ist empirisch abgeleitet. Eine entsprechende Ex-ante-Validierung ist auszuführen (vgl. Schneeweiß, 1999, S. 108 f.).

Zur Modellierung derartiger „Ereignisströme" in entsprechender Simulationssoftware kann auf unterschiedliche statistische Verteilungen zurückgegriffen werden. In Abbildung 7 ist z. B. ein Bildschirmdialog aus dem Simulationssystem ARENA reproduziert, bei dem es um die „Erzeugung" von Ereignissen geht. Es ist ersichtlich, dass für die Modellierung des Ereignisses „Part Arrives to System" eine Exponentialverteilung mit dem Parameter 5 Minuten angenommen wird, d. h., es wird angenommen, dass die Zeit zwischen zwei eintretenden Ereignissen mit einer Wahrscheinlichkeit von ca. 63 % in weniger als 5 Minuten, und mit ca. 37 % mehr als 5 Minuten beträgt (vgl. Kelton/Sadowski/Sturrock, 2007, S. 594). Analog sind weitere statistische Verteilungen verfügbar, so z. B. Normal-, Gleich- und Dreiecksverteilung, die je nach empirischer Validierung ausgewählt werden können (vgl. Kelton et al., 2007, S. 587 ff.). Genauso kann z. B. modelliert werden, dass ein Schadensfall eintritt. Diese Modellierung wird mit einer statistischen Verteilung vorgenommen, die zur Darstellung seltener Ereignisse geeignet ist, z. B. die Poisson-Verteilung (vgl. Basler, 1986, S. 74 ff.).

Abbildung 7: Angabe statistischer Verteilungen für das Eintreten von Ereignissen in ARENA

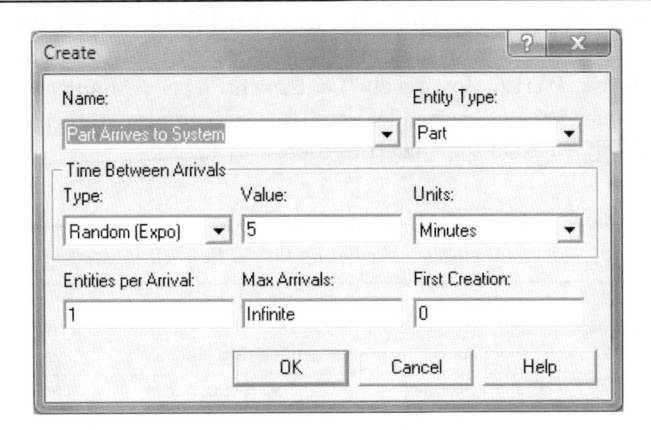

Was Funktionen in Ereignisgesteuerten Prozessketten betrifft, so können für diese Zeitdauern und auch Kosten spezifiziert werden. Die Zeiten können sich etwa auf Liege-, Einarbeitungs- und Bearbeitungszeiten beziehen (vgl. Abbildung 8).

Abbildung 8: Eingabe von Prozesszeiten und -kosten in ARIS

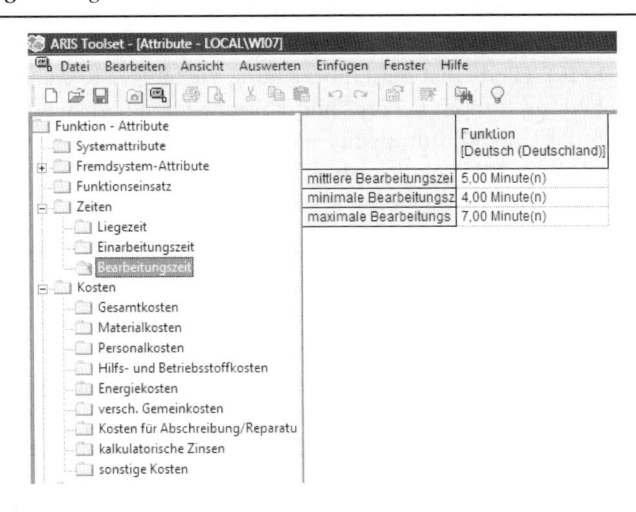

Falls nur Schätzwerte für die Verteilung der Zeiten vorliegen, kann etwa mit minimalen, maximalen und mittleren Zeiten gerechnet werden, um die Simulation realistisch zu gestalten. Oder es wird – wie im Fall von ARENA – auf eine Dreiecksverteilung zurückgegriffen. In Abbildung 9 wird z. B. ausgedrückt, dass die (Liege-, Einarbeitungs- oder Bearbeitungs-)Zeit für eine Funktion zwischen 1 und 6 Minuten beträgt; der wahrscheinlichste Wert („Most Likely") entspricht dabei 3 Minuten. Wie im Fall der Ereignisse können bei entsprechender empirischer Kenntnis natürlich auch andere statistische Verteilungen exakt spezifiziert werden.

Abbildung 9: Eingabe einer statistischen Verteilung für die Bearbeitungszeit in ARENA

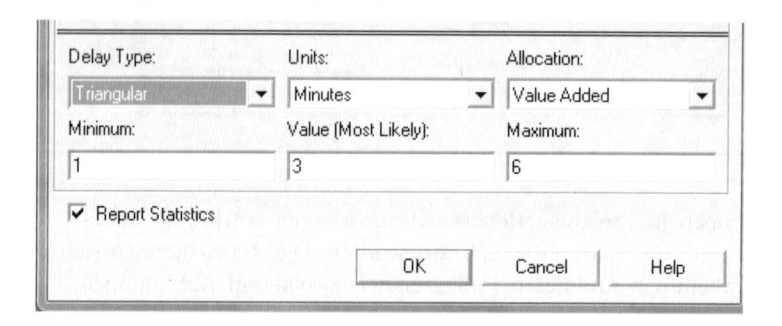

Um beispielsweise eine Plankalkulation der Industriedienstleistung vorzunehmen, werden Funktionen in Ereignisgesteuerten Prozessketten mit Kosten belegt (vgl. Paffrath/Wolf, 2008, S. 10 ff.). Hierbei ist die Einbeziehung vielfältiger Kostenarten möglich, wie der in Abbildung 8 reproduzierte Bildschirmdialog aus dem ARIS Toolset zeigt. Somit ist z. B. die Durchführung einer strategischen Kalkulation (vgl. Baden, 1997, S. 189 ff.) möglich, mit der eine verursachungsgerechte Verrechnung der Gemeinkosten gelingt (vgl. Horváth/Mayer, 1991, S. 541).

Auf Basis eines mit Inputdaten spezifizierten Prozessmodells können beliebige Simulationsrechnungen durchgeführt und somit für die Planung von Industriedienstleistungen nützliche Simulationsergebnisse erzeugt werden. Ein Simulationslauf wird insbesondere durch seine Dauer und die Anzahl der Replikationen bestimmt. Die Dauer gibt an, welche Zeitperiode der Realität in dem Simulationsmodell abgebildet werden soll. Die Anzahl der Replikationen entspricht der Anzahl von Wiederholungen eines Simulationslaufs. Ein Simulationslauf wird wiederholt, um Fehlentscheidungen auf Basis eines Modells mit allzu exotischen Ausprägungen der Zufallsvariablen des Modells zu vermeiden. Erst wenn ein Modellierer über die Vielzahl der Simulationsläufe eine Konvergenz der Ergebnisse absieht, wird er mit der Interpretation der Simulationsergebnisse beginnen können (vgl. Kelton et al., 2007, S. 72 f.).

Die Simulationsergebnisse können sich auf einzelne Elemente oder Teilmengen des Prozessmodells oder aber auch auf das gesamte Simulationssystem beziehen. So können z. B. die Auslastung einer Teiltätigkeit einer Dienstleistung oder wartende Elemente bei einer Funktion untersucht werden. Wurde im Prozessmodell auch angegeben, welche organisatorische Einheit mit der Ausführung einer Funktion betraut ist (vgl. Scheer, 2001, S. 102 ff.), lässt sich hiermit etwa auf die voraussichtliche Auslastung z. B. eines Mitarbeiters schließen. Betrachtet man das Simulationsmodell insgesamt, sind für das Management typische Kennzahlen wie etwa die gesamte Service- oder Wartezeit zu berechnen. Gleichermaßen können Abschätzungen der zu erwartenden Kosten ermittelt werden, um diese ggf. als Soll-Werte zu deklarieren.

Bevor aber derartige Vorgaben gemacht werden, kann die Simulation des Prozessmodells wesentliche Erkenntnisse für Optimierungspotenziale liefern. So können z. B. unterschiedliche Organisationsformen durchgespielt werden, etwa eine stärkere Orientierung bzw. Spezialisierung an der Tätigkeit oder am Serviceobjekt (vgl. Reese, 1999, S. 728 ff.). Auch unterschiedliche Annahmen zum Abbau nicht-wertschöpfender Tätigkeiten oder zur Unterstützung durch Informations- und Kommunikationstechnologie können durchgespielt werden. Die Auswirkungen auf Doppelarbeiten, Nachbearbeitungen durch den Einsatz von z. B. Abstimmprozessen oder Kontrolltätigkeiten können so abgeschätzt werden, genauso wie die Veränderungen durch Automatisierung oder aktenarme bzw. schnellere Bearbeitung.

Insgesamt stellt die Simulation ein höchst nützliches Instrument für die Planung von Industriedienstleistungen dar. Bei der Simulation werden auch unterschiedliche Aggregationsebenen betrachtet. So kann die Dienstleistung für einen speziellen Kunden simuliert werden, um beispielsweise eine Plankalkulation auszuführen oder schlicht, um einem Kunden den Ablauf der Dienstleistung mit einer animierten Simulation zu verdeutlichen. Darüber hinaus kann die Simulation für die übergreifende Planung eingesetzt werden, um den gesamten Ressourceneinsatz zu koordinieren.

3 Prozessmodellierung bei der Durchführung, Steuerung und Kontrolle von Industriedienstleistungen

Nicht nur in der Planungsphase stellen Prozessmodelle eine geeignete Managementunterstützung von Industriedienstleistungen dar. Auch in den späteren Phasen eines Service-Lebenszyklus bestehen vielfältige Einsatzgebiete. Zuerst ist die Tatsache zu nennen, dass ein Prozessmodell in Form eines konzeptionellen Modells eine wertvolle Hilfe bei der Entwicklung von die Services unterstützender Software bzw. Konfiguration von Standardsoftware darstellt. Das Prozessmodell fungiert dabei quasi als Kommunikationsmedium zwischen Fach- und IT-Abteilungen. Die so entstehenden operativen Anwendungen werden zur Durchführung und Steuerung der Dienstleistungen eingesetzt.

Aufgrund der Charakteristika von Industriedienstleistungen, insbesondere wegen der Varianz über Kunden und Zeit, sind klassische Architekturen derartiger Anwendungen wegen ihres hohen Rigiditätgrades wenig geeignet, eine gute Unterstützung der flexibel zu haltenden Abläufe zu liefern. Aus diesem Grund werden in der jüngeren Vergangenheit so genannte Serviceorientierte Architekturen diskutiert. Die Grundidee von Serviceorientierten Architekturen ist, dass eine Komplettanwendung aus Einzelservices flexibel zusammengesetzt werden kann, um so auf Veränderungen bei Kunden bzw. über die Zeit gesehen zu reagieren (vgl. Legner/Heutschi, 2007, S. 3-5).

Eine Kernfrage stellt dabei stets die Granularität eines Service dar, d. h., welchen Umfang soll ein Service erhalten, um über einen geringen Kommunikationsgrad eine abgeschlossene Leistung hervorbringen zu können? Zur Konstruktion derartiger Architekturen und zur Klärung dieser Frage haben sich Prozessmodelle etabliert. So findet man in den Vorgehensmodellen zur Entwicklung Serviceorientierter Architekturen durchgängig den Einsatz von Prozessmodellen (vgl. Thomas/Leyking/Dreifus, 2007, S. 37 ff.; vgl. auch Stein/Lauer/Ivanov, 2008). Beverungen/Knackstedt/Müller etwa setzen bei ihrer Methodik zur Entwicklung Serviceorientierter Architekturen Prozessmodelle zunächst in der „Vorbereitungsphase" ein, um den Analysegegenstand einzugrenzen, die „gegenwärtig ausführenden Unternehmenseinheiten", die verwendeten Anwendungssysteme und den aktuellen Automatisierungsgrad zu dokumentieren. Auch im zweiten Schritt der Service-Analyse, bei dem es um die Identifikation von Service-Kandidaten geht, stellen Prozessmodelle das zentrale Analyseinstrument dar (vgl. Beverungen/Knackstedt/Müller, 2008, S. 220 ff.). Ähnliches gilt für den anschließenden Übergang zur technischen Implementierung, bei der u. a. die Business Process Modeling Notation (BPMN) verwendet wird, die eng mit dem De-facto-Standard BPEL (Business Process Execution Language) verwandt ist (vgl. Dostal/Jeckle/Melzer/Zengler, 2005, S. 205 ff.).

Nicht zuletzt geben Prozessmodelle die Struktur für dispositive Anwendungen z. B. für das Performance Measurement – und damit für die Steuerung und Kontrolle – vor. So werden aus den serviceunterstützenden operativen Systemen Messdaten extrahiert, die den Erfüllungsgrad der Industriedienstleistungen in vielfältiger Hinsicht dokumentieren. Die so gewonnenen Daten stehen zum einen über das Operational Data Store (ODS) für kurzfristige Analysen und damit zur Steuerung der Prozesse zur Verfügung (vgl. Blicke/Heß/von den Driesch, 2009, S. 17 ff.). Zum anderen werden vielfältige analytische Anwendungen (z. B. Berichts- bzw. Kennzahlensysteme) basierend auf einem Data Warehouse verwendet (vgl. Kemper/Mehanna/Unger, 2004, S. 13 ff.).

4 Fazit

Die in diesem Beitrag propagierte erweiterte Prozessmodellierung verspricht vielfältige Nutzenaspekte für das Management von Industriedienstleistungen. Die diskutierte Referenzmodellierung sowie die erläuterte Simulation stellen wesentliche Planungshilfen dar. Während aus den Referenzmodellen, die den Erfahrungsschatz einer Domäne dokumentieren, maßgeschneiderte unternehmensspezifische Dienstleistungen konfiguriert werden können, dienen Simulationsmodelle primär der Wirtschaftlichkeitsrechnung geplanter Dienstleistungen. Die besprochenen Prozess-Fachkonzepte sind Basis für die Entwicklung Serviceorientierter Architekturen. So entwickelte Services werden dann zur Unterstützung der Industriedienstleistungen eingesetzt. Ebenso stellt die Prozessmodellierung die Basis für Performance Measurement dar, so dass der dispositive Faktor geeignete Informationen zur Steuerung und Kontrolle erhält.

Geht man davon aus, dass die erweiterte Prozessmodellierung sich – zumindest noch nicht vollständig – in der Unternehmenspraxis etabliert hat, besteht erhebliches Verbesserungspotenzial. Insbesondere wenn die genannten Charakteristika von Industriedienstleistungen voll zum Tragen kommen, ist die – zweifelsohne aufwändige – erweiterte Prozessmodellierung sinnvoll. Weitere Unterstützung kann die erweiterte Prozessmodellierung durch eine entsprechende Toolunterstützung erfahren. Während bereits geeignete Simulationssoftware existiert, besteht im Fall der Referenzmodellierung noch Entwicklungspotenzial. Da sich unter den vielfältig diskutierten Entwicklungsmethoden für Serviceorientierte Architekturen noch keine eindeutig konvergente Lösung herausgestellt hat, sind auch in diesem Bereich die Toolentwicklung und -erfahrung ausbaufähig.

Claudia Lemke/Roman Tuschinski/Dieter Jester/Bernd Pederzani

IT-Dienstleistungsmanagement
als Instrument zur Professionalisierung von IT-Organisationen

1 Einleitung 147

2 Herausforderungen und Entwicklungen von IT in Unternehmen 148
    2.1   Herausforderungen von IT-Organisationen 148
    2.2   Industrialisierung von IT-Organisationen 150

3 IT-Dienstleistungsmanagement: Ansatz und Elemente 153
    3.1   Ansatz und Abgrenzung 153
    3.2   IT-Services als Produkte der IT 155
    3.3   IT-Prozesse als Geschäftsprozesse der IT 160
    3.4   Organisatorischer Rahmen 164

4 Praktische Umsetzung des IT-Dienstleistungsmanagements – Ein Projektbeispiel 166
    4.1   Ausgangssituation und Zielsetzung 166
    4.2   Gewählte Vorgehensweise 167
    4.3   Realisierung und Ergebnisse 169
    4.4   Lessons Learned 173

5 Fazit und Ausblick 174

1 Einleitung

Seit mittlerweile über einem halben Jahrhundert setzen sich Unternehmen mit den Potenzialen der Informations- und Kommunikationstechnik (IT) zur Automatisierung und damit Rationalisierung und Produktivitätssteigerung ihrer betrieblichen Aufgabenbereiche auseinander. Der Funktion der betrieblichen IT, in ihrer Gesamtheit durch Software, Hardware und die Kommunikationsnetze repräsentiert (vgl. Brenner/Lemke, 2006, S. 981), kam traditionell eine unterstützende Rolle zu und sie wurde daher zu den sekundären wertschöpfenden Aktivitäten eines Unternehmens gezählt (vgl. Porter, 1985). Die zunehmende Durchdringung aller Aufgabenbereiche mit betrieblichen Informationssystemen im Unternehmen führte zu einer steigenden Komplexität der unternehmerischen Entscheidungsdimensionen für den strategischen und operativen Einsatz. Die Disziplin des Informationsmanagements als Teil der Unternehmensführung entwickelte eigenständige Ansätze, Konzepte und Modelle zur Lösung dieser neuen Managementfunktion im Unternehmen, indem sie zum Erkennen und Umsetzen der Potenziale der Informationstechnik in betriebliche Lösungen beiträgt (vgl. Brenner, 1994, S. 7). Neben der geschäftsunterstützenden Rolle der IT rückte zunehmend die „Enabler"-Rolle zur Reorganisation von Unternehmensprozessen und zur Etablierung neuer Geschäftslösungen in den Mittelpunkt der Betrachtung (vgl. Hammer/Champy, 2003; Österle, 1996).

Mitte der 90er Jahre forcierten die Technologien des Internets (vgl. Negroponte, 1995) bislang ungeahnte Visionen und Innovationen für den inner- und überbetrieblichen Einsatz von IT und deren Vernetzung von Geschäftsprozessen (vgl. Österle/Fleisch/Alt, 2000). Es entstand eine Reihe von Start-up-Unternehmen, die der so genannten New Economy zugeordnet wurden, in denen einige wenige Mitarbeiter in kurzer Zeit Unternehmenswerte wie etablierte Unternehmen der alten Welt erschufen. So repräsentierte Ende der 90er Jahre das Unternehmen Yahoo! einen Unternehmenswert, der dem eines traditionellen Industrieunternehmens wie Boing entsprach, wobei Yahoo! jedoch nur einen Bruchteil der Boing-Umsätze erwirtschaftete (vgl. Schubert, 2000, S. 191 f.). Der aktuelle Branchenprimus Google übernahm vor zwei Jahren die Videoplattform YouTube für 1,65 Mrd. USD mit gerade einmal 60 Mitarbeitern, die damit einen Marktwert von 27,5 Mio. USD pro Mitarbeiter darstellten (vgl. Carr, 2008, S. 129 f.).

Trotz des börsengetriebenen Zusammenbruchs der Erwartungen und Fantasien in diese New Economy am Ende des letzten Jahrtausends bestehen die veränderten ökonomischen und technologischen Zusammenhänge weiter und finden ihre Abbildung in etablierten Lösungen des E-Business und E-Commerce (vgl. Zerdick/Picot/Schrape, 2001). Die Aufgaben und Funktionen der betrieblichen IT haben sich nachhaltig geändert. Zum einen wandelt sich zunehmend die Rolle der IT zu einer primären wertschöpfenden Aktivität für die Generierung von Produkten und Dienstleistungen; bei Internet-Unternehmen wird der Einsatz von IT zur wesentlichsten Kernkompetenz.

Zum anderen werden die Konzepte und Modelle zum Management der inner- und zwischenbetrieblichen IT-Aufgaben immer stärker unter dem Einfluss der klassischen Ansätze des Dienstleistungsmanagements weiterentwickelt. Konzepte wie „Industrialisierung der IT" (vgl. Walter/Böhmann/ Krcmar, 2007) oder „Integriertes Informationsmanagement" (vgl. Zarnekow/Brenner/Pilgram, 2005) entstehen, die die IT-Funktion eines Unternehmens als Set standardisierbarer und kundenorientierter Leistungsbündel verstehen, die im Zusammenspiel marktlicher Koordination zwischen IT-Anwender (Fachseite) und IT-Produzent (IT-Organisation) den gesamten Lebenszyklus von Technologien zur Abbildung von Geschäftsprozessen betrachten. Die unternehmerischen Entscheidungen über die bewusste und strategisch gezielte Nutzung von IT werden damit in Zukunft über den Erfolg oder Misserfolg ihrer Geschäftsmodelle entscheiden (vgl. Kagermann/Österle, 2007).

Dieser Beitrag betrachtet die Entwicklungen unter dem Begriff des IT-Dienstleistungsmanagements. Zu Beginn werden die einzelnen unternehmerischen Herausforderungen einer zeitgemäßen betrieblichen IT-Abbildung beleuchtet sowie die Eckpunkte des Ansatzes der Industrialisierung der IT dargestellt. Danach werden die einzelnen Elemente eines IT-Dienstleistungsmanagements im Detail vorgestellt, ehe das folgende Kapitel an einem Projektbeispiel die praktische Umsetzung skizziert. Eine Zusammenfassung beschließt diesen Beitrag.

2 Herausforderungen und Entwicklungen von IT in Unternehmen

2.1 Herausforderungen von IT-Organisationen

In Industrie und Dienstleistungsunternehmen ist das beständige Streben nach Performancesteigerung bei gleichzeitiger Kosten- und Zeitoptimierung ein wesentliches Handlungselement strategischer und operativer Entscheidungen geworden. Operational bzw. Service Excellence als ganzheitlicher Managementansatz und als Toolset ermöglichen diese Bestrebungen, indem sie vor allem qualitative, teamorientierte und kundenfokussierte Ansätze zur nachhaltigen Verbesserung aller Abläufe und Strukturen eines Unternehmens vereinen und damit zur Differenzierung gegenüber dem Wettbewerb beitragen können (vgl. Gouthier/Coenen/Schulze/Wegmenn, 2007).

Dieser Ansatz, der in der Industrie beispielsweise durch die japanische Autoindustrie erfolgreich vorgelebt wurde, findet erst seit einiger Zeit Einlass in das Informationsmanagement bzw. die Unternehmens-IT. Hierfür sind eine Reihe von wechselseitigen Herausforderungen an die IT verantwortlich (vgl. Abbildung 1).

IT-Dienstleistungsmanagement

Abbildung 1: Zusammenfassung der wesentlichen Herausforderungen für die IT in Unternehmen

Wesentliche externe Herausforderungen	
Hohe technologische Entwicklungsgeschwindigkeit	• erhöhte technologische und organisatorische Komplexität • hoher IT-Durchdringungsgrad für die Unternehmensprozesse • **unternehmerische Abhängigkeit gegenüber IT steigt**
Steigender Wettbewerbsdruck	• verkürzte Innovations- undTtime-to-Market-Zyklen • Verringerung der Markteintrittsbarrieren, Verstärkung zur Marktverdrängung • **unternehmerische Reaktionsgeschwindigkeit kann nur durch IT erhöht werden**
Verstärkung von Kundenmärkten	• Verbesserung des Zugangs zu Informationen mit gleichzeitiger • Forderung nach umfassenderen Informationen • Wunsch nach Zusatzservices und stärkeren individuellen Lösungen • **umfassende Kundenorientierung erfordert ganzheitliche IT-Lösungen**
Zunahme der Globalisierung	• Zunahme der Überlegungen zur Standortverlagerung unter verstärkter Nutzung marktlicher Organisationsformen • Zunahme der Komplexität von gesetzlichen Vorgaben und Richtlinien • **globale Koordination gelingt nur mit vernetzten IT-Lösungen**

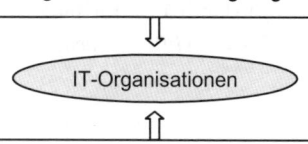

⇩

(IT-Organisationen)

⇧

Wesentliche interne Herausforderungen	
Unzureichende strategische Betrachtung der IT	• einseitig kostenorientierte Betrachtung von IT-Entscheidungen • geringe Wertorientierung der IT • unzureichende Zukunftsfähigkeit von IT-Lösungen • **überproportionales Maß an IT-Fehlentscheidungen**
Unzureichende aufbau-organisatorische Positionierung der IT	• technologielastige Führung und Strukturierung von IT-Abteilungen • geringe Managementaffinität, unpassende Weisungs- und Entscheidungswege • nicht kundenorientierte Abwicklung und Serviceerbringung • Dissonanz zwischen Kundenwünschen und deren Erfüllung durch die IT • **hohes Maß an organisatorischen Problemen in der Zusammenarbeit zwischen Fachseite und IT**

Diese im Überblick dargestellten Herausforderungen zeigen als grundlegende Wirkung eine stetig zunehmende Bedeutung der Unternehmens-IT. Umso wichtiger ist es für den Unternehmenserfolg, unabhängig vom jeweiligen Produkt- oder Dienstleistungsportfolio, sowohl optimierte IT-Lösungen zu einem verbindlichen Kosten-Nutzen-Verhältnis einzusetzen als auch bewusst IT-Innovationen zur Erzielung von Wettbewerbsvorteilen zu nutzen. Dies setzt vor allem ein abgestimmtes Informationsmanagement im Unternehmen voraus.

Zeigte sich über lange Zeit als unmittelbare Reaktion auf solche Herausforderungen ein stetig steigendes IT-Budget, so ist mittlerweile die Überzeugung entstanden, dass die adäquate Ausrichtung der Strukturen und Abläufe der IT im Unternehmen einzig nachhaltige Effekte erzielen kann. Verstärkt wurde diese Einsicht durch die Beobachtung, dass diese überproportional gestiegenen IT-Ausgaben nicht zwangläufig zu einer erhöhten IT-Effizienz und IT-Effektivität führten. Die Forderung zur Reorganisation der IT sollte damit das unternehmerische Risiko hoher IT-Abhängigkeit unter hohem Marktdruck bei gleichzeitig nicht befriedigender Erfüllung fachlicher Bedürfnisse an die betrieblichen Anwendungssysteme reduzieren. Umfassende IT-Kostensenkungsprogramme zwingen seitdem die IT-Bereiche der Unternehmen zur bewussten Auseinandersetzung mit ihren Aufgaben und Strukturen. Die IT-Leistungen, als Set bestehend aus den jeweiligen Anwendungssystemen mit ihren Supportfunktionen, sollten gleichzeitig gesteigert und damit in ihrer fachlichen Erfüllung optimiert werden. Mit anderen Worten: *Die IT eines Unternehmens wird professionalisiert in Richtung Service Excellence.*

Die *IT-Organisation* eines Unternehmens kann hierbei als ein strukturelles Gebilde von internen IT-Abteilungen und gegebenenfalls ausgegliederten, jedoch bilanziell verbundenen IT-Gesellschaften eines Konzerns verstanden werden, die um die jeweiligen fachlichen Ansprechpartner oder Koordinatoren in den Fachbereichen des Unternehmens ergänzt werden. Diese IT-Organisationen gestalten und koordinieren den gesamten Entstehungs- und Produktionszyklus der IT-Leistungen. Dafür müssen sie ihre Aufgaben, Strukturen und Abläufe systematisieren, standardisieren und optimieren, um bei geringeren Kosten ein verbessertes IT-Leistungsprogramm anzubieten und damit zur Transparenzsteigerung und Komplexitätsreduktion der Anwendungslandschaft beizutragen und im Ergebnis die Zufriedenheit der Anwender der IT zu erhöhen.

2.2 Industrialisierung von IT-Organisationen

Die wissenschaftliche Antwort auf diese unternehmerischen Forderungen ist wie bereits oben erwähnt seit einiger Zeit unter dem Schlagwort der „Industrialisierung" zu beobachten. Allgemein wird darunter die Anwendung der industriellen Produktions- und Managementprinzipen verstanden, wie sie zur Durchsetzung wirtschaftlichen

Handelns seit der industriellen Revolution entwickelt worden sind (vgl. Walter et al., 2007, S. 6 f.). Diese Ansätze werden durch die Erkenntnisse aus dem Dienstleistungsmanagement erweitert, so dass mittlerweile eine eigenständige Forschungsdisziplin unter den Begrifflichkeiten des „Service Engineering" (vgl. Bullinger/Scheer, 2003) oder des „Service Science" (vgl. Stauss/Engelmann/Kremer/Luhn, 2007) besteht unter Bezug spezifischer IT-Fragestellungen. Nach dieser Systematik umfasst das Konzept des Service Science auch für die IT-Industrialisierung relevante Merkmale (vgl. Buhl/Heinrich/Henneberger/Krammer, 2008, S. 60 f.):

- Entwicklung von Services unter Nutzung geeigneter Methoden und formaler Modelle,

- Strukturierung von Services als Endprodukt unter Bezugnahme von ServicE-Systemen als Kombination von Personen, Organisationen, Technologien und Informationen und

- interdisziplinäre Anwendung von Konzepten aus den Fachdisziplinen der Informatik, Betriebswirtschaftslehre, Ingenieurwissenschaften und Teilen der Soziologie und Rechtswissenschaften.

Im Kern prägt dieser Paradigmenwechsel die Weiterentwicklung in Richtung eines industriellen Informationsmanagements und umfasst die nachfolgenden Dimensionen (in Anlehnung an die Systematik von Walter et al., 2007):

- IT-Produkt als standardisierbares Leistungsbündel von Sach- und Dienstleistungen über den gesamten Lebenszyklus,

- IT-Produktion in Form aller IT-Leistungserstellungsprozesse inkl. der Beschaffung, des Absatzes sowie des Kundenservice und der damit verbundenen Managementprozesse,

- Preis des IT-Produktes: Ausrichtung der Preisbestimmung von IT-Leistungen an den Produktionskosten im Sinne einer definierten Mischkalkulation aller beteiligten IT-Komponenten,

- IT-Personal als die Organisationseinheiten, die den gesamten Produktionsprozess mit ihren jeweiligen Aufgaben, Kompetenzen und Verantwortlichkeiten begleiten und verantworten, sowie

- IT-Partner als die vertraglich gebundenen Leistungserbringer und/oder Leistungsauftraggeber für Teile oder den gesamten Produktionsprozess aller oder ausgewählter IT-Produkte.

Sowohl der interdisziplinäre Ansatz als auch die Sicht als angewandte Forschung zeigen die begriffliche Verwandtschaft zum Service Science oder Service Engineering. Überaus deutlich wird zudem, dass die IT-Leistungen als IT-Produkte oder IT-Services und damit die Produktion und das Management dieser Services (vgl. Zarnekow, 2004) im Mittelpunkt der Konzepte zur IT-Industrialisierung stehen.

Des Weiteren betrachten diese Konzepte den Lebenszyklusgedanken der Produkte oder Services. Die bisherige traditionelle Wertschöpfung von IT-Leistungen konzentrierte sich vorrangig auf projektorientierte Vorgehensweisen (vgl. Zarnekow, 2004, S. 41 ff.). Bei diesen steht die Erstellung von betrieblichen Anwendungssystemen im Fokus der aufbau- und ablauforganisatorischen Strukturierungen der IT. Alle Aufgabenfelder in den Bereichen von der Konzeption, über die Implementierung bis zum Betrieb der Anwendungssysteme einschließlich der Bereitstellung der notwendigen IT-Infrastruktur (IT-Produktion) prägen das Führungsverhalten und die Karrierepfade eines IT-Managers und der einzelnen IT-Mitarbeiter.

In der IT-Industrialisierung tritt an diese Stelle die Betrachtung einer integrativen und ganzheitlichen IT-Leistungserstellung. Vor allem die betriebswirtschaftlichen Erkenntnisse aus dem Management von Produkten über ihren gesamten Lebenszyklus (vgl. Höft, 1992, S. 16 ff.) erweitern und erneuern die bisherigen Arbeitsweisen zur Konzeption und Einführung von IT im Unternehmen. Die gesamten Planungs-, Steuerungs- und Kontrollaufgaben einer IT-Organisation zum Management des *IT-Lebenszyklus* müssen neu ausgerichtet werden, indem sie eine IT-Leistung von der planerischen Entstehung, über die Kalkulation, Konzeption und Einführung bis zum Betrieb und dem geplanten Ablösen betrachten.

Auf eine IT-Organisation übertragen, bedeutet IT-Industrialisierung die Anwendung der anerkannten und erprobten Ansätze, Konzepte und Modelle der Wirtschaftswissenschaften auf einen bislang technikorientierten Unternehmensbereich, der damit seine bisherige vermeintliche Sonderstellung im Unternehmen aufgeben kann und muss. Damit führen diese Prinzipien in der Praxis dazu, dass IT-Organisationen zunehmend als IT-Dienstleister betrachtet werden. Die professionelle Gestaltung des IT-Produkt-Portfolios und die effiziente und effektive Koordination der Produktionsprozesse nach Industriestandards und -normen stehen im Mittelpunkt der Managementbewertung durch das Unternehmen.

Dieser Paradigmenwechsel umfasst im Übrigen auch die ausschließlich am Markt tätigen IT-Dienstleistungsunternehmen. Auch für diese Unternehmen stehen Standardisierung, Spezialisierung und Dienstleistungsorientierung im Vordergrund ihrer Weiterentwicklung. Der nach wie vor hohe Marktdruck in dieser Branche hat aber gerade diese Segmente weitaus früher zur Entwicklung industriell geprägter Beschaffungs-, Produktions- und Absatzprogramme gezwungen, als es bisher in den IT-Organisationen von Unternehmen notwendig war. Die Konzentration dieses Beitrags liegt auf den hierarchisch agierenden IT-Organisationen; die Marktmechanismen werden nicht schwerpunktmäßig diskutiert.

Zusätzlich sei auf eine aktuelle Entwicklung im Umfeld der Industrialisierung der IT hingewiesen. Während die komplette Durchsetzung dieser aufgeführten Dimensionen in vielen Unternehmen noch die nächsten Jahre andauern wird, zeigen die Diskussionen um die Thematik des „Cloud Computing" bereits eine mögliche dauerhafte Auswirkung dieser Betrachtung. Cloud Computing versteht sich hierbei als ein standardisiertes Leistungsbündel von Hard- und Software- sowie Netzwerkkomponenten, das für eine Vielzahl von Kunden individuell genutzt und abgerechnet werden kann, indem das Internet als Speicher,- Kommunikations- und Übertragungsmedium (Cloud) genutzt wird (vgl. Herrmann, 2008). Nicholas Carr bedient sich zur Beschreibung der Potenziale des Cloud Computings des Vergleichs mit der Entwicklung der Elektrizität (vgl. Carr, 2008). Während zu Beginn Unternehmen zur Erzeugung von Elektrizität als produktionsunterstützende Funktion (im Vergleich: IT als Unterstützer von Geschäftsprozessen) eigene Generatoren betreiben (im Vergleich: eigenständige IT-Abteilung), um die Risiken eines Ausfalls kalkulierbar zu gestalten, entwickelten sich mit zunehmender Abhängigkeit von Elektrizität für alle Unternehmensbereiche (im Vergleich: IT realisiert und betreibt die Geschäftsprozesse) auch industriell gestaltete Produktionsprozesse für diese Elektrizität (im Vergleich: IT als Dienstleister). Im Ergebnis entstanden eigenständig betriebene Kraftwerke einschließlich der darauf spezialisierten Unternehmen, die für eine Vielzahl von Kunden standardisierbare und am Markt vergleichbare Stromprodukte anbieten. Diese Entwicklung postuliert auch das Cloud Computing, indem es einen weiteren IT-Dienstleister-Bereich beschreibt, der in seinen Rechenzentren extrem hohe IT-Infrastruktur-Kapazitäten zur Verfügung stellen kann, um damit unterschiedlichen Kunden skalierbare Anwendungen einschließlich der Speicherkapazitäten anzubieten. In relativ kurzer Zeit können demnach unterschiedliche Anwendungen in Unternehmen eingeführt werden, ohne die hohen Eigeninvestitionen in Hard- und Systemsoftware zu realisieren. Nach Carr bedeutet die Durchsetzung dieser Gedanken das Ende einer unternehmenseigenen IT-Organisation – diese Leistungen können für Geschäftsprozesse und durch jeden einzelnen Mitarbeiter direkt über die „Wolke" bezogen werden (vgl. Carr, 2008, S. 118). Themen wie Datenschutz und -sicherheit, Technologiemanagement sowie Innovationsfähigkeit durch IT gewinnen vor dem Hintergrund dieser Betrachtungen einen völlig neuen Stellenwert im Unternehmen.

3 IT-Dienstleistungsmanagement: Ansatz und Elemente

3.1 Ansatz und Abgrenzung

Allgemein umfasst das Dienstleistungsmanagement die Planung, Durchführung und Kontrolle von Maßnahmen zur Erstellung von Dienstleistungen sowie zur Sicherstellung dienstleistungsorientierten Verhaltens (vgl. Haller, 2005). In Kombination mit den Erkenntnissen eines industriellen Informationsmanagements kann damit eine Ausprägung des Begriffs IT-Dienstleistungsmanagement bestimmt werden. IT-Dienstleistungsmanagement kann charakterisiert werden durch alle Aufgaben und Prozesse zur Planung, Durchführung und Kontrolle für die Erstellung und Produktion von IT-Services unter Nutzung von Technologien und Informationen und unter Zuhilfenahme von personellen Ressourcen. Es ermöglicht die Entwicklung, Sicherstellung und Optimierung einer dienstleistungsorientierten IT-Organisation.

In der Praxis hat sich in diesem Kontext seit einigen Jahren der Ansatz des IT-Service-Managements entwickelt, der seine primäre Abbildung in einer Best-Practice-Beschreibung findet, die als De-facto-Standard mittlerweile eine weltweite Gültigkeit erlangt hat. Es handelt sich hierbei um die IT Infrastructure Library (ITIL), die 2007 in ihrer 3. Version von britischen Office of Government Commerce publiziert wurde. Nach ITIL V3 umfasst das *IT-Service-Management* die Gesamtheit der Organisationsprinzipien, die über die Bereitstellung von IT-Services zur Wertschöpfung des Kunden beitragen (vgl. OGC, 2007, S. 15 ff.). Auch hier stehen die Services im Mittelpunkt der Betrachtung; die konsequente Ausrichtung der IT-Aufgaben und -Strukturen an den Kundenbedürfnissen im Sinne einer adäquaten Unterstützung der Geschäftsprozesse erweitern damit die bisherige Begriffsbestimmung des IT-Dienstleistungsmanagements.

Als Zusammenfassung der bisherigen Erkenntnisse kann demnach *IT-Dienstleistungsmanagement* als *ganzheitlicher organisatorischer Ansatz* verstanden werden, der auf Basis von *IT-Services* die Ausgestaltung der *IT-Leistungsprozesse* bestimmt und den *Kunden der IT-Services* ein standardisiertes, preisverbindliches und vertragliches Angebot an IT-Leistungen für ihre Geschäftsprozesse garantiert und damit für den Kunden einen Wertbeitrag liefert (vgl. Lemke, 2008, S. 14).

Damit prägen das IT-Dienstleistungsmanagement drei wesentliche Elemente (vgl. Abbildung 2):

- IT-Services sind der Gegenstand des IT-Dienstleistungsmanagements und dienen über deren Bereitstellung der kundenindividuellen Unterstützung seiner Wertschöpfung (*IT-Service-Modelle*).

- IT-Prozesse umfassen die gesamte Leistungserstellung der IT-Services (*IT-Prozess-Modelle*).

- Zur Sicherstellung einer prozessorientierten Serviceerstellung und -erbringung sind unterstützende Managementmaßnahmen notwendig (*Organisations-Modelle*).

Abbildung 2: Elemente des IT-Dienstleistungsmanagements und deren wesentliche Inhalte

Elemente des IT-Dienstleistungsmanagements

IT-Service-Modelle:
- Kundenanforderungen an IT-Services
- Servicewertschöpfung und Innovation
- Definition, Systematisierung und Modularisierung
- Preis- und Verrechnungsmodelle für IT-Services

IT-Prozess-Modelle:
- Leistungserstellungsprozesse von IT-Services
- Leistungsunterstützungsprozesse von IT-Services
- Leistungsüberwachung
- Standardisierung und Referenzprozessmodelle, Reifegradmodelle
- Kundenbindungsprogramme

Organisations-Modelle:
- Aufbau- und ablauforganisatorische Implementierung
- Permanente Weiterentwicklung und Optimierung
- Unternehmenswerte und -kultur
- Benchmarking

Die einzelnen Elemente werden in den folgenden Kapiteln im Detail dargestellt.

Die Zielsetzung eines IT-Dienstleistungsmanagements ist die zielgerichtete, kundenindividuelle und kostenoptimierte Überwachung und Steuerung der qualitativen und quantitativen Aspekte der gesamten IT-Services eines Unternehmens. Gemäß den Spezifika von Dienstleistungen liegen die besonderen Herausforderungen auch im IT-Dienstleistungsmanagement in der immateriellen Eigenschaft der IT-Services, dem spezifischen Zeitpunkt zur Erstellung und zum Verbrauch von IT-Services sowie in der hohen Kundenbeteiligung (vgl. Kopperger/Kunsmann/Weisbecker, 2006, S. 118 f.).

3.2   IT-Services als Produkte der IT

ITIL V3 sieht einen IT-Service als *ein Set von IT-Leistungen*, das durch eine *organisatorische Einheit*, den IT-Service-Provider, den Kunden zur Verfügung gestellt wird und damit für deren Geschäftsprozesse einen Wert erzeugt. IT-Services nutzen *Personen, Prozesse und Technologien* und werden über *vertragliche Vereinbarungen* (Service Level Agreements: SLAs) definiert; die Kunden oder Konsumenten der IT-Services tragen nicht die Kosten- und Risikoverantwortung für diese Services (vgl. OGC, 2007, S. 11

ff.). Diese Verantwortung liegt beim IT-Service-Provider, der durch eine zentrale, mehrere dezentrale IT-Organisationen oder einen externen IT-Dienstleister repräsentiert werden kann (vgl. OGC, 2007, S. 41 ff.). und auch als Servicegeber oder Leistungserbringer bezeichnet werden kann. Dementsprechend ist der Kunde als Nachfrager der IT-Services der Servicenehmer oder Leistungsabnehmer.

Die oberste Maxime bei der Konzeption von IT-Services nach ITIL V3 ist der signifikante Wertbeitrag, den diese zur Unterstützung der Geschäftsprozesse des Kunden leisten. Zugleich unterliegt die Herstellung der IT-Services selbst einem Transformationsprozess, der durch die verschiedenen *Produktionsmittel zur Erzeugung der Services* ersichtlich wird. Die jeweilige Kombination dieser IT-Produktionsfaktoren für die Transformation dieser zu IT-Services muss damit genau auf die Bedürfnisse des Kunden ausgerichtet sein, um den geforderten Wertbeitrag bieten zu können. In Anlehnung an Zarnekow et al (2005, S. 5 f.) gehören hierzu:

- Applikationen: Anwendungsprogramme als fachliches Funktionalitätsset zur Produktion der Leistung,

- Daten: Datenspeicher zur Speicherung und Bereitstellung aller Daten für die Leistung,

- Infrastruktur: Betriebshardware in Form von Servern sowie deren Betriebs- und Verwaltungssoftware zur Ausführung aller informationstechnischen Transaktionen und zur Steuerung des Produktionsprozesses der Leistung, physikalische Netze mit deren Übertragungsprotokollen (Wide Area Networks und Local Area Networks) zum Transport der Daten und zur Kommunikation und Arbeitsplatzsysteme als Instrument zur Ein- und Ausgabe, Speicherung und Verarbeitung von Daten und Informationen und

- Personen: interne/externe IT-Mitarbeiter sowie marktliche Organisationsformen wie eigenständige Dienstleister als Servicelieferanten (Details siehe OGC, 2007, S. 51).

Die *Konzeption und Systematisierung von IT-Services* ist daher die erste und zugleich schwierigste Aufgabe im IT-Dienstleistungsmanagement. Einer der Gründe findet sich in der wechselseitigen Beteiligung von IT-Organisation und Kunde. Die Erstellung der IT-Services (und später deren Produktion) unterliegt der aktiven Mitarbeit menschlicher Ressourcen wie IT-Mitarbeitern oder externen IT-Partnern; an der Verabschiedung und Konsumtion der Services ist der Kunde selbst wesentlich beteiligt (Interaktivität). Diese beiden Stakeholdergruppen weisen jedoch unterschiedliche Interessenschwerpunkte auf und verbinden verschiedene Zieldimensionen mit diesen Services. Um eine abgestimmte Kommunikation und ein kundenorientiertes Serviceportfolio zu gestalten, hat es sich bewährt, die *Geschäftsprozesse des Kunden als Ausgangspunkt* für die sprachliche Bestimmung und den informationstechnischen Zuschnitt des Service zu verwenden. Zur Gewährleistung einer IT-orientierten Perspektive, die zudem notwendig ist, um die jeweiligen Leistungsprozesse optimiert betreiben zu können, werden die Services in einer Hierarchie modular strukturiert (vgl. Rudolph/Böhmann/Krcmar, 2008, S. 654 f.) (vgl. Abbildung 3).

Die IT-Services stellen damit die Endprodukte einer IT-Organisation dar, die über einen Preis repräsentiert werden. Alle Ebenen unterliegen der Logik einer *Spezialisierung, Modularisierung und einer „losen Kopplung"* (vgl. OGC, 2007, S. 21 ff.). Das Ziel dieser Gestaltungsparameter ist die kundenindividuelle Differenzierung und Auswahl von IT-Services. Da die IT-Unterstützung für einen Geschäftsprozess in aller Regel verschiedene Aspekte umfasst und zudem noch kundenspezifisch variieren kann, müssen IT-Services diese notwendige Variantenvielfalt abdecken können. Die Spezialisierung und modulare Betrachtung von Service-Komponenten sind hierfür die zwingenden Voraussetzungen, die nach dem Prinzip einer funktionalen Zusammengehörigkeit zu Service-Modulen zusammengefasst werden. Das dritte Gestaltungsprinzip der losen Kopplung befähigt in der Servicegestaltung zur Zusammenfassung von IT-Komponenten mit einer starken Abhängigkeit untereinander, so dass im Ergebnis zwischen den verschiedenen IT-Servcies nur schwache Abhängigkeiten und damit überschaubare technische und manuelle Schnittstellen bestehen (vgl. Böhmann/ Krcmar, 2005, S. 50 f.). Dies garantiert, dass die Service-Module zu verschiedenen IT-Services kombiniert werden können, die unterschiedliche Kundengruppen oder Geschäftsprozesse mit ähnlichen Anforderungen nutzen. Die Service-Elemente entsprechen aus der Perspektive der IT der elementaren Gestaltungsebene der Servicebildung und vereinen klar voneinander abgrenzbare hard- und software- sowie netzwerktechnische und menschliche Ressourcen, einschließlich der damit verbundenen Aktivitäten.

In Anlehnung an das skizzierte Beispiel der Abbildung 3, das einen Ausschnitt für eine mögliche Servicestruktur zeigt, können diese Prinzipien veranschaulicht werden. Unter anderem nutzt der Geschäftsprozess „Rechnungsprüfung" den IT-Service „Finanzbuchhaltung", um eine Kreditorenrechnung prüfen, buchen und zur Begleichung anweisen zu können. Dafür benötigt er unter anderem den Zugriff auf zentrale Dokumente wie Lieferschein oder Bestellung. Auch ein Finanzbuchhalter benötigt z. B. für den Geschäftsprozess „Monatsabschluss" die Finanzbuchhaltung als IT-Service, des Weiteren sind Zugriffe beispielsweise auf eine Warenbewirtschaftung für die Bestandsführung oder das Vertriebssystem für Umsatzzahlen notwendig. Im Kern nutzen beide Geschäftsprozesse modulare und notwendigerweise standardisierte Service-Komponenten, die je nach Kundenanforderung stets aus einer spezifischen Einheit von Technologien, Personen und Prozessen in Form der Service-Module und Service-Elemente kombiniert werden.

Abbildung 3: Systematik zur Erstellung von IT-Services (in Anlehnung an Rudolph et al., 2008, S. 655) am vereinfachten Beispiel der Rechnungsprüfung

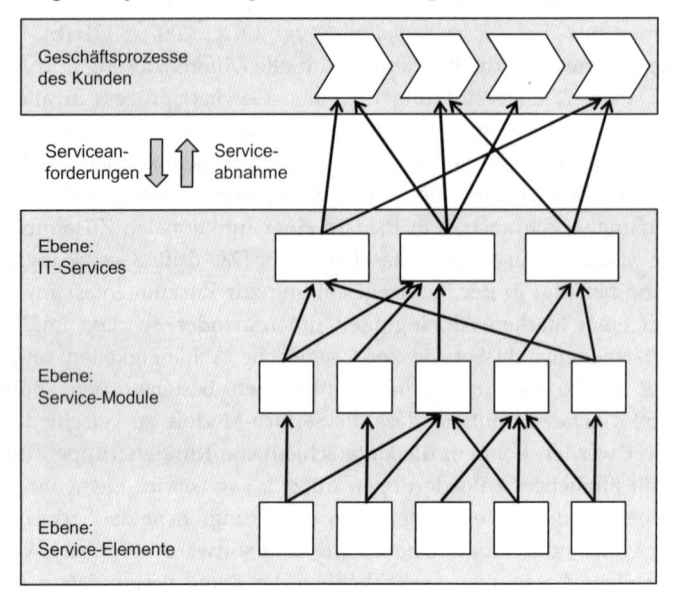

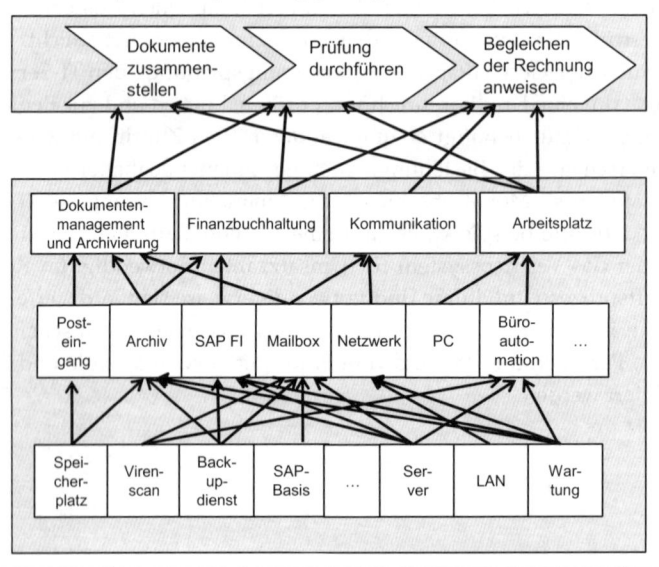

Die *Gestaltungsfunktion des Preises* für einen IT-Service umfasst mehrere Dimensionen. An erster Stelle zwingt es die IT-Organisation zur Auseinandersetzung mit ihren IT-Kosten. Gemeint ist damit nicht die bisher praktizierte Kostenstellenverantwortlichkeit mit ihren Aufgaben, sondern vielmehr die verursachungsgerechte Zuordnung und Verrechnung der entstandenen Kosten auf die einzelnen Service-Komponenten. Die herkömmliche IT-Kostenstellensystematik verfolgt nicht dieses Prinzip, sondern richtet sich in aller Regel nach dem Kontenplan des Unternehmens und der Abteilungsstruktur der IT-Organisation. Modulare, voneinander unabhängige Service-Komponenten sind jedoch in aller Regel „abteilungsübergreifend" und verursachen bei verschiedenen Nutzergruppen anteilige Kostenverbräuche. Eine serviceorientierte Kostenstrukturierung als Voraussetzung der Preisbildung bedeutet damit die Darstellung aller bestehenden Service-Elemente mit ihren Kostenbestandteilen, Mengen- und Leistungstreibern als Basis einer definierten Verrechnung auf die Service-Module. Diese Logik der Kostenermittlung und -verrechnung umfasst damit alle Service-Ebenen bis zu den eigentlichen IT-Services.

Die zweite Dimension betrachtet daher die Preisbestimmung als ein Ergebnis, das prinzipiell durch eine „Erzeugniskalkulation" auf Basis der Herstell- bzw. Produktionskosten erzeugt wird. Definierte Abnahmemengen, Qualitätskriterien und die Wahlmöglichkeiten in der konkreten Ausprägung bestimmen die Kriterien bzw. Margen zur konkreten Preisfestsetzung ebenso wie eventuelle unternehmenspolitische Zielsetzungen, beispielsweise die Durchsetzung einer einheitlichen Desktop-Ausstattung.

Eine weitere Dimension der Preisbildung fokussiert weniger auf die marktlichen Preisfunktionen, sondern zielt vielmehr auf die interne Steuerungsfunktion für eine transparente Darstellung der finanzwirtschaftlichen Zusammenhänge der IT-Organisation. Diese erhält konkrete Ansatzpunkte zur Optimierung ihrer Leistungen aufgrund klarer Kostenzuordnung und -verrechnung und kann damit signifikant zur Kostenreduzierung beitragen. Die Fachseiten eines Unternehmens können verbindlich ihre IT-Kosten kalkulieren und ihren Verbrauch bewusst steuern.

Ein weiteres Instrument, das sehr eng mit der Preisgestaltung von IT-Services verbunden ist, sind die so genannten *Service Level*, die in Form von Kennzahlen die Überwachung und Einhaltung der vereinbarten IT-Services gewährleisten und die Basis einer vertraglichen Ausgestaltung (SLA) zwischen Kunde und IT-Organisation darstellen (vgl. OGC, 2007, S. 309). Entsprechend der definierten kundenindividuellen Serviceausgestaltung sind damit auch die Service Level kundenspezifisch ausgeprägt. So ist die Verfügbarkeit und Ausfallsicherheit für den IT-Service „Finanzbuchhaltung" für den Geschäftsprozess „Monatsabschluss" prinzipiell höher zu bewerten als im Vergleich zur Rechnungsprüfung, bei der spezifische Konditionen zeitliche Verzögerungen in der Durchführung und damit IT-Service-Nutzung erlauben. Die technologische Gewährleistung des Services muss sich nach dem geforderten hohen Grad richten; der Geschäftsprozess „Rechnungsprüfung" darf indes nicht mit dem dadurch entstehenden erhöhten Kostenverbrauch belastet werden.

Der *IT-ServicE-Katalog* bildet das zentrale Ergebnisdokument der Service-Modelle im IT-Dienstleistungsmanagement. Ein ServicE-Katalog muss beide Seiten bedienen, indem er für die Kunden die Gesamtheit der IT-Services mit ihren inhaltlichen, monetären und organisatorischen Bestandteilen beschreibt (Business Service Catalogue). Für die IT-Organisation liefert er, IT-intern veröffentlicht, die hierarchische Gesamtheit aller Service-Komponenten und sollte auch der gleichen Beschreibungslogik folgen (Technical Service Catalogue) (vgl. OGC, 2007, S. 62 f.). Der ServicE-Katalog ist Teil des Service-Portfolios der IT-Organisation, das darüber hinaus strategische Überlegungen und Maßnahmen wie z. B. die Segmentierung und Bewertung von IT-Kunden, Maßnahmen zur Serviceinnovation oder Aktionen zur kontinuierlichen Verbesserung enthalten sollte (vgl. OGC, 2007, S. 73 ff.).

3.3 IT-Prozesse als Geschäftsprozesse der IT

Ebenso wie sich die Erkenntnis einer produkt-(service-)orientierten IT-Organisation durchgesetzt hat, besteht seit einiger Zeit ein starker ablauforganisatorischer Gestaltungsaspekt zur Professionalisierung der IT. Daher verwundert es nicht, dass mittlerweile eine Reihe von Referenzmodellen am Markt besteht. Auch hier wird vielfach ITIL V3 als De-facto-Standard benutzt, nach dem sich mittlerweile Zertifizierungs- und Normungsgremien richten. So basiert u. a. die aktuelle Zertifizierung ISO/IEC 2000 auf dem Prozessmodell von ITIL V3. Andere Prozessmodelle wie z. B. COBIT (Control Objectives for Information and Related Technologies), die primär die Steuerung der gesamten IT anhand von Kennzahlen in den Vordergrund stellen, oder CMMI (Capability Maturity Model Integration) als Rahmenwerk für die IT-Entwicklung, orientieren sich am ITIL-Standard. Herstellerspezifische Standards wie z. B. von IBM, Microsoft oder HP können eher als Derivate von ITIL mit seinen Versionen verstanden werden.

Allen gemeinsam ist eine prozessorientierte Strukturierung der IT-Organisation. Analog zur Systematik aus dem Geschäftsprozessmanagement, die Wertschöpfung eines Unternehmens anhand der dafür benötigten Geschäftsprozesse zu bestimmen und zu sichern, werden die relevanten Abläufe zur Erstellung, Implementierung und zum Betrieb der IT als die Geschäftsprozesse einer IT-Organisation verstanden.

Die Prozesslogik von ITIL V3 basiert auf dem Service-Lebenszyklus, der aus den Phasen der Servicestrategie (Service Strategy), der Servicegestaltung (Service Design), der Serviceeinführung (Service Transition) und der Serviceproduktion (Service Operation) besteht. Begleitet werden diese Phasen von einer kontinuierlichen Verbesserung (Continual Service Improvement) (vgl. OGC, 2007, S. 24 f.). Damit durchläuft ein IT-Service alle diese Phasen gleichermaßen, die durch ein jeweiliges spezifisches Set an Prozessen repräsentiert werden. Diesen liegt ein einheitliches generisches Schema zugrunde, das die Parameter zur Prozessdurchführung und zur Prozesssteuerung sowie die Prozessbedingungen umfasst. Auslöser und Prozessinputs stoßen eine Reihe von Aktivitäten an, die ein Ergebnis (Output) erzeugen. Die Kontrollgrößen und Rahmenparameter sind prozessspezifisch ausgeprägt (vgl. OGC, 2007, S. 43 ff.). Das Prozessmodell von ITIL V3 ist mittlerweile sehr ausgereift und umfasst eine Vielzahl von einzelnen Prozessen. Es sei an dieser Stelle auf die fünf Kern-Publikationen des OGC verwiesen (stellvertretend der erste Band, OGC, 2007), die für jede der Phasen im Detail die Prozessbestandteile beschreiben.

Grundsätzlich lassen sich die Geschäftsprozesse einer IT-Organisation in die Leistungserstellungs- und die Leistungsunterstützungsprozesse unterteilen.

Für die *Leistungserstellung* der IT-Services sind hierbei vor allem die Prozesse zur Beschaffung und Entwicklung von IT-Services und/oder Service-Komponenten sowie Einführungs- bzw. Produktionsprozesse zu betrachten. Die Prozesse zum Vertrieb und zur Kundenbetreuung beschließen die Logik der primären Leistungserstellung. Die wesentlichen *Leistungsunterstützungsprozesse* umfassen die strategische Planung, die finanzielle und qualitative Steuerung, das Risikomanagement, die Koordination der Kundenbeziehungen sowie die Ressourcenplanung. Abbildung 4 zeigt im Überblick die wesentlichen Prozesse (in Anlehnung an Zarnekow et al., 2005, S. 70 ff.).

In der Wertschöpfungsstufe des *„Source"* steht ein ausgewogenes Management der Lieferkette im Vordergrund, das von der bewussten Entscheidung für oder gegen den Fremdbezug von IT-Services oder Service-Komponenten getrieben sein sollte. Die Beschaffungs- und Lieferantenstruktur umfasst alle bereits oben erwähnten IT-Produktionsfaktoren. Die konkrete Ausgestaltung dieser Strukturen mit ihren jeweiligen Beschaffungswegen bietet für eine IT-Organisation vielfältige Aspekte zur Professionalisierung und damit zur Erzielung einer Service Excellence. So bieten vor allem standardisierbare Service-Komponenten und auch IT-Services das Potenzial zur Harmonisierung und damit Kostenreduzierung durch einen Fremdbezug. Sowohl Rechenzentrumsleistungen als auch gesamte Rechenzentren können heute fremdbeschafft werden. Ebenso eignen sich IT-Services, z. B. für die Lohn- und Gehaltsabrechnung, oder gesamte Geschäftsprozesse wie die Personaladministration, für eine Fremdvergabe. Dieser Fremdbezug sollte sich demnach selbst wieder als ein servicegetriebener Prozess gestalten, weniger als Einkauf einzelner, im schlechtesten Fall nicht zueinander kompatibler, Technologien. Durch die Wahl strategischer Partnerschaften können Größenvorteile genutzt werden und langfristige Beziehungen zur gemeinsamen Weiterentwicklung der Service-Komponenten begründet werden. Die Auswirkungen der Entscheidungen zum Fremdbezug oder zur Eigenfertigung bestimmen damit die Servicestruktur und den Servicepreis sowie die unterstützenden Prozesse wie z. B. die strategische Planung.

Abbildung 4: Wesentliche Geschäftsprozesse einer IT-Organisation

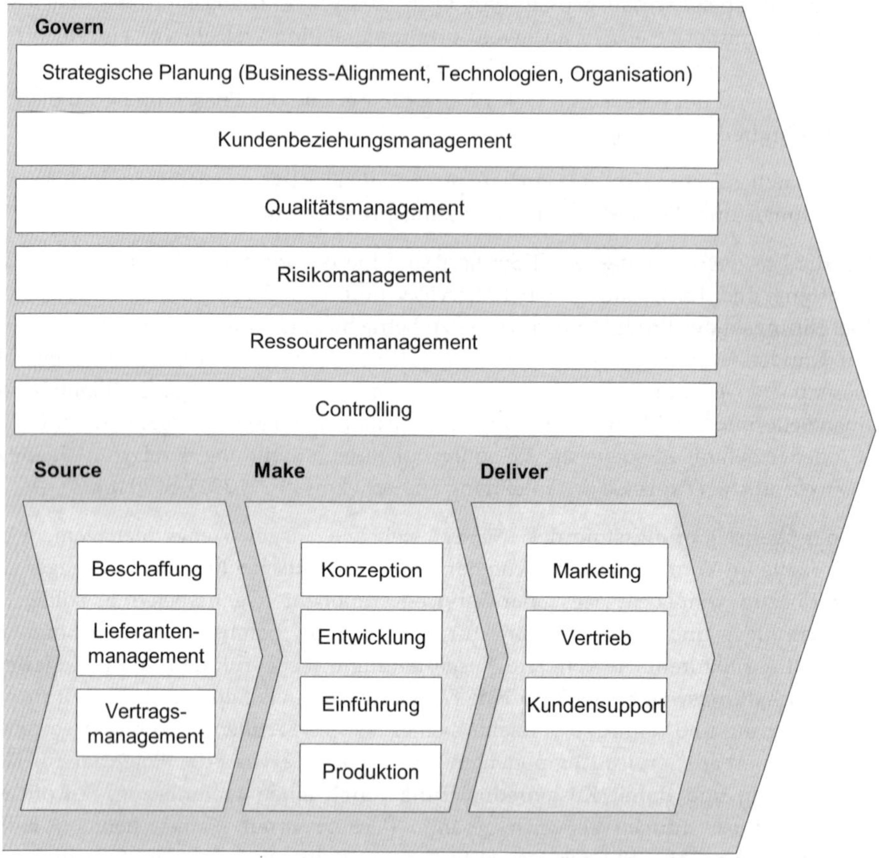

Govern
- Strategische Planung (Business-Alignment, Technologien, Organisation)
- Kundenbeziehungsmanagement
- Qualitätsmanagement
- Risikomanagement
- Ressourcenmanagement
- Controlling

Source
- Beschaffung
- Lieferantenmanagement
- Vertragsmanagement

Make
- Konzeption
- Entwicklung
- Einführung
- Produktion

Deliver
- Marketing
- Vertrieb
- Kundensupport

Die Wertschöpfungsstufe des „Make" umfasst den größten Handlungsrahmen in einer IT-Organisation. In Anlehnung an die Ziele in einer industriellen Produktion geht es darum, das Fertigungs- und Absatzprogramm so zu gestalten, dass die Fertigungstiefe bei gleich bleibender, besser noch erhöhter Variantenvielfalt reduziert, Produktionszeiten verkürzt und idealerweise optimal auf Nachfrageschwankungen durch ein Kapazitätsmanagement reagiert werden kann. In diesem Kontext ist der Bezug zum Kundenbeziehungsmanagement als sehr hoch anzusehen. Die kundenspezifische Bestimmung der Serviceerstellung sowie die aktive Beteiligung durch die kontinuierliche Konsumtion der Services über einen längeren Zeitraum beeinflussen bereits den Prozess der Servicegestaltung einschließlich der Prozesse zu deren Entwicklung und Einführung. Der Betrieb der Services als Auftragsabwicklung muss Kundenwünsche und

-änderungen flexibel verarbeiten können. Damit erfordert die Prozessbeherrschung der Make-Prozesse notwendigerweise die Servicegestaltung als voneinander unabhängige Module, um diese komponentenbasiert verarbeiten und betreiben zu können, ebenso wie es unablässig ist, die Erkenntnisse eines IT-Projektmanagements in deren reibungslose Entwicklung und Implementierung einfließen zu lassen.

Im Ergebnis dieser Wertschöpfung geht es in der dritten Stufe des *„Deliver"* darum, den Kunden die produzierten IT-Services als relativ dauerhaftes Service-Portfolio spezifisch anzubieten. Die Art und Weise der Kommunikation über und die Bereitstellung der Services beeinflussen die Kundenzufriedenheit ebenso wie die Gestaltung der Support-Prozesse. Gerade in der IT kommt dieser Schnittstelle zum Kunden eine hohe Bedeutung zu, denn in aller Regel wird nur bei Störungen, Problemen oder Ausfällen die IT-Organisation durch den Kunden kontaktiert. Die Mechanismen zur Störungsbeseitigung, der Umgang mit und die Lösung von Problemen bestimmen daher in hohem Maße die Wahrnehmung über die Professionalität der IT. Somit werden in der Praxis sehr oft die ITIL-Prozesse des Störungs-, des Problem- und des Änderungsmanagements einschließlich der Funktion des Service Desk als initiale Geschäftsprozesse serviceorientiert neu- oder reorganisiert (vgl. Kopperger et al., 2006, S. 138). Des Weiteren können marketingrelevante Aktivitäten (z. B. monatliche Publikation über den Grad der Einhaltung der vereinbaren Service Level) und verkaufsfördernde Maßnahmen (z. B. erreichter Qualitätsstandard der Geschäftsprozesse) zur Erhöhung der Kundenzufriedenheit mit den IT-Services beitragen.

Diese drei zentralen Wertschöpfungsstufen werden durch die bereits erwähnten unterstützenden Prozesse *„Govern"* in ihrer Ausführung gewährleistet. Im Kern dienen diese Prozesse der Abbildung von Grundsätzen, Verfahren und Methoden, damit die Leistungen der IT zur Erreichung der Geschäftsziele beitragen und die IT-Ressourcen verantwortungsvoll unter angemessener Berücksichtigung aller Risiken eingesetzt werden. Diese Prozesse sichern damit die Einordnung der IT-Organisation in die gesamte Unternehmenslandschaft und garantieren eine IT-konforme Abbildung der unternehmensstrategischen Zielsetzungen (vgl. Zarnekow et al., 2005, S. 71).

Alle Geschäftsprozesse unterliegen einem Prozessmanagementzyklus, der von der Modellierung, über die Ausführung bis zum Monitoring und der permanenten Weiterentwicklung konsequent am Service-Portfolio ausgerichtet sein sollte. Das Service-Portfolio ist zudem die Grundlage für eine abgestimmte Definition von Prozesskennzahlen und für das Monitoring der jeweiligen Führungsgrößen, um eine kontinuierliche Performancemessung sicherstellen zu können. Für eine ganzheitliche Steuerung und Integration wird hierzu zunehmend das Instrument einer Balanced Scorecard benutzt (vgl. Buchsein/Victor/Günther/Machmeier, 2007, S. 88 ff.).

3.4 Organisatorischer Rahmen

Das IT-Dienstleistungsmanagement befähigt IT-Organisationen zu einem fundamentalen Wandel, der im Wesentlichen durch eine veränderte Organisationsgestaltung der Aufgaben, Strukturen und Prozesse gekennzeichnet ist. Für eine erfolgreiche und nachhaltige Sicherstellung dieser Organisationsentwicklung sind begleitende Maßnahmen unabdingbar, die im Rahmen dieser Sicht des IT-Dienstleistungsmanagements unter dem Begriff der Organisationsmodelle zusammengefasst werden. Die Rahmenparameter sollen die IT-Organisation zum einen befähigen, den Wandel zielgerichtet voranzutreiben und zu begleiten, zum anderen versetzen diese eine IT-Organisation erst in eine aktive Rolle zur Steuerung aller IT-Belange eines Unternehmens. Die Wahrnehmung über die Rolle und Funktion der IT-Organisation für das Unternehmen verändert sich ebenso wie alle IT-Mitarbeiter ein erlebbares Verständnis über eine IT-Dienstleistungsorientierung erhalten.

An erster Stelle steht damit die *adäquate Positionierung der IT-Organisation* im Unternehmen, die wechselseitig durch die eingenommene bzw. einzunehmende Rolle beeinflusst wird. Im Ergebnis bedeutet es vor allem die Durchsetzung von zentralen oder dezentralen Strukturierungsformen. Dabei zeigen Studien, dass Unternehmen mit maximaler Profitrate eher zentrale Steuerungsfunktionen für die IT favorisieren, während expandierende Unternehmen zu einer dezentralen Rollenverteilung neigen (vgl. Rüter/Schröder/Göldner, 2006, S. 29 f.). Unabhängig davon sollte aufgrund der wettbewerbswirksamen Bedeutung von IT für jedes Unternehmen die Führung einer IT-Organisation zum Top-Management gehören.

Auf der Suche nach einer optimalen internen Strukturierung der IT-Organisation hat sich die Erkenntnis durchgesetzt, entsprechend der Logik des Service-Lebenszyklus auch die damit verbundenen einzelnen Aufgabenbereiche organisatorisch zu separieren, um einen hohen Grad an Spezialisierung erreichen zu können.

Demnach werden die Aufgaben zur projektierten Entwicklung und Einführung, zur Produktion einschließlich der Wartung und Administration der IT-Services als „Supply"-Einheit organisiert, die damit die ITIL-Lebenszyklusphasen der „Service Transition" und „Service Operation" repräsentiert. Die ITIL-konformen Aufgaben und Prozesse der „Service Strategy" und des „Service Design" werden unter einer „Demand"-Einheit zusammengefasst. Die Erstellung und Vermarktung des Service-Portfolios wird als Kunden-Lieferanten-Verhältnis in allen Facetten gesteuert. Damit gehört auch die Leistungserstellung im Rahmen der Beschaffung und des Vertriebs in diesen Rahmen. Für das Zusammenspiel beider Einheiten bilden die Leistungsunterstützungsprozesse (Govern) als IT-Governance die Brücke und fördern zudem die zielgerichtete Zusammenarbeit mit den Kunden der IT-Organisation (vgl. Buchta/Eul/Schulte-Crooenberg, 2004, S. 90 ff.).

In einer Einheit mit der aufbauorganisatorischen Abbildung bildet die konsequente *prozessorientierte Ausrichtung* die tragende Säule für die Sicherstellung eines nachhaltigen IT-Dienstleistungsmanagements. Die Art und Weise der Anwendung von Modellen zur Reorganisation von IT-Prozessen in Kombination mit den weichen Faktoren bestimmt hierbei über den Erfolg der Organisationsentwicklung. Technikorientierte oder -verliebte IT-Mitarbeiter benötigen begleitende Unterstützung, Aus- und Weiterbildung und Freiheitsgrade in ihrer Aufgabenerfüllung, um sich zu serviceorientierten Mitarbeitern entwickeln zu können. Zudem erhöhen eine abgestimmte Kommunikation und Information über die Ziele und Aufgaben einer IT-Organisation die positive Wahrnehmung und damit Bereitschaft zur Veränderung. Das Top-Management des Unternehmens muss klare Aussagen zur Beteiligung und Unterstützung dieser Entwicklungen treffen und sich damit positionieren. Auch diese Form der Organisationsentwicklung sollte demnach durch die allgemein anerkannten Mechanismen des Change Managements begleitet werden.

Abbildung 5: Zusammenfassung der wesentlichen Nutzenpotenziale eines IT-Dienstleistungsmanagements

IT-Organisation als Servicegeber	Kunden als Servicenehmer
• Reduzierung der externen und internen IT-Komplexität durch Standardisierung und Strukturierung als Service-Portfolio • Harmonisierung und Optimierung der Technologien der gesamten IT-Landschaft des Unternehmens • Anpassung und Ausrichtung der IT-Prozesse und damit Optimierung und Performancesteigerung • Reduzierung der Administrations- und Wartungskosten sowie Verringerung der Kosten für Anpassungen • Verkürzung von Entwicklungs- und Einführungszeiten • Steigerung der technologischen Innovationsquote • Gezielte Abstimmung der Weiterbildung und Karrierewege der IT-Mitarbeiter • Verkürzung der Reaktions-, Antwort- und Lösungszeiten bei Störungen • Erhöhung der Servicequalität und Kundenzufriedenheit • Messbare Leistungserreichung und damit Befähigung zur externen Vergleichbarkeit (Benchmarking) • Langfristige Absicherung der Existenzberechtigung im Unternehmen	• Konsolidierung von fachlichen Aufgabenfeldern und Geschäftsprozessen aufgrund der transparenten Sicht auf den Service-Unterstützungsgrad • Kostenoptimierung der Geschäftsprozesse durch Reduzierung der Nachfrage-Vielfalt bei mindestens gleich bleibendem Leistungsangebot • Erhöhung der Produkt- oder Dienstleistungsqualität durch eine abgestimmte IT-Unterstützung • Gezielte und schnelle Geschäftsentwicklung sowie Verkürzung von Innovationszyklen durch flexible Ausnutzung der Kombination standardisierter IT-Services • Stärkung der Vergleichbarkeit bei Investitionen in Auf- oder Zukäufe, Aus- und Neugründungen sowie Unternehmenszusammenschlüssen

Claudia Lemke / Roman Tuschinski / Dieter Jester / Bernd Pederzani

Diese organisatorischen Parameter unterstreichen die bereits zu Anfang dieses Beitrags skizzierten Anforderungen an ein ganzheitliches Informationsmanagement. Die *Unternehmenswerte und Unternehmenskultur* müssen auch für eine IT-Organisation als Leitbilder institutionalisiert werden, d. h., Kundenorientierung, qualitativ hochwertige Produkte und Dienstleistungen zu marktkonformen Preisen sowie Kosten- und Leistungsbewusstsein prägen die IT-Mitarbeiter und lösen sie aus ihrer bisherigen (bewussten und unbewussten) Sonderrolle im Unternehmen heraus.

Damit eingeschlossen sind unternehmensweite Fragestellungen wie das Begreifen und Erleben von Qualitätsmanagement im Unternehmen, ethische und moralische Überzeugungen für das Agieren aller Mitarbeiter oder der ökonomische, ökologische und soziale Umgang mit den Unternehmensressourcen (vgl. Erek/Zarnekow, 2008, S. 422). Das IT-Dienstleistungsmanagement ist ein valider Ansatz für diese Professionalisierung und damit für die Erzielung einer Service Excellence. Abbildung 5 fasst für Kunden und Anbieter von IT-Services die Vorteile des IT-Dienstleistungsmanagements zusammen.

4 Praktische Umsetzung des IT-Dienstleistungsmanagements – Ein Projektbeispiel

4.1 Ausgangssituation und Zielsetzung

Bei dem im Fokus stehenden deutschen mittelständischen Unternehmen handelt es sich um einen technischen Großhändler mit marktführender Stellung in Europa. Dieses Unternehmen vollzog vor zwei Jahren aufgrund des Generationswechsels im Management einen Führungswandel. Unter der Prämisse, das Unternehmen weiterhin in Eigentümerhand zu halten, wurde ein Manager berufen, der die traditionelle eigentümerorientierte Führung mit einer Konzernstruktur realisieren kann. Zudem sollte der internationale Expansionskurs durch Kooperationen und strategische Partner sowie die anhaltende Produktsegmentierung bei stetiger Kundenorientierung weiter gestärkt werden.

Vor diesem Hintergrund gestaltete das Management die zentralen Einkaufs- und Vertriebsstrukturen neu. Forderungen nach einer kosteneffizienten und transparenten Warenbewirtschaftung verbunden mit der Ergebnisverantwortung der Gesellschaften führten zu einem verstärkten Kostenbewusstsein im Unternehmen. Gleichzeitig wuchs die Sensibilität gegenüber einer IT-gestützten Steuerung der Geschäftsprozesse. Die Darstellung einer standardisierbaren und transparenten Struktur des IT-Leistungsangebots sowie die nachvollziehbare und weitestgehend verursachungsgerechte Kostenzuordnung für die Gesellschaften bestimmen seitdem die veränderte neue Sicht auf die IT-Organisation im Unternehmen.

Zur Verstärkung dieser Forderung nach Professionalisierung wurde die bisher in der Holding ansässige, „historisch gewachsene" IT-Abteilung als eigenständiger IT-Dienstleister mit ca. 60 Mitarbeitern ausgegründet. Vorrangiges Geschäftsziel der IT-Tochter ist die IT-Leistungserstellung für die Gesellschaften des Unternehmens.

Zur Entwicklung einer serviceorientierten IT-Wertschöpfung wurde das Projekt „IT-Serviceorientierung" definiert. Die IT-Serviceorientierung wird hierbei als ein Instrument zur Standardisierung und Harmonisierung einer produktbasierten IT-Unterstützung gesehen:

- Standardisierung eines kundenorientierten IT-Leistungsportfolios,
- Bestimmung unternehmensweiter verbindlicher Preise für die IT-Leistungen und deren Verrechnungsgrundlage inkl. einer vertraglichen Kunden-Lieferanten-Beziehung,
- Strukturierung und Durchsetzung einer unternehmensweiten einheitlichen IT-Budgetierung und
- Professionalisierung der IT-Strukturen und -prozesse.

4.2 Gewählte Vorgehensweise

Das Projekt zur Konzeption und prototypischen Umsetzung startete unter der Leitung des IT-Leiters Ende November 2007 mit einer Projektlaufzeit bis Ende 2008. Das Projekt wurde in eine Vorphase und vier Projektphasen unterteilt (vgl. Abbildung 6).

In der Vorphase stand die organisatorische Machbarkeit mit dem Ziel der Abschätzung und Anpassung der gewählten Vorgehensweise im Mittelpunkt. Hier hat sich zum Beispiel ergeben, dass (wie in Phase 3 ersichtlich) eine pilotierte Implementierung für die Verträglichkeit und Akzeptanz der IT-Serviceorientierung von Vorteil für die gesamte Organisation ist. Die Konzeptionsphase diente der Erhebung, Strukturierung und Systematisierung der einzelnen IT-Leistungen sowie deren Dokumentation als IT-ServicE-Katalog. Die erste Erarbeitung verbindlicher und eskalationswürdiger Managementregeln sollte zur Durchsetzbarkeit und Nachhaltigkeit der IT-Serviceorientierung beitragen.

Nach der Verabschiedung in den einzelnen Gesellschaften wurden in der folgenden Phase die Kosten der IT-Leistungen erhoben und zugeordnet sowie die Grundlage zur Bepreisung der IT-Leistungen geschaffen. Danach begann die Pilotierung für die Umsetzung mit einem ausgesuchten Unternehmensbereich. Die Erfahrungen daraus führten zu Anpassungen und beeinflussten für die letzte Phase die konkrete Vorgehensweise zur unternehmensweiten Umsetzung der IT-Serviceorientierung. In dieser Phase standen die Erarbeitung unternehmensweiter IT-Budgetierungsregeln und deren Anwendung für das kommende Geschäftsjahr im Fokus.

Abbildung 6: Phasen im Projekt „IT-Serviceorientierung"

Vorphase	Konzept Servicekatalog	Abstimmung und Verabschiedung Servicekatalog	Pilotierung des Servicekatalogs	Unternehmensweite Umsetzung Servicekatalog
• Evaluierung der Machbarkeit • Definition des Umfangs und der allgemeinen Vorgehensweise • Verabschiedung als Projekt in der GF-Sitzung	• Definition und Strukturierung d. Servicekatalogs • Bestimmung der IT-seitig machbaren Service Level • Definition des buchhalterischen Kostenplans zur Abbildung der Services • Entwicklung einer IT-internen Kostenstruktur als Basis der Preisbildung • Bestimmung der organisatorischen Rahmenparameter (IT-Strukturen, Managementaufgaben Fachbereiche)	• Vorstellung des Servicekatalogs und der Managementregeln in den einzelnen Gesellschaften • Anpassung, Vervollständigung, Aktualisierung der Inhalte • Ohne Mitwirkungspflicht der Fachbereiche: • Erste Festlegung der Preisstrukturen • Entwicklung Rahmen-SLAs und Standard-SLA (Templates)	• Auswahl eines geeigneten Fachbereichs zur initialen und pilothaften Anwendung der IT-Serviceorientierung • Anwendung der IT-Serviceorientierung • Dokumentation der Lessons Learned • Anpassung und entgültige Verabschiedung der Serviceorientierung über die Geschäftsführersitzung inkl. Verabschiedung der SLA-Strukturen und Managementregeln	• Roll-out der IT-Serviceorientierung in die Fläche • Unternehmensweite verbindliche Vereinbarung über die Ausgestaltung der jeweiligen Service Level und Managementregeln • Unterstützung der kommenden IT-Budgetplanung
„go-decision Projekt"	„Servicekatalog"	„abgestimmter Servicekatalog und Managementregeln"	„unternehmensweiter Servicekatalog und vereinbarte SLA-Struktur"	„für das Jahr 2009 gültiger Europart IT-Servicekatalog mit SLAs und Managementregeln"

Aus Gründen des organisatorischen Reifegrads der IT-Tochter wurde die komplette Prozessausgestaltung mittels eines Prozessmodells als ein gesondertes Projekt im Nachgang zu diesem ersten Projekt definiert. Das Ziel dieses Projektes ist die Bestimmung und Ausgestaltung der Aufgaben, Kompetenzen und Verantwortlichkeiten eines Service Managers sowie die Erarbeitung von Regelungen zur Aufnahme und Bewertung aller fachseitigen Anforderungen. Des Weiteren sollten die Erkenntnisse nach der ersten Budgetierungsphase dafür genutzt werden, in einer zweiten Ausbaustufe eventuelle Anpassungen oder eine weiterführende Modularisierung und Standardisierung der IT-Services vorzunehmen.

4.3 Realisierung und Ergebnisse

Die Umsetzung des Vorgehens erfolgte vorrangig in Form von Workshops unter der Mitwirkung externer Berater. Hier zeigte die Projekterfahrung, dass es wertvoll ist, bereits von Beginn an mit allen IT-Verantwortlichen gemeinsam die Inhalte und Ausprägungen in einer kleinen Gruppe zu erarbeiten, um die gesamten Erfahrungen für die Systematisierung, vor allem aber die Kostenzuordnung und Mengenermittlung nutzen zu können. Dafür wurden mindestens zwei Tage im Monat reserviert, um Fortschritte und Teilergebnisse zusammenfassen zu können.

In Anlehnung an die unter Kapitel 3.1 gewählte Systematik zum IT-Dienstleistungsmanagement standen zwei Ergebnisdokumente im Fokus dieses Projektes:

- IT-ServicE-Katalog mit den einzelnen IT-Services und ihren inhaltlichen Bestandteilen und deren Preisen (IT-Service-Modell),
- IT-Budgetierungs- und Managementregeln (Organisationsmodell).

Der IT-ServicE-Katalog ist das zentrale Steuerungs-, Kommunikations- und Eskalationsmedium in der zukünftigen Zusammenarbeit der IT-Gesellschaften mit den Fachbereichen. Der Katalog ist für ein Geschäftsjahr verbindlich, bildet die Grundlage der IT-Budgetierung und ist Gegenstand der vertraglichen Vereinbarung zwischen Servicegeber und -nehmer.

Zur besseren Systematisierung des IT-Angebots wurde bewusst eine sprachliche Unterteilung in IT-Services und IT-Basis-Leistungen vorgenommen. Während die IT-Services die Produkte der IT-Tochter sind, die in der Kundensprache die Gesellschaften und die Holding des Unternehmens adressieren, umfassen die IT-Basis-Leistungen alle Technologien, Personen und Prozesse zur Entwicklung, Produktion und zur Sicherstellung der Verfügbarkeit der IT-Services und repräsentieren damit die Service-Module und Service-Elemente (vgl. Abbildung 7).

Für die Strukturierung der IT-Services lässt sich jeder IT-Service und jede IT-Basis-Leistung durch folgende Service-Komponenten eindeutig beschreiben:

- Softwarekomponenten (z. B. Applikationen, Applikationsbestandteile, Administrationstools, Client-Betriebssysteme),

- Hardwarekomponenten (z. B. Arbeitsplatz-Endgeräte, Telefonie-Endgeräte, aktive Netzwerkdosen, Scanner, Drucker),

- Lizenzen, Wartung und Leasing/Kauf (z. B. Softwarelizenzen, Leasing der Endgeräte, Wartungsverträge),

- Kunden-Support zur Sicherstellung der Funktionstüchtigkeit des jeweiligen IT-Service (z. B. Support-Zeiten und Reaktionszeiten des User Help Desk bzw. Service Desk),

- Hosting der IT-Services (z. B. Server-Administration, Fileservices),

- Betreuung des IT-Service (z. B. grundlegende Sicherstellung und Gewährleistung von Verfügbarkeit und Ausfallsicherheit für Software- und Hardwarekomponenten).

Diese Systematik ermöglicht eine inhaltliche Standardisierung und bietet eine bessere Zuordnung und Vergleichbarkeit zwischen den IT-Services und den IT-Basis-Leistungen.

Die IT-Services zeichnen sich durch eine Varianten-Abnahme aus. Diese Varianten beziehen sich vor allem auf die Endgeräte-Auswahl (Thin-Client, Fat-Client oder Notebook) im IT-Service „Arbeitsplatz", der alle Büroautomations-Anforderungen vereint, sowie auf die verschiedenen Endgeräte (Festnetz, Faxgerät, Handy, Blackberry) des IT-Service „Daten-Kommunikation", der alle Formen der Festnetz-, mobilen und LAN-Kommunikation enthält. Diese Variantengestaltung ermöglicht die Beibehaltung und weitere Durchsetzung der aktuell gültigen Regelung zur IT-Ausstattung eines PC-Arbeitsplatzes und reduziert damit die oftmals hohen Freiheitsgrade in der Wahl möglicher Alternativen.

Zudem werden über die IT-Services Pflichtabnahme-Regelungen repräsentiert. So kann kein Fachbereich die Services zum Arbeitsplatz und der Daten-Kommunikation abwählen (oder über Dritte außerhalb der Unternehmensgruppe beschaffen), während z. B. der SAP-Service gekauft wird. Diese Hierarchisierung dient der Sicherstellung einer IT-Grundversorgung für den Servicenehmer und garantiert die Durchsetzung optimierter IT-Prozesse im technologischen und organisatorischen Zusammenspiel der IT-Tochter.

Zu jedem IT-Service besteht ein Standardpreis, der sich aus den vereinbarten Ausprägungen der Service-Komponenten in ihrer Kombination und der jeweiligen Abnahmemenge zusammensetzt. Durch die Wahlmöglichkeiten der Endgeräte ergeben sich für die IT-Services „Arbeitsplatz" und „Daten-Kommunikation" zusätzliche individuelle Preisbestandteile. So kostet z. B. der Arbeitsplatz eines Buchhalters, der die Standardvorgabe des Thin-Clients als Endgerät nutzt, weniger als der Arbeitsplatz eines mobilen Außendienstmitarbeiters. Auch ein Mitarbeiter, der grundsätzlich zur Erfüllung seiner Aufgaben einen Thin-Client nutzen kann und dennoch einen Fat-Client bezieht, wird somit mit einem höheren Servicepreis gebucht.

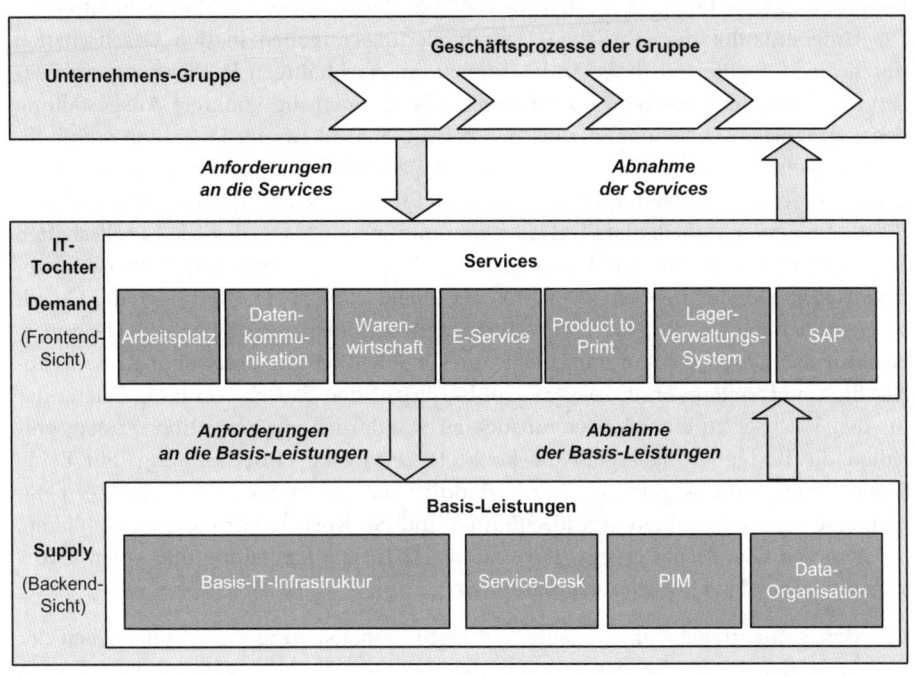

Abbildung 7: Systematik des IT-Service-Portfolios

Hierfür wurden Kostenbestandteile für die IT-Services ermittelt. Jeder Servicebestandteil wurde einheitlich strukturiert nach den gemeinsam gültigen IT-Kostenarten „Facility" (z. B. Miete, Strom), „Personal", „Transfer" (z. B. Umlagen), „Hardware", „Software" und „externe Services" (z. B. externe Beratung). Die Gesamtkosten der IT-Basis-Leistungen wurden nach definierten Verrechnungssätzen auf die jeweiligen IT-Services umgelegt, so dass diese Kosten komplett verrechnet werden konnten. Im Ergebnis konnten für jeden IT-Service die jährlichen Kosten ermittelt werden. Über eine prozentuale Zuordnung aller PC-Arbeitsplätze zu den IT-Services im Unternehmen entstand ein User-bezogener Kostensatz für den einzelnen IT-Service.

Entsprechend der unternehmerischen Zielsetzung der IT-Tochter wurde im ersten Schritt darauf verzichtet, eine differenzierte Preiskalkulation vorzunehmen, die Über- und Unterkapazitäten oder unternehmenspolitische Zielsetzungen für IT enthält. Somit entspricht der Preis für einen IT-Service den ermittelten Kostensätzen. Für die

Steuerung der IT-Tochter für das kommende Geschäftsjahr bedeutet diese Entscheidung, dass alle kalkulierten IT-Services komplett durch die Gesellschaften abgenommen werden müssen und weitere Anforderungen durch die Fachbereiche nur über Projekte mit gesonderter Verrechnung abgewickelt werden können. Andernfalls würde es zu Verlusten führen.

Das zweite wesentliche Ergebnis sind die vereinbarten Budgetierungsregeln zur Planung und Kontrolle der IT-Kosten für die IT-Services sowie die Managementregeln. Die Unterstützung der jährlichen IT-Budgetierungsaufgaben in den Gesellschaften durch die IT-Tochter wird als ein Instrument zur nachhaltigen Realisierung einer IT-Serviceorientierung gesehen. Die Ergebnisse bestimmen die konkrete Ausgestaltung der vertraglichen Beziehungen zwischen beiden. Somit kam der Definition verbindlicher Budgetierungsregeln eine hohe Bedeutung zu. Wesentlich für diese Regeln ist die Unterteilung der nachgefragten Services und Projekte. Neben der bereits erwähnten Pflichtabnahme („Arbeitsplatz", „Daten-Kommunikation") wurden die Gesellschaften aufgefordert, bereits in den Planungsgesprächen ihre zukünftigen IT-Projekte mit einer Kalkulation anzugeben. Die IT-Tochter unterstützte die IT-Planungen der Gesellschaften, indem sie aufgrund der entstandenen Transparenz über die IT-Service-Struktur den Gesellschaften Vorschläge zur Vereinheitlichung und damit Kostenreduzierung unterbreiten konnte, wie z. B. in Bezug auf den Tausch von Endgeräten oder für den Wechsel zu einer kostengünstigeren Standard-Kommunikation. Zudem enthalten die Budgetierungsregeln die konkrete Service-Level-Bestimmung. Für beide Seiten führen diese Regeln zu einer Verbindlichkeit, die sowohl die IT-Tochter befähigt, eine verlässliche Planung durchführen und ein Kostencontrolling zu etablieren, als auch den Gesellschaften eine transparente IT-Kostendarstellung und einen verursachungsgerechten IT-Verbrauch präsentiert.

Die Managementregeln indes dienen der Institutionalisierung der Mechanismen der IT-Serviceorientierung für das gesamte Unternehmen. Damit umfassen diese Regeln sowohl die organisatorische Ausgestaltung der Verwendung des IT-ServicE-Katalogs als auch die Umsetzung und vertragliche Abbildung der IT-Services. Im Ergebnis entstehen verbindliche und eskalationswürdige Regeln zur Zusammenarbeit von Servicegeber und -nehmer.

Alle Elemente der IT-Serviceorientierung unterliegen entsprechend der oben beschriebenen Projektorganisation einer prototypischen Anwendung. Hierfür wurde der Bereich Controlling und Finanzbuchhaltung ausgewählt, da dieser dem Projekt sehr aufgeschlossen gegenübersteht. Zum anderen besteht naturgemäß ein starkes Interesse an den Mechanismen der Kostenerstellung und zukünftigen Kostenverrechnung. Ziel dieser prototypischen Realisierung waren vor allem die inhaltliche Nachvollziehbarkeit des IT-ServicE-Katalogs, die konkrete Ausgestaltung einer gemeinschaftlichen IT-Budgetierung sowie die erstmalige vertragliche Ausgestaltung als SLAs. Die Erkenntnisse daraus flossen sowohl in eine konzeptionelle Verbesserung als auch in eine projektorganisatorische Anpassung ein.

4.4 Lessons Learned

In diesem Projekt konnten zwei wesentliche Aspekte an Erkenntnissen und Erfahrungen gesammelt werden. Zum einen sind es die Wirkungen der organisatorischen Veränderungen auf die IT-Tochter und die Gesellschaften im Zuge des Projektes. Zum anderen umfassen sie die Erkenntnisse über die Erstellung und Verwendung der beiden zentralen Ergebnisdokumente.

Im Einzelnen sind es die nachfolgend aufgeführten organisatorischen Veränderungen:

- Die verbindliche Präsentation des zukünftigen Leistungsangebots führte zu einer veränderten Wahrnehmung in der Zusammenarbeit mit den Fachbereichen. Zugleich wurde von der IT-Tochter eine andere Kommunikationsform gefordert, die trotz anfänglich dominierender Kostenfokussierung der Fachbereiche eine serviceorientierte Auseinandersetzung mit den Anforderungen und deren Erfüllung ermöglichte.

- Die IT-Tochter erkannte die Hebel in der Steuerung und Durchsetzung langfristiger IT- und unternehmenspolitischer Ziele, die von einer klaren und standardisierten Servicestruktur ausgehen können. Die Fachbereiche reagierten überaus positiv auf die nun ihrerseits gewonnenen Mittel zur Umsetzung bereichsbezogener Maßnahmen zur Reduzierung der IT-Vielfalt bei einzelnen Mitarbeitern.

- Das Verantwortungsbewusstsein der IT-Führungskräfte erhöhte sich aufgrund einer ganzheitlichen Sicht auf die Produkte der IT-Tochter, auch wenn zu Beginn und noch während des Projektes die technikorientierten Verhaltensmuster den Mut zur Übernahme einer Ergebnisverantwortung für die Servicegewährleistung einschränkten.

- Zukünftige IT-Entscheidungen für Hard- und/oder Softwareentscheidungen können aufgrund der nun nachvollziehbaren Wirkmechanismen auf den Servicepreis abgesicherter erfolgen.

- Das Verhalten der IT-Mitarbeiter gegenüber Ad-hoc-Entscheidungen zu Projekterweiterungen oder neuen Projekten kann sich derart verändern, dass sie zukünftig gezielte Forderungen den Fachbereichen gegenüberstellen können in Bezug auf eine zwingende finanzielle und fachliche Bewertung auch hinsichtlich der Auswirkungen auf den IT-Service und deren Preis.

In Bezug auf die beiden Ergebnisdokumente lassen sich die folgenden wesentlichen Erfahrungen zusammenfassen:

- Die Auseinandersetzung mit der Servicestruktur und deren Dokumentation als ServicE-Katalog diente vor allem der IT-Tochter selbst. Auch wenn sie die Fachbereiche in erster Instanz adressiert, ermöglichte die Erstellung des Dokuments auch die Durchsetzung von organisatorischen Veränderungen, wie z. B. die Bestimmung von Service-Kostenstellenverantwortlichkeiten oder die Festlegung der Rolle und Funktion eines Service Managers. Damit war dieses Dokument in vielfacher Hinsicht ein guter Impulsgeber für die Realisierung der begleitenden Maßnahmen des Wandels. Somit erreicht ein IT-ServicE-Katalog sicher erst mit dessen vollständiger Implementierung den Rang eines zentralen Kommunikationsinstruments zwischen Fachbereichen und IT-Organisation.

■ Die Formulierung und Publikation der Managementregeln erreichte nicht die gehoffte Aufmerksamkeit in den Fachbereichen, was sicher auch daran lag, dass alle Fachbereiche das Streben nach kostentransparenter Leistungsbündelung und Standardisierung von Beginn an positiv begleiteten. Hingegen kam den Budgetierungsregeln ein hoher Stellenwert zu, zeigte doch die Unterstützung der Planungsgespräche in den Gesellschaften, dass die verantwortlichen Manager oftmals nur ein diffuses Bild über ihre IT-Nutzung besaßen. So konnte z. B. hinsichtlich der User-Zahlen und den damit verbundenen Abnahmemengen „Aufklärung" erzielt werden, zudem zwang die Verpflichtung zu einer geforderten Projektbewertung und Grobkalkulation zur Systematisierung der eigenen geplanten Vorhaben.

Zusammenfassend lässt sich festhalten, dass sowohl für die IT-Organisation als auch für die Gesellschaften des Unternehmens dieses Projekt als sehr erfolgreich betrachtet wird. Die IT-Organisation spürt durch die Veränderung eine erhöhte positive Wahrnehmung im Unternehmen in ihrer aktiven Rolle als Impulsgeber und Berater für die Geschäftsprozessunterstützung der Fachbereiche. Gleichzeitig ermutigt die angestrebte Dienstleistungsorientierung der IT die Fachbereiche zur weiteren Optimierung ihrer Kundenorientierung. Die Verbindlichkeit und Transparenz des Leistungsangebotes der IT verschafft der IT-Organisation selbst weitere Freiräume in der Projektabwicklung und der IT-Produktion und bildet damit die Basis für eine weitere Qualitätssteigerung der Arbeitsabläufe für alle IT-Mitarbeiter.

5   Fazit und Ausblick

Die primäre Aufgabe des IT-Dienstleistungsmanagements ist die Gewährleistung eines bedarfsgerechten Absatzprogramms an IT-Services für eine Vielzahl unterschiedlicher Kundengruppen durch einen IT-Dienstleister. IT-Services dienen gleichermaßen als Produkt und Prozessgestalter dieser Dienstleistungsorientierung. Die wesentlichsten Ziele eines IT-Dienstleistungsmanagements liegen in der marktkonformen Serviceproduktion und der nachhaltigen Serviceeinstellung der IT-Organisation. Hierbei gelten die Mechanismen zur Durchsetzung der Prinzipien Markt-, Kunden- und Produktorientierung sowohl für unternehmenszugehörige IT-Organisation als auch für eigenständig agierende IT-Dienstleister

Im Ergebnis erlangen IT-Organisation und IT-Dienstleister ein höheres Qualitätsniveau für ihre Services und Prozesse. Die konsequente Ausrichtung daran bietet dem gesamten Unternehmen erhebliche Potenziale zur Effizienz- und Effektivtätssteigerung, die nicht nur auf die direkten Einsparungen von IT-Kosten zuzuführen sind. Vielmehr erlaubt es der nachvollziehbare Wertbeitrag zum Unternehmenserfolg grundsätzlich jedem Unternehmen, im Informationszeitalter bewusst IT zum Ausbau und zur Sicherung seiner Unternehmensziele zu verwenden, um damit Innovationen voranzutreiben und Wettbewerbsvorteile zu sichern. IT-Organisationen wandeln sich vom Technologieanbieter zum Kompetenz- und Know-how-Träger für die Prozesse, Daten und Informationen im Unternehmen. In Bezug auf die These von Carr (siehe Kapitel 2), Cloud Computing verdränge die Notwendigkeit unternehmenseigener IT-Organisationen, kann diese Professionalisierung sicher deren eine oder andere potenzielle „Schließung" verhindern.

Teil 4

Erfolgreiche Steuerung von Industriedienstleistern

Teil 3

Alexandra Hiendlmeier

Das Management Reporting auf dem Prüfstand

Status quo, Handlungsfelder sowie künftige Entwicklungen

1 Einleitung 181
2 Ergebnisse der Studie 182
    2.1 Empfängerorientierung..182
    2.2 Entscheidungsunterstützung 184
    2.3 Ausgewogenheit der Berichtsinhalte..186
    2.4 Effizienz des Reportings 188
    2.5 Integration der Datenbasis..191
    2.6 Harmonisierung von internem und externem Rechnungswesen 194
    2.7 Organisation und Steuerung des Reportings 196
3 Trends und Entwicklungen..198
4 Zusammenfassung 199

1 Einleitung

Kosten-, Zeit- und Qualitätsdruck machen auch vor dem Controlling und seinem Kernprodukt, dem Berichtswesen, nicht halt. Gleichzeitig sind die Anforderungen an ein leistungsfähiges Management Reporting in den letzten Jahren ständig angestiegen. (vgl. Gleich/Horváth/Michel, 2008). Einerseits zählt hierzu das Bedürfnis nach schnell und flexibel verfügbaren sowie leicht verständlichen Informationen. Diese sollen das Management in die Lage versetzen, Entwicklungen schnell zu erkennen und proaktive Entscheidungen zu treffen. Andererseits wird das Berichtswesen ständig aufs Neue herausgefordert: durch ein immer dynamischeres Markt- und Wettbewerbsumfeld, neue regulatorische Anforderungen sowie steigende Komplexität, z. B. durch die Internationalisierung der Geschäftätigkeit, Änderungen in der Legalstruktur durch (De-)Merger und Akquisitionen sowie die Flexibilisierung der Wertschöpfung.

Dabei beschränken sich die Aufgaben des Controllings nicht darauf, die Informationsversorgung permanent an die sich ändernden Rahmenbedingungen und Anforderungen anzupassen und die Berichte schnell und kostengünstig bereitzustellen. Vielmehr sind die Informationen auch zu analysieren und interpretieren, Vorschläge für Gegenmaßnahmen zu unterbreiten und initiierte Maßnahmen nachzuverfolgen.

Aber wie leistungsfähig ist das Management Reporting in deutschsprachigen Unternehmen wirklich? Welche wesentlichen Handlungsfelder lassen sich erkennen? Welchen aktuellen und künftigen Herausforderungen müssen sich Controlling und Berichtswesen stellen und wie bereiten sich die Unternehmen darauf vor? Diese Fragen waren Gegenstand der Studie „Reporting Excellence – Erfolgsfaktoren für das Management Reporting", die das Beratungsunternehmen Cirquent, München, zusammen mit dem Marktforschungsinstitut Lünendonk, Kaufbeuren, im Jahr 2008 durchgeführt hat. Befragt wurden Führungskräfte aus mehr als 80 großen und mittelständischen Unternehmen aus Deutschland, Österreich und der Schweiz, darunter auch führende Industriedienstleistungsunternehmen. Die Befragung erfolgte mit Hilfe eines strukturierten Fragebogens, der entweder online oder in telefonischen und persönlichen Interviews ausgefüllt wurde.

Alexandra Hiendlmeier

2 Ergebnisse der Studie

Um die Leistungsfähigkeit des Management Reportings in den befragten Unternehmen zu untersuchen, wurden im Rahmen der Studie folgende Themenbereiche adressiert:

- Empfängerorientierung,
- Entscheidungsunterstützung,
- Ausgewogenheit der Berichte in Bezug auf die Berichtsinhalte,
- Effizienz des Reportings,
- Integration der Datenbasis,
- Harmonisierung des internen und externen Rechnungswesens sowie
- Organisation und Steuerung des Reportings.

In Bezug auf diese Fragestellungen wurden sowohl der Status quo des Management Reportings in den befragten Unternehmen als auch etwaige Handlungsfelder analysiert. Vervollständigt wird die Untersuchung durch die Betrachtung der prägenden Entwicklungen in den vergangenen fünf Jahren sowie die Herausforderungen, die die Teilnehmer in der Zukunft in einem Fünfjahreshorizont erwarten. Im Folgenden werden die wesentlichen Resultate der Studie vorgestellt. Überwiegend werden die für die Gruppe der Industriedienstleister spezifischen Ergebniswerte dargestellt. In den Fällen, in denen die Beschränkung auf die Unternehmen zu Lasten der Aussagekraft der Analysen geht, wurde auf die branchenübergreifenden Resultate zurückgegriffen.

2.1 Empfängerorientierung

Für ein erfolgreiches Berichtswesen ist es unerlässlich, den jeweiligen Berichtsempfängern geeignete Informationen zu liefern. Ein empfängergerechtes Reporting zeichnet sich insbesondere durch den richtigen Informationsumfang, die für den jeweiligen Verantwortungsbereich steuerungsrelevanten Größen, einen angemessenen Detaillierungsgrad sowie eine zügige Reaktion auf spezifische Fragestellungen aus.

Deutlich wurde im Rahmen der Untersuchung, dass in den meisten Unternehmen der überwiegende Teil der Berichte in verständlicher und konsistenter Form aufbereitet wird. Dennoch werden diese nicht allen Erwartungen der Empfänger gerecht.

Das Management Reporting auf dem Prüfstand

Abbildung 1: Empfängerorientierung des Management Reportings

Welche Aussagen zur Empfängerorientierung der Berichte können Sie für Ihr Unternehmen bestätigen?

- Berichte enthalten die erwarteten Informationen und weisen den erforderlichen Detaillierungsgrad auf. — 86 % / 55 %
- Es wird schnell auf unterschiedliche Empfängergruppen und Informationsbedürfnisse reagiert. — 80 % / 67 %
- Die Berichte sind empfängergerecht aufgebaut. — 82 % / 55 %
- Bei Bedarf sind Detailberichte oder -informationen schnell und ohne signifikanten Zusatzaufwand verfügbar — 61 % / 56 %

☐ Leitung Controlling/Rechnungswesen
■ CEOs/CFOs

Branchenübergreifende Werte

Als eine wesentliche Ursache ist anzusehen, dass die Inhalte nicht ausreichend auf die jeweilige Zielgruppe zugeschnitten sind. Gerade das Top-Management, für das häufig aufwändige, aus Sicht der Ersteller maßgeschneiderte Berichte und Analysen erstellt werden, zeigt sich in dieser Hinsicht unzufrieden. Einerseits wird die fehlende Komprimierung und Fokussierung der Berichtsinhalte auf die entscheidungsrelevanten Sachverhalte bemängelt, andererseits stehen als wichtig angesehene Kennzahlen, schnell und flexibel bereitzustellende Zusatzanalysen und hochwertige Kommentierungen weitgehend nicht zur Verfügung.

Dass die Berichte die Anforderungen ihrer Empfänger nicht vollständig erfüllen, ist allerdings nicht allein dem Controlling als Autor der Reports anzulasten. Es gilt auch, die Fragekompetenz seitens der Nachfrager und Nutzer der Managementberichte zu optimieren, indem sie mehr oder gezieltere Fragen an ihr Gegenüber richten. Denn nur wer die richtige Frage stellt, erhält auch eine geeignete Antwort. Auf diese Weise kann sichergestellt werden, dass nur diejenigen Informationen geliefert und kommentiert werden, die für den jeweiligen Verantwortungsbereich und die konkrete Entscheidungssituation sinnvoll und erforderlich sind. Eine strukturierte Aufnahme der Anforderungen der Empfänger findet allerdings nur in den wenigsten Unternehmen statt. In diesem Zusammenhang ist allerdings auch zu beachten, dass es sich bei dieser Analyse nicht nur um eine einmalige Aufgabe handelt, die im Rahmen von Implementierungs- oder Optimierungsprojekten anlassbezogen stattfinden kann. Vielmehr sollte ein derartiger Austausch in regelmäßigen Abständen erfolgen, da sich die Anforderungen der Empfänger im Zeitablauf ändern. Es ist ein Prozess zu etablieren, mit dessen Hilfe Anforderungen strukturiert aufgenommen und bewertet werden können. In diesem Zusammenhang muss auch dafür Sorge getragen werden, dass die Berichtssysteme so gestaltet sind, dass geänderte Anforderungen effizient umgesetzt werden können.

In puncto Flexibilität und Schnelligkeit fällt zudem auf, dass trotz einer umfangreichen Standardberichterstattung Ad-hoc-Berichte und kurzfristige Analysen ein unverzichtbares Element im Reporting der meisten Unternehmen darstellen. Und gerade in Bezug darauf, diese kurzfristigen Informationsbedürfnisse adäquat zu bedienen, erhält das Controlling von seinen Empfängern schlechte Noten. Dies deutet darauf hin, dass die eingangs erwähnte steigende Komplexität bisher (noch) nicht wirklich beherrscht wird. Dazu tragen sicherlich auch Defizite im Bereich der (IT-)Toolunterstützung bei. Die beschriebenen Mängel sind erfahrungsgemäß zu einem großen Teil der Starrheit vorhandener Berichtssysteme sowie der mangelnden Nutzung von Analysefunktionen und -tools anzulasten.

Zusammenfassend lässt sich sagen, dass es dem Management Reporting an der Menge des Zahlenmaterials und dessen genereller Aufbereitung überwiegend nicht mangelt. Vielmehr fehlt eine konsequente Ausrichtung der Berichtsinhalte am Empfänger im Sinne eines risiko-, chancen- und aktionsorientierten Reportings. Nachholbedarf besteht bei den beteiligten Unternehmen insbesondere in Bezug auf unterschiedliche Granularitätsstufen („vom Groben ins Detail") sowie unterstützende Interpretationen durch das Controlling. Hier können Management Cockpits bzw. Dashboards Abhilfe schaffen, die einerseits auf einen Blick die aktuelle Entwicklung darstellen und andererseits jederzeit über Drill-down- bzw. Drill-through-Funktionalitäten den Absprung in vertiefende Analysen ermöglichen.

2.2 Entscheidungsunterstützung

Ein weiterer wichtiger Erfolgsfaktor des Reportings ist dessen Beitrag zur Entscheidungsfindung durch das Management. Der Erfolg strategischer und operativer Managemententscheidungen hängt in hohem Maße von der Aktualität, der Relevanz und der Richtigkeit der zugrunde liegenden Informationen ab. Dabei müssen die bereitgestellten Berichte sowohl in quantitativer als auch qualitativer Hinsicht den zu entscheidenden Sachverhalt adäquat darstellen.

Das Management Reporting auf dem Prüfstand

Aus Sicht der Industriedienstleister sind die erforderlichen Grundlagen für proaktive Entscheidungen, wie z. B. die korrekte Darstellung der tatsächlichen Unternehmenssituation, überwiegend gegeben. Doch die alleinige Bereitstellung der Informationen ist nicht genug. Das Controlling muss der Rolle des Business-Partners gerecht werden und sowohl an der Qualität der Kommentierung als auch an einem durchgängigen Reportingprozess mit konsequenter Ableitung und Nachverfolgung von Maßnahmen arbeiten. Denn nur so können Berichte etwas bewegen.

Abbildung 2: Entscheidungsunterstützung durch das Management Reporting

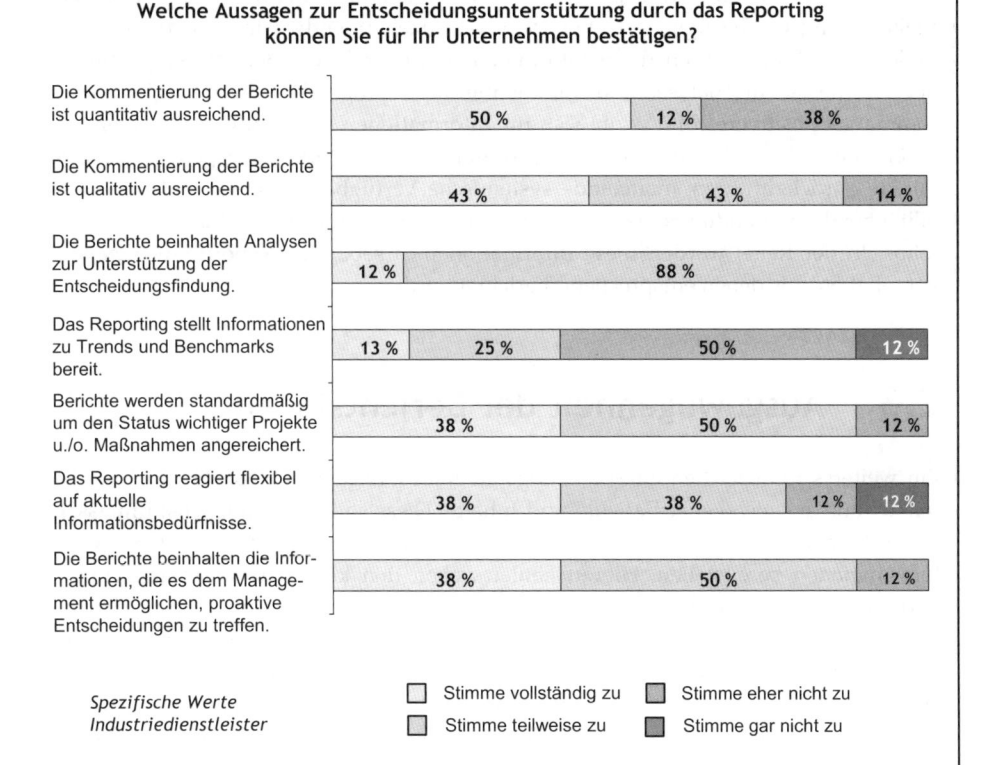

Welche Aussagen zur Entscheidungsunterstützung durch das Reporting können Sie für Ihr Unternehmen bestätigen?

Aussage	Stimme vollständig zu	Stimme teilweise zu	Stimme eher nicht zu	Stimme gar nicht zu
Die Kommentierung der Berichte ist quantitativ ausreichend.	50 %	12 %	38 %	
Die Kommentierung der Berichte ist qualitativ ausreichend.	43 %	43 %	14 %	
Die Berichte beinhalten Analysen zur Unterstützung der Entscheidungsfindung.	12 %	88 %		
Das Reporting stellt Informationen zu Trends und Benchmarks bereit.	13 %	25 %	50 %	12 %
Berichte werden standardmäßig um den Status wichtiger Projekte u./o. Maßnahmen angereichert.		38 %	50 %	12 %
Das Reporting reagiert flexibel auf aktuelle Informationsbedürfnisse.		38 %	38 %	12 %	12 %
Die Berichte beinhalten die Informationen, die es dem Management ermöglichen, proaktive Entscheidungen zu treffen.		38 %	50 %	12 %

Spezifische Werte Industriedienstleister

Kommentierung bedeutet dabei nicht nur die simple Ausformulierung von dargestellten Zahlen. Vielmehr geht es um fundierte Analysen und Interpretationen der wesentlichen Abweichungen, die Erläuterung der Ursachen sowie Ableitung von Handlungsempfehlungen. Denn nur, wenn diese Dienstleistungen erbracht werden, schafft das Management Reporting echten Mehrwert und unterstützt Managemententscheidungen. Derzeit geben allerdings vergleichsweise wenige Unternehmen an, mit diesen Aktivitäten vollständig zufrieden zu sein.

Des Weiteren ist festzustellen, dass Kommentierungen nicht allen Empfängergruppen zur Verfügung stehen. Häufig beschränken sich derartige Leistungen auf das Top-Management, während es dem Interpretationswillen und -vermögen der anderen Empfängergruppen überlassen bleibt, den Zahlenkolonnen „Leben einzuhauchen".

Ferner ist das Management Reporting in vielen Unternehmen von einer starken Innenorientierung und fehlenden Einbeziehung von taktischen und strategischen Informationen geprägt. Erfahrungsgemäß kann dieses Wissen jedoch einen wichtigen Beitrag zur proaktiven Entscheidungsfindung bieten. Nur ein kleiner Teil der befragten Unternehmen bezieht Trends und Benchmarks systematisch in sein Berichtswesen ein. Vielfach sind diesbezügliche Daten zwar vereinzelt irgendwo im Unternehmen zu finden, allerdings werden diese Informationen weder in die Berichte eingebunden, noch werden sie in Analysen und Kommentierungen eingearbeitet. Ein vergleichbares, wenn auch positiveres Bild ergibt sich für Informationen zu wichtigen Projekten und Maßnahmen. Die fehlende Einbindung dieser Inhalte ist erfahrungsgemäß auf zwei Punkte zurückzuführen: mangelnde systemische Verfügbarkeit sowie fehlende Flexibilität bei der Einbindung eines sich ständig ändernden Projekt- und Maßnahmenportfolios. In der Regel werden diese Informationen in separaten Reportingwerkzeugen vorgehalten, aus denen entsprechend berichtet wird.

2.3 Ausgewogenheit der Berichtsinhalte

Ein weiteres Kennzeichen eines leistungsfähigen Management Reportings ist die Bereitstellung ausgewogener Berichte und Inhalte. Diese sollen ein möglichst umfassendes Bild der jeweiligen Unternehmenssituation vermitteln und geschäftsrelevante Informationen bereitstellen. Hierzu zählen neben den klassischen Ertrags-, Finanz- und Liquiditätskennzahlen auch qualitative Aspekte und prozessbezogene Größen. Zusätzlich bieten externe Daten, z. B. zur Marktentwicklung oder Benchmarks, interessante Anhaltspunkte. Neben der Frage, ob alle steuerungsrelevanten Größen in ausreichender Quantität und Qualität bereitgestellt werden, wurde untersucht, welche Steuerungsinstrumente eingesetzt werden bzw. welche für die Unternehmen künftig von Interesse sind.

Die Studie zeigt, dass das Management Reporting in den letzten Jahren ganz offensichtlich seine finanzielle Perspektive geschärft hat, aber zuweilen „das große Ganze" noch nicht angemessen dargestellt wird. Auffallend ist, dass eine angemessene Berücksichtigung von Kennzahlen aus der Liquiditäts- und Kapitalflussrechnung nur von denjenigen Unternehmen bejaht wird, die zum Ausweisen dieser Rechnungen rechtlich verpflichtet sind. Wertorientierte Kennzahlen, auch wenn sie sich in den letzten

Das Management Reporting auf dem Prüfstand

Jahren im Reporting vieler Unternehmen bereits etabliert haben, sind in der Berichterstattung weit weniger verbreitet als die klassischen finanziellen Größen. Wertorientiert rechnen ist nicht schwer, wertorientiert steuern hingegen sehr. Ein Aspekt, der in der Unternehmenssteuerung erfahrungsgemäß unterschätzt wird, ist die nachhaltige Verankerung einer wertorientierten Ausrichtung im Unternehmen. Die Studie bestätigt diese Beobachtung, da Werttreiberbäume als Instrument zur Operationalisierung wertorientierter Kennzahlen und zum Aufzeigen der wesentlichen Stellhebel (bisher) kaum Verbreitung finden.

Abbildung 3: Instrumente mit der größten Relevanz für die interne Steuerung

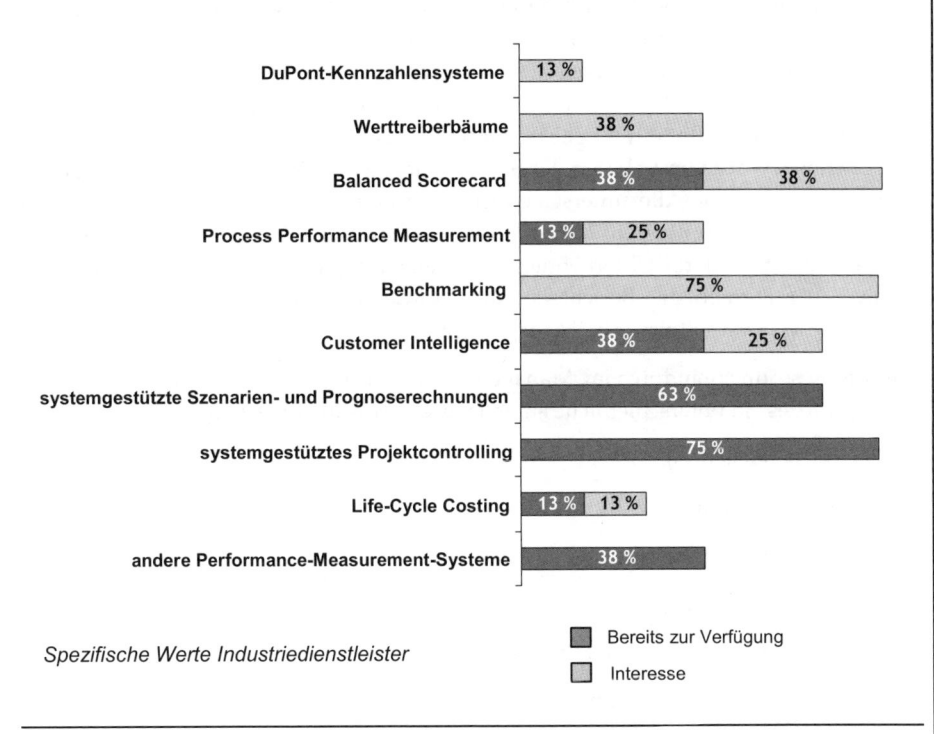

Welche der folgenden Steuerungsinstrumente stehen Ihnen bereits zur Verfügung und welche wären für Sie von Interesse?

Instrument	Bereits zur Verfügung	Interesse
DuPont-Kennzahlensysteme	13 %	
Werttreiberbäume		38 %
Balanced Scorecard	38 %	38 %
Process Performance Measurement	13 %	25 %
Benchmarking		75 %
Customer Intelligence	38 %	25 %
systemgestützte Szenarien- und Prognoserechnungen	63 %	
systemgestütztes Projektcontrolling	75 %	
Life-Cycle Costing	13 %	13 %
andere Performance-Measurement-Systeme	38 %	

Spezifische Werte Industriedienstleister

Beim Vergleich der Gruppe der Industriedienstleister mit der Gesamtheit der Teilnehmer fällt auf, dass Erstere in weit höherem Maße systemgestützte Steuerungsinstrumente wie beispielsweise Szenarien- und Prognoserechnungen und Projektcontrolling sowie Performance-Measurement-Systeme einsetzen.

Handlungsbedarf besteht beim Ausweis nicht-finanzieller Kennzahlen, wie beispielsweise Informationen zu Markt und Wettbewerb, Qualität, Risiko und Compliance, strategischer Zielerreichung sowie zu Projekten. Erfahrungsgemäß lassen sich diese Defizite darauf zurückzuführen, dass die entsprechende Datenbasis nicht existiert bzw. die technischen Möglichkeiten zur Ermittlung und Bereitstellung derartiger Größen fehlen. Aber auch wenn geeignete Methoden und Instrumente zur Erhebung dieser Informationen zur Verfügung stehen, mangelt es häufig an deren konsequentem Einsatz sowie an der zielgerichteten Analyse und Einsteuerung der resultierenden Daten in die Entscheidungsfindung.

2.4 Effizienz des Reportings

Aufgrund der steigenden Anforderungen an das Berichtswesen wächst auch der Aufwand für die Berichtsbereitstellung und sich anschließende Dienstleistungen, wie z. B. Analysen und Kommentierungen. Zur gleichen Zeit wächst der Druck auf interne Servicebereiche, wie z. B. das Controlling, seine Dienstleistungen so effizient wie möglich bereitzustellen. Um ein möglichst umfassendes Bild der Effizienz des Reportings zu gewinnen, wurde im Rahmen der Studie untersucht, wie die Verteilung der personellen Ressourcen auf die unterschiedlichen Reporting-Aktivitäten aussieht, welche Entwicklungen im Zeitverlauf festzustellen sind und wie die befragten Unternehmen Vergleichswerte anderer Unternehmen einschätzen. Ergänzt wird das Bild durch die Analyse der Formen der Berichterstattung sowie die individuelle Beurteilung des Kosten-Nutzen-Verhältnisses im Management Reporting.

Um die Ressourcenbindung im Management Reporting zu untersuchen, wurde der Berichtsprozess in unterschiedliche standardisierte Schritte unterteilt:

1) Berichtsbereitstellung

    a. Datenbeschaffung

    b. Datenbereinigung

    c. Berichtserstellung

    d. Plausibilisierung und Abstimmung

2) Analyse und Kommentierung

3) Begleitung der Maßnahmenumsetzung

    a. Maßnahmenableitung

    b. Maßnahmennachverfolgung

Das Management Reporting auf dem Prüfstand

Die eingangs geschilderten steigenden Anforderungen an die Berichterstattung sowie immer ausgereiftere Berichtssysteme legen die Vermutung nahe, dass sich die Ressourcenbindung in den vergangenen Jahren erheblich geändert hat und sich in den kommenden fünf Jahren noch weiter verschieben wird. Vor diesem Hintergrund ergibt sich in Bezug auf die Verteilung der im Management Reporting gebundenen Ressourcen auf die oben dargestellten Reporting-Aktivitäten das folgende Bild:

Abbildung 4: *Ressourcenbindung im Management Reporting im Zeitvergleich*

Wie verteilen sich die personellen Ressourcen für das Management Reporting prozentual auf die folgenden Aktivitäten (im Zeitverlauf)?

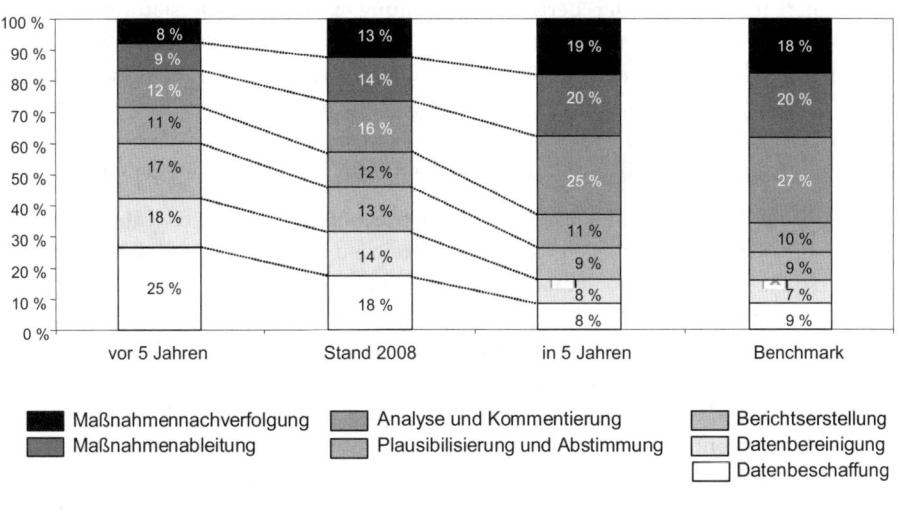

Aktivität	vor 5 Jahren	Stand 2008	in 5 Jahren	Benchmark
Maßnahmennachverfolgung	8 %	13 %	19 %	18 %
Maßnahmenableitung	9 %	14 %	20 %	20 %
Analyse und Kommentierung	12 %	16 %	25 %	27 %
Plausibilisierung und Abstimmung	11 %	12 %	11 %	10 %
Berichtserstellung	17 %	13 %	9 %	9 %
Datenbereinigung	18 %	14 %	8 %	7 %
Datenbeschaffung	25 %	18 %	8 %	9 %

Spezifische Werte Industriedienstleister

Wie aus Abbildung 4 hervorgeht, zeichnet sich ein klarer Trend ab. In den vergangenen fünf Jahren hat sich die Ressourcenallokation im Management Reporting deutlich weg von der Berichterstellung hin zu Analyse und Begleitung der Maßnahmenumsetzung verschoben. Die Teilnehmer sehen diesen Trend anhaltend bzw. gar verstärkt für die kommenden fünf Jahre.

Die Berichtsbereitstellung, d. h. die eher technisch orientierten und damit leichter automatisierbaren Aktivitäten, hat vor fünf Jahren noch etwa 70 % der personellen Kapazitäten gebunden. Dieser Anteil konnte bis heute auf knapp 60 % verringert werden, was vor allem auf die Einführung und Erweiterung von Systemen und die damit einhergehenden Automatisierungen und Standardisierungen zurückzuführen ist. In diesem Zusammenhang haben die befragten Unternehmen auch erhebliche Fortschritte in puncto Datenqualität gemacht. Neben der Berichtserstellung halbieren sich auch die personellen Anteile in der Datenbereinigung.

Laut Aussage der Beteiligten wird der Prozentsatz der in der Berichtsbereitstellung gebundenen Ressourcen künftig weiter auf unter 40 % sinken, ein Umfang, der angesichts neuerer technischer Entwicklungen, insbesondere in den Bereichen Reporting und Business Intelligence, immer noch vergleichsweise hoch anmutet. Die Streuung der Werte ist allerdings enorm. Die niedrigsten und damit besten Werte liegen mit unter 20 % deutlich besser als der Durchschnitt. Das zeigt, dass die individuell angestrebten Effizienzziele für das jeweilige Unternehmen sicherlich eine Herausforderung darstellen, im Durchschnitt aber nicht den Anforderungen eines „exzellenten" Reportings entsprechen. Interessant ist in diesem Zusammenhang auch, dass die übrigen Aktivitäten im Rahmen der Berichtsbereitstellung, z. B. Plausibilisierung und Abstimmung, weder bisher noch künftig einer Veränderung unterliegen und auf dem Niveau von ca. 11 % bleiben. Die Teilnehmer der Studie erwarten hier keine nennenswerte Effizienzsteigerung. Ein Grund dafür liegt nach Aussage der Befragten in der hohen unternehmerischen Komplexität und Dynamik, die man ohne signifikante Plausibilisierungs- und Abstimmungsaktivitäten nicht zu beherrschen glaubt.

Während die Ressourcenallokation in den eher technisch orientierten Tätigkeiten der Berichtsbereitstellung sinkt, steigt sie in den Bereichen der Analyse und der Begleitung der Maßnahmenumsetzung an. Gerade in der Analyse nimmt die Kapazitätsbindung deutlich zu (Steigerung von 12 % vor fünf Jahren auf 16 % im Jahr 2008 und künftig 25 %). Diese quasi Verdopplung innerhalb von zehn Jahren zeigt deutlich den Trend zu den entscheidungsunterstützenden, hochwertigen Services, die das Controlling künftig für das Management erbringen muss. Dieser Trend wird auch durch die steigende Ressourcenbindung im Bereich der Begleitung der Maßnahmenumsetzung untermauert. Hier wird im genannten Betrachtungszeitraum ein Ausbau der Kapazitäten von 17 % auf 39 % angestrebt. Die Ausweitung der Kapazitäten ist nahezu gleichwertig auf die Maßnahmenableitung und -nachverfolgung verteilt.

Neben der Ressourcenallokation wurde auch die Form der Berichtsbereitstellung untersucht. Dabei ist festzustellen, dass das Berichtswesen hierzulande deutlich durch ein „Push-Prinzip" geprägt ist. Das Controlling stellt den Empfängern die Berichte direkt in Papierform oder elektronisch zur Verfügung. Bei etwa drei Viertel der teilnehmenden Unternehmen werden Berichte per E-Mail versendet, bei Kommentierungen sinkt der Anteil auf ca. 60 %. Etwa 40 % der Teilnehmer stellen sowohl Berichte als auch Kommentare in Papierform zu Verfügung. Nach wie vor nutzen etwa 40 % der Unternehmen die Präsentation als Berichtsmedium.

Interessanterweise setzen mehr als 60 % der Industriedienstleister, ein Wert, der weit über dem branchenübergreifenden Durchschnitt von unter 40 % liegt, auf einen webbasierten Zugriff auf Berichte („Pull-Prinzip"). Jedoch nutzen nur etwa ein Viertel der

Befragten dieses Medium auch für Kommentierungen. Der naheliegende Grund hierfür sind technische Einschränkungen. Die derzeit in der Praxis zu beobachtenden Projekte zur Einführung von Controlling-Portalen lassen vermuten, dass sich dieser Anteil in den kommenden Jahren weiter erhöhen wird.

Insgesamt zeigt sich also, dass die Unternehmen nicht auf eine Form der Berichtsbereitstellung setzen, sondern in Abhängigkeit der Berichte und Empfänger unterschiedliche Formen parallel zum Einsatz kommen, was im Hinblick auf die Effizienz sicherlich kritisch zu hinterfragen ist.

Abschließend wurde von den Teilnehmern der Befragung das Kosten-Nutzen-Verhältnis ihres Reportings bewertet. Etwa 70 % der Industriedienstleister stufen dieses als angemessen ein, ein Ergebnis, das sowohl im Branchenvergleich als auch angesichts der angestrebten Effizienzsteigerungspotenziale erstaunt. Diese sehr gute Einschätzung wird allerdings dadurch relativiert, dass dem Controlling heute weder Instrumente zur Beurteilung der Wirtschaftlichkeit des Berichtswesens noch Vergleichswerte anderer Unternehmen zur Verfügung stehen. Die Voraussetzungen für eine systematische Optimierung des Management Reportings unter Wirtschaftlichkeitsaspekten sind somit kaum gegeben.

Insbesondere angesichts weiterer neuer Anforderungen, wie z. B. der Weiterentwicklung der Steuerungsinstrumente oder der Umsetzung von Strategie- und Organisationsänderungen, steht das Management Reporting in den kommenden fünf Jahren vor immensen Herausforderungen. Darüber hinaus wird das Controlling auch dahingehend gefordert sein, die in der Berichtsbereitstellung freigesetzten Kapazitäten 1:1 in die Analyse und die Begleitung der Maßnahmenumsetzung zu übersetzen und die Mitarbeiter entsprechend ihrer neuen Rolle zu qualifizieren, auch wenn die Unternehmen dieses Thema derzeit nicht als Herausforderung einstufen.

2.5 Integration der Datenbasis

Grundlage eines leistungsfähigen Reportings bildet die richtige und geeignete Datenbasis, die durch einen hohen Integrationsgrad gekennzeichnet ist. Charakteristikum einer solchen integrierten Datenbasis ist die Existenz einer „Single Source of Truth", in der die Daten aus den verschiedenen Berichtsquellen inhaltlich und technisch zusammengeführt sind. Auf diese Weise kann einerseits der manuelle Bearbeitungsaufwand für die Daten möglichst gering gehalten und andererseits eine weitgehende Konsistenz der vorgehaltenen Informationen gewährleistet werden. Ein weiteres Merkmal ist der Einsatz von Systemen bzw. technischen Funktionalitäten, die die Datenhaltung und -bereitstellung in hohem Maße standardisieren und automatisieren. Diese Systeme müssen den unterschiedlichen Anwendern intuitiv zugänglich und verständlich sein. Dabei kann es sich sowohl um Standardsysteme als auch um Eigenentwicklungen handeln.

Aufgrund von umfangreichen Projekten bzw. Maßnahmen hinsichtlich Systemunterstützung bzw. -integration in den vergangenen Jahren hat sich bei vielen Unternehmen der Reifegrad der Datenbasis verbessert (Heinrich/Klier, 2009). Eine der Herausforderungen in dieser Hinsicht ist es, aus Informationen, die in unterschiedlichen Informationsquellen vorliegen, einheitliche, konsistente und aussagekräftige Reports zu generieren. Die Studie zeigt, dass bei vielen Unternehmen Handlungsbedarf in Bezug auf die Einbindung von Informationen aus anderen Perioden und anderen funktionalen und rechtlichen Einheiten besteht. Ein noch deutlicheres Bild zeigt sich, wenn man die Möglichkeit der Überleitung der Daten betrachtet. Hier kann nur rund ein Viertel der Teilnehmer behaupten, dass kein manueller Aufwand zur Sicherstellung der Datenvergleichbarkeit vonnöten ist.

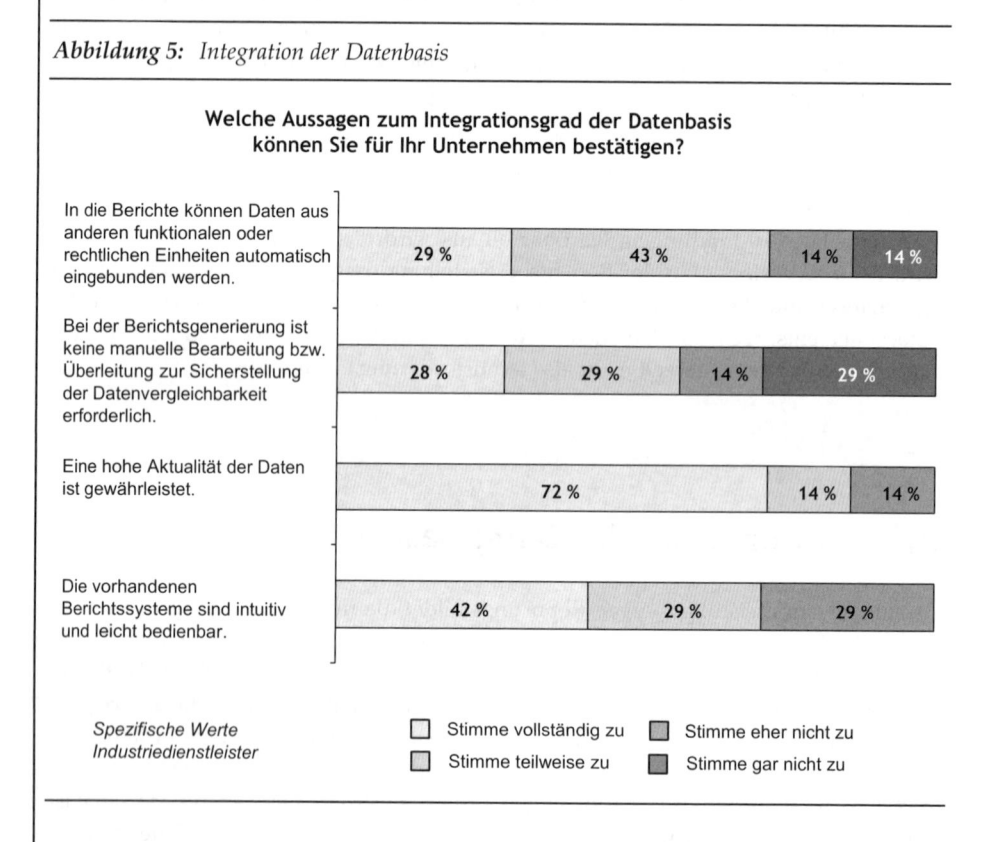

Abbildung 5: Integration der Datenbasis

Welche Aussagen zum Integrationsgrad der Datenbasis können Sie für Ihr Unternehmen bestätigen?

Aussage	Stimme vollständig zu	Stimme teilweise zu	Stimme eher nicht zu	Stimme gar nicht zu
In die Berichte können Daten aus anderen funktionalen oder rechtlichen Einheiten automatisch eingebunden werden.	29 %	43 %	14 %	14 %
Bei der Berichtsgenerierung ist keine manuelle Bearbeitung bzw. Überleitung zur Sicherstellung der Datenvergleichbarkeit erforderlich.	28 %	29 %	14 %	29 %
Eine hohe Aktualität der Daten ist gewährleistet.		72 %	14 %	14 %
Die vorhandenen Berichtssysteme sind intuitiv und leicht bedienbar.	42 %	29 %	29 %	

Spezifische Werte Industriedienstleister

Neben der Einbindung und Konsistenz der Daten ist die Aktualität der Informationen ein weiterer Erfolgsfaktor des Management Reportings. In dieser Hinsicht muss fast jedes dritte Unternehmen eine Einschränkung machen. Interessanterweise lässt sich ein direkter Zusammenhang zwischen der Unternehmensgröße und der Aktualität der Daten feststellen. Je größer die Unternehmen, desto aktueller die bereitgestellten Informationen. Dies lässt sich darauf zurückführen, dass große Organisationen ihre Hausaufgaben bereits gemacht haben und über tendenziell ausgereiftere Berichtsprozesse und -systeme verfügen.

Die Leistungsfähigkeit des Management Reportings wird wesentlich von den am Markt verfügbaren Reportingsystemen bestimmt. Die Erfahrung zeigt, dass moderne Berichtssysteme in puncto Funktionalitäten zwar immer ausgereifter werden, was allerdings häufig zu Lasten der Bedienerfreundlichkeit geht, so dass von echten „Expertensystemen" gesprochen werden muss. Somit erstaunt es nicht weiter, dass nur etwa 40 % der Unternehmen ihre Instrumente als intuitiv und leicht bedienbar einstufen. Damit liegen die Industriedienstleister deutlich über dem Studiendurchschnitt von 20 %.

Damit die Bemühungen um Flexibilität, Aktualität und Integration der Daten Früchte tragen und auch in Zukunft Früchte tragen können, ist eine entsprechende Systemunterstützung erforderlich. Im Rahmen der Befragung wurde untersucht, in welchem Maße Standardanwendungen und Eigenentwicklungen für transaktionale und analytische Zwecke zum Einsatz kommen. Wie zu erwarten war, zeigt die Studie eine hohe Dominanz von SAP-Anwendungen im Bereich des Management Reportings. Auffallend ist, dass flankierend weitere Analysewerkzeuge, vom klassischen MS Excel über Eigenentwicklungen bis hin zu spezialisierten Add-Ons von Drittanbietern, zur Anwendung kommen. Eine direkte Korrelation von eingesetzter Lösung bzw. Tool und Qualität des Berichtswesens lässt sich allerdings nicht eindeutig nachweisen.

Die Erfahrung zeigt jedoch, dass die Einführung von Business-Intelligence-Werkzeugen in vielen Unternehmen zu einer merklichen Steigerung von Integration und Qualität der Datenbasis geführt hat. Jedoch bemisst sich die Qualität eines Berichtswesens nicht nur an der Datenqualität, sondern insbesondere an der Intelligenz der Abfrage und Analyse der Informationen. Das bedeutet, dass sich ein leistungsfähiges Reporting nicht in einer technischen Lösung erschöpft, sondern vielmehr im Zusammenspiel von Prozessen, Inhalten, Mitarbeitern und Systemen entsteht.

Diese Ergebnisse, genauso wie die Einschätzung der Befragten, machen deutlich, dass die Unternehmen eine integrierte und solide Datenbasis als erfolgskritisch ansehen. Die Industriedienstleister haben den Weg zur Etablierung einer „Single Source of Truth" eingeschlagen und diesbezüglich deutlich größere Fortschritte als der branchenübergreifende Durchschnitt erzielt, auch wenn ein großes Stück des Weges noch vor ihnen liegt. Begünstigend bei dieser Entwicklung wirken die zunehmende Internationalisierung der Rechnungslegung sowie die damit einhergehende Harmonisierung von internem und externem Rechnungswesen.

2.6 Harmonisierung von internem und externem Rechnungswesen

Begünstigend auf den Reifegrad der Datenbasis hat auch das Zusammenrücken des internen und externen Rechnungswesens gewirkt, was die Entwicklung des Management Reportings in den vergangenen Jahren – sowohl in inhaltlicher, prozessualer und technischer Hinsicht – entscheidend und nachhaltig geprägt hat. Diese Harmonisierung wird auch durch die zunehmende Internationalisierung der Rechnungslegung, insbesondere die Bilanzierung nach IFRS, begünstigt und gefördert. Die Vorteile der Harmonisierung liegen auf der Hand: Steigerung der Effizienz im Berichtswesen und Verbesserung der Entscheidungsunterstützung beispielsweise durch die gleichzeitige Verwendung von Daten in der internen und externen Berichterstattung.

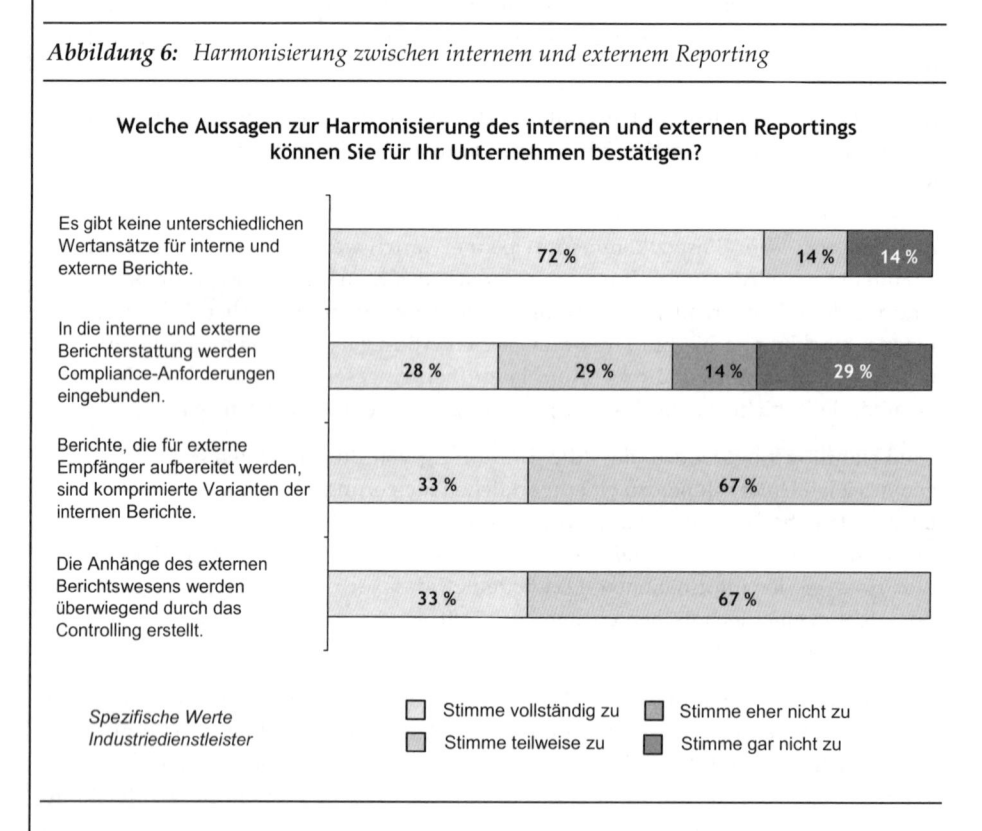

Abbildung 6: *Harmonisierung zwischen internem und externem Reporting*

Welche Aussagen zur Harmonisierung des internen und externen Reportings können Sie für Ihr Unternehmen bestätigen?

Aussage	Stimme vollständig zu	Stimme teilweise zu	Stimme eher nicht zu	Stimme gar nicht zu
Es gibt keine unterschiedlichen Wertansätze für interne und externe Berichte.	72 %		14 %	14 %
In die interne und externe Berichterstattung werden Compliance-Anforderungen eingebunden.	28 %	29 %	14 %	29 %
Berichte, die für externe Empfänger aufbereitet werden, sind komprimierte Varianten der internen Berichte.		33 %	67 %	
Die Anhänge des externen Berichtswesens werden überwiegend durch das Controlling erstellt.		33 %	67 %	

Spezifische Werte Industriedienstleister

Daher erstaunt es auch nicht weiter, dass es für die Unternehmen keine Herausforderung darstellt, Kennzahlen, die sowohl für interne als auch externe Zwecke genutzt werden können, zu berichten. So sind Größen wie beispielsweise Liquiditäts- und Kapitalflussrechnungen sowie die Eigenkapitalquote in steigendem Maße Bestandteile einer verbindlichen Berichterstattung. Auch die Nutzung von ähnlichen Wertansätzen und Berichtsformen für das interne und externe Reporting scheint vielerorts zumindest grundsätzlich gegeben, was für die fortschreitende Harmonisierung der beiden Rechenwerke spricht. Etwa 70 % der Teilnehmer geben an, dass es keine unterschiedlichen Wertansätze gibt. Es scheint somit, dass die immer noch in der Theorie gelehrten und in der Praxis verbreiteten Differenzen bald ganz der Vergangenheit angehören könnten. Angesichts der aktuellen Finanz- und Wirtschaftskrisen und medienwirksamer Unternehmensskandale ist es überraschend, dass compliance-relevante Informationen bisher nur bei etwa jedem vierten Industriedienstleister in die Managementberichterstattung integriert sind. In dieser Hinsicht besteht sicherlich deutlicher Handlungsbedarf. Die Unternehmen müssen sich mit der Fragestellung auseinandersetzen, welche Informationen diesbezüglich steuerungsrelevant sind und wie diese zielgerichtet in die Entscheidungsfindung eingebunden werden können.

Im Vergleich zu dem Harmonisierungsstand in Bezug auf die Berichtsinhalte sind die bisherigen Fortschritte bei der Ausgestaltung von Prozessen und der Aufbauorganisation wesentlich geringer.

Abbildung 7: Funktionale Trennung zwischen internem und externem Rechnungswesen

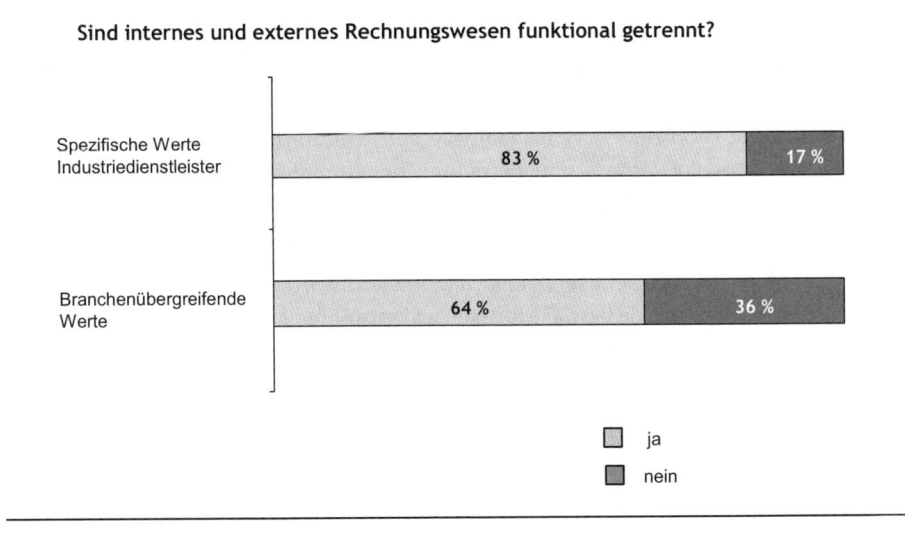

Sind internes und externes Rechnungswesen funktional getrennt?

	ja	nein
Spezifische Werte Industriedienstleister	83 %	17 %
Branchenübergreifende Werte	64 %	36 %

Die Aufgabenteilung zwischen Controlling und Rechnungswesen ist immer noch überwiegend klassisch orientiert. Das Controlling ist bisher nur in etwa 30 % der Fälle aktiv in die Abschlusserstellung eingebunden. Es zeigt sich, dass sich die Industriedienstleister bereits intensiver als der branchenübergreifende Durchschnitt kritisch mit der bestehenden Aufgabenteilung auseinandersetzen. Aufgrund der Tatsache, dass das Controlling eher über Detailinformationen zu spezifischen Sachverhalten verfügt, ist es erfahrungsgemäß hilfreich, erforderliche Anhänge direkt vom Controlling erstellen zu lassen. Ein noch deutlicheres Bild zeigt sich in Bezug auf die Aufbauorganisation.

Hier geben mehr als 80 % der Unternehmen an, dass sie an der traditionellen Trennung zwischen internem und externem Rechnungswesen festhalten.

2.7 Organisation und Steuerung des Reportings

Auch in Bezug auf die Organisation und Steuerung des Reportings zeigt sich, dass die befragten Unternehmen dort eher traditionell aufgestellt sind. Dabei werden wichtige Stellhebel in Bezug auf die Steigerung der Leistungsfähigkeit im Management Reporting außer Acht gelassen, wie die nachfolgende Abbildung 8 zeigt.

Die zuvor beschriebene Steigerung der Effizienz im Reporting ließe sich beispielsweise auch durch die organisatorische und personelle Trennung von Daten- und Berichtsbereitstellung sowie analytischen Aufgaben bewerkstelligen. Diskussionen über eine derartige Option zielen in Richtung der Etablierung einer Reporting Factory für die leicht standardisierbaren Tätigkeiten im Rahmen der Berichtsbereitstellung. Praxisberichte von Unternehmen, die ein vergleichbares Konzept implementiert haben, zeigen deutlich, welche Potenziale u. a. im Hinblick auf Reaktionszeiten, Prozesskosten und Qualität der Berichterstattung und Betreuung der Empfänger gehoben werden können. Aufgaben einer solchen Einheit wären die Bereitstellung der entsprechenden Datenbasis, von Standardberichten und von Zusatzabfragen.

Der Fokus liegt darauf, richtige Zahlen anzubieten, während die funktionale Abteilung zuständig für Analyse bzw. Performance Controlling, also die „guten Zahlen" ist. Auf diese Weise wird die Rolle des Controllings als Business-Partner gestärkt, der die operativen Einheiten bei der Steuerung ihres Geschäftes aktiv unterstützt. Des Weiteren ist ein solches Steuerungsmodell ein guter Ansatzpunkt für die Intensivierung der wertschöpfenden Tätigkeiten im Reporting, z. B. Analyse sowie die Begleitung der Maßnahmenumsetzung.

Abbildung 8: Organisation und Steuerung des Reportings

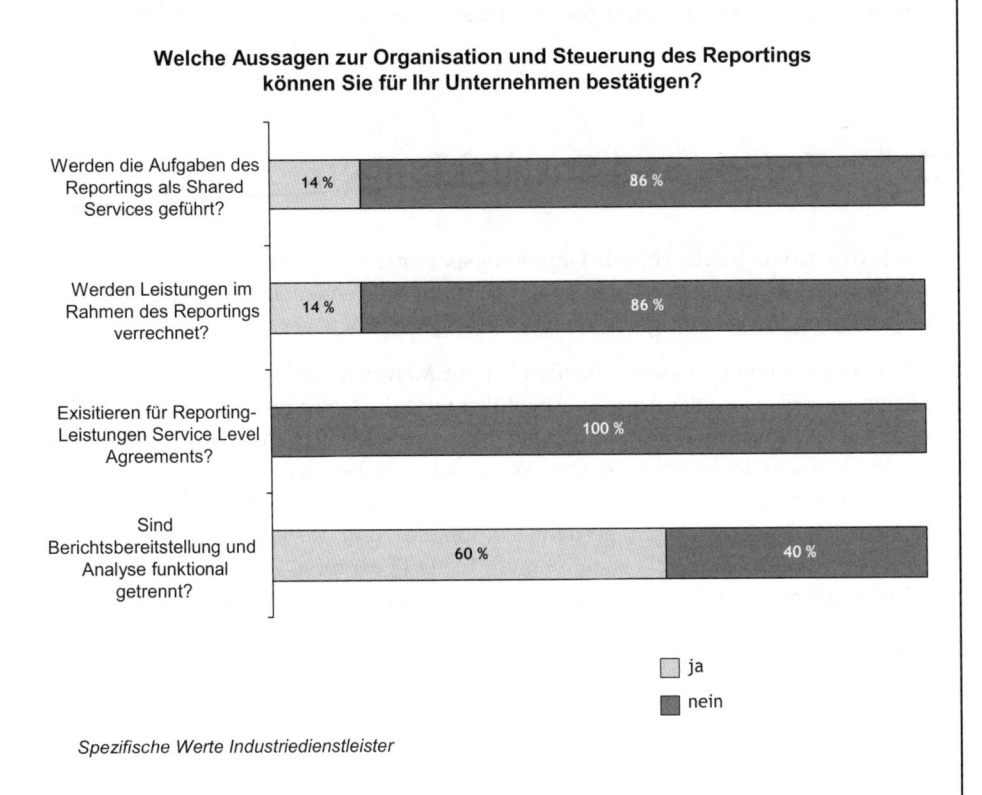

Welche Aussagen zur Organisation und Steuerung des Reportings können Sie für Ihr Unternehmen bestätigen?

Frage	ja	nein
Werden die Aufgaben des Reportings als Shared Services geführt?	14 %	86 %
Werden Leistungen im Rahmen des Reportings verrechnet?	14 %	86 %
Exisitieren für Reporting-Leistungen Service Level Agreements?		100 %
Sind Berichtsbereitstellung und Analyse funktional getrennt?	60 %	40 %

Spezifische Werte Industriedienstleister

Als Dienstleister muss das Controlling sich und seine Leistungen immer wieder in Frage stellen. Es fehlen allerdings wichtige Instrumente und die nötige Transparenz, um diese Form des Performance Measurements durchzuführen (Horváth & Partners, 2006). Nur wenige Industriedienstleister verrechnen Reporting-Leistungen intern an ihre Empfänger. Dabei liegt diese Branchengruppe etwas unter dem branchenübergreifenden Durchschnitt. Und auch wenn die Distribution erfolgt, werden meist nur Teile der Leistungen pauschal umgelegt. Erfahrungsgemäß wird die Sinnhaftigkeit einer solchen Steuerungslogik in Frage gestellt. Dabei werden zum einen der vergleichsweise hohe Aufwand für Planung, Tarifierung und Abrechnung der Leistungen auf die Leistungsempfänger angeführt und zum anderen das Fehlen von geeigneten Verrechnungsgrößen. Dem gegenüber stehen die Erfahrungswerte von Unternehmen, die eine solche Leistungsverrechnung durchführen und die berichten können, dass die Kosten- und Leistungstransparenz über die klassischen „Overhead-Blöcke" steigt und qualitativ minder ausgeprägte bzw. nicht wertschöpfende Leistungen identifiziert, adaptiert oder sogar eliminiert werden können. Das Gleiche gilt auch für den Einsatz von Service Level Agreements, die in diesem Zusammenhang nur bei wenigen Unternehmen überhaupt und bei Industriedienstleistern gar nicht zum Einsatz kommen.

3 Trends und Entwicklungen

Neben den zuvor beschriebenen Gestaltungsparametern eines „exzellenten" Reportings wurden die Teilnehmer der Studie auch zu prägenden Entwicklungen in der Vergangenheit sowie künftigen Herausforderungen befragt.

In den vergangenen fünf Jahren standen bei der Mehrheit der Befragten IT-getriebene Themen ganz oben auf der Agenda. Angeführt wird die Liste von der Erweiterung der Systeme sowie deren Funktionsumfängen. Es folgen die Integration der Systeme und Datenbasis sowie der Einsatz von Data Warehouses. Neben den technisch orientierten Themen haben auch gesetzliche Anforderungen (z. B. IFRS-Einführung) das Reporting vor neue Herausforderungen gestellt. Compliance und Risikomanagement waren damals und sind im Jahr 2008 von untergeordneter Bedeutung. Ein weiteres dominantes Themengebiet war die inhaltliche Weiterentwicklung der Instrumente zur Umsetzung neuer Steuerungsanforderungen. Diese Herausforderung wird vom überwiegenden Teil der Befragten einer der kritischen Erfolgsfaktoren der Zukunft sein. Des Weiteren sehen die Unternehmen auch neue Fragestellungen, wie beispielsweise die Steigerung der Effizienz (u. a. Aktualität, Flexibilität und Performance) und Effektivität (u. a. Aussagekraft, Entscheidungsunterstützung und Empfängerorientierung), auf sich zukommen. Hingegen werden IT-getriebene Themen sowie die Umsetzung neuer Rechnungslegungsstandards nicht länger als Herausforderungen gesehen.

Interessant ist in diesem Zusammenhang, inwiefern die von den Teilnehmern identifizierten Herausforderungen und Trends in Vergangenheit und Zukunft ihre aktuelle Verhaltensweise beeinflussen. Im Gegensatz zu den IT-getriebenen Themen in der Vergangenheit reagieren die Unternehmen in Bezug auf künftige Themen eher verhalten und warten ab, statt proaktiv zu handeln. Bislang haben Industriedienstleistungsunternehmen ebenso wie die anderen Studienteilnehmer zu diesen Themen nur wenige Projekte initiiert. Es bleibt also noch einiges zu tun, um die ehrgeizigen Ziele zu erreichen.

Abbildung 9: Vergangene und künftige Herausforderungen im Reporting

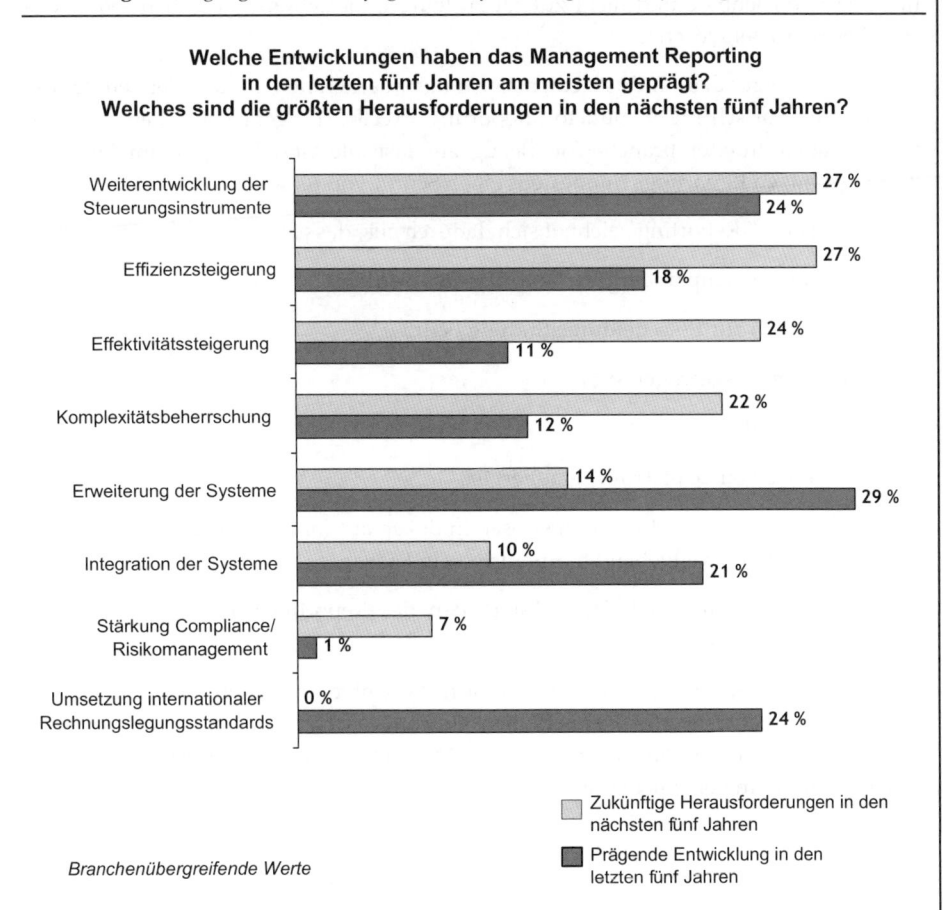

**Welche Entwicklungen haben das Management Reporting in den letzten fünf Jahren am meisten geprägt?
Welches sind die größten Herausforderungen in den nächsten fünf Jahren?**

Kategorie	Zukünftige Herausforderungen in den nächsten fünf Jahren	Prägende Entwicklung in den letzten fünf Jahren
Weiterentwicklung der Steuerungsinstrumente	27 %	24 %
Effizienzsteigerung	27 %	18 %
Effektivitätssteigerung	24 %	11 %
Komplexitätsbeherrschung	22 %	12 %
Erweiterung der Systeme	14 %	29 %
Integration der Systeme	10 %	21 %
Stärkung Compliance/Risikomanagement	7 %	1 %
Umsetzung internationaler Rechnungslegungsstandards	0 %	24 %

Branchenübergreifende Werte

4 Zusammenfassung

Nur Informationen, die praktisches Wissen schaffen, machen erfolgreiches Handeln möglich. Und nur die konsequente Umsetzung dieses Wissens ermöglicht den Erfolg. Die Studie „Reporting Excellence", die Cirquent zusammen mit Lünendonk durchgeführt hat, bestätigt diese Aussage. Diese Erkenntnis in die betriebliche Praxis zu transferieren stellt jedoch eine Herausforderung dar. Umso wichtiger ist es, möglichst konkret zu wissen, wo Führungskräfte heute über zu viele, zu wenige, nicht relevante, nicht nachvollziehbare und nicht zuletzt zu teure Informationen sprechen – und wie sich dieses Problem lösen lässt.

Die Studie zeigt, dass Industriedienstleistungsunternehmen in den letzten Jahren bereits gute Fortschritte in puncto „Reporting Excellence" gemacht haben und den Unternehmen anderer Branchen in Bezug auf fast alle Gestaltungsparameter eines leistungsfähigen Reportings mindestens einen Schritt voraus sind.

Ein „exzellentes" Reporting zeichnet sich dadurch aus, dass

- Informationen empfängergerecht aufbereitet werden,
- es wesentlich zur Entscheidungsfindung beiträgt,
- die Berichte ausgewogen sind,
- es effizient arbeitet,
- eine "Single Source of Truth" etabliert ist,
- internes und externes Rechnungswesen in Bezug auf Inhalte, Prozesse, Organisation und Systeme weitgehend harmonisiert sind sowie
- transaktionale und analytische Tätigkeiten des Reportings in geeigneter Weise gesteuert werden.

Um das Reporting zu verbessern, haben sich die Unternehmen ehrgeizige Ziele gesetzt. Bislang haben weder Industriedienstleistungsunternehmen noch die anderen Studienteilnehmer die nötigen Projekte und Maßnahmen initiiert. Es bleibt also noch einiges zu tun, um von einem wirklich exzellenten Reporting sprechen zu können.

Johannes Wolf

Supply-Chain-Risikomanagement
unter besonderer Berücksichtigung des Beitrags von Logistikdienstleistern

1 Einführung 203
2 Risiken und Risikotypen für Supply Chains 203
3 Folgen von Supply-Chain-Störungen 206
4 Ansätze eines Supply-Chain-Risikomanagements 208
5 Die Rolle von Logistikdienstleistern beim Supply-Chain-Risikomanagement......212
6 Exemplarische Risikomanagement-Ansätze bei Logistikdienstleistern..................215
7 Zusammenfassung und Handlungsoptionen für die Zukunft..................216

1 Einführung

Die Verletzlichkeit von Lieferketten bzw. -netzwerken hat unter anderem aufgrund von Globalisierungseffekten und Lean-Management-Trends zugenommen. Zahlreiche Risiken können sich beeinträchtigend auf den innerbetrieblichen und unternehmensübergreifenden Wertschöpfungsprozess auswirken. Ein systematisches Risikomanagement eröffnet die Möglichkeit, das Gefahrenpotenzial realistisch einzuschätzen und eine Gegensteuerung vorzunehmen. In diesem Zusammenhang ist durchaus die Frage naheliegend, welchen Beitrag Logistikdienstleister zum unternehmensübergreifenden Risikomanagement leisten können und wollen.

2 Risiken und Risikotypen für Supply Chains

Supply-Chain-Störungen treten in vielfältigen Erscheinungsformen auf. Es trifft auf weitgehendes Anerkenntnis, dass die „Verletzlichkeit" von Lieferketten unter anderem aufgrund von Globalisierungseffekten und von Lean-Management-Trends zugenommen hat. Aus mehr oder weniger bewusst wahrgenommenen Risiken entstehen Fehlfunktionen und Schadensfälle. Dies sei an einem Beispielfall verdeutlicht, der sich im Jahr 2000 in den USA ereignete (vgl. o.V., 2006, S. 16 ff.).

Durch einen Blitzeinschlag in eine Stromleitung wurde das Kühlsystem in einer Produktionsanlage eines Philips-Halbleiterwerks funktionsunfähig. Als Folge brach ein Feuer aus, das allerdings nur sehr begrenzt um sich griff und in Minuten gelöscht werden konnte. Der Schaden schien gering und mit diesem Tenor wurden die beiden größten Kunden – Ericsson und Nokia als Abnehmer von Handy-Chips – informiert. Die Auswirkungen des Brandes in dem Philips-Produktionswerk erwiesen sich allerdings als weitaus gravierender als zunächst angenommen: Ein größerer Teil der Fertigung war verunreinigt worden, Produktionsausfälle in erheblichem Umfang waren die Folge. Für den weiteren Verlauf des Falles wird in fast lehrbuchhafter Weise von einer unterschiedlichen Risikohandhabung seitens der beiden Großkunden berichtet. Nokia hatte das Werk sofort unter besonders intensives Monitoring gestellt und rasch alternative Lieferanten angesprochen. Ericsson reagierte nicht so schnell und hatte, unter anderem auch aufgrund einer Single-Sourcing-Strategie in diesem Bereich, eine einschneidende Fehlteilesituation. Hierdurch wurde die Markteinführung einer neuen Ericsson-Handygeneration behindert, und es stellten sich erhebliche Verluste in der Mobilphone-Sparte des Unternehmens ein. Für Ericsson bleibt somit neben dem Schaden auch noch die Einschätzung, zumindest von außen, dass das Risikomanagement nicht gegriffen hat: Es schien in dieser Situation an Aufmerksamkeit, Geschwindigkeit und Flexibilität zu fehlen.

Die Vielfältigkeit der Risikolandschaft mag anhand der Abbildung 1 deutlich werden. Sie stammt ursprünglich aus dem Wirtschaftsprüfungsbereich – aus dem Hause KPMG – und enthält ohne Anspruch auf Vollständigkeit eine ganze Reihe von Risiken bzw. Risikoklassen, die auf den Wertschöpfungsprozess einwirken können. Der Bezugspunkt ist hierbei – und das ist für solche Risikoübersichten bislang typisch – eher das einzelne Unternehmen als die Supply Chain. Trotzdem sind gute Ansatzpunkte zur Identifizierung von Risiken auch aus betriebsübergreifender Sicht gegeben.

Abbildung 1: Vielfältigkeit der Risikolandschaft

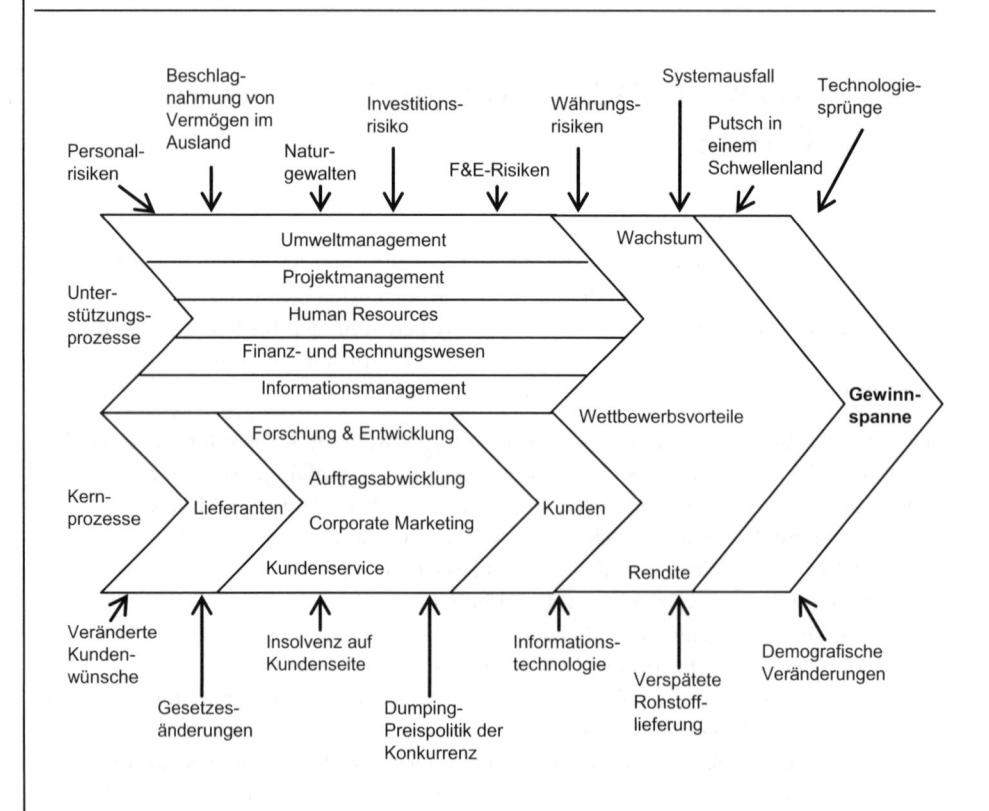

Quelle: Schwolgin, 2004, S. 134

Bei einer Typisierung von Risiken für Supply Chains wird oftmals die beinahe trivial anmutende Polarisierung extern/intern vorgenommen (vgl. Christopher/Peck, 2004, S. 4 f.; Jüttner, 2005, S. 122; o.V., 2006, S. 16). In der Kategorie der externen Risiken treten Naturereignisse bzw. Katastrophen auch in entfernten Teilen der Welt in den Blickpunkt. Weiterhin spielen auch Ursachen aus dem politischen Bereich eine Rolle, in der Abbildung 1 durch das Stichwort „Gesetzesänderungen" erfasst bzw. umschrieben: So ist der Fall eingetreten, dass aufgrund des Erreichens einer Importquote Zulieferungen aus Fernost vorübergehend unterbrochen wurden – ein Beispiel aus dem Textilhandel. Bei den internen Risiken kann der Auslöser bereits in einer Fehleinschätzung des Primärbedarfs an der Mündung der Supply Chain, nämlich beim Endkunden, liegen – Stichwort „Veränderte Kundenwünsche". IT-bezogene Risiken sind sicherlich durch die Gefahr von Systemausfällen gegeben, aber auch durch unzulängliche Unterstützung bei Aufgaben wie der Primärbedarfsprognose oder der elektronischen Zolldeklaration. Umgekehrt birgt ein zweckgerichtet ausgestalteter IT-Einsatz ohne Zweifel entsprechende Chancen.

Man kann die Typisierung externe/interne Risiken nun verfeinern, indem man die Elemente der Supply Chains, also die beteiligten Unternehmen, zusätzlich berücksichtigt. Das Ergebnis sind im Hinblick auf die Lokalisierung des Gefahrenpotenzials die vier Risikokategorien:

- intern, bezogen auf das Unternehmen,
- intern, bezogen auf das Unternehmen, und intern, bezogen auf die – umgebende – Supply Chain,
- extern, bezogen auf das Unternehmen, aber intern, bezogen auf die Supply Chain,
- extern, bezogen auf die Supply Chain.

Beispiele für die erste Klasse der rein unternehmensinternen Risikopotenziale wären ein unzureichender Früherkennungsmechanismus oder Single Sourcing bei wesentlichen Gütern. Der Klasse intern/intern könnte der Bull-Whip-Effekt zugeordnet werden, also die sich Supply-Chain-aufwärts verstärkenden Nachfrageausschläge: Zum einen ist man von Bedarfsfehleinschätzungen anderer betroffen, zum anderen trägt man möglicherweise selbst seinen unrühmlichen Teil in diesem „Spiel" bei. Die Risikoklasse extern/intern mag durch die mögliche Insolvenz eines wichtigen Kunden oder Lieferanten verdeutlicht werden. Der vierte Typus wurde anhand des eingangs dargestellten Beispiels eines Naturereignisses angesprochen.

Ist diese – sicher sehr plastische – Einteilung in externe und interne Risiken nun diejenige, die im Hinblick auf ein Risikomanagement entscheidend weiterhelfen kann? Oder sind andere Kategorisierungskriterien zu präferieren? Die Antwort lautet: Je nach Zweck bzw. Phase im Prozess des Risikomanagements sind unterschiedliche Typisierungen nützlich. Die verfeinerte Extern/Intern-Unterteilung kann sicherlich gute Dienste zur systematischen Identifizierung von Risiken leisten: Jedem der vier Segmente sollte dabei die nötige Aufmerksamkeit zuteilwerden.

Schreitet man weiter fort im Prozess der Risikoanalyse bzw. des Risikomanagements, so können andere Kriterien in den Vordergrund treten, wie z. B. die Versicherbarkeit, die Risikominderungskosten, die Höhe des Gefahrenpotenzials oder die Beeinflussbarkeit. Auf die beiden letzten Merkmale wird im Rahmen der Methodik zum Risikomanagement noch näher eingegangen.

3 Folgen von Supply-Chain-Störungen

Lieferkettenfehlfunktionen entsprechenden Ausmaßes haben gravierende Folgeeffekte auf den Aktienkurs, den Marktwert und die Ertragsentwicklung der betroffenen Unternehmen. Diese Erkenntnisse können aus einer empirischen Langzeitstudie abgeleitet werden, die in den USA durchgeführt wurde (vgl. Hendricks/Singhal, 2003, S. 1 ff.; Hendricks/Singhal, 2003, S. 501 ff.; Jockel/Wolf, 2004, S. 55 f.). Zunächst einmal zeigte sich, dass öffentlich gewordene Supply-Chain-Störungen durchschnittlich in einer schlechteren Aktienkursentwicklung in Höhe von ca. 10 % im Vergleich mit „unbeschadeten" Unternehmen münden. Hier drängte sich die Frage auf, ob eine solche Abwertung eine Überreaktion der beobachteten Aktienmärkte widerspiegelt oder eine fundamental berechtigte Folge der Lieferketten-Unterbrechungen darstellt.

Aufschluss hierüber geben die Detailergebnisse der Studie, die auszugsweise in Abbildung 2 wiedergegeben sind. Es wurden knapp 900 Fälle aufgegriffen, in denen zwischen 1992 und 1999 Lieferkettenprobleme bekannt wurden (die Studie wurde inzwischen ausgeweitet auf Veröffentlichungszeitpunkte von Supply-Chain-Störungen im Zeitraum von 2000 bis 2003, wobei sich die Ergebnistendenz bestätigte (vgl. Hendricks/Singhal, 2007, S. 1 ff.). Tatsächlich stellten sich erhebliche Verschlechterungen verschiedener Schlüsselparameter ein, die im Vergleich mit Unternehmen ohne entsprechende Supply-Chain-Störungen beobachtet wurden. Negative Auswirkungen gravierenden Ausmaßes waren u. a. bei den Lagerbeständen, dem Umsatzwachstum, der Umsatzrentabilität, dem Gewinn und den Gesamtkosten zu verzeichnen. So zeigten sich bei verschiedenen Kostenarten auffällige Steigerungen, was beispielsweise auf Aktivitäten zur Beschleunigung der Versorgung, Vertragsstrafen und nicht zuletzt auf zunehmende Marketingausgaben zur Kompensation des Imageverlustes zurückzuführen ist.

Die herausgearbeiteten negativen Effekte traten unabhängig von der jeweiligen Branche auf, hingegen in unterschiedlichem Ausmaß je nach Unternehmensgröße: Kleinere Unternehmen traf es z. B. bei den Gewinneinbußen deutlich härter als größere. Ein generelles Fazit läuft auf die folgende Aussage hinaus: Wenn die Unternehmen – wie hier aufgrund von Lieferkettenunterbrechungen – die Nachfrage nicht adäquat bzw. wunschgemäß bedienen können, sind viele Kunden geneigt, den Umsatz und ihre Loyalität nachhaltig zu verlagern.

Im Einzelnen wurden die Auswirkungen auf die Schlüsselparameter für einen Zeitraum von drei Jahren untersucht. Dabei stellte sich heraus, dass im ersten Jahr der operative Gewinn im Durchschnitt um 107 % und die Umsatzrentabilität um 115 % hinter der Entwicklung bei Unternehmen ohne Lieferkettenstörungen zurückblieb. Das Umsatzwachstum war durchschnittlich um 7 % schwächer, die Gesamtkosten waren um 11 % höher und die Lagerbestände stiegen in Relation zu denen der übrigen Unternehmen um 14 %, wie die Abbildung 2 zeigt. Ein um 107 % schlechterer operativer Gewinn im Jahr nach der Verlautbarung der Fehlfunktion heißt dann beispielsweise konkret: Wenn bei einem unbeschadeten Unternehmen eine Gewinnverdopplung auftrat, gab es einen leichten Gewinnrückgang bei dem „Störfallunternehmen". Andere Konstellationen sind analog möglich.

Abbildung 2: Auswirkungen von Lieferkettenfehlfunktionen

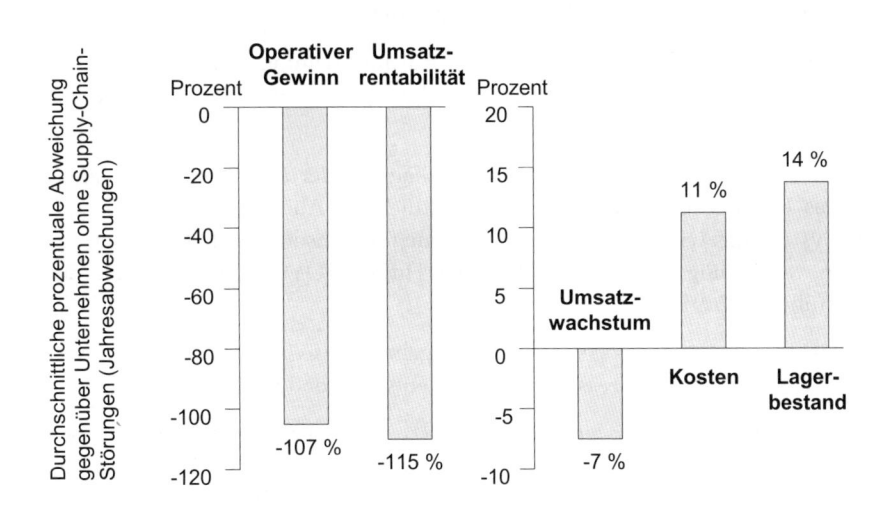

Eine schnelle Erholung von den Folgen der aufgetretenen Lieferketten-Fehlfunktion war nicht möglich. Vielmehr verblieben die Kenngrößen auch in den folgenden zwei Jahren auf einem vergleichsweise schlechten Niveau. Die Autoren der Studie vergleichen eine solche Störung mit einer Herzattacke: Es dauert lange, sich davon zu erholen.

Zum einen beziehen sich die Ergebnisse auf börsennotierte Unternehmen, zum anderen liegt zumindest der Schwerpunkt der Untersuchung in den USA. Wie sieht es also mit der Übertragbarkeit auf unseren Raum und ggf. kleine und mittelständische Unternehmen aus? „Hartes" empirisches Zahlenmaterial liegt hierzu nicht vor. Dennoch muss die Antwort lauten: Dies sind keine Effekte aus einer anderen Welt. Vielmehr sind die Tendenzen übertragbar: Gravierende Fehlfunktionen haben nachhaltig negative Auswirkungen.

4 Ansätze eines Supply-Chain-Risikomanagements

Der Anstoß zum Risikomanagement erfolgt u. a. auch durch den Gesetzgeber. So sieht das Gesetz zur Kontrolle und Transparenz im Unternehmensbereich vor, dass in Aktiengesellschaften ein aufbauorganisatorisch hoch angesiedeltes Risikomanagement stattfindet. Eine entsprechende Aufmerksamkeit bezüglich dieser Aufgabe wird auch bei Unternehmen mit anderer Rechtsform erwartet.

Z. T. wird mit dieser Verpflichtung bzw. Erwartungshaltung zum Risikomanagement auch recht offensiv umgegangen, wie die folgende Verlautbarung aus dem Logistik-Dienstleistungsbereich zeigt:

„Es war erfreulich, von einer unserer Hausbanken, der Deutschen Bank, zu hören, dass das Berichtswesen von HOYER vorbildlich ist. Auch über das Risikomanagement-System, das wir täglich verfeinern, werden wir unsere Geschäftspartner, u. a. die Banken, regelmäßig informieren." (Thomas Hoyer, HOYER GmbH, Bericht der Geschäftsführung, 2004)

Zur Unterstützung einer systematischen Vorgehensweise ist es sicherlich sinnvoll, das Risikomanagement als Prozess zu sehen und entsprechend in Phasen aufzugliedern.

In diesem Zusammenhang wird beispielsweise eine Vier-Phasen-Folge mit dem Ablauf der Schritte Risikoanalyse, Risikoplanung und -steuerung, Risikoüberwachung sowie Risikodokumentation als Leitlinie empfohlen, wie Abbildung 3 zeigt (vgl. Horváth/Gleich/Voggenreiter, 2001, S. 246; ähnlich auch Winkler, 2005, S. 356 f.; Reichmann, 2001, S. 609 f.).

Die Risikobetrachtung erstreckt sich idealerweise, zugleich aber auch notwendigerweise auf die gesamte Lieferkette bzw. das gesamte Liefernetzwerk. Um dem Supply-Chain-Gedanken Rechnung tragend die vier Phasen mit Aussicht auf Erfolg zu durchlaufen und eine adäquate Einschätzung der komplexen Risikolage vorzunehmen, ist eine diesbezügliche Kooperation und Kommunikation zwischen den beteiligten Unternehmen Voraussetzung. Gerade dieser kollaborative Ansatz kann aufgrund von Hemmnissen der offenen Kommunikation mit den Supply-Chain-Partnern an Grenzen stoßen, wenn z. B. darüber nachgedacht wird, andere Unternehmen über eigene Unzulänglichkeiten zu informieren. Allerdings wird die Lieferkette, in der dies besser gelingt, ihre Stellung im Wettbewerb stärken können.

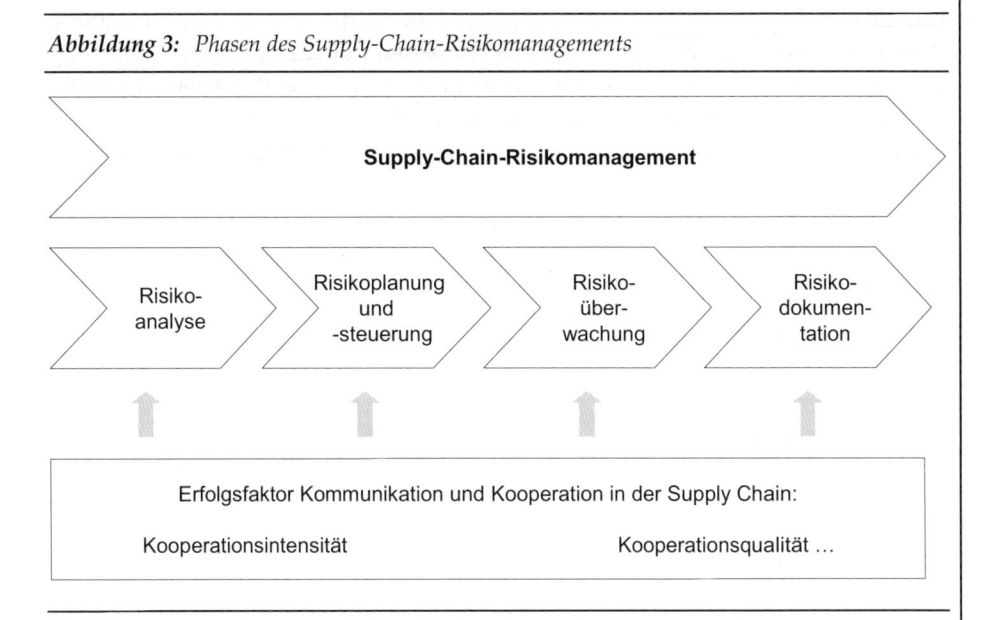

Abbildung 3: Phasen des Supply-Chain-Risikomanagements

Supply-Chain-Risikomanagement

Risikoanalyse → Risikoplanung und -steuerung → Risikoüberwachung → Risikodokumentation

Erfolgsfaktor Kommunikation und Kooperation in der Supply Chain:

Kooperationsintensität   Kooperationsqualität …

Die Inhalte der vier Prozessphasen seien nachfolgend kurz skizziert: Identifizierung und Bewertung der Risiken sind Gegenstand in der ersten Phase, der Risikoanalyse. Als Ergebnis werden Prioritäten gesetzt, welcher Risiken man sich schwerpunktmäßig annehmen möchte. Um Zielsetzungen wie Risikovermeidung, -verminderung, -überwälzung oder -akzeptanz sowie die Initiierung und Ingangsetzung von Maßnahmen zur Zielerreichung geht es bei der Risikoplanung und -steuerung. In der Überwachungsphase steht das begleitende Monitoring der Maßnahmen, aber auch der zugrunde liegenden Risiken im Vordergrund. Es geht also um die Überprüfung, wie die Maßnahmen greifen und wie sich ggf. die zugrunde liegende Risikolandschaft ändert. Durch die Risikodokumentation soll die Problemlage und deren Handhabung nachvollziehbar gemacht werden. Dies kann insbesondere auch durch die Erstellung und Pflege eines Risikohandbuchs geschehen.

Das Risikomanagement kann durch eine Reihe von Methoden und Instrumenten unterstützt werden. Zurückkommend auf die unter dem ersten Gliederungspunkt genannten Risikotypisierungskriterien „Gefahrenpotenzial" und „Beeinflussbarkeit" sei

Johannes Wolf

hier beispielhaft eine Methode vorgestellt (vgl. Abbildungen 4 und 5). Sie dient in der Phase der Risikoanalyse zur Bewertung von Einzelrisiken und stellt eine Variante der Portfolioanalyse dar (vgl. Horváth/Gleich/Voggenreiter, 2001, S. 183 u. 185; zum Wesentlichkeitsportfolio z. B. auch Reichmann, 2001, S. 613; und Schwolgin, 2004, S. 140).

Hierbei wird zunächst in einem ersten Teilschritt durch das so genannte „Risiko-Wesentlichkeitsportfolio" nach den beiden Einzelkriterien Risikoeintrittswahrscheinlichkeit und Schadenshöhe eine Einstufung in wesentliche und weniger wesentliche Risiken vorgenommen. Während beispielsweise Risiko 1 die Gefahr der Abwanderung des wichtigsten A-Kunden sei und im Portfolio als entsprechend gravierend positioniert würde, könnte Risiko 3 ein Feuerschaden sein, der versichert ist und zudem aufgrund von Brandschutzvorkehrungen wie einer Sprinkleranlage als kaum möglich eingeschätzt wird.

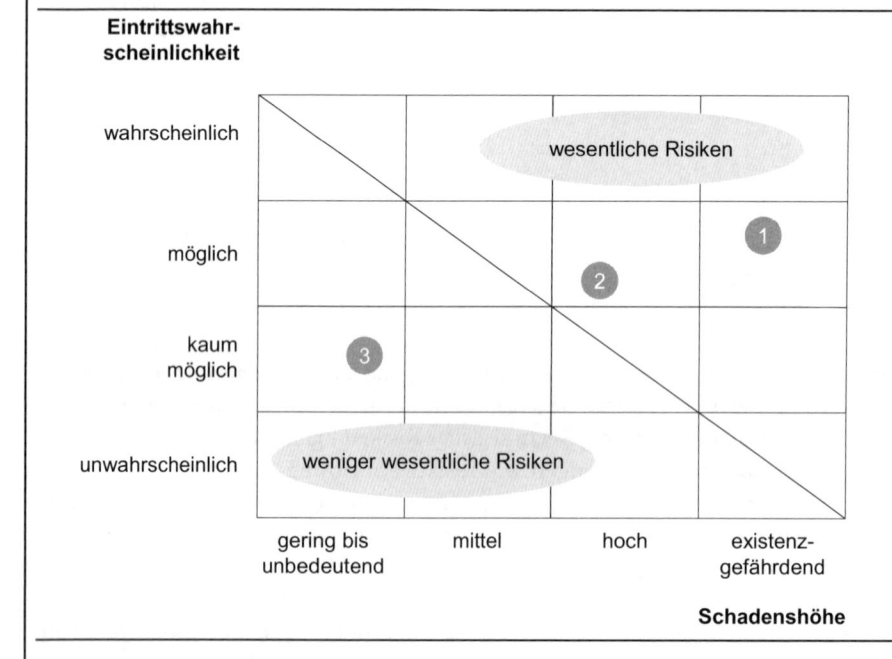

Abbildung 4: Risiko-Wesentlichkeitsportfolio

In einem zweiten Teilschritt liegt der Fokus dann auf den wesentlichen Risiken. In unserem Beispiel fehlt im Portfolio der zweiten Stufe, dem „Risiko-Beeinflussungsportfolio", somit das Einzelrisiko 3 (vgl. Abbildung 5). In dieser zweiten, 16-feldrigen Matrix kristallisieren sich nun unter den Aspekten der Beeinflussbarkeit und Schadenshöhe diejenigen Risiken heraus, bezüglich derer Maßnahmen initiiert werden. Risiko 2 könnte in diesem Fall z. B. ein Imageschaden der Branche sein, bezüglich dessen wegen geringer Möglichkeit der Einflussnahme keine Maßnahmen in Gang gesetzt werden. Insgesamt gesehen steht mit dieser Variante der Portfolioanalyse also eine Methodik zur Verfügung, die eine fundierte Prioritätensetzung zur Risikoeinflussnahme unterstützt.

Abbildung 5: Risiko-Beeinflussungsportfolio

Möglichkeit zur Beeinflussung

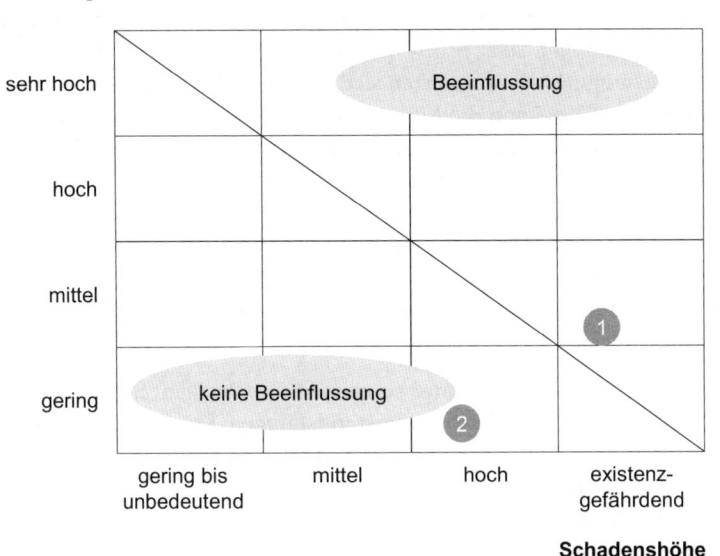

(sehr hoch / hoch / mittel / gering)

Beeinflussung

keine Beeinflussung

gering bis unbedeutend — mittel — hoch — existenzgefährdend

Schadenshöhe

Ohne in diesem Beitrag auf weitere Methoden einzugehen, sei an dieser Stelle erwähnt, dass es für das Risikomanagement softwareseitige Unterstützung gibt, sei es durch Programme, die eher auf größere Unternehmen zugeschnitten sind, oder durch Softwarekomponenten mit Fokus auf kleine und mittelständische Unternehmen. Die Unterstützung, die hier geleistet wird, besteht in erster Linie darin, dass ein Rahmenwerkzeug zum Aufbau und zur Abbildung des Risikomanagement-Prozesses zur Verfügung steht. So sind etwa die genannten vier Phasen des Prozesses vorgezeichnet und Beispiele zu Risikosteuerungsinstrumenten oder Textbausteine für das Risikohandbuch bereits eingearbeitet. Weiterhin kann die oben vorgestellte Portfolioanalyse bereits durch entsprechende Tabellen und Matrizen vorbereitet sein. Eine solche IT-Unterstützung ist durchaus nützlich, das Gros der inhaltlichen Aufarbeitung verbleibt allerdings naturgemäß beim Nutzer.

Zurückkommend auf den Risikomanagement-Prozess in seiner Gesamtheit sei noch einmal hervorgehoben, dass es sich nicht um einen punktuellen bzw. mehr oder weniger anlassbezogenen Vorgang handeln sollte (vgl. Schwolgin, 2004, S. 142 f.). Vielmehr wird eine systematische, kontinuierliche Vorgehensweise größere Erfolgsaussichten eröffnen. Beispielsweise wird man die Gefahr nicht identifizierter oder falsch eingeschätzter Risiken nicht ausschließen können. Bei einem iterativen Prozessablauf lässt sich allerdings die Chance erhöhen, ein klareres und realistischeres Bild zu erhalten. So können sich durch die laufende Risikoüberwachung wiederum Ansatzpunkte für erforderliche vertiefende Maßnahmen der Risikoidentifizierung und -bewertung ergeben.

Zum Abschluss dieses Kapitels seien einige konkrete inhaltliche Ansatzpunkte des Supply-Chain-Risikomanagements angesprochen (vgl. Christopher/Peck, 2004, S. 6 ff.; Jüttner/Peck/Chrisopher, 2003, S. 134 ff.). Viele der in diesem Zusammenhang genannten Handlungsmöglichkeiten beziehen sich auf eine Stärkung des Faktors Information bzw. Transparenz: Dies kann die Kenntnis der gesamten Produkt- und Logistikkosten in Lieferketten betreffen, damit fundamental zusammenhängend die Kenntnis über die Funktionsweise der gesamten Supply Chain oder auch die Antizipation von gefahrträchtigen Vorgängen und Störfaktoren. Zur Erlangung eines entsprechenden Transparenzniveaus ist sicherlich eine Kommunikationsplattform nützlich, die inner- und überbetrieblich ausgerichtet ist und Lieferanten und Kunden einbezieht. Für bestimmte Gefahrenmomente könnte zudem eine Notfall- bzw. Geschäftsunterbrechungsplanung installiert werden.

Weiterhin wird die Zielrichtung der so genannten „Resilient Supply Chain" empfohlen, d. h. einer elastischen bzw. widerstandsfähigen Konstruktion. Dahinter stehen eine ganze Reihe einzelner Aspekte, die z. T. von mittlerweile zu sehr abgeflachten Strukturen ausgehen: Als Beispiele seien hier Vermeidung von Single Sourcing für kritische Teile, Begrenzung des Outsourcing-Umfangs im Bereich des Kerngeschäfts, Lagerhaltung mit Augenmaß oder auch Streuung von Lieferanten in verschiedenen Regionen angeführt.

Zurückkommend auf das Störfallbeispiel des Blitzeinschlags hat also beispielsweise diejenige Lieferkette Vorteile, die über die bessere Transparenz, Flexibilität und Notfallplanung verfügt.

5 Die Rolle von Logistikdienstleistern beim Supply-Chain-Risikomanagement

Zum einen sind Supply Chains oftmals komplexe, weitreichende Gebilde. Zum anderen ist seitens der Industrie- und Handelsunternehmen durchaus die Bereitschaft vorhanden, Logistikdienstleistern wesentliche Aufgabenanteile an den Abwicklungsprozessen in der Supply Chain zu übertragen. So ist beispielsweise der Dienstleister Schenker verantwortlich für die Versorgung des Ford-Montagewerks in Sankt Petersburg mit Teilen und Baugruppen, die größtenteils aus Produktionsstätten in Westeuropa stammen. Seinerseits bedient sich Schenker dabei in einem komplexen Steuerungsprozess einer ganzen Reihe von Subunternehmern in der Abwicklung – von Reedereien bis hin zu Containerdiensten. Aus Sicht des Kunden Ford sind lediglich ein, zwei Stufen der Beschaffungslogistik betroffen; zumindest Produktions- und Distributionslogistik schließen sich noch unmittelbar an – damit wird das Ausmaß vieler heute vorzufindender Supply Chains deutlich.

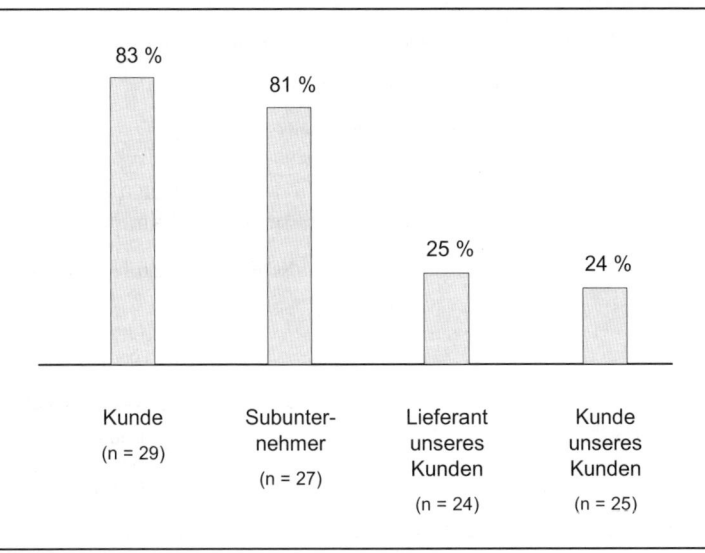

Abbildung 6: Reichweite des Risikomanagements (Logistikdienstleister)

Kunde (n = 29)	Subunternehmer (n = 27)	Lieferant unseres Kunden (n = 24)	Kunde unseres Kunden (n = 25)
83 %	81 %	25 %	24 %

Supply-Chain-Risiken können in der Art eines „Dominoeffekts" Auswirkungen auf alle Partner in der Supply Chain haben. Die Bedeutung eines strukturierten Risikomanagement-Prozesses ist den Akteuren auch bewusst. Zudem gab in einer stichprobenartigen Befragung auch gut die Hälfte der Unternehmen aus Industrie, Handel und dem Logistikdienstleistungsbereich an, Risikomanagement auch für Supply-Chain-Risiken anzuwenden (vgl. Pfohl, 2008, S. 5).

Supply Chains können – in vereinfachter Form – häufig als eine Folge von Stufen in Industrie und Handel mit jeweils zwischengeschalteten Logistikdienstleistern abgebildet werden. Bei der Frage der Reichweite des Risikomanagements in Industrie- und Handelsunternehmen zeichnet sich eine Berücksichtigung mehrerer Stufen der Lieferketten ab. Seitens der Logistikdienstleister offenbart sich hingegen, dass diese über-

Johannes Wolf

wiegend nur ihre direkten Partner in ihr Management von Supply-Chain-Risiken einbinden, somit lediglich einen kleinen Ausschnitt der gesamten Lieferkette berücksichtigen. Dies zeigt Abbildung 6 sehr deutlich auf (vgl. Pfohl, 2008, S. 7).

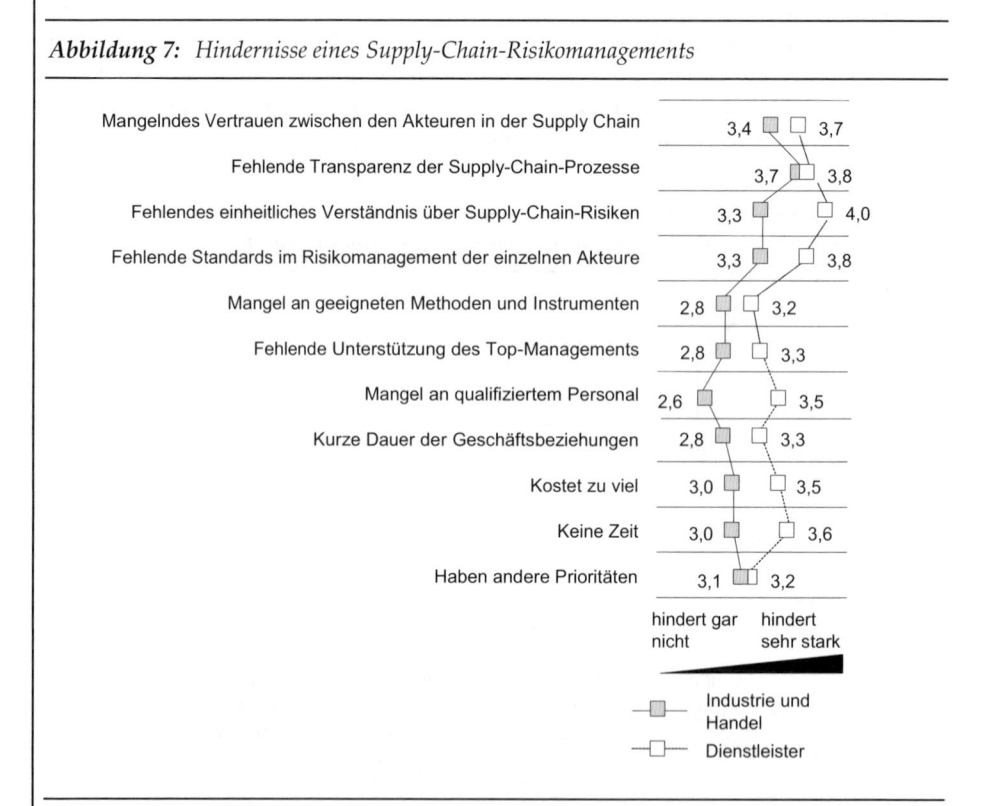

Abbildung 7: Hindernisse eines Supply-Chain-Risikomanagements

Hindernis	Industrie und Handel	Dienstleister
Mangelndes Vertrauen zwischen den Akteuren in der Supply Chain	3,4	3,7
Fehlende Transparenz der Supply-Chain-Prozesse	3,7	3,8
Fehlendes einheitliches Verständnis über Supply-Chain-Risiken	3,3	4,0
Fehlende Standards im Risikomanagement der einzelnen Akteure	3,3	3,8
Mangel an geeigneten Methoden und Instrumenten	2,8	3,2
Fehlende Unterstützung des Top-Managements	2,8	3,3
Mangel an qualifiziertem Personal	2,6	3,5
Kurze Dauer der Geschäftsbeziehungen	2,8	3,3
Kostet zu viel	3,0	3,5
Keine Zeit	3,0	3,6
Haben andere Prioritäten	3,1	3,2

hindert gar nicht — hindert sehr stark

Supply-Chain-Risikomanagement ist also durchaus eine anerkannte Notwendigkeit, Ansätze sind schon vorzufinden; die Rolle der Logistikdienstleister bei dieser Monitoring-, Kommunikations- und Steuerungsaufgabe ist allerdings eher bescheiden. Naturgemäß sind bei unternehmensübergreifendem Kooperationsbedarf wie beim Supply-Chain-Risikomanagement gravierende Hindernisse zu beachten. Abbildung 7 verdeutlicht, dass diese Hemmnisse durchaus nicht nur im mangelnden Vertrauen zwischen den Akteuren oder einer uneinheitlichen Verständnisbasis begründet sind, sondern beispielsweise auch in „harten" Faktoren wie fehlender Transparenz der Supply-Chain-Prozesse oder fehlendem Instrumentarium liegen können. Logistikdienstleister sehen dabei größere Hürden als die Unternehmen aus Industrie und Handel (vgl. Pfohl, 2008, S. 12).

6 Exemplarische Risikomanagement-Ansätze bei Logistikdienstleistern

Wie ist nun das Risikomanagement bei Logistikdienstleistern konkret ausgestaltet und auf welche Schwerpunkte ist es ausgerichtet? Hierzu wurde exemplarisch bei vier Unternehmen dieses Sektors eine Erhebung mittels Fragebogen und ergänzenden Interviews durchgeführt.[9] Es handelt sich bewusst um Unternehmen mit verschiedenen Geschäftsmodellen, nämlich einen reinen Frachtführer, einen („Schreibtisch"-)Spediteur ohne eigene Ressourcen zur Durchführung der Transporte und zwei System-Logistikdienstleister, die gewichtige Geschäftsanteile in den Bereichen Kontraktlogistik bzw. kundenspezifisch entwickelte Lösungen aufweisen oder in erheblichem Maße Integratorfunktionen wahrnehmen (zum Begriff des so genannten „Systemdienstleisters" in der Kategorisierung von Logistikdienstleistern vgl. Gleissner/Femerling, 2008, S. 85).

Bezüglich der Schwerpunktsetzung des Risikomanagements der vier Unternehmen zeigte sich, dass der Gruppe der finanziellen Risiken durchweg die höchste Priorität beigemessen wird, wie in den Abbildungen 8 und 9 für den Frachtführer und einen der Systemdienstleister dargestellt: Kundenbonität, -zahlungsbereitschaft und das Investitionsrisiko haben einen überaus hohen Stellenwert. Diese Bewertung ist nicht überraschend, da die Insolvenzquote der Logistikdienstleistungsbranche deutlich über dem Durchschnitt der Gesamtwirtschaft liegt (vgl. Korschinsky, 2007, S. 4 f.). Einige unterschiedliche Gewichtungen sind dagegen auf die jeweiligen Schwerpunkte der Geschäftstätigkeit zurückzuführen, wie z. B. die Einordnung des Unfallrisikos in die höchste Risikokategorie bei dem Frachtführer, der eine Flotte von ca. 1.000 Lkw betreibt (Abbildung 8).

Insgesamt zeigt die Erhebung durch das hohe Gewichtungsniveau bei den finanziellen Risiken, z. T. aber auch bei den anderen Risikogruppen, eine entsprechende Sensibilität der Unternehmen. Die Ausprägung des Risikomanagements hält mit diesem Risikobewusstsein allerdings nicht Schritt: So sind nur in jeweils zwei der Unternehmen ein Risikobeauftragter und ein Risikohandbuch vorzufinden. Das Risikomanagement ist z. T (mit) im Qualitätsmanagement angesiedelt, woraus sich die Frage einer eigenständigen, adäquaten Ausrichtung und Akzentuierung ergibt. Eine Reihe von Maßnahmen zum Risikomanagement befindet sich im Anfangsstadium bzw. in der Entwicklung, was einerseits auf eine bisherige Vernachlässigung hindeutet, andererseits

---

[9] Für ihre Mitarbeit sei an dieser Stelle gedankt: Frau Stephanie Rieser, Frau Sylvia Schitting, Frau Olga Sencenko und Frau Luise Spitzmüller, die die Erhebung der Risikomanagement-Ansätze bei vier Logistikdienstleistern durchgeführt haben, sowie Herrn Thomas Pütz, der Literaturrecherchen und die Formatierungsarbeiten des Materials übernommen hat.

aber auch einen Fingerzeig gibt, dass die Unternehmen sich auf den richtigen Weg begeben bzw. diesen konsequent weiter beschreiten möchten.

Die Supply-Chain-Orientierung des Risikomanagements ist bei den vier Unternehmen nur in geringfügigem Maße erkennbar: Immerhin wurde bei dem Spediteur, der auf die Beförderung von Industrieanlagen und die Durchführung von Schwerguttransporten spezialisiert ist, ein Projekt zur Qualitätssicherung und Risikominderung in Zusammenhang mit einem A-Kunden aufgesetzt. Einer der beiden Systemdienstleister hat ein koordinierendes Risikomanagement für die vor- und nachgelagerte Stufe der Supply Chain aufgebaut, wobei die geforderten Service Levels als Orientierungspunkte dienen. Durchweg gibt es bei den vier Dienstleistern ein Debitorencontrolling, das beispielsweise Veränderungen des Zahlungsverhaltens der Kundenseite aufzeigt und entsprechende Reaktionen auslöst. Insgesamt ist allerdings unübersehbar, dass der Supply-Chain-Bezug des Risikomanagements von der Breite und der Reichweite in die Lieferketten her recht bescheiden ist.

7 Zusammenfassung und Handlungsoptionen für die Zukunft

Das Supply-Chain-Risikomanagement ist sicherlich ein lohnenswertes Konzept für die Zukunft. Es wird heute jedoch noch wenig praktiziert, wobei die Logistikdienstleister noch zurückhaltender agieren als Industrie- und Handelsunternehmen (vgl. Pfohl, 2008, S. 15). Gerade Logistikdienstleister spielen in Lieferketten aber oftmals eine integrierende Rolle. Sie sollten darüber nachdenken, entsprechende Kompetenzen für ein unternehmensübergreifendes Risikomanagement aufzubauen. Es ist durchaus vorstellbar, dass die (potenziellen) Kunden aus Industrie und Handel ein solches Knowhow auch als Wettbewerbsvorteil werten würden.

Auf diesem Weg besteht noch enormer Aktionsbedarf: Bereits verfügbare Instrumente zum Supply-Chain-Risikomanagement sollten verstärkt in das Bewusstsein der Unternehmen gerückt werden. An dieser Stelle seien lediglich in Stichworten einige Ansätze benannt: Methoden zur Identifizierung und Bewertung von Risiken wie Risikowesentlichkeits- und -beeinflussungsportfolio wurden bereits in diesem Beitrag kurz vorgestellt.

Abbildung 8: Gewichtung der Risiken bei einem Frachtführer

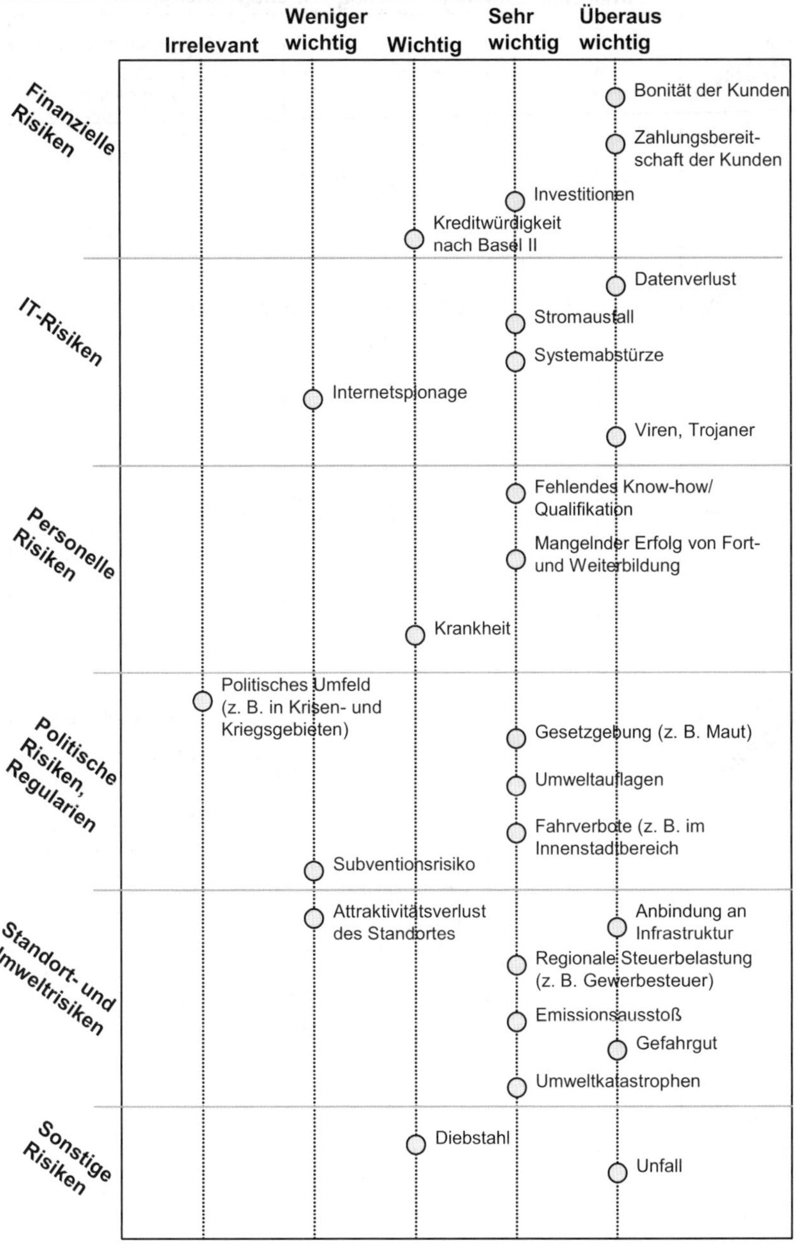

	Irrelevant	Weniger wichtig	Wichtig	Sehr wichtig	Überaus wichtig
Finanzielle Risiken					○ Bonität der Kunden
					○ Zahlungsbereitschaft der Kunden
				○ Investitionen	
			○ Kreditwürdigkeit nach Basel II		
IT-Risiken				○ Datenverlust	
				○ Stromausfall	
				○ Systemabstürze	
		○ Internetspionage			
				○ Viren, Trojaner	
Personelle Risiken				○ Fehlendes Know-how/ Qualifikation	
				○ Mangelnder Erfolg von Fort- und Weiterbildung	
			○ Krankheit		
Politische Risiken, Regularien	○ Politisches Umfeld (z. B. in Krisen- und Kriegsgebieten)				
				○ Gesetzgebung (z. B. Maut)	
				○ Umweltauflagen	
				○ Fahrverbote (z. B. im Innenstadtbereich)	
		○ Subventionsrisiko			
Standort- und Umweltrisiken		○ Attraktivitätsverlust des Standortes			
				○ Anbindung an Infrastruktur	
				○ Regionale Steuerbelastung (z. B. Gewerbesteuer)	
				○ Emissionsausstoß	
				○ Gefahrgut	
				○ Umweltkatastrophen	
Sonstige Risiken			○ Diebstahl		
				○ Unfall	

Johannes Wolf

Abbildung 9: Gewichtung der Risiken bei einem Systemdienstleister

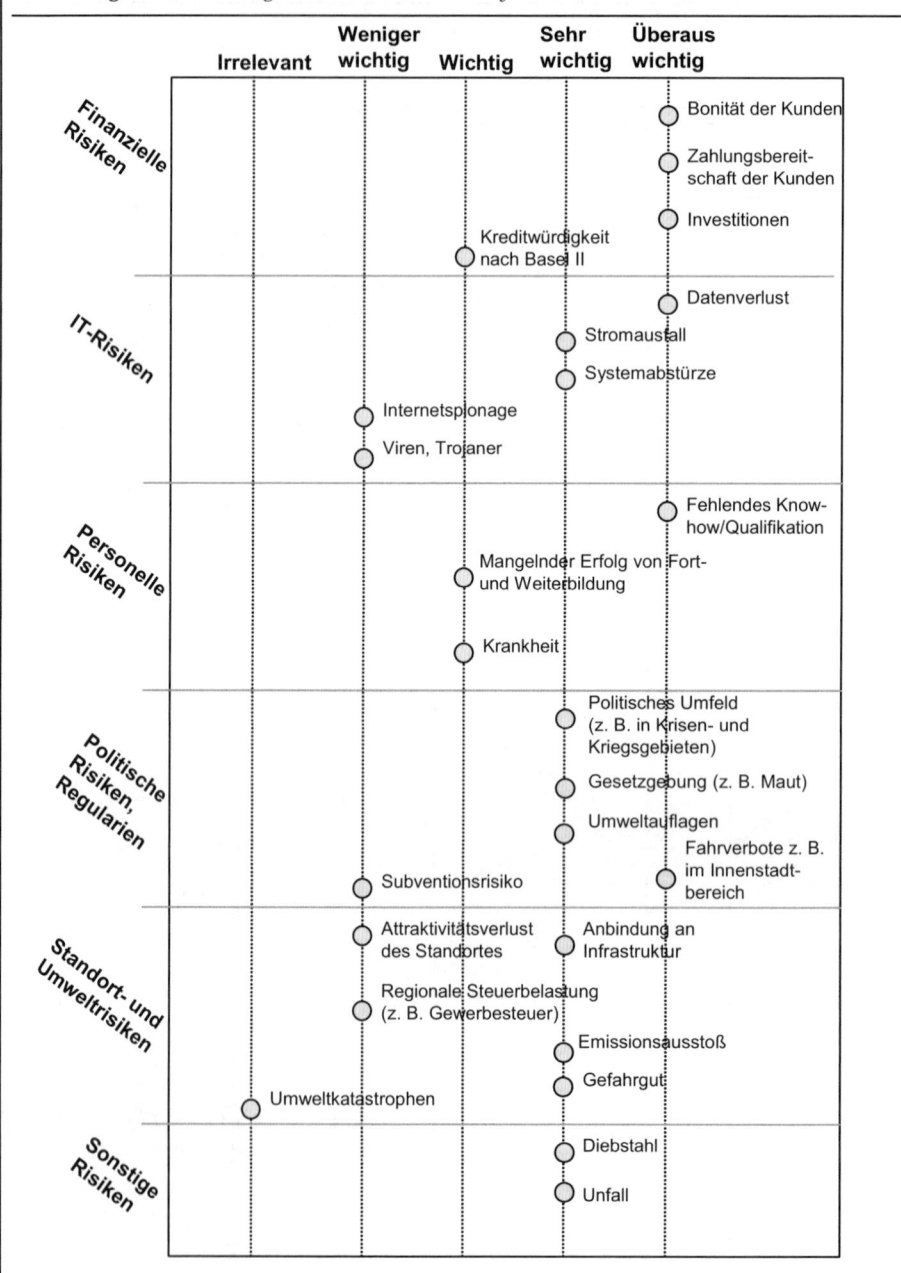

	Irrelevant	Weniger wichtig	Wichtig	Sehr wichtig	Überaus wichtig
Finanzielle Risiken					○ Bonität der Kunden
					○ Zahlungsbereitschaft der Kunden
					○ Investitionen
			○ Kreditwürdigkeit nach Basel II		
IT-Risiken					○ Datenverlust
				○ Stromausfall	
				○ Systemabstürze	
		○ Internetspionage			
		○ Viren, Trojaner			
Personelle Risiken					○ Fehlendes Know-how/Qualifikation
			○ Mangelnder Erfolg von Fort- und Weiterbildung		
			○ Krankheit		
Politische Risiken, Regularien				○ Politisches Umfeld (z. B. in Krisen- und Kriegsgebieten)	
				○ Gesetzgebung (z. B. Maut)	
				○ Umweltauflagen	
					○ Fahrverbote z. B. im Innenstadtbereich
		○ Subventionsrisiko			
Standort- und Umweltrisiken			○ Attraktivitätsverlust des Standortes	○ Anbindung an Infrastruktur	
		○ Regionale Steuerbelastung (z. B. Gewerbesteuer)			
				○ Emissionsausstoß	
				○ Gefahrgut	
	○ Umweltkatastrophen				
Sonstige Risiken				○ Diebstahl	
				○ Unfall	

Zur Schaffung von Transparenz über die Funktionsweise von bestehenden Lieferketten kann die Methodik des SCOR-Modells (Supply Chain Operations Reference Model) herangezogen werden. Visibility-Software kann operativ dabei helfen, den Materialfluss in Supply Chains zu beobachten und zu steuern. Softwareunterstützung für die Phasen von der Risikoanalyse bis zur Risikodokumentation steht zur Verfügung. Auch auf Ansatzpunkte zur Verbesserung der Kooperationsintensität und -qualität kann zurückgegriffen werden.

Allerdings ist auch in der Supply-Chain-Ausrichtung des Instrumentariums noch Arbeit zu leisten: So bedarf es einer schlüssigen Methodik, die den Fokus auf die gesamte Supply Chain richtet und es ermöglicht, alle Beteiligten in ein gemeinsames Risikomanagement einzubeziehen (vgl. Pfohl, 2008, S. 9). Zudem wäre es sicherlich sinnvoll, den Unternehmen eine Methode aufzuzeigen, die eine Kosten-Nutzen-Analyse eines lieferkettenbezogenen Risikomanagements ermöglicht. Es steht außer Zweifel, dass sich der Nutzen weiterer Anstrengungen zu ausgereiftem Supply-Chain-Risikomanagement einstellen wird. Die Lieferketten, die in diese Aufgabe sinnvoll investieren – möglicherweise unter maßgeblicher Beteiligung entsprechend kompetenter Logistikdienstleister –, werden auch im Wettbewerb Vorteile haben.

Teil 5

Mitarbeiter als Erfolgsfaktor von Industriedienstleistern

Sven Kramer

Herausforderungen für Industriedienstleister bei Personalanpassungen

Unternehmenssicherung durch strategische Partnerschaften und ein verantwortungsvolles Trennungsmanagement

1 Einleitung 225
2 Strategische Partnerschaften 226
   2.1 Qualität der externen Partner 227
       2.1.1 Employer Branding 228
       2.1.2 Die (tarifliche) Grundsicherung 228
       2.1.3 Kundennetzwerk 229
   2.2 Bindung der externen Partner 230
       2.2.1 Gemeinsame strategische Personalplanung 230
       2.2.2 Gemeinsame strategische Personalentwicklung 231
       2.2.3 Recruiting 231
       2.2.4 Bindung durch Risikominimierung 232
3 Verantwortungsvolles Trennungsmanagement 232
   3.1 Bisherige Praxis 233
   3.2 Beschäftigtentransfer als Alternative 233
       3.2.1 Transferagentur versus Transfergesellschaft 235
       3.2.2 Der Transfersozialplan – Grundlage für den Erfolg 236
       3.2.3 Die Finanzierung der Transfergesellschaft 238
       3.2.4 Der Ablauf des Beschäftigtentransfers 240
       3.2.5 Profiling und berufliche Orientierung 240
       3.2.6 Erst- und Folgeberatung 242
4 Fazit 242

1 Einleitung

Die Bewältigung und Antizipation der demografischen Entwicklung stellt auch bei Industriedienstleistern die größte Herausforderung dar. Die Überalterung der Gesellschaft, hervorgerufen durch einen glücklicherweise immer besseren Gesundheitszustand der älteren Generationen in Verbindung mit einer anhaltend sinkenden Geburtenrate, wird schon in wenigen Jahren zu einem existenzbedrohenden Fachkräftemangel führen (vgl. Rheinberg/Hummerl, 2003). Um ihren Kunden der Industrie auch in Zukunft eine qualifizierte Dienstleistung anbieten zu können, muss der Industriedienstleister, wie jedes andere Unternehmen, das Personalressort als strategischen Partner implementieren.

Denn das personalintensive und von Projekten bestimmte Geschäft wird ohne qualitativ hochwertig ausgebildetes Personal nicht aufrechtzuerhalten sein. Während in den vergangenen Jahren das Personal eher als notwendiges Übel gesehen wurde, entsteht genau hier der Engpass, und Kosten für Energie, Rohstoffe und Kapitalmarkt treten langfristig in den Hintergrund. Um sich zukünftig als attraktiver Arbeitgeber zu präsentieren, bedarf es mehr als das bloße Offerieren von vakanten Positionen in der örtlichen Tagespresse. Der Industriedienstleister muss sein Profil schärfen und seine Personalarbeit in der gleichen Qualität durchführen, wie er sie auch von seinen Arbeitnehmern in der täglichen Ausübung ihrer Arbeit erwartet.

Sämtliches Handeln orientiert sich an einem Unternehmensleitbild, das neben dem Kunden und der Qualität den Fokus auf die Arbeitnehmer und den Umgang mit diesen legt. Die hier beschriebenen Grundsätze werden nicht lediglich zu Werbezwecken formuliert, sondern spiegeln das tatsächlich existierende Menschenbild des Unternehmens wider und werden tagtäglich angewendet. Gerade mit der Umsetzung dieser Grundsätze wird der Grundstein für ein effektives Employer Branding gelegt. Dieses Employer Branding ist erforderlich, weil sich das in der Zukunft knappe Gut der qualifizierten Fachkräfte seine Arbeitgeber in einem viel stärkeren Maße aussuchen kann als bisher (vgl. Schuhmacher/Geschwill, 2008, S. 38 ff.).

Gleichzeitig ist die Branche der Industriedienstleistung geprägt durch schnelle Marktveränderungen sowie gewandelte Bedürfnisse der Kunden. Die Kurzfristigkeit von Aufträgen und Projekten scheint eine Planung über die Mittelfristigkeit (bis drei Jahre) hinaus fast unmöglich zu machen. Die Konsequenz daraus muss lauten, Handlungsspielräume und Flexibilität für eine schnelle Reaktionsfähigkeit zu schaffen, ohne bei einer notwendigen Personalanpassung Expertenwissen zu verlieren.

Während Unternehmen anderer Branchen mit der Einführung von Arbeitszeitkonten einer Fluktuation und damit dem Abfluss von Expertenwissen bei kurz- bis mittelfristigen Auftragsschwankungen begegnen können, reicht dieses Instrument allein bei Industriedienstleistern nicht aus. Deshalb wird strategisch mit Hilfe einer zweigeteilten Belegschaft versucht, Expertenwissen in der Kernbelegschaft des Unternehmens zu halten und notwendige Personalanpassungen über den variablen Belegschaftsteil zu realisieren. Dabei wird vernachlässigt, dass auch im Bereich der externen Dienstleister Expertenwissen vorhanden ist.

Der erste Schwerpunkt dieses Beitrags soll am Beispiel der Kooperation mit Zeitarbeitsunternehmen Impulse geben, wie unter Beibehaltung der kurzfristigen Flexibilität das Know-how an das Unternehmen gebunden werden kann und welche Kriterien die Basis für eine strategische Partnerschaft zwischen Industrie- und Personaldienstleister bilden (zu Kooperation und Konkurrenz in Personaldienstleistungsbeziehungen vgl. Bähring/Thommes, 2007, S. 41 ff.).

Da in konjunkturellen Krisenzeiten (z. B. das Platzen der Dotcom-Blase oder die aktuelle Wirtschafts- und Finanzkrise) der Industriedienstleister aufgrund seiner Spezialisierung überproportional durch Auftragsstornierungen von Produktionseinbrüchen und einer sinkenden Dienstleistungsnachfrage betroffen ist, kann bei einer länger anhaltenden Rezession auch das Konstrukt der zweigeteilten Belegschaft betriebsbedingte Personalanpassungsmaßnahmen in der Kernbelegschaft nicht verhindern. Aufgrund einer guten konjunkturellen Situation in den vergangenen Jahren hat sich das Personalmanagement für die Kernbelegschaft auf das Employer Branding, die Qualifizierung, das Recruiting und die Mitarbeiterbindung fokussiert.

Dies hat zu einer Vernachlässigung eines strategischen Trennungsmanagements geführt, obwohl bei notwendigen Personalanpassungsmaßnahmen die im Unternehmen verbleibenden Mitarbeiter sowie die Öffentlichkeit sehr genau wahrnehmen, wie mit den betroffenen Mitarbeitern umgegangen wird (vgl. Chalupsky/Berger/Hartmann, 2008, S. 386 ff.). Dies hat einen erheblichen Einfluss auf das Bild des Industriedienstleisters in der Öffentlichkeit, und damit auch auf die durchgeführten Anstrengungen, sich mit Hilfe eines Employer Brandings gut qualifizierte Fachkräfte für die Zukunft zu sichern. Der zweite Schwerpunkt dieses Beitrags zeigt auf, wie in Krisenzeiten verantwortungsvoll mit den betroffenen Arbeitnehmern eine Perspektive erarbeitet werden kann und der Schaden für den Industriedienstleister reduziert wird.

2 Strategische Partnerschaften

Das Konstrukt der zweigeteilten Belegschaft wird insbesondere in Bezug auf Zeitarbeit von den Gewerkschaften heftig kritisiert und bekämpft. Die Mitarbeiter der variablen Belegschaft seien Mitarbeiter zweiter Klasse und dauerhaft einem prekären Beschäftigungsverhältnis ausgesetzt. In der öffentlichen Wahrnehmung handelt es sich bei Zeitarbeitern um Un- oder Angelernte, die von ihren Arbeitgebern unmittelbar entlassen werden, sobald sich ein Beschäftigungsengpass ergibt. Tatsächlich werden in der Branche der Personaldienstleistung Menschen jeder Qualifikation beschäftigt, und alle vorhandenen Arbeitnehmerschutzgesetze finden Anwendung (vgl. Brömser, 2008, S. 471 ff.). Die Branche war in den vergangenen Jahren maßgeblich am Beschäftigungsaufbau in der Bundesrepublik beteiligt.[10] Dabei ist unerheblich, ob der so genannte Klebeeffekt bei 20, 30 oder 40 % liegt, denn auch die bei Personaldienstleistern Beschäftigten verfügen über ein sozialversicherungspflichtiges Beschäftigungsverhältnis. Die intensive Nutzung des Instruments der Arbeitnehmerüberlassung führt nicht nur zu einer Beschäftigungssicherung in den Kernbelegschaften der Entleiher. Da in den Entleihbetrieben nur eine temporäre Nachfrage der oft spezialisierten Qualifikationen besteht, wird durch den Einsatz in unterschiedlichen Unternehmen eine sozialversicherungspflichtige Beschäftigung der Zeitarbeiter erst ermöglicht. Dabei wird es zukünftig, bedingt durch die demografische Entwicklung, auf zwei wesentliche Faktoren ankommen:

Der Personaldienstleister muss in einem besonderen Maße attraktive Arbeitsbedingungen für seine Mitarbeiter gewährleisten, denn der einsetzende Fachkräftemangel wird nur die Unternehmen am Markt bestehen lassen, die die spezifischen Anforderungen der Entleihbetriebe durch qualitativ hochwertig ausgebildetes Personal erfüllen können.

Der (entleihende) Industriedienstleister muss diese qualifizierten Personaldienstleister an sich binden, ohne dabei seine Flexibilität zu verlieren. Dies kann nur durch eine strategische Einbindung der externen Partner gelingen.

2.1 Qualität der externen Partner

Zeitarbeiter müssen aufgrund der Besonderheit ihres Arbeitsverhältnisses im Vergleich zu einem regulären Beschäftigungsverhältnis Unsicherheiten in Kauf nehmen. Von ihnen werden eine größere Mobilitätsbereitschaft sowie Integrationsfähigkeit erwartet. Die Rahmenbedingungen, zu denen die Zeitarbeiter trotz erhöhter Anforderungen in Zukunft bereit sein werden, bei Personaldienstleistern zu arbeiten, hängen von unterschiedlichen Faktoren ab. Neben der finanziellen Grundsicherung und der Möglichkeit einer Gehaltsverbesserung durch Erfolgsbeteiligungen werden weiche Faktoren wie die Qualifizierung und Weiterbildung, die Integration beim Kunden, die Dauer der einsatzfreien Zeiten bei einem Auftragswechsel sowie die Dauer der produktiven Einsätze im Fokus stehen.

---

[10] Laut der Statistik der Bundesagentur für Arbeit hat sich die Zahl der Leiharbeitnehmer von 338.000 im Jahr 2000 auf 721.000 im Jahr 2007 mehr als verdoppelt.

2.1.1 Employer Branding

Bei welchem Arbeitgeber möchte ich arbeiten? Diese Frage stellen sich auch Zeitarbeiter. Um sich mit seinem Arbeitgeber zu identifizieren, bedarf es Unterscheidungsmöglichkeiten zum Wettbewerb. Wer das knappe Gut der qualifizierten Fachkräfte für sich gewinnen will, muss ein klar definiertes und kommuniziertes Ziel haben. Der Personaldienstleister als strategischer Partner des Industriedienstleisters muss den Bewerbern etwas Besonderes bieten, sich mit seiner Philosophie und seinem Unternehmenszweck so positionieren, dass er gegenüber Anbietern von regulärer Beschäftigung den Vorzug erhält.

Das Employer Branding ist bei dem Personaldienstleister oberste Managementaufgabe, denn in dieser Branche bilden die Mitarbeiter tatsächlich das Kapital. Bei der Entscheidung, mit welchem Personaldienstleister enger kooperiert werden soll, muss bewertet werden, ob es dem Management gelungen ist, sich vom Wettbewerb abzugrenzen und dem Unternehmen einen Charakter zu verleihen. Denn nur dann ist überhaupt Potenzial für gut qualifizierte Fachkräfte vorhanden (vgl. Polomski, 2005, S. 473 ff.).

2.1.2 Die (tarifliche) Grundsicherung

Die tarifliche Situation in der Branche ist unübersichtlich. Dem faktischen Tarifzwang des Arbeitnehmerüberlassungsgesetzes wird durch drei Branchentarifverträge mit sehr differenzierten Inhalten entsprochen. Die Zeitarbeiter wie auch der Industriedienstleister haben Interesse an einer größtmöglichen Rechtssicherheit.

Der zwischen der Tarifgemeinschaft der Christlichen Gewerkschaften (CGZP) und dem Arbeitgeberverband Mittelständischer Personaldienstleister (AMP) verhandelte Tarifvertrag kann erst dann Rechtssicherheit bieten, wenn in der letzten gerichtlichen Instanz die Tariffähigkeit der Christlichen Gewerkschaften bestätigt wird. Dies wird insbesondere von den DGB Gewerkschaften regelmäßig bestritten.[11]

Der zwischen der Tarifgemeinschaft der DGB Gewerkschaften und dem Bundesverband Zeitarbeit (BZA) verhandelte Tarifvertrag beinhaltet eine Regelung[12], nach der die Arbeitgeber Lohnbestandteile in Form von Verpflegungsmehraufwand auszahlen dürfen. Der für Arbeitgeber wie Arbeitnehmer vermeintliche Vorteil einer sozialversicherungsfreien Auszahlung birgt erhebliche Risiken, da diese Regelung zu Lasten der Beitragsgemeinschaft geht. Bevor in diesem Punkt keine abschließende gerichtliche Klärung erfolgt ist, kann auch dieser Tarifvertrag keine Rechtssicherheit bieten.

---

[11] Das Land Berlin und die Dienstleistungsgewerkschaft ver.di haben am 27.10.2008 bekanntgegeben, die Tariffähigkeit der CGZP im Rahmen eines Beschlussverfahrens überprüfen zu lassen.
[12] § 8. 6 des Manteltarifvertrags.

Rechtssicherheit bietet demnach lediglich der zwischen der Tarifgemeinschaft der DGB Gewerkschaften und dem Interessenverband Deutscher Zeitarbeitsunternehmen (iGZ) verhandelte Branchentarifvertrag. Im Bereich der qualifizierten Fachkräfte wird durch die Personaldienstleister flächendeckend auch bei Anwendung des DGB/iGZ Tarifwerks mit einsatzbezogenen oder übertariflichen Zulagen gearbeitet.

Bei der Auswahl seiner strategischen Partner sollte der Industriedienstleister vertraglich die Weitergabe eines angemessenen Stundenlohns an die Zeitarbeiter festschreiben. Die Höhe ergibt sich aus der Vergütungsstruktur des Industriedienstleisters. Dies verteuert aufgrund der Kostenweitergabe durch den Personaldienstleister zwar den Einsatz der variablen Belegschaft, Qualität ist aber nicht durch Lohndumping herbeizuführen. Und nur mit Anwendung dieser Regelungen ist glaubhaft der Vorwurf einer gezielten Tarifumgehung durch den Industriedienstleister zu entkräften. Wird der Vorwurf nicht entkräftet oder sogar öffentlich eine Tarifumgehung propagiert, schadet dies dem Image, und das Employer Branding erleidet aufgrund der Unglaubwürdigkeit des Industriedienstleisters Schaden.

2.1.3 Kundennetzwerk

Ein gut funktionierendes Netzwerk des Personaldienstleisters ist Grundvoraussetzung bei der Auswahl für eine strategische Partnerschaft. Ein guter Kontakt zu der Gewerkschaft und eine aktive Rolle im Arbeitgeberverband sind ein Indiz für ein vorhandenes Netzwerk. Noch wichtiger sind Referenzen aus der Branche des Industriedienstleisters. Wenn dies gegeben ist, kann der Personaldienstleister bei einer Abmeldung durch den Entleiher sicherstellen, für seine Mitarbeiter in einem anderen Unternehmen Beschäftigung zu generieren. Nur wenn ihm dies gelingt, wird er bei einer erneuten Beauftragung zu einem späteren Zeitpunkt in der Lage sein, das bereits eingearbeitete Personal wieder zur Verfügung stellen zu können.

Die durchschnittliche Dauer von einsatzfreien Zeiten zwischen Auftragswechseln wird in Vorstellungsgesprächen von den Bewerbern genauso proaktiv nachgefragt wie die Zusammensetzung des Kundenstamms. Dies ist ein Indiz dafür, dass auch Zeitarbeiter im Wissen um die Normalität unterschiedlicher Einsatzorte das Bedürfnis nach Stabilität haben. Ein fester Kundenstamm mit einer, bezogen auf die Branche, Begrenzung der Einsatzmöglichkeiten erleichtert es den Bewerbern, sich für einen Personaldienstleister zu entscheiden.

2.2 Bindung der externen Partner

2.2.1 Gemeinsame strategische Personalplanung

Der Industriedienstleister orientiert sich bei seiner Personalplanung neben den üblichen Faktoren immer an der Frage, für welche Tätigkeiten ein dauerhafter – auch in Zeiten mit niedrigem Auftragsbestand fortbestehender – Personalbedarf besteht. Der dauerhafte Personalbedarf wird mit einem Aufbau der Kernbelegschaft befriedigt. Der Wissenserhalt und -aufbau wird durch die interne Personalentwicklung sichergestellt, und sämtliche Instrumente der Mitarbeiterbindung werden angewendet (zur Analyse des Personalentwicklungsbedarfs vgl. Klug, 2008, S. 35 ff.; zu Mitarbeiterbindung vgl. Kolb, 2008, S. 137 ff.). Bei einem regelmäßig temporär anfallenden Bedarf ist zu überprüfen, ob ein Teil der Kernbelegschaft durch eine zielgerichtete Qualifizierung in die Lage versetzt werden kann, die planbar temporären Bedarfe zu befriedigen, und ob in dieser Zeit die ursprünglichen Arbeiten dieser Mitarbeiter ruhen können. Ist dies nicht möglich, erfolgt ein Aufbau der variablen Belegschaft. Da bei Industriedienstleistern der variable Teil der Belegschaft regelmäßig einen wesentlichen Teil der Gesamtbelegschaft ausmacht, sollte eine Fachkraft der Kernbelegschaft mit der Steuerung und der Koordination als Hauptaufgabe betraut sein. Diese Steuerung und Koordination wird auch von Personaldienstleistern im Rahmen eines Inhouse Managements angeboten. Da jedoch das An- und Abschmelzen des variablen Belegschaftsteils einen strategischen Erfolgsfaktor darstellt, sollte diese Aufgabe im Unternehmensmanagement, und damit der Kernbelegschaft, angesiedelt sein.

Bei einem Aufbau des variablen Teils der Belegschaft erfolgt ein Wissensgewinn durch geplante Fluktuation. Aufgrund ihrer Tätigkeit in verschiedenen Unternehmen haben die Zeitarbeiter Einblick in unterschiedliche Arbeitsweisen und Strukturen erhalten. Sie sind mit der Steuerung der marktüblichen Produktionsanlagen unterschiedlicher Hersteller vertraut und aufgrund ihrer variablen Einsätze daran gewöhnt, über den Tellerrand ihres originären Aufgabenbereichs zu schauen. Da die Zeitarbeiter nach Beendigung des Einsatzes das Unternehmen wieder verlassen, geht ein Wissensverlust mit der Fluktuation einher. In sensiblen Unternehmensbereichen, wie z. B. Forschung & Entwicklung, ist deshalb im Vorfeld genau zu prüfen, ob strategisches Wissen des Unternehmens durch den Einsatz von temporären Mitarbeitern gefährdet wird (vgl. Gutmann/Kollig, 2004, S. 61 f.).

Die Wahrscheinlichkeit eines ungeplanten Wissensverlusts kann durch eine strategische Partnerschaft reduziert werden. Der Verleiher wird aufgrund der Perspektive einer zukünftig erneuten Beauftragung bzw. durch einen bestehenden Rahmenvertrag seine Mitarbeiter in besonderem Maße zur Verschwiegenheit verpflichten und auf einen Austausch der Zeitarbeiter während des Auftrages verzichten. Bei einem erneuten Einsatz derselben Zeitarbeiter erfolgt wiederum ein erneuter Wissensgewinn.

2.2.2 Gemeinsame strategische Personalentwicklung

Die strategischen Partner werden über die langfristige Produktionsplanung und Auftragssituation informiert und in die Personalplanung und -entwicklung eingebunden. Der Personaldienstleister wird so in die Lage versetzt, mit Hilfe seiner Personalentwicklung das benötigte Expertenwissen zum vereinbarten Zeitpunkt zur Verfügung stellen zu können. Denn die Personalentwicklung des variablen Teils der Belegschaft obliegt den externen Partnern. Eine jeweils separate, unkoordinierte Vorgehensweise ist dabei nicht zielführend, denn die externen Partner müssen mit ihren Qualifizierungen die strategische Personalentwicklung des Entleihers flankieren, damit eine Integration der variablen Belegschaft in den operativen Arbeitsprozess ohne Reibungsverluste funktioniert. Neben einer abgestimmten Personalentwicklung bedarf es hierfür eines strategischen Integrationsprozesses. Der Einsatz von variabel Beschäftigten führt im Bereich der Kernbelegschaft häufig zu Irritationen, die mit der Angst vor dem Verlust des eigenen Arbeitsplatzes einhergehen. Dies kann zu Ausgrenzungen führen, was zwangsläufig Qualitätsverluste durch eine gesunkene Motivation zur Folge hat. Eine offene Kommunikation über die Personalpolitik des Industriedienstleisters verhindert die Ausgrenzung (vgl. Jung, 2008, S. 465 ff.).

Um vom Wissen der externen Partner zu profitieren, sollten klare Regeln zur Beteiligung am kontinuierlichen Verbesserungsprozess getroffen werden. Die Teilnahme der variablen Belegschaftsmitglieder an Betriebsversammlungen, die Möglichkeit des Essens in der Betriebskantine sowie die ohnehin gesetzlich vorgesehene Zuständigkeit des Betriebsrates des Industriedienstleisters sind selbstverständlich. Der Koordinator der variablen Belegschaft ist für den Integrationsprozess verantwortlich und außerdem für die strategischen Partner bei bestehenden Integrationshemmnissen erster Ansprechpartner.

2.2.3 Recruiting

Bei der Personalgewinnung sollten alle Vorteile der Arbeitnehmerüberlassung genutzt werden. Die strategischen Partner verfügen über umfangreiche Bewerberpools. Wenn im Bereich der Kernbelegschaft des Industriedienstleisters Vakanzen bestehen, sollten diese dem strategischen Partner mitgeteilt werden. Hierdurch können der Rekrutierungsaufwand wie Kosten für Stellenanzeigen und ein kostspieliges Bewerbermanagement mit Auswahlverfahren bei dem Industriedienstleister reduziert werden, und die Arbeitserprobung erfolgt on the job im Rahmen der Arbeitnehmerüberlassung (vgl. Weuster, 2008, S. 59 ff.). Bei einer unzureichenden Eignung des potenziellen Mitarbeiters wird dessen Einsatz beendet. Bei Einstellung in die Kernbelegschaft nach vorgeschalteter Arbeitnehmerüberlassung profitiert der Industriedienstleister von einer faktischen Verlängerung der maximal zweijährigen Befristungsmöglichkeit des § 14 II Gesetz über Teilzeitarbeit und befristete Arbeitsverträge (TzBfG). Wird personalpolitisch kommuniziert, dass Einstellungen grundsätzlich zunächst über einen der strategischen Partner erfolgen, hat dies auch für variabel beschäftigte Belegschaftsmitglieder eine motivierende Wirkung, zumindest dann, wenn sie einen Übergang in die Kernbelegschaft des Kunden anstreben.

2.2.4 Bindung durch Risikominimierung

Die Planungssicherheit bedeutet für den strategischen Partner eine Risikominimierung. Ein wesentlicher Teil des Verrechnungssatzes besteht aus dem Risikoaufschlag, den der Personaldienstleister für die Entgeltfortzahlung seiner Mitarbeiter in einsatzfreien Zeiten berechnen muss. Je zuverlässiger und langfristiger die Einsatzplanung gewährleistet werden kann, desto geringer ist der Risikoaufschlag.

3 Verantwortungsvolles Trennungsmanagement

Durch das Konstrukt der zweigeteilten Belegschaft wird erreicht, dass durch übliche Auftragsschwankungen hervorgerufene Personalanpassungsbedarfe durch ein An- und Abschmelzen des variablen Teils der Belegschaft befriedigt werden können. Überdurchschnittliche Auftragsschwankungen können temporär durch die Arbeitszeitkonten der Kernbelegschaft oder die Vereinbarung von konjunktureller Kurzarbeit neutralisiert werden (Arbeitszeitkonten vgl. Albs, 2005, S. 168 f.; Kurzarbeit vgl. Hilgenfeld/Schömmel/Wasmuth, 2005, S. 174 ff.). Bei länger andauernden Rezessionen sind harte Personalmaßnahmen innerhalb der Kernbelegschaft unausweichlich. Da hier das Expertenwissen konzentriert ist, führt der Personalabbau zwangsläufig zu einem Wissensverlust des Unternehmens. Im Optimum ist der Industriedienstleister auf diese Situation vorbereitet und hat seine Vorgehensweise bereits in guten Zeiten mit dem Betriebsrat abgestimmt und in die Kernbelegschaft kommuniziert. Ziel des Personalmanagements muss eine möglichst milde Form der Trennung sein, damit die Mitarbeiter mit Expertenwissen bei einer konjunkturellen Erholung erneut bereit sind, für den Industriedienstleister tätig zu werden (Formen der Personalfreisetzung vgl. Stock-Homburg, 2008, S. 218 ff.).

3.1 Bisherige Praxis

Industriedienstleister haben im Bereich der harten Personalanpassungsmaßnahmen keine anderen Möglichkeiten als andere Unternehmen. Jedoch eilt ihnen der Ruf voraus, bei Auftragsschwankungen schneller als andere mit betriebsbedingten Kündigungen zu reagieren. Dieser Vorwurf wird insbesondere gegenüber reinen Zeitarbeitsunternehmen erhoben. Fakt ist, dass Mitarbeiter von Dienstleistungsunternehmen denselben Schutz der Gesetzgebung genießen wie Mitarbeiter mit anderer Branchenzugehörigkeit. Neben betriebsbedingten Kündigungen kommen häufig Aufhebungsverträge zur Anwendung.

Der Aufhebungsvertrag hat den Vorteil, dass das Vertragsverhältnis einvernehmlich aufgelöst wird. Der Mitarbeiter hat keine Sperrfrist im Arbeitslosengeldbezug zu erwarten, wenn bei Nichtabschluss des Aufhebungsvertrags unter anderem eine arbeitgeberseitige Kündigung erfolgt wäre (weitere Voraussetzung: Abfindung zwischen 0,25 und 0,5 Gehälter je Beschäftigungsjahr und Einhaltung der Kündigungsfrist). Eine Trennung durch Aufhebungsvertrag ist regelmäßig kostenintensiver als eine betriebsbedingte Kündigung, da der Mitarbeiter im Falle des Kündigungsausspruchs seinen Abfindungsanspruch erst im Wege einer Kündigungsschutzklage geltend machen kann. Daher wird der Mitarbeiter das Arbeitsverhältnis nur einvernehmlich auflösen, wenn hierdurch ein materieller Gewinn erzielbar ist (Aufhebungsvertrag vgl. Boden, 2005, S. 523 ff.).

Betriebsbedingte Kündigungen haben den Nachteil, dass die betroffenen Mitarbeiter für die Dauer ihrer individuellen Kündigungsfrist noch einen Beschäftigungsanspruch im Unternehmen haben. Die im Unternehmen verbleibenden Mitarbeiter arbeiten über einen langen Zeitraum mit den bereits gekündigten Mitarbeitern zusammen, was negative Auswirkungen auf die Motivation hat. Denn sie werden fortlaufend daran erinnert, dass sich das Unternehmen in der Krise befindet. Eine Konzentration auf das Kerngeschäft und damit die Unternehmenssanierung ist nicht möglich. Diesem Zustand kann nur mit einer Freistellung der gekündigten Mitarbeiter begegnet werden. Dies hat zwar positive Auswirkungen auf den Betriebsfrieden, ist aber aufgrund einer Vollfinanzierung der Kündigungsfristen ohne Gegenleistung nicht effektiv. Aufgrund des Klagerisikos können die Kosten für die gesamte Personalanpassungsmaßnahme nicht exakt im Vorfeld geplant werden (vgl. Oechsler, 2006, S. 277).

3.2 Beschäftigtentransfer als Alternative

Der Gesetzgeber hat mit den §§ 216 a, b Sozialgesetzbuch (SGB) III eine Möglichkeit geschaffen, betriebsbedingte Personalanpassungen einer vermittlungsorientierten und damit sozialverträglichen Lösung zuzuführen. Die von der Personalanpassung betroffenen Arbeitnehmer werden nach Ausspruch der Kündigung oder dem Abschluss eines Aufhebungsvertrages nicht arbeitslos, sondern schließen mit einem Transferträger für die Dauer von maximal zwölf Monaten einen befristeten Arbeitsvertrag. Der befristete Zeitraum wird ausschließlich dazu genutzt, mit Unterstützung des Transferträgers ein neues Beschäftigungsverhältnis zu finden. Denn Personalanpassungen im Bereich der Kernbelegschaft demotivieren auch die im Unternehmen verbleibenden Mitarbeiter. Mit der Einrichtung einer Transfergesellschaft dokumentiert der aus betriebswirtschaftlichen Gründen zu Kündigungen gezwungene Arbeitgeber nach innen und außen, dass er sich auch in der Krisensituation für seine (ehemaligen) Mitarbeiter einsetzt, um ihnen einen möglichst nahtlosen Übergang in ein neues Beschäftigungsverhältnis bei einem anderen Arbeitgeber zu ermöglichen (vgl. Lützenrath/Peppmeier/Schuppener, 2006, S. 234 f.). Die Finanzierung des Transfers wird außerdem im Vergleich zu einem klassischen Stellenabbau mit Abfindungssozialplan kostenneutral gestaltet. Das abgebende Unternehmen handelt hierbei nicht aus sozialromantischen Gründen, sondern betriebswirtschaftlich rational. Jede Vermittlung führt damit aufgrund eingesparter Remanenzkosten zu einer echten Kostenreduktion. Außerdem wird das Prozessrisiko eliminiert, da bei einer sorgfältigen Sozialplangestaltung nur die Mitarbeiter in die Transfergesellschaft wechseln können, die auf eine Kündigungsschutzklage gegen den alten Arbeitgeber verzichten.

Die Arbeitnehmer profitieren durch die Vermeidung von Arbeitslosigkeit, individuelle Qualifizierung sowie die Unterstützung durch die (Arbeitsmarkt-)Experten des Transferträgers. Die Wahrscheinlichkeit der Vermittlung wird erhöht durch den Zugang zu nicht veröffentlichten Vakanzen aus dem Netzwerk des Transferträgers sowie einer Betreuungsquote von maximal 1 zu 50 pro Transferberater. Auch im Falle einer Nichtvermittlung profitieren die Arbeitnehmer, da sie sich weiterhin in einem Arbeitsverhältnis befinden und somit den Bezug von Arbeitslosengeld II (Hartz IV) nach einem vorgelagerten Arbeitslosengeld I-Bezug um die Dauer der Befristung verschieben können.

Transfermaßnahmen wurden bis vor wenigen Jahren auch intensiv für Frühverrentungsmodelle genutzt. Deshalb steht das Instrument des Beschäftigtentransfers immer noch in der Kritik, lediglich eine „Aufbewahrung" zu gewährleisten und keine Vermittlungserfolge zu generieren. Dabei war die Möglichkeit des vorzeitigen Rentenübergangs politisch gewollt, um der jüngeren Generation eine Beschäftigungsperspektive anbieten zu können. Mit der Hartzgesetzgebung wurde der Weg zur Frühverrentung verschlossen. Die Regelungen zum Beschäftigtentransfer sind, berechtigterweise, konsequent auf Vermittlung ausgerichtet. Die Agentur für Arbeit nimmt ihren Vermittlungsauftrag auch während der Laufzeit einer Transfergesellschaft wahr.

3.2.1 Transferagentur versus Transfergesellschaft

Wenn absehbar ist, dass zu einem bestimmten Termin keine Beschäftigungsmöglichkeit mehr im Unternehmen besteht, bis zu diesem Termin aber noch Arbeit vorhanden ist, kann eine Transferagentur eingerichtet werden. Der Arbeitnehmer verfügt weiterhin über einen Arbeitsvertrag mit dem Arbeitgeber, wird aber schon durch den Transferträger bei der Suche nach einem neuen Beschäftigungsverhältnis unterstützt und für die Beratungszeiträume freigestellt. Das Entgelt gemäß Arbeitsvertrag wird weitergezahlt. Die Kosten für Beratung, Vermittlung und Qualifizierung werden zu 50 %, bis zu einem Maximalbetrag in Höhe von 2.500 EUR, durch die Agentur für Arbeit übernommen. Die Beantragung der Fördermittel nach § 216a SGB III obliegt dem Unternehmen, der Transferträger wird ihn hierbei unterstützen. Die Durchführung einer Transferagentur im Vorfeld einer Transfergesellschaft ist möglich (vgl. Abbildung 1).

Abbildung 1: Die Varianten des Transfers: Transferagentur vs. Transfergesellschaft

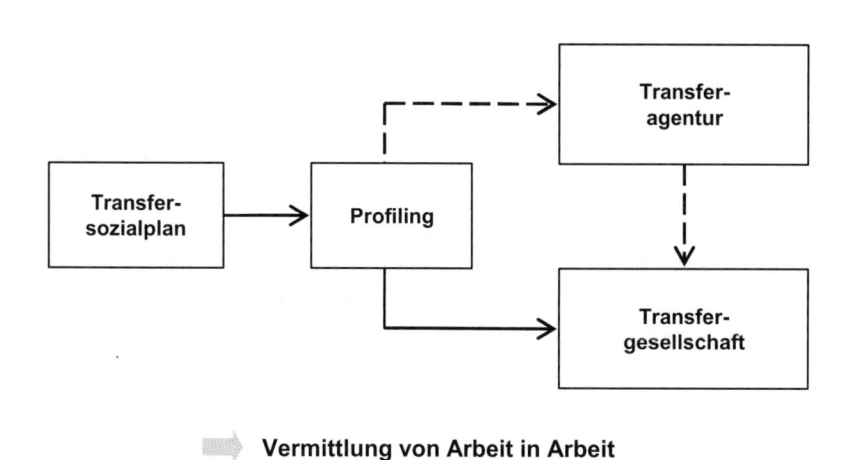

Vermittlung von Arbeit in Arbeit

Wenn bis zum Ablauf der individuellen Kündigungsfrist keine Beschäftigung mehr vorhanden ist, schließen das abgebende Unternehmen, der betroffene Mitarbeiter und der Transferträger einen dreiseitigen Vertrag. In diesem Vertrag wird das Arbeitsverhältnis zwischen dem Altarbeitgeber und dem Arbeitnehmer durch einen Aufhebungsvertrag oder eine betriebsbedingte Kündigung beendet und gleichzeitig ein befristetes Arbeitsverhältnis zwischen dem Transferträger und dem Mitarbeiter geschlossen.

3.2.2 Der Transfersozialplan – Grundlage für den Erfolg

Unabdingbare Voraussetzung für eine erfolgreiche Transfermaßnahme ist eine vermittlungsorientierte Ausgestaltung des Transfersozialplans. Grundsätzlich sollte im Sozialplan nur ein Hinweis formuliert werden, dass den betroffenen Mitarbeitern der Wechsel in eine Transfergesellschaft ermöglicht wird. Die Inhalte des Transfers werden in einer Zusatzvereinbarung zum Sozialplan geregelt. Dies ist die Grundvoraussetzung für die Möglichkeit einer Vereinbarung zum Klageverzicht der Betroffenen bei Eintritt in die Transfergesellschaft.

Die häufigsten Fehler werden im Bereich des Aufstockungsbetrages vereinbart. Der Betriebsrat versucht in der Regel, für die Verweildauer in der Transfergesellschaft einen möglichst hohen Aufstockungsbetrag zu verhandeln. Dies ist aber oft kontraproduktiv. Denn die Betroffenen haben aufgrund langer Betriebszugehörigkeiten ein Gehaltsniveau erreicht, das nicht mit den realen Marktbedingungen übereinstimmt. Ein hoher Aufstockungsbetrag mindert damit die Mobilitätsbereitschaft, da sich durch einen Verbleib in der Transfergesellschaft für einen befristeten Zeitraum ein höheres Nettoentgelt erzielen lässt als bei der Annahme eines neuen Arbeitsplatzes. Damit der Aufstockungsbetrag auf der einen Seite die gewünschte Grundsicherung bietet, auf der anderen Seite aber auch eine die Vermittlung fördernde Wirkung entfaltet, sollte die Nettoabsicherung einen Wert von 85 % nicht übersteigen. Dabei sollen den Betroffenen die zusätzlichen Mittel nicht vorenthalten, sondern im Rahmen von „Sprinterprämien" bei vorzeitigem Austritt aus der Transfergesellschaft ausbezahlt werden.

Bei einer erfolgreichen Vermittlung profitieren Arbeitnehmer und Arbeitgeber. Der Arbeitnehmer profitiert von einem neuen Arbeitsplatz, der Arbeitgeber von eingesparten Remanenzkosten. Je früher der Betroffene die Transfergesellschaft verlässt, desto größer ist der Einsparungseffekt. Deshalb sollte der Arbeitgeber den Betroffenen bei einem vorzeitigen Ausscheiden an den eingesparten Remanenzkosten beteiligen. Damit dies verständlich und transparent geschieht, sollte pro Monat ein Festbetrag vereinbart werden. Dieser zusätzliche Betrag erleichtert es dem Transfermitarbeiter, auch eine Beschäftigung mit einer (zunächst) geringeren Vergütung anzunehmen. Im Sozialplan muss darüber hinaus zwingend geregelt werden, ob und wann die Sprinterprämie ausgezahlt wird, falls der Arbeitsvertrag zwischen dem Transfermitarbeiter und der Transfergesellschaft ruhend gestellt wird.

Die Vereinbarung der Möglichkeit einer Ruhendstellung ist ein wichtiger Faktor für eine erfolgreiche Vermittlung. Die Lebenssituation des Transfermitarbeiters hat sich durch das Ausscheiden bei seinem oft langjährigen Arbeitgeber grundlegend verändert. Denn er muss sich nicht nur auf eine neue Tätigkeit mit veränderten Rahmenbedingungen einstellen, sondern er muss sich das soziale Umfeld seines betrieblichen Wirkens neu aufbauen. Um diese Unsicherheit abzumildern und den Schritt eines Neuanfangs zu erleichtern, kann der Arbeitsvertrag mit der Transfergesellschaft ruhend gestellt werden. Für den Fall, dass der Betroffene bei seinem neuen Arbeitgeber nicht zurechtkommt, wird für die Restlaufzeit der Transfergesellschaft ein Wiedereintritt ermöglicht.

Abschließend bildet die Regelung zur Qualifizierung der von Arbeitslosigkeit bedrohten Mitarbeiter einen sehr wichtigen Erfolgsfaktor des Sozialplans. Je nach Ausgestaltung des Sozialplans und der Unternehmensgröße werden die Qualifizierungsmittel durch den Europäischen Sozialfonds (ESF) gefördert. Nach der neuen „Förderrichtlinie für aus Mitteln des ESF mitfinanzierte ergänzende Qualifizierungsangebote für Bezieher von Transferkurzarbeitergeld" des Bundesministeriums für Arbeit und Soziales (BMAS) vom 15.10.2008, die rückwirkend zum 01.07.2008 in Kraft getreten ist, erfolgte in der Handlungsempfehlung/Geschäftsanweisung (HEGA) 11/08 der Bundesagentur für Arbeit (BA) die Mittelzuteilung auf die Regionaldirektionen der BA. Die Regionaldirektionen haben „Ermessenslenkende Weisungen" erlassen, die die Mittelzuweisungen auf die Agenturen für Arbeit regeln. Dies führt zu unterschiedlichen Anforderungen an den Sozialplan in den verschiedenen Direktionsbereichen der BA im Hinblick auf eine angemessene Eigenbeteiligung. Unter der Eigenbeteiligung ist die Beteiligungsquote des abgebenden Unternehmens an den Qualifizierungskosten zu verstehen. Der betroffene Mitarbeiter darf sich grundsätzlich nicht an den Qualifizierungskosten beteiligen, wenn eine Förderung durch den ESF erfolgen soll. Denn dies würde automatisch zu einer Verringerung der Beteiligungsquote des Unternehmens führen.

Für Nordrhein-Westfalen gilt beispielhaft Folgendes: Kleine und mittelständische Unternehmen mit weniger als 250 Beschäftigten müssen einen Eigenanteil von mindestens 10 % tragen. Kostet eine Qualifizierung also 1.000 EUR, so muss das abgebende Unternehmen 100 EUR der Kosten übernehmen, um im Optimum 900 EUR Förderung zu erhalten.

Komplizierter wird es im Bereich der Großunternehmen ab 250 Beschäftigten, wobei in der Ermittlung auch Beschäftigte verbundener Unternehmen Berücksichtigung finden (Konzern), was zu einer schnellen Erreichung dieses Schwellenwertes führt. Die Eigenbeteiligung beträgt hier mindestens 50 %, wobei die Förderhöhe in einem angemessenen Verhältnis zu der Relation von Abfindungsleistungen zu Qualifizierungsmitteln laut Sozialplan stehen soll. Wenn beispielhaft von dem Gesamtvolumen des Sozialplans 60 % der Mittel für Abfindungen, 20 % für Transfermaßnahmen und 20 % für Qualifizierungsmaßnahmen vorgesehen sind, ergibt sich eine Erstattung der Qualifizierung aus ESF-Mitteln in Höhe von 20 %.

Grundsätzlich sollte eine Fondslösung gegenüber der Festschreibung eines Fixums pro Mitarbeiter den Vorzug haben, um den Betroffenen auch höherwertige Qualifizierungen zu ermöglichen.

3.2.3 Die Finanzierung der Transfergesellschaft

Bei einer Personalanpassung mit Abfindungssozialplan fallen neben den Abfindungskosten auch Kosten für die individuelle Kündigungsfrist an. Da bei der Einrichtung einer Transfergesellschaft die Mitarbeiter schon während der individuellen Kündigungsfrist das Unternehmen verlassen, kann aus diesen Mitteln eine Transfergesellschaft kostenneutral finanziert werden. Da ein Wechsel in eine Transfergesellschaft freiwillig geschieht, sollte auf eine Einbringung von Abfindungsteilen durch den Mitarbeiter verzichtet werden.

Während der Verweildauer in der Transfergesellschaft erhalten die Mitarbeiter Kurzarbeitergeld in Höhe von 60 % bzw. 67 % ihres ursprünglichen Nettoentgelts durch die Agentur für Arbeit. Dieser Betrag wird durch den Altarbeitgeber gemäß Sozialplan aufgestockt. Hierbei kann das Kurzarbeitergeld „um" oder „auf" einen Prozentsatz aufgestockt werden. Wird das Kurzarbeitergeld zum Beispiel auf 80 % aufgestockt, erhalten alle Arbeitnehmer 80 % ihres ursprünglichen Nettoentgelts, unabhängig davon, ob ein Kind auf der Steuerkarte eingetragen ist oder nicht. Wird dagegen um 20 % aufgestockt, erhalten Mitarbeiter ohne Kind 80 %, Mitarbeiter mit Kind 87 % ihres ursprünglichen Nettoentgelts. Da die Grundsicherung in Form des Transferkurzarbeitergelds durch die Agentur für Arbeit finanziert wird, kann kostenneutral eine Transfergesellschaft mit der doppelten Laufzeit der Kündigungsfrist finanziert werden (vgl. Abbildung 2), maximal jedoch für die Dauer von 12 Monaten. Je höher das Gehalt des Mitarbeiters ist, desto günstiger wird die Transfervariante.

Neben dem Aufstockungsbetrag übernimmt das abgebende Unternehmen die arbeitgeber- und arbeitnehmerseitigen Sozialversicherungsbeiträge[13] auf 80 % des Bruttoentgelts. Hierdurch wird die Beitragsgemeinschaft entlastet, denn im Falle von Arbeitslosigkeit würde die Arbeitslosenversicherung für die Arbeitgeberbeiträge zur Sozialversicherung aufkommen.

Da Urlaubs- und Feiertage nicht kurzarbeitergeldfähig sind, müssen diese Zeiten zu 100 % vom Arbeitgeber finanziert werden. Wird auf eine Tarifbindung der Transfergesellschaft verzichtet, findet der gesetzliche Urlaubsanspruch Anwendung, die Anzahl der kurzarbeitergeldfähigen Tage wird erhöht und damit werden die Kosten für das abgebende Unternehmen reduziert.

Die Remanenzkosten sind in der Regel durch eine Bankbürgschaft abzusichern. Denn bei den von der Personalanpassung betroffenen Mitarbeitern ist das Vertrauen zum Altarbeitgeber in der Regel zerstört. Bei Vorliegen einer Bankbürgschaft kann der Transferträger den Mitarbeitern die Garantie geben, dass die vereinbarten Vermittlungsdienstleistungen auch tatsächlich durchgeführt werden, selbst wenn das abgebende Unternehmen während der Laufzeit der Transfergesellschaft Insolvenz anmelden sollte.

---

13 Ohne Arbeitslosenversicherung.

Abbildung 2: Kostenverhältnis im Transfer

Bruttogehalt in € (St.-Kl. III; 1 Kind)	1.000	1.500	2.000	2.500	3.000	3.500	4.000
RV (9,95 %)	99,5	149,25	199	248,75	298,5	348,25	398
AV (1,4 %)	14	21	28	35	42	49	56
KV (7,3 %)	73	109,5	146	182,5	219	255,5	268,28
PV (,975 %)	9,75	14,63	19,5	24,38	29,25	34,13	35,83
BG (3,8 %)	38	57	76	95	114	133	152
Summe SV	234,25	351,38	468,5	585,63	702,75	819,88	910,11
Kosten Kündigungsfrist je Monat	1.234	1.851	2.469,00	3.086,00	3.703,00	4.320,00	4.910,00
SV für KUG-Tage							
Aufstockungsbetrag							
Bezahlte Urlaubs- und Feiertage			Remanenzkosten				
BG (2 %)							
Kosten des Transferträgers							
Kosten Transfer je Monat	682,91	919,29	1.149,67	1.357,94	1.569,72	1.766,04	1.983,73
Verhältnis der Kosten	55,33 %	49,65 %	46,57 %	44,01 %	42,39 %	40,88 %	40,40 %

➡ 80 % Absicherung (in EUR pro Monat)

Abhängig von der Qualifizierungsstruktur der Betroffenen bei Eintritt in die Transfergesellschaft sowie in Abhängigkeit der Unternehmensgröße sollten pro Mitarbeiter Eigenanteile des Unternehmens für Qualifizierungsmittel zwischen 500 und 1.500 EUR im Rahmen einer Fondslösung vereinbart werden.

Zusätzliche Kosten fallen für das Profiling und die berufliche Orientierung an. Das Profiling muss zwingend vor Eintritt der Betroffenen in die Transfergesellschaft durchgeführt werden. Die Kosten werden von der Agentur für Arbeit zu 50 % erstattet.

Die berufliche Orientierung kann auch innerhalb der Transfergesellschaft stattfinden, aber auch hier ergibt sich eine Erstattung durch die Agentur für Arbeit in Höhe von 50 % bei einer vorzeitigen Durchführung. Nach einer sorgfältigen Planung ist auch hier ein Einsparpotenzial zu heben.

Abschließend fallen Kosten für die Beratung und den Aufwand des Transferträgers an. Der Transferträger muss in der Lage sein, vor Beginn der Transfergesellschaft in einer Worst-Case-Betrachtung die Maximalkosten zu ermitteln. Kostentransparenz stellt eines der wichtigsten Auswahlkriterien dar.

3.2.4 Der Ablauf des Beschäftigtentransfers

Einen Überblick über den Ablauf des Transferprozesses zeigt Abbildung 3. Für die Inanspruchnahme von Transferleistungen existieren grundsätzlich betriebliche und persönliche Voraussetzungen.

Grundvoraussetzung für die Inanspruchnahme von Transferleistungen ist der Abschluss des Transfersozialplans, in dem sich die Betriebsparteien auf die Inanspruchnahme von Transferleistungen einigen. Der Stellenabbau muss durch eine Betriebsänderung begründet werden, wobei die Definition der Betriebsänderung nach § 111 Betriebsverfassungsgesetz (BetrVG) Anwendung findet. Bei einem reinen Stellenabbau (ohne Betriebsänderung) wird die Mindestanzahl betroffener Mitarbeiter in Abhängigkeit von der Größe des Unternehmens bzw. des Betriebes nach § 17 Kündigungsschutzgesetz (KSchG) definiert.

Um Transferleistungen in Anspruch nehmen zu können, muss der betroffene Mitarbeiter über eine sozialversicherungspflichtige Beschäftigung verfügen und von Arbeitslosigkeit bedroht sein. Außerdem muss er sich bei der Agentur für Arbeit arbeitsuchend gemeldet sowie das Profiling durchlaufen haben.

3.2.5 Profiling und berufliche Orientierung

Vor Eintritt in die Transfergesellschaft muss der betroffene Mitarbeiter zwingend ein Profiling durchlaufen (vgl. Scheller, 2005, S. 245 ff.). Das Profiling darf grundsätzlich nicht durch das abgebende Unternehmen durchgeführt werden. In der Regel lernt der Mitarbeiter bereits hier den Berater des Transferträgers kennen, der ihn für die gesamte Verweildauer in der Transfergesellschaft begleiten wird. Ein Beraterwechsel während der Laufzeit sollte vermieden werden, da sich erst mit der Zeit ein notwendiges Vertrauensverhältnis zwischen den Beteiligten aufbaut. Ziel des Profilings ist die Feststellung der Vermittlungsfähigkeit. In einem ersten Schritt wird die individuelle Leistungsfähigkeit analysiert. Neben der Aufnahme der beruflichen Interessen, Fähigkeiten und Fertigkeiten des Betroffenen wird seine, gegebenenfalls durch Tests untermauerte, Selbsteinschätzung berücksichtigt. In einem zweiten Schritt werden die regionalen Arbeitsmarktchancen untersucht, um in einem dritten Schritt den Qualifikationsbedarf festzulegen, der in einem Profilingbogen auch der Agentur für Arbeit zur Verfügung gestellt wird. Die Agentur für Arbeit wird dann eruieren, ob direkt ein Arbeitsplatzangebot gemacht werden kann und ein Eintritt in die Transfergesellschaft überhaupt notwendig ist. Auch der Transferträger prüft bereits in diesem Stadium, ob das Profil des Mitarbeiters mit vorhandenen Vakanzen übereinstimmt. Für ein angemessenes Profiling sind mindestens zwei Tage einzuplanen.

Abbildung 3: Der Ablauf des Beschäftigungstransfers

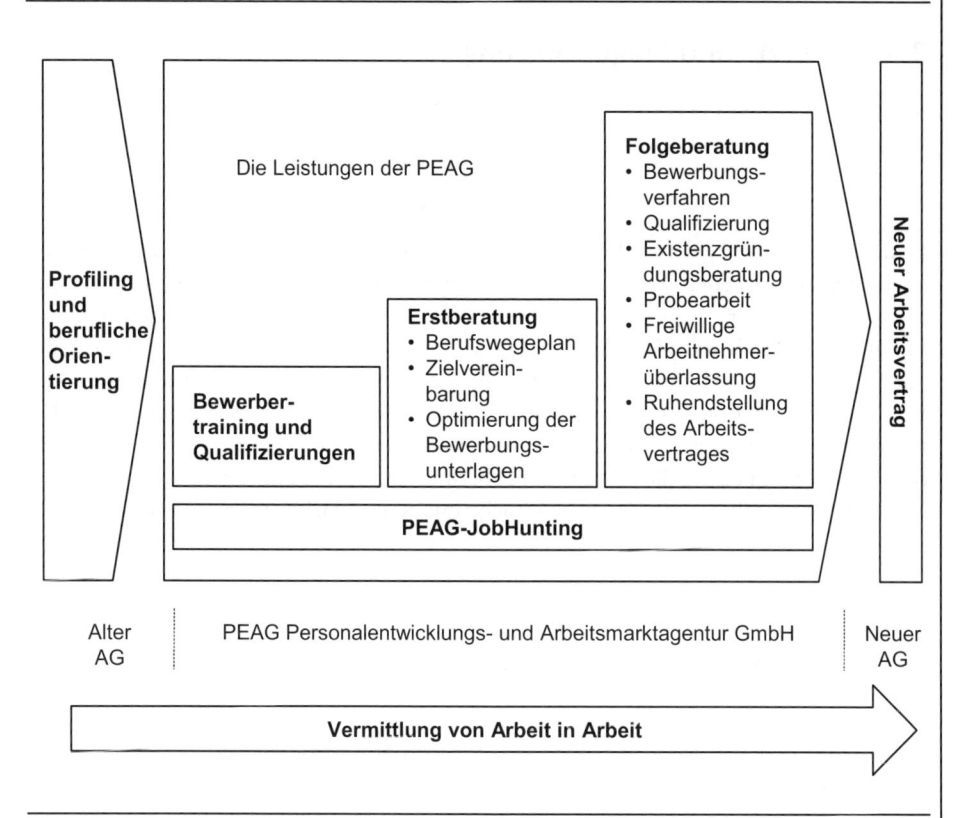

```
Profiling und berufliche Orientierung

Die Leistungen der PEAG

Bewerbertraining und Qualifizierungen

Erstberatung
• Berufswegeplan
• Zielvereinbarung
• Optimierung der Bewerbungsunterlagen

Folgeberatung
• Bewerbungsverfahren
• Qualifizierung
• Existenzgründungsberatung
• Probearbeit
• Freiwillige Arbeitnehmerüberlassung
• Ruhendstellung des Arbeitsvertrages

PEAG-JobHunting

Neuer Arbeitsvertrag

Alter AG | PEAG Personalentwicklungs- und Arbeitsmarktagentur GmbH | Neuer AG

Vermittlung von Arbeit in Arbeit
```

Die berufliche Orientierung beginnt mit einem Informations- und Motivationstag. Neben der Vorstellung des Transferträgers als neuem Arbeitgeber werden die Chancen der Transfermaßnahmen für eine erfolgreiche Neuorientierung auf dem externen Arbeitsmarkt dargelegt. Insbesondere wird herausgestellt, dass ohne Eigeninitiative keine Vermittlung gelingen wird. Die Mitarbeiter werden motiviert, das Expertenwissen des Transferträgers proaktiv zu nutzen. Im Anschluss wird ein Bewerbertraining durchgeführt. Dies ist erforderlich, weil sich die Mitarbeiter seit vielen Jahren nicht mehr in einer Bewerbungssituation befunden haben. Im Mittelpunkt steht das Selbstmarketing, das mit Hilfe von Videoanalysen trainiert wird. Während der beruflichen Orientierung wird auch die individuelle (Muster-)Bewerbungsmappe erstellt. Das Selbstmarketing und die individuellen Bewerbungsunterlagen werden im folgenden Beratungsprozess während der gesamten Verweildauer in der Transfergesellschaft optimiert. Für eine angemessene berufliche Orientierung sind mindestens drei Tage einzuplanen.

3.2.6 Erst- und Folgeberatung

In der Erstberatung wird der Berufswegeplan erarbeitet, in dem die notwendigen Schritte für eine erfolgreiche Vermittlung dokumentiert werden. Im Rahmen einer von beiden Seiten zu unterzeichnenden Zielvereinbarung verpflichten sich Mitarbeiter und Berater, in einem festgelegten Zeitrahmen die notwendigen Schritte abzuarbeiten.

In der Folgeberatung wird der Mitarbeiter durch den Berater systematisch bei der Suche nach einer neuen Arbeitsstelle unterstützt. Der Mitarbeiter kann täglich in dem Büro des Transferträgers erscheinen, um z. B. im Bewerberoffice seine Bewerbungsaktivitäten durchzuführen. Die Arbeitsmarktexperten stehen ihm hier mit Rat und Tat zur Seite. Mindestens alle zwei Wochen erfolgt ein individuelles Beratungsgespräch. Hier werden die Ergebnisse der Bewerbungsaktivitäten eruiert, Verbesserungen der Bewerbungsunterlagen durchgeführt und zusätzlicher Qualifizierungsbedarf erörtert. Bei Bedarf erfolgt eine Existenzgründungsberatung, und alle zur Verfügung stehenden Mittel der Vermittlung werden in Absprache mit dem Mitarbeiter angewendet.

4 Fazit

Wenn es keine Alternativen zu einer betriebsbedingten Personalanpassung im Bereich der Kernbelegschaft gibt, ist die Transferlösung gegenüber einem Abfindungssozialplan immer die bessere Lösung. Das Unternehmen profitiert nicht nur von dem Imagegewinn einer sozialverträglichen Lösung in wirtschaftlich schwierigen Zeiten; auch aus betriebswirtschaftlichen Gründen bietet die Transferlösung Vorteile aufgrund der Einsparpotenziale, da sie bei einer vorzeitigen Vermittlung Remanenzkosten erst gar nicht entstehen lässt. Grundvoraussetzung für eine erfolgreiche Transfergesellschaft ist der Abschluss eines vermittlungsorientierten Sozialplans.

Der Mitarbeiter profitiert von der professionellen Vermittlungs- und Beratungsleistung des Transferträgers, von nicht veröffentlichten Vakanzen und der zielorientierten Qualifizierung. Im Optimum kann er bei einem vorzeitigen Ausscheiden aus der Transfergesellschaft seine Abfindungssumme durch seinen Anteil an eingesparten Remanenzkosten erhöhen.

Christoph Bauer/Björn Bohlmann

Strategisches Management intellektueller Vermögenswerte

1 Einleitung 247

2 Die Bedeutung intellektueller Vermögenswerte 248
    2.1 Grundlagen 248
    2.2 Die Bestandteile und inneren Zusammenhänge der intellektuellen Vermögenswerte 250

3 Identifizierung intellektueller Vermögenswerte für Logistikdienstleister 252

4 Eine Balanced Scorecard mit intellektuellen Zielen entwickeln 255
    4.1 Den organisatorischen Rahmen schaffen 257
    4.2 Die strategischen Grundlagen klären 258
    4.3 Eine Balanced Scorecard entwickeln 260
        4.3.1 Strategische Ziele ableiten und auswählen 260
        4.3.2 Strategy Map aufbauen 263
        4.3.3 Messgrößen auswählen und Zielwerte bestimmen 264
        4.3.4 Strategische Aktionen bestimmen 266
    4.4 Organisation strategieorientiert ausrichten 267
    4.5 Kontinuierlichen BSC-Einsatz sicherstellen 268

5 Fazit 269

1 Einleitung

Die Branche für Logistikdienstleistungen sieht sich aufgrund der voranschreitenden Globalisierung und den sich damit verändernden Warenströmen mit einem steigenden Wettbewerbsdruck und neuen Herausforderungen konfrontiert. Viele Unternehmen der Logistikdienstleistungsbranche stellen sich daher die Frage, welche zukünftige strategische Ausrichtung geeignet ist, um in einem sich stetig ändernden Wettbewerbsumfeld zu bestehen. Laut einer Umfrage des SCI aus dem Jahre 2007 planen ca. 80 % der befragten Unternehmen die strategische Entwicklung neuer Geschäftsfelder, davon 58 % eine Erweiterung der Leistungsvielfalt und 37 % eine Erschließung neuer regionaler Märkte (vgl. SCI, 2007).

Derartige Absichten erfordern die Investition sowohl materieller als auch immaterieller Vermögenswerte. Während Beispiele für materielle Vermögenswerte nicht näher erläutert werden müssen, stellt sich die Situation bei den immateriellen Vermögenswerten deutlich anders dar. Im Bereich der Logistikdienstleistungen – so wie in vielen anderen Branchen – reicht es bei weitem nicht aus, die immateriellen Vermögenswerte auf Konzessionen und Lizenzen, einen Geschäfts- oder Firmenwert sowie geleistete Anzahlungen zu reduzieren, wie dies ein Standardausweis in einer HGB-Bilanz suggeriert. Es geht vielmehr darum, den Begriff der immateriellen Vermögensgegenstände dahingehend zu erweitern, dass dieser auch diejenigen immateriellen Vermögenswerte umfasst, mit denen ein Logistikdienstleister einen Gutteil seiner täglichen Wertschöpfung erbringt; nämlich die Mitarbeiter mit ihren Kompetenzen und Fähigkeiten, die von ihnen geschaffenen Strukturen innerhalb des Unternehmens sowie die durch die Mitarbeiter geschaffenen Beziehungen des Unternehmens zu seinem Umfeld. Wie unter Gliederungspunkt zwei näher erläutert wird, stellen Mitarbeiter, Strukturen und Beziehungen diejenigen immateriellen Vermögenswerte eines Logistikdienstleisters dar, die zwar faktisch vorhanden, bilanziell jedoch nicht erfasst werden. Für sie wird im Folgenden der Begriff der *intellektuellen Vermögenswerte*[14] verwendet.

Für viele Unternehmen der Logistikdienstleistungsbranche stellt dieser Begriff völliges Neuland dar, obwohl gerade die Wertschöpfung im Bereich der Dienstleistungen sehr stark von den intellektuellen Vermögenswerten abhängt. Diese Tatsache gilt nicht nur im aktuellen Marktumfeld, sondern wird ebenfalls für ein zukünftiges Marktumfeld mit geänderten Gegebenheiten Gültigkeit besitzen. Aus diesem Grunde stellt sich

---

[14] In der Literatur wird bisher häufig der Begriff des intellektuellen *Kapitals* mit seiner Untergliederung in Human-, Struktur- und Beziehungskapital verwendet (vgl. Kivikas, 2005, S. 800). Diese Untergliederung wird hier zugunsten der Begrifflichkeiten der intellektuellen *Vermögenswerte* aufgegeben, da Menschen, Strukturen und Beziehungen eines Unternehmens mit der Aktivseite der jeweiligen Bilanz (Identifizierung, Messung und Steuerung der Mittel*verwendung*) anstatt mit der jeweiligen Passivseite (Mittel*herkunft*) in Verbindung gebracht werden sollen. Gleichwohl lässt sich auch ein Kapitalcharakter des intellektuellen Vermögens nachweisen. Siehe hierzu die Ausführungen unter Kapitel 2.2.

gerade auch für Logistikdienstleister die Frage, wie sich die intellektuellen Vermögenswerte identifizieren und messen lassen, um sie in geeigneter Form als Entscheidungsgrundlage für die Unternehmensführung aufzubereiten. Ein idealer Anknüpfungspunkt hierzu sind diejenigen Momente, in denen sich Unternehmen strategisch neu positionieren. Wie eingangs bereits erläutert, geben viele der befragten Logistikdienstleister an, sich aktuell mit derartigen Fragestellungen auseinanderzusetzen.

Werden strategische Fragestellungen systematisch bearbeitet, liefern eine Analyse des Unternehmensumfeldes sowie eine Analyse des strategischen Rahmens des Unternehmens die Grundlage zur Ableitung strategischer Ziele und geeigneter Maßnahmen zur Zielerreichung. Während die Definition von Zielen und Maßnahmen hinsichtlich der materiellen Vermögenswerte aufgrund ihrer Fassbarkeit in der Regel keine allzu großen Schwierigkeiten darstellt, ist die Sachlage bei den intellektuellen Vermögenswerten grundlegend anders. Es stellt sich deutlich leichter dar, eine für die Erreichung eines strategischen Ziels als notwendig angesehene Erweiterung eines Fuhrparks zu bemessen, als belastbare Aussagen über die aktuell vorhandenen und zukünftig benötigten Kompetenzen seiner Mitarbeiter zu treffen. Die Notwendigkeit der Entwicklung solcher Vermögenswerte ist anerkannt, die Definition entsprechender Ziele und die darüber hinaus notwendige Ableitung geeigneter Maßnahmen gründen sich zumeist jedoch auf eher spärliche Daten bzw. auf reine Vermutungen. Gerade wenn es um strategische Entscheidungen geht, muss die Unternehmensführung jedoch in der Lage sein, Aussagen über Quantität, Qualität und systematische Entwicklung der intellektuellen Vermögenswerte zielsicher treffen zu können. Aussagen zur Quantität und Qualität sind dabei gleichzusetzen mit der Messbarkeit. Erst wenn sich intellektuelle Vermögenswerte – dies gilt ebenso für alle übrigen Vermögenswerte – eindeutig messen lassen, kann sowohl ein definierter Soll- als auch ein definierter Ist-Zustand ermittelt werden; und nur so lässt sich eine möglicherweise auftretende Lücke zwischen diesen beiden Zuständen erkennen und mittels geeigneter Maßnahmen sinnvoll schließen. Ziel dieses Beitrags ist es daher, die intellektuellen Vermögenswerte der Art nach zu beschreiben und sie in einem fundierten Strategieprozess für längerfristige Entscheidungen des jeweiligen Unternehmens zu verankern.

2 Die Bedeutung intellektueller Vermögenswerte

2.1 Grundlagen

Bereits einfache Überlegungen lassen erahnen, welche Tragweite mit dem intellektuellen Vermögen eines Unternehmens verbunden ist. Keine der heutzutage bekannten gesellschaftlichen, sozialen oder auch marktwirtschaftlichen Institutionen würden existieren, wären sie nicht durch den Einsatz menschlichen Intellekts geschaffen worden. Intellektuelles Vermögen hat offenbar in einer längerfristigen – somit strategischen – Sichtweise einen überaus großen Einfluss auf die bekannten Institutionen; und somit längerfristig auch auf das jeweilige Unternehmen, welches sich mit dem Thema der intellektuellen Vermögenswerte auseinandersetzt. Wird strategisches Management betrieben, kann es sich bei den intellektuellen Vermögenswerten kaum um eine Randerscheinung für die Unternehmensführung handeln.

Auch bei Betrachtungen in kürzeren Zeitperioden wird die These unterstützt, dass es sich beim Management intellektueller Vermögenswerte um ein strategisches Thema handelt. Frühere Ansätze, intellektuelles Vermögen messbar zu machen, fußten darauf, es durch die Differenz zwischen Markt- und Buchwert eines Unternehmens monetär zu beschreiben. Der Buchwert wurde dabei klassisch als die Summe aus den bilanzierten materiellen und immateriellen Vermögenswerten angenommen. Eine positive Differenz zwischen Markt- und Buchwert wurde somit als Preis für all jene immateriellen Vermögenswerte angesehen, über die das Unternehmen verfügt, die aber nicht bilanziell abgebildet werden. Diese Differenz wurde mit dem intellektuellen Vermögen gleichgesetzt. Ändert sich während einiger Tage oder Wochen der Marktwert eines Unternehmens und wird angenommen, dass während dieser Zeit die bewerteten materiellen und immateriellen Vermögenswerte konstant bleiben, müsste die Veränderung der Differenz zwischen Markt- und Buchwert ausschließlich Auswirkungen auf das intellektuelle Vermögen des jeweiligen Unternehmens haben. Wie nachfolgend noch genauer gezeigt wird, bilden beispielsweise die Kompetenzen der Mitarbeiter einen Teil des intellektuellen Vermögens eines Unternehmens. Mitarbeiterkompetenzen verändern sich jedoch niemals kurzfristig, so dass eine Veränderung der Differenz zwischen Markt- und Buchwert kaum auf eine Veränderung der intellektuellen Vermögenswerte eines Unternehmens zurückgeführt werden kann (vgl. Koch, 2005, S. 114) Mittel- bis langfristig kann sich eine solche Aussage jedoch durchaus umkehren: Wird das intellektuelle Vermögen eines Unternehmens konsequent entwickelt und gefördert, sollte sich auch die Wettbewerbsposition nachhaltig verbessern, was sich i. d. R. in einem höheren Marktwert widerspiegeln wird.

Bisher wurden verschiedene Modelle entwickelt, um das intellektuelle Vermögen eines Unternehmens identifizier- und messbar und damit auch für das Management nutzbar zu machen. Zu nennen sind hier u. a. *The Danish Guideline for Intellectual Capital Statements*, das *mehrstufige Indikatorensystem nach North et al.*, das *IC-Rating™ nach Edvinsson* sowie die *Wissensbilanzierung des Austrian Research Centers Seibersdorf (ARCS)*, auf der das Modell des Arbeitskreises Wissensbilanzierung (AKWB) aufbaut, der in Zusammenarbeit mit dem Bundesministerium für Wirtschaft und Arbeit das Projekt *Wissensbilanzierung – Made in Germany* umgesetzt hat.

Die genannten Instrumente unterscheiden sich in vielerlei Hinsicht voneinander, eine genaue Beschreibung jedes einzelnen würde jedoch den Rahmen dieses Beitrags sprengen. Da das hier verfolgte Ziel darin besteht, die intellektuellen Vermögenswerte eines Logistikdienstleistungsunternehmens in einen systematischen Strategieprozess zu integrieren, soll dies im Folgenden anhand eines in der Praxis vielfach erprobten und erfolgreich umgesetzten Balanced-Scorecard-Prozesses (vgl. Horváth, 2007) dargestellt werden. Hierzu werden insbesondere die Grundlagen des Arbeitskreises Wissensbilanzierung aufgegriffen und – wo nötig – modifiziert bzw. ergänzt.

Zuvor wird unter dem folgenden Gliederungspunkt die innere Struktur des intellektuellen Vermögens näher beleuchtet. Diese Struktur dient als notwendige Grundlage, um das intellektuelle Vermögen eines Unternehmens und die daraus abgeleiteten strategischen Ziele und Maßnahmen systematisch in den nachfolgenden Strategieprozess einordnen zu können.

2.2 Die Bestandteile und inneren Zusammenhänge intellektueller Vermögenswerte

Bereits eingangs wurde erwähnt, dass das „Wissen" der Mitarbeiter heutzutage einen wesentlichen Produktionsfaktor darstellt. Folgerichtig sind es insbesondere die Mitarbeiter, die das intellektuelle Vermögen eines Unternehmens repräsentieren. Darüber hinaus wurde bereits festgestellt, dass alle bekannten gesellschaftlichen, sozialen und marktwirtschaftlichen Strukturen letztlich aufgrund der intellektuellen Fähigkeiten von Menschen entstanden sind. Somit sind es wiederum die Mitarbeiter, die beispielsweise Abläufe, Zuständigkeiten, Organigramme oder Werte für ein Unternehmen definieren, eben das Unternehmen mit Strukturen versehen. Diese Strukturen jedoch ebenfalls den Mitarbeitern hinsichtlich des intellektuellen Vermögens zuzuordnen wäre allerdings verfrüht, können doch einmal erschaffene Strukturen durchaus von neuen Mitarbeitern erlernt und entsprechend genutzt werden. Neben den Mitarbeitern stellen somit die Strukturen die zweite, eigenständige Komponente des intellektuellen Vermögens eines Unternehmens dar. Darüber hinaus existiert ein von den Mitarbeitern mit allen Strukturen gebildetes Unternehmen niemals autark, sondern steht in vielfältigen Beziehungen zu seinem Umfeld. Auch diese Beziehungen werden letzten Endes durch die Mitarbeiter und durch die von ihnen gestalteten Strukturen bestimmt. Die Beziehungen des Unternehmens zu seinem Umfeld sind – sieht man von persönlichen Beziehungen der Mitarbeiter einmal ab – als eigenständige Komponente des intellektuellen Vermögens eines Unternehmens identifizierbar. Eine Übersicht über die dargestellten Zusammenhänge bietet Abbildung 1.

Das intellektuelle Vermögen eines Unternehmens, welches aus Mitarbeitern, Strukturen sowie Beziehungen besteht, lässt sich definitorisch somit wie folgt darstellen, wodurch auch eine operable Struktur hinsichtlich der Integration von intellektuellen Zielen und Maßnahmen innerhalb des BSC-Prozesses erreicht wird:

Abbildung 1: Die Bestandteile der individuellen Vermögenswerte und deren gegenseitige Beziehung

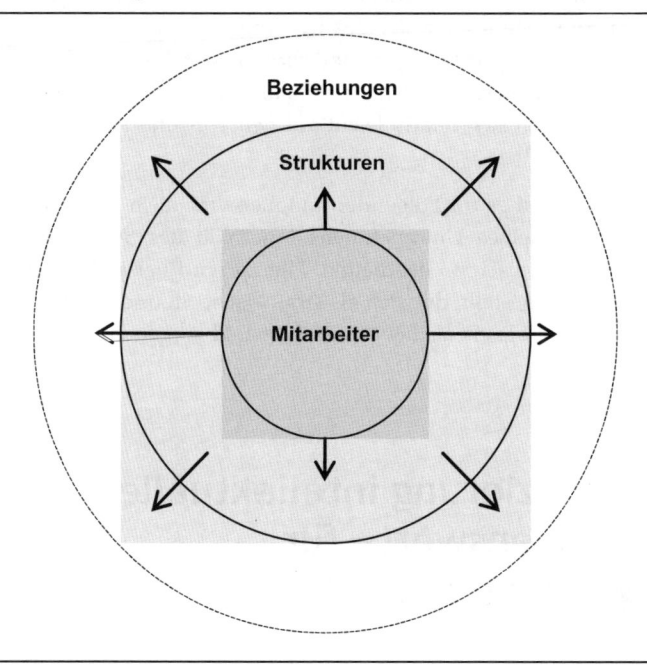

Quelle: In Anlehnung an Kivikas (2005), S. 800

Humanistische Vermögenswerte: Hierbei handelt es sich um die Kompetenzen, Fertigkeiten, Motivationen, Lernfähigkeiten etc. der Mitarbeiter. Rein bilanziell betrachtet würde es sich bei humanistischen Vermögenswerten um Fremdkapital handeln, da das Unternehmen humanistische Vermögenswerte nur so lange besitzen kann, wie die entsprechenden Mitarbeiter im Unternehmen tätig sind. Beispiele für solche Vermögenswerte im Bereich der Logistikdienstleistungen sind insbesondere das Fachwissen im Bereich des Kerngeschäfts des jeweiligen Unternehmens, strukturierte Arbeitsweisen oder der Umgang mit zeitkritischen Prozessen.

Strukturelle Vermögenswerte: Die strukturellen Vermögenswerte umfassen die von den Mitarbeitern geschaffenen Strukturen, Prozesse, Abläufe sowie Aspekte wie Unternehmenskultur und -werte. Es handelt sich somit um all diejenigen Strukturen, die innerhalb des Unternehmens verbleiben, wenn die Mitarbeiter abends ihren Arbeitsplatz verlassen. Bilanziell betrachtet würde es sich somit um Eigenkapital des Unternehmens handeln. Für die Branche der Logistikdienstleister fällt hierunter einer der schwergewichtigsten intellektuellen Vermögenswerte, nämlich die jeweils vorhandenen logistischen Prozesse.

Relationale Vermögenswerte: In einer hoch aggregierten Darstellung werden die relationalen Vermögenswerte durch die Beziehungen zu den Stakeholdern des Unternehmens gebildet. Bilanziell kann bei dieser Art von Vermögenswerten keine eindeutige Zuordnung erfolgen, da Beziehungen sowohl an das Unternehmen (z. B. dessen Image) als auch an einzelne Mitarbeiter des Unternehmens geknüpft sein können, so dass ein getrennter Ausweis nach Eigen- und Fremdkapital vorzunehmen wäre (vgl. Kivikas, 2005, S. 800). Beispiele für solche relationalen Vermögenswerte im Bereich der Logistikdienstleister lassen sich relativ leicht auf den vor- und nachgelagerten Stufen der Supply Chain ausmachen.

Mit diesen Grundlagen ist es im Folgenden möglich, das nach seiner Art bestimmte intellektuelle Vermögen eines Unternehmens innerhalb des Strategieprozesses der Balanced Scorecard strategisch zu bearbeiten. Hierzu wird beispielhaft der Fall eines Logistikdienstleisters vorgestellt, der sich als strategische Stoßrichtung den Einstieg in den Bereich der Kontraktlogistik als neues Geschäftsfeld vorgenommen hat.

3 Identifizierung intellektueller Vermögenswerte für Logistikdienstleister

Bis zu diesem Punkt konnte das intellektuelle Vermögen des Unternehmens als Teil seines immateriellen Vermögens identifiziert werden. Darüber hinaus wurde festgestellt, dass das intellektuelle Vermögen des Unternehmens aus humanistischen, strukturellen sowie relationalen Vermögenswerten besteht. Welche einzelnen Vermögenswerte sich hinter diesen drei Gruppen im Einzelnen verbergen können, wird im Folgenden beschrieben.

Humanistische Vermögenswerte (H)

Zur Identifizierung humanistischer Vermögenswerte haben sich klassische Fragen wie „Welche Fähigkeiten und welche Kompetenzen hinsichtlich der Mitarbeiter sind relevant?" oder „Welche Einstellungen und welche Verhaltensweisen müssen die Mitarbeiter an den Tag legen?" als Diskussionsgrundlage bewährt. Obwohl derartige Fragen eine recht allgemeine Natur aufweisen, gilt es, sie jeweils möglichst passgenau an der jeweiligen Situation des Unternehmens auszurichten. In diesem Fall muss beispielsweise danach gefragt werden, welche Fähigkeiten und Kompetenzen die Mitarbeiter für den Aufbau einer Kontraktlogistiksparte aufweisen müssen. Als Ergebnis einer solchen Diskussion können beispielsweise die folgenden drei humanistischen Vermögenswerte identifiziert werden:

H1: Fachkompetenz Kontraktlogistik

H2: Soziale Kompetenz

H3: Mitarbeitermotivation

Die Notwendigkeit des Auf- bzw. Ausbaus von Fachkompetenz im Bereich Kontraktlogistik dürfte in diesem Zusammenhang keine neue Erkenntnis darstellen, sollte gleichzeitig aber nicht als selbstverständlich angesehen werden, da nur eine proaktive Beschäftigung mit diesem Thema nachhaltigen Erfolg verspricht.

Anders liegen die Verhältnisse beim zweiten humanistischen Vermögenswert, der sozialen Kompetenz. Wird beispielsweise die Situation betrachtet, dass die Mitarbeiter des Unternehmens in ihren bisherigen Aufgaben des Transportierens, Lagerns und Umschlagens relativ autark agieren konnten, bedeutet das Engagement im Bereich der Kontraktlogistik auch eine sehr viel stärkere Integration des eigenen Unternehmens in die Wertschöpfungsprozesse des jeweiligen Kunden. Diese Wertschöpfungsprozesse werden letzten Endes jedoch durch Menschen gesteuert und kontrolliert, so dass die Beteiligung an diesen Wertschöpfungsprozessen in jedem Fall auch einen möglichst erfolgreichen Umgang mit den jeweiligen Mitarbeitern des Kunden erfordert. Soziale Kompetenzen wie beispielsweise Empathie, Diskussionsgeschick oder Problembewusstsein inklusive entsprechender Lösungstechniken rücken somit in den Fokus.

Hinsichtlich des dritten identifizierten Vermögenswertes, der Mitarbeitermotivation, liegen die Verhältnisse ähnlich wie beim ersten identifizierten intellektuellen Vermögenswert, der Fachkompetenz. Eine hohe Mitarbeitermotivation wird höchstwahrscheinlich in jedem Unternehmen und in jedem Geschäftsbereich als wünschenswert erachtet. Es sollte jedoch bedacht werden, dass auch ein solcher Vermögenswert sich nicht aus sich selbst oder aus geänderten Rahmenbedingungen heraus erschafft. Die Partizipation des eigenen Unternehmens an den Wertschöpfungsprozessen des Kunden erfordert von den eigenen Mitarbeitern zusätzliche Anstrengungen wie beispielsweise den kontinuierlichen Aufbau entsprechender Fachkompetenz, das Erbringen erhöhter Serviceleistungen oder die Beschäftigung mit unvorhergesehenen Problemen. Trotz derartiger Belastungen muss sichergestellt werden, dass die Motivation der Mitarbeiter zum Aufbau des neuen Geschäftsbereichs Kontraktlogistik dauerhaft erhalten bleibt. Aus diesen Gründen kann die Identifizierung des intellektuellen Vermögenswertes der Mitarbeitermotivation keineswegs als trivial, sondern als in hohem Maße erfolgskritisch angesehen werden.

Strukturelle Vermögenswerte (S)

In ähnlicher Form wie die humanistischen Vermögenswerte wird auch die Identifizierung der strukturellen Vermögenswerte vorgenommen. Typische Fragen sind hier beispielsweise, wie Tätigkeiten an Kunden, Lieferanten und anderen Interessengruppen ausgerichtet werden oder wie erfolgskritisches Wissen genutzt, geteilt, gesichert und geschützt wird. Darüber hinaus kann gefragt werden, welche Führungsinstrumente vorhanden sein bzw. entwickelt werden müssen, um den Aufbau des Geschäftsbereichs Kontraktlogistik zu unterstützen. Wie bei der Identifizierung der humanistischen Vermögenswerte gilt auch hier, dass die unterschiedlichen Sichtweisen der einbezogenen Mitarbeiter erst die Diskussion darüber beleben, welche strukturellen Vermögenswerte für die strategische Neuausrichtung erfolgskritisch sind und welche nicht. Ein Ergebnis dieser Diskussion für den beschriebenen Fall des Einstiegs in die Kontraktlogistik kann wie folgt aussehen:

S1: Führungsinstrumente

S2: Prozess- und Verfahrensinnovation

S3: Kommunikationsstruktur und Wissenstransfer

Aufgrund des Aufbaus eines neuen Bereichs Kontraktlogistik können sich veränderte Anforderungen an die Führungsinstrumente des Unternehmens ergeben. Zu denken wäre beispielsweise an eine dezentralere Führungsstruktur, welche die Beziehungen zu größeren Kontraktlogistikpartnern stärker in den Mittelpunkt rückt. Darüber hinaus können sich Anpassungen im Bereich der Mitarbeiterführung notwendig werden.

Der Prozess- und Verfahrensinnovation dürfte als intellektueller Vermögenswert hinsichtlich des Aufbaus des Geschäftsbereichs Kontraktlogistik eine Schlüsselrolle zukommen. Gerade die tiefergehende und langfristigere Beteiligung an den Wertschöpfungsprozessen des Kunden bedingt moderne Prozesse und Verfahren, die in der Lage sind, die Anforderungen des Kunden in schnelle, effiziente und qualitativ hochwertige Lösungen zu überführen.

Dem dritten identifizierten intellektuellen Vermögenswert – Kommunikationsstruktur und Wissenstransfer – sollte gerade während des Aufbaus des neuen Geschäftsbereichs verstärkte Aufmerksamkeit geschenkt werden.

Relationale Vermögenswerte (R)

Die gleichen Grundvoraussetzungen wie bei der Identifizierung der humanistischen und strukturellen Vermögenswerte gelten auch für die relationalen Vermögenswerte. Typische Fragen in diesem Umfeld sind, welche externen Wirkungen bei einzelnen Stakeholdern erzielt oder wie Partnerschaften mit Kunden aufgebaut werden sollen. Auf das Beispiel des Einstiegs in die Kontraktlogistik bezogen könnten sich die beiden nachfolgenden relationalen Vermögenswerte als erfolgskritisch erweisen:

R1: Beziehungen zu Kontraktlogistikkunden

R2: Beziehungen zur Öffentlichkeit

Die Beziehungen zu den Kunden im Bereich Kontraktlogistik als notwendigen intellektuellen Vermögenswert zu identifizieren dürfte kaum auf Widerspruch stoßen. Jedoch ist die Identifizierung dieses Vermögenswertes – ebenso wie im Bereich der Fachkompetenz der Mitarbeiter – nicht trivial, da ein solcher Vermögenswert in einem weiteren Schritt all diejenigen Ziele und Maßnahmen aufnimmt, die für die Erreichung dauerhafter und erfolgreicher Beziehungen zu Kontraktlogistikkunden als erfolgskritisch angesehen werden. Während die meisten Unternehmen im Bereich Kontraktlogistik diesen Vermögenswert als erfolgskritisch ansehen dürften, entscheiden letzten Endes die anvisierten Ziele und die hierfür getroffenen Maßnahmen über den Erfolg oder Misserfolg in diesem Marktsegment.

Daneben sollten die Beziehungen zur Öffentlichkeit, gerade in der Phase des Aufbaus eines neuen Geschäftsbereichs, nicht unterschätzt werden. Besonders wenn es um das Wachstum des neuen Geschäftsbereichs geht, dürften entsprechend definierte Ziele und Maßnahmen einen entscheidenden Beitrag dazu leisten, die Fähigkeiten und Kompetenzen des eigenen Unternehmens in geeigneter Form in der Öffentlichkeit zu verankern.

4 Eine Balanced Scorecard mit intellektuellen Zielen entwickeln

Nachdem im vorherigen Kapitel bereits beispielhaft mögliche intellektuelle Vermögenswerte für ein Unternehmen der Logistikdienstleistungsbranche identifiziert werden konnten, stellt sich nun die Frage, wie sich sinnvolle strategische Ziele und Maßnahmen zur Entwicklung bzw. Förderung dieser Vermögenswerte definieren lassen. Darüber hinaus ist relevant, wie einmal gefundene Ziele und beschlossene Maßnahmen im Unternehmen derart verankert werden, dass eine erfolgreiche Umsetzung der Maßnahmen – und damit auch eine Erreichung der gesteckten strategischen Ziele – erreicht wird. Hierzu wird die Ableitung strategischer Ziele für die intellektuellen Vermögenswerte sowie die Entwicklung geeigneter strategischer Maßnahmen in einen Balanced-Scorecard-Strategieprozess (vgl. Horváth, 2007, S. 74 ff.) integriert, der in dieser Form sehr häufig in der Praxis erfolgreich umgesetzt werden konnte. Die Vorgehensweise ist in Abbildung 2 verdeutlicht.

Abbildung 2: *Das Horváth & Partners-Modell zur Balanced-Scorecard-Implementierung*

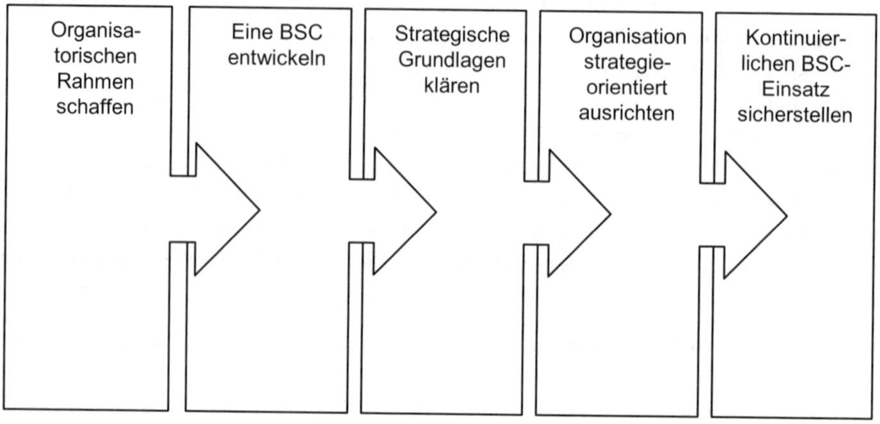

| Organisatorischen Rahmen schaffen | Eine BSC entwickeln | Strategische Grundlagen klären | Organisation strategieorientiert ausrichten | Kontinuierlichen BSC-Einsatz sicherstellen |

Während der ersten beiden Phasen erfolgen zunächst wichtige Vorarbeiten, um überhaupt eine Balanced Scorecard (BSC) effektiv entwickeln zu können. Dazu sind innerhalb des Unternehmens zunächst ein geeigneter organisatorischer Rahmen zu schaffen und die strategischen Grundlagen zu klären, damit die Entwicklung der Balanced Scorecard auf einer gemeinsamen und abgestimmten Basis erfolgen kann. Ist dieser Zustand erreicht, kann mit der Entwicklung der eigentlichen Balanced Scorecard begonnen werden. In dieser dritten Phase werden insbesondere strategische Ziele für die bereits identifizierten intellektuellen Vermögenswerte abgeleitet, sofern nötig eine Priorisierung der Ziele vorgenommen und für diese Auswahl an Zielen geeignete strategische Maßnahmen definiert. Darüber hinaus können die ausgewählten Ziele auf einer so genannten Strategy Map dargestellt werden, um über eine derartige Visualisierung die Kommunikation der Ziele unternehmensintern zu verbessern. Ist eine BSC bis zu diesem Zeitpunkt entwickelt, schließen sich mit den Phasen vier und fünf diejenigen beiden an, die für eine dauerhafte und erfolgreiche Implementierung der Balanced Scorecard erfolgskritisch sind. Hierbei handelt es sich insbesondere um die strategieorientierte Ausrichtung des Unternehmens sowie die Sicherstellung des kontinuierlichen Einsatzes der BSC, der im Wesentlichen durch die Anbindung der BSC an die bereits bestehenden Management-, Controlling- und Reportingsysteme ermöglicht werden kann.

Da die Entwicklung der Balanced Scorecard in Phase drei die umfangreichsten Besonderheiten hinsichtlich der Ableitung strategischer Ziele und Maßnahmen für die intellektuellen Vermögenswerte aufweist, wird diese Phase deutlich differenzierter als die übrigen beschrieben, bei denen detailliertere Beschreibungen lediglich dort vorgenommen werden, wo dies aufgrund der Thematik der intellektuellen Vermögenswerte als nötig angesehen wird.

4.1 Den organisatorischen Rahmen schaffen

Bevor mit der Entwicklung der Balanced Scorecard begonnen wird, ist der organisatorische Rahmen für das Vorgehen zu schaffen. Hierbei ist insbesondere zu klären, ob das Modell für das ganze Unternehmen oder nur für einzelne Teilbereiche zur Anwendung kommen soll. Einem höheren Nutzen und der Möglichkeit, Interdependenzen auf Gesamtunternehmensebene besser abbilden zu können, stehen bei der unternehmensweiten Implementierung eine höhere Komplexität und i. d. R. höhere Kosten gegenüber. Welche Lösung letztendlich angestrebt wird, sollte erst nach einer gründlichen Analyse der Vor- und Nachteile der jeweiligen Lösung entschieden werden.[15]

Unabhängig davon, ob eine Lösung auf Unternehmens- oder auf Teilbereichsebene angestrebt wird, muss zu jeder Zeit die Unterstützung seitens der Unternehmensleitung gegeben sein. Erfahrungen aus der Praxis zeigen, dass gerade hierin ein entscheidender Faktor liegt, ob eine Maßnahme sinnvoll erarbeitet und umgesetzt werden kann oder nicht. Darüber hinaus sollte darauf geachtet werden, dass während des gesamten Prozesses – insbesondere hinsichtlich der Identifizierung und Messung der benötigten intellektuellen Vermögenswerte – die jeweils betroffenen Unternehmensbereiche durch entsprechende Mitarbeiter repräsentiert werden, damit belastbare und allgemein akzeptierte Ziele und Maßnahmen entwickelt werden können.

Eine weitere wichtige Aktivität hinsichtlich der Schaffung eines geeigneten organisatorischen Rahmens stellt die Auswahl der Perspektiven der BSC dar. In den meisten BSC-Projekten kommen hier die aufeinander aufbauenden Standardperspektiven „Potenziale", „Prozesse", „Markt" sowie „Finanzen" zur Anwendung. In den meisten Fällen dürfte diese Auswahl gerechtfertigt sein, in Einzelfällen kann sowohl eine Anpassung der Bezeichnung der Perspektiven als auch ggf. eine Erweiterung der Perspektiven hinsichtlich ihrer Anzahl angeraten sein. Die Notwendigkeit derartiger Anpassungen sollte im Einzelfall jedoch jeweils kritisch hinterfragt werden, da die vier Standardperspektiven sachlogisch aufeinander aufbauen. Dieser Aufbau ist erfolgskritisch und muss sowohl bei einer Perspektivenerweiterung als auch bei einer Umbenennung der Perspektiven weiterhin erhalten bleiben.

Für das hier dargestellte Beispiel des strategischen Managements intellektueller Vermögenswerte soll zunächst die Anwendung der vier Standardperspektiven „Potenziale", „Prozesse", „Markt" und „Finanzen" angenommen werden. Aufgrund der weiter unten noch vorzunehmenden Ableitung strategischer Ziele und Maßnahmen für diese

---

15 Für die folgenden Betrachtungen wird eine Vorgehensweise auf Unternehmensebene unterstellt.

Art von Vermögenswerten ist zu klären, ob diese vier Standardperspektiven geeignet sind, entsprechende Ziele im Bereich der intellektuellen Vermögenswerte aufzunehmen. Hinsichtlich der Potenzialperspektive erscheinen in diesem Zusammenhang keinerlei Anpassungen nötig. Im Kontext außerhalb einer BSC wird sehr häufig der Begriff des „Humanpotenzials" verwendet, so dass eine Einordnung strategischer Ziele im Bereich der humanistischen Vermögenswerte in diese Perspektive unkritisch erscheint.

Hinsichtlich der strukturellen Vermögenswerte liegt die Vermutung nahe, dass sich diese der Standardperspektive „Prozesse" zuordnen lassen. Weiter oben wurden für derartige Vermögenswerte beispielsweise organisationale oder kommunikative Strukturen des Unternehmens identifiziert. Solche Strukturen können zwar formell oder informell bestehen, sie werden allerdings erst durch die jeweils sie definierenden Prozesse gelebt. Somit erscheint auch in diesem Fall die Einordnung noch zu definierender Ziele im Bereich der strukturellen Vermögenswerte in die Prozessperspektive – ohne dass diese einer Veränderung bedarf – gerechtfertigt.

Nachdem die noch zu definierenden humanistischen sowie strukturellen Ziele jeweils eindeutig einer Standardperspektive zugeordnet werden konnten, bleibt zuletzt die Frage zu klären, welcher Perspektive sich die Ziele im Bereich der relationalen Vermögenswerte zuordnen lassen. Diese der Marktperspektive zuzuordnen liegt nahe, da die relationalen Vermögenswerte auch die Beziehungen zu den Kunden des Unternehmens beinhalten. Allerdings wurden die relationalen Vermögenswerte zuvor dahingehend definiert, dass hierunter alle Beziehungen des Unternehmens zu seinem Umfeld subsumiert werden können, was beispielsweise die Beziehungen zur Öffentlichkeit oder zu Kapitalgebern mit einschließt. Diese können argumentativ der Marktperspektive dahingehend zugordnet werden, dass alle diese Beziehungen letzten Endes das Ziel verfolgen, das Unternehmen erfolgreich am Markt zu positionieren. Alternativ bliebe die Möglichkeit, die Marktperspektive in eine „Stakeholderperspektive" umzubenennen, die definitorisch damit alle noch zu definierenden strategischen Ziele im Bereich der relationalen Vermögenswerte aufnehmen kann. Da bei beiden Möglichkeiten der sachlogische Zusammenhang der einzelnen Perspektiven erhalten bleibt, erscheinen beide Möglichkeiten gangbar, wodurch die Entscheidung zur Benennung dieser Perspektive im Einzelfall getroffen werden kann.

4.2 Die strategischen Grundlagen klären

Hinsichtlich der Klärung der strategischen Grundlagen geht es in einem ersten Schritt darum herauszufinden, welches Strategieverständnis innerhalb des Unternehmens vorherrscht und ob dieses Verständnis von allen Beteiligten geteilt wird. Hier wird Strategie verstanden als das „beabsichtigte oder sich ergebende, über einen längeren

Zeitraum konsistente Verhaltensmuster einer Organisation, mit welchem sie ihre grundlegenden Ziele erreichen will."(Greiner, 2004, S. 37)

Praktische Erfahrungen haben gezeigt, dass es sich lohnt, die Herangehensweise an das Thema Strategie gedanklich in drei Teile zu zerlegen, die auf unterschiedlicher Ebene Einfluss auf das operative Geschäft des Unternehmens nehmen. Dies ist in der nebenstehenden Abbildung 3 grafisch verdeutlicht.

Abbildung 3: Das Horváth & Partners Strategiemodell

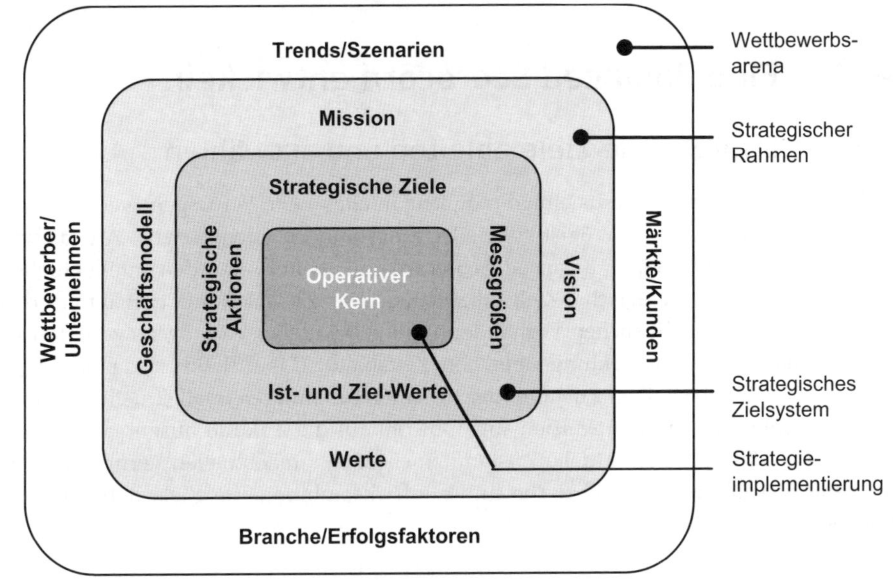

```
                    Trends/Szenarien              •——— Wettbewerbs-
                                                        arena
                        Mission
                                                  •——— Strategischer
                  Strategische Ziele                    Rahmen

  Wettbewerber/  Geschäftsmodell  Strategische   Operativer  Messgrößen  Vision  Märkte/Kunden
  Unternehmen                     Aktionen       Kern

                  Ist- und Ziel-Werte            •——— Strategisches
                                                        Zielsystem
                        Werte                     ——— Strategie-
                                                        implementierung
                Branche/Erfolgsfaktoren
```

Quelle: In Anlehnung an Horváth, 2007, S. 116

Innerhalb der so genannten Wettbewerbsarena entwickeln sich die Kundenerwartungen, Wettbewerber, politischen Rahmenparameter etc. Die Wettbewerbsarena ist zwar nicht unmittelbarer Bestandteil der Strategie, beeinflusst diese jedoch. Ohne ein eingehendes Verständnis des Umfelds, in dem sich das Unternehmen bewegt, ist eine Bewertung jeglicher Strategie nicht zielführend.

Auf der nächsten Ebene stehen die strategischen Grundsatzentscheidungen an, die den strategischen Rahmen bilden. Hierzu zählen insbesondere die grundlegende Zielrichtung (Vision), der Auftrag des Unternehmens (Mission), das zugrunde liegende WertE-System sowie das jeweils verfolgte Geschäftsmodell. Die Inhalte des strategischen Rahmens unterliegen in der Regel nur sehr langfristigen Veränderungen. Werden Veränderungen angestrebt, so sind hierzu größere strategische Entscheidungen nötig, wie beispielsweise der Eintritt in ein neues Geschäftsfeld – in diesem Fall der Eintritt in das Geschäftsfeld der Kontraktlogistik – oder eine umfangreiche strategische Neupositionierung.

Der strategische Rahmen bildet sodann die Grundlage zur Definition des so genannten strategischen Zielsystems. Hierzu zählen insbesondere verbal ausformulierte strategische Ziele inklusive etwaiger Interdependenzen zwischen diesen Zielen, abgeleitete strategische Aktionen, die zur Zielerreichung führen sollen, sowie geeignete Messgrößen und Zielwerte, um den Fortschritt auf dem Weg zur Zielerreichung messen zu können.

4.3 Eine Balanced Scorecard entwickeln

4.3.1 Strategische Ziele ableiten und auswählen

In Kapitel drei wurden bereits einige mögliche intellektuelle Vermögenswerte für das Beispielunternehmen der Logistikdienstleistungsbranche identifiziert. An diesem Punkt der Erstellung einer Balanced Scorecard gilt es nun, aus den intellektuellen Vermögenswerten strategische Ziele abzuleiten. Die Zielableitung transferiert den Blick von dem ausschließlichen Vorhandensein intellektueller Vermögenswerte hin zu deren dynamischer Entwicklung über den Zeitablauf. Dabei definiert das jeweilige strategische Ziel denjenigen Zustand, der für einen bestimmten intellektuellen Vermögenswert zukünftig erreicht werden soll. Obwohl auf die Zukunft ausgerichtet, sollte für die Zieldefinition der aktuelle Zustand eines jeden intellektuellen Vermögenswertes bedacht werden, um realistische und zugleich ambitionierte Ziele definieren zu können.

Für die Zielableitung gilt, wie auch bereits bei der Bestimmung der einzelnen Vermögenswerte, dass es sich um einen interaktiven Prozess handelt, der zu einem gemeinsamen Zielsystem führen soll. Obwohl über die grundsätzliche strategische Ausrichtung bereits Einigkeit herrschen sollte, können bei der Ableitung konkreter Ziele immer noch unterschiedliche Meinungen und Prioritäten der Beteiligten vorherrschen. Diese Differenzen müssen in jedem Fall offen angesprochen werden, um die nachfolgenden Schritte des Strategieprozesses auf eine solide Grundlage stellen zu können.

Für die eigentliche Ableitung der Ziele gilt es einige Regeln zu beachten: Hierzu gehört vor allem, die Ziele möglichst nicht pauschal, sondern eher spezifisch zu formulieren. Dies trägt insbesondere der Tatsache Rechnung, dass unspezifizierte Ziele kaum wahrgenommen werden und somit ihre Wirkung nicht richtig entfalten können. Darüber hinaus sollten aktionsorientierte Formulierungen Anwendung finden, um zu verdeutlichen, aus welchem gegenwärtigen Zustand heraus ein Ziel erreicht werden soll (beispielsweise „Mitarbeiterausbildung etablieren" oder „Mitarbeiterausbildung intensivieren", aber nicht nur „Mitarbeiterausbildung). Ansonsten wird nicht deutlich, was mit dem strategischen Ziel gemeint ist.

Wurde der Prozess der Zieldefinition bis zu diesem Punkt durchlaufen, so können für die insgesamt acht identifizierten intellektuellen Vermögenswerte Ziele gefunden werden, wie sie in der Abbildung 4 in der zweiten Spalte aufgeführt sind.

Nachdem diese insgesamt zwölf Ziele identifiziert wurden, stellt sich nun die Frage, ob alle diese Ziele verfolgt werden oder ob eine Auswahl getroffen werden soll. Erfahrungen aus der Praxis zeigen, dass insgesamt maximal 20 Ziele gleichzeitig verfolgt werden sollten. Bei einer noch höheren Anzahl an Zielen besteht die Gefahr, dass der strategische Fokus verloren geht und vorhandene Ressourcen zu breit gestreut werden. Vor dem Hintergrund, dass neben den hier definierten intellektuellen Ziele weitere Ziele auf der Potenzial-, der Prozess-, der Markt- sowie der Finanzebene verfolgt werden, wird die Notwendigkeit ersichtlich, die intellektuellen Ziele anhand ihrer strategischen Bedeutung zu gewichten und hierüber zu priorisieren.

Eine Priorisierung im Bereich der intellektuellen Ziele lässt sich dadurch erreichen, dass etwaige Wirkungszusammenhänge zwischen den Zielen aufgedeckt und analysiert werden. Hierzu werden die intellektuellen Ziele, wie in Abbildung 4 bereits geschehen, in einer Matrix angeordnet. Die Herausforderung besteht sodann darin zu ermitteln, welchen Einfluss ein bestimmtes intellektuelles Ziel auf jedes andere intellektuelle Ziel ausübt. Über eine Skala von null (keine Wirkung) bis drei (starke Wirkung) wird gefragt, wie das in einer Zeile abgetragene intellektuelle Ziel auf das in der jeweiligen Spalte notierte intellektuelle Ziel wirkt.[16] Diese Wirkungen sind beispielhaft ebenfalls in Abbildung 4 verdeutlicht.

Um die Priorisierung der Ziele vornehmen zu können wird nach Abschluss der einzelnen Einschätzungen für jedes intellektuelle Ziel die so genannte Aktivsumme (pro Zeile) sowie die so genannte Passivsumme (pro Spalte) ermittelt. Wird sodann das Verhältnis Aktiv- zu Passivsumme gebildet, so lassen sich Aussagen darüber treffen, wie sich ein einzelnes intellektuelles Ziel auf die übrigen intellektuellen Ziele auswirkt. Dies sei an zwei Beispielen verdeutlicht:

Z1H2: Hier ergibt sich ein Verhältnis von Aktivsumme zu Passivsumme von 3,40. Das intellektuelle Ziel Z1H2 wirkt sich somit stärker auf andere intellektuelle Ziele aus, als es wiederum von anderen intellektuellen Zielen beeinflusst wird. Strategische Aktionen, die für dieses Ziel bestimmt werden, haben somit eine entsprechend positive Wirkung auf die übrigen intellektuellen Ziele.

---

[16] Können negative Auswirkungen nicht ausgeschlossen werden, so kann die gerade dargestellte Kardinalskala selbstverständlich auch mit den entsprechenden negativen Werten in der Matrix Verwendung finden.

Abbildung 4: Beeinflussungsmatrix intellektueller Ziele

Beeinflussungsmatrix Wirkung

Ursache		Z1H1	Z1H2	Z1H3	Z1S1	Z1S2	Z1S3	Z2S3	Z3S3	Z1R1	Z1R2	Z2R2	Z3R2	Aktivsumme
Z1H1	Fachkompetenz Kontraktlogistik deutlich ausbauen	x	2	1	0	3	2	3	1	3	1	2	1	19
Z1H2	Kommunikationsfähigkeiten der Mitarbeiter nachhaltig stärken	1	x	1	2	2	2	3	2	3	1	0	0	17
Z1H3	Identifikation mit dem eigenen Unternehmen stärken	0	0	x	2	1	1	2	2	2	1	1	0	12
Z1S1	Management by Objectives (MbO) einführen	2	1	2	x	2	0	1	1	3	0	1	0	13
Z1S2	Partizipation der Mitarbeiter an Verfahrens- und Prozessentwicklungen sicherstellen	2	0	0	0	x	1	2	0	0	0	0	0	5
Z1S3	Datenaustausch zwischen Kontraktlogistikkunden und dem eigenen Unternehmen nachhaltig entwickeln	2	0	0	0	1	x	0	1	2	0	0	0	6
Z2S3	Kommunikation zwischen Mitarbeitern und Management stärken	2	0	3	3	2	1	x	1	1	0	0	0	13
Z3S3	Anreizsysteme zum Wissenstransfer schaffen	3	2	1	0	2	1	3	x	0	0	0	1	13
Z1R1	Beziehungen zu Kontraktlogistikkunden „personifizieren" (Key Account Management)	1	0	1	1	0	3	2	0	x	1	0	1	10
Z1R2	Partnerschaft im Bereich Kontraktlogistik in der Öffentlichkeit wirkungsvoll kommunizieren	0	0	2	0	0	1	1	0	1	x	1	2	8
Z2R2	Teilnahmequote an Fachveranstaltungen (Messen, Tagungen etc.) deutlich verstärken	2	0	0	0	0	2	0	0	1	2	x	1	8
Z3R2	Neue Marketingstrategie „Kontraktlogistik" entwickeln und kontinuierlich ausbauen	0	0	1	0	0	0	0	0	1	3	3	x	8
	Passivsumme	15	5	12	8	13	14	17	8	17	9	8	6	
	Aktiv-/Passivsumme	1,27	3,40	1,00	1,63	0,38	0,43	0,76	1,63	0,59	0,89	1,00	1,33	

0 keine Wirkung
1 schwache Wirkung
2 mittlere Wirkung
3 starke Wirkung

Z1R1: Hier ergibt sich ein Verhältnis von Aktiv- zu Passivsumme von 0,59. Das intellektuelle Ziel Z1R1 wird somit stärker von anderen intellektuellen Zielen beeinflusst, als es andere intellektuelle Ziele beeinflusst. Maßnahmen für dieses intellektuelle Ziel würden somit kaum positive Effekte bei anderen intellektuellen Zielen auslösen.

Darüber hinaus ist die Förderung eines bestimmten intellektuellen Ziels dann als besonders wirkungsvoll anzusehen, wenn es eine hohe absolute Aktivsumme aufweist und es nicht gleichzeitig durch andere intellektuelle Ziele noch stärker beeinflusst wird (damit hätte es eine höhere Passiv- statt Aktivsumme). Im Beispiel weiter oben sind dies intellektuelle Ziele, deren Aktiv- und Passivsumme in etwa gleich ausfällt, beispielsweise bei Z1H1 (Fachkompetenz Kontraktlogistik deutlich ausbauen). Werden diese Erkenntnisse zur Priorisierung der intellektuellen Ziele eingesetzt, so können alle drei Ziele im Bereich der humanistischen Vermögenswerte, das strukturelle Ziel Z1S1 sowie das relationale Ziel Z3R2 als besonders förderungswürdig identifiziert werden. Vorhandene Ressourcen zur Entwicklung des Bereichs Kontraktlogistik sollten somit auf diese Ziele fokussiert werden.

4.3.2 Strategy Map aufbauen

Eine Strategy Map innerhalb eines Balanced-Scorecard-Strategieprozesses dient insbesondere dazu, vorhandene Ursache-Wirkungs-Beziehungen zwischen verschiedenen strategischen Zielen aufzuzeigen und in einer einfachen und kommunikativen Form zu dokumentieren. Derartige Ursache-Wirkungs-Beziehungen wurden bereits in Kapitel 4.3.1 in Form einer Matrix hergeleitet; sie können jedoch nicht unverändert in eine Strategy Map überführt werden. Dies lässt sich durch einen Vergleich der Matrix der Abbildung 5, die ein Beispiel für eine Strategy Map für die intellektuellen Ziele enthält, zeigen.

Der Vergleich macht deutlich, dass beispielsweise die als stark eingestufte Wirkung des Ziels „Anreizsysteme zum Wissenstransfer schaffen" auf das Ziel „Fachkompetenz Kontraktlogistik deutlich ausbauen" nicht in der Strategy Map dargestellt ist. Solche „rückwärts" gerichteten Zielbeziehungen existieren auch zwischen anderen Zielen innerhalb der Strategy Map. So unterstützen Ziele innerhalb der Potenzialperspektive über die anderen Perspektiven hinweg nicht nur die Finanzziele; vielmehr sorgen diese längerfristig wiederum dafür, dass das Unternehmen über finanzielle Mittel verfügt, um Ziele auf anderen Perspektiven – beispielsweise der Potenzialperspektive – zu verwirklichen. Diese Reduktion der Zielbeziehungen ist vor allem darin begründet, dass es sich bei der in Kapitel 4.3.1 dargestellten Matrix der Zielbeziehungen und der hier dargestellten Strategy Map um zwei Instrumente handelt, die unterschiedliche Zielsetzungen verfolgen. Während die Matrix die Aufgabe hat, die Zielbeziehungen möglichst umfassend darzustellen, um über die Beziehung von Aktiv- zu Passivsumme eine Zielpriorisierung zu erreichen, handelt es sich bei der Strategy Map um ein Kommunikationsinstrument, welches auf die wesentlichen strategischen Beziehungen der Ziele fokussiert. Diese Fokussierung ist wichtig, da in der Praxis die gleichzeitige Darstellung aller Interdependenzen die Strategy Map unübersichtlich macht. Hierdurch wird die Aussagefähigkeit erhöht, die Aufmerksamkeit auf die wesentlichen Stellhebel gelenkt und eine deutlich höhere Transparenz erreicht.

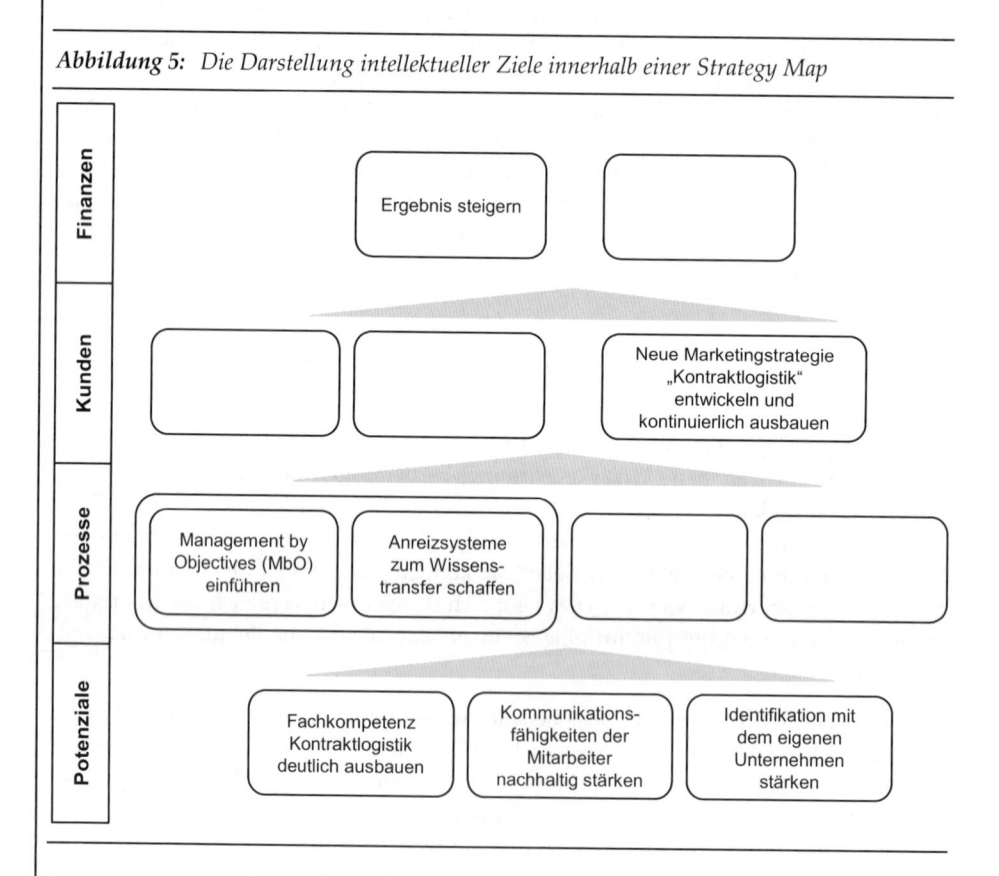

Abbildung 5: Die Darstellung intellektueller Ziele innerhalb einer Strategy Map

Finanzen: Ergebnis steigern

Kunden: Neue Marketingstrategie „Kontraktlogistik" entwickeln und kontinuierlich ausbauen

Prozesse: Management by Objectives (MbO) einführen; Anreizsysteme zum Wissenstransfer schaffen

Potenziale: Fachkompetenz Kontraktlogistik deutlich ausbauen; Kommunikationsfähigkeiten der Mitarbeiter nachhaltig stärken; Identifikation mit dem eigenen Unternehmen stärken

4.3.3 Messgrößen auswählen und Zielwerte bestimmen

Nachdem bis zu diesem Zeitpunkt sowohl die intellektuellen Vermögenswerte als auch die dazugehörigen Ziele definiert wurden, gilt es nun, die aktuelle und zukünftige Zielerreichung über geeignete Messmethoden transparent darzustellen.

In einem ersten Schritt muss für jede Messung festgelegt werden, was genau gemessen werden soll. Für die humanistischen, strukturellen sowie relationalen Ziele hat sich diesbezüglich die Messung hinsichtlich der Dimensionen „Quantität", „Qualität" und „Systematik" bewährt. Deutlicher wird die Einordnung solcher Dimensionen, wenn auch an dieser Stelle geeignete Fragen gestellt werden. Diese Fragen werden am Beispiel Z1H1: *Fachkompetenz Kontraktlogistik deutlich ausbauen* erläutert. Sie lauten für das Kriterium Quantität: *„Über welche Menge an Fachkompetenz kann unser Unternehmen aktuell verfügen?"* Für das Kriterium Qualität ergibt sich eine entsprechende Frage: *„Welche Qualität hat unsere – bis dato – vorhandene Fachkompetenz im Bereich Kontraktlogistik?"* Ebenso verhält es sich mit dem Kriterium der Systematik, bei dem die Frage gestellt wird: *„Wie systematisch wurde die Fachkompetenz Kontraktlogistik bisher entwickelt, gepflegt und/oder verbessert?"*

Um die intellektuellen Ziele hinsichtlich der Dimensionen Quantität, Qualität und Systematik messen zu können, werden ihnen in einem nächsten Schritt pro Dimension geeignete Indikatoren[17] zugewiesen. Am Beispiel des humanistischen Ziels *„Z1H1: Fachkompetenz Kontraktlogistik deutlich ausbauen"* lässt sich eine solche Zuweisung von Indikatoren wie folgt veranschaulichen: Hinsichtlich der Quantität ließe sich als Indikator beispielsweise die Anzahl der Mitarbeiter definieren, die über Erfahrungen im Bereich Kontraktlogistik verfügen. Ein Indikator für die Dimension Qualität kann über die durchschnittliche Anzahl der Jahre definiert werden, die Mitarbeiter mit Kontraktlogistikkompetenz in diesem Bereich gearbeitet haben. Ein Indikator für die Systematik ließe sich schließlich über die Anzahl an Schulungen oder sonstigen Weiterbildungsmaßnahmen definieren, die bezüglich des Themas Kontraktlogistik durchgeführt wurden.

Um Aussagen über die Ausprägung eines Indikators treffen zu können, muss sowohl ein Minimalwert (i. d. R. 0 = nicht vorhanden) sowie ein Maximalwert definiert werden, bei dem die Ausprägung des Indikators eine ausreichende Zielerreichung signalisiert. Erst über eine derartige Eingrenzung der Ausprägung eines Indikators wird es möglich, einen definierten Handlungsbedarf für ein jeweiliges intellektuelles Ziel zu identifizieren und hierfür geeignete Maßnahmen zu entwickeln. Werden nun Daten für jeden Indikator erhoben, kann die Ausprägung eines jeden Indikators beispielsweise über Abstufungen wie 0 % (nicht vorhanden), ca. 30 % (teilweise ausreichend), ca. 60 % (meistens ausreichend), ca. 90 % (immer ausreichend) oder größer 100 % (höher als erforderlich) transparent dargestellt werden. In der Literatur wird eine derartige prozentuale Einstufung zumeist vor der Zuweisung von Indikatoren vorgenommen. Bevor somit eine Messung stattfindet, wird darüber nachgedacht, wie es um den jeweiligen intellektuellen Vermögenswert hinsichtlich seiner Dimensionen Quantität, Qualität und Systematik bestellt ist. Dieser Vorgehensweise wird hier nicht gefolgt, da

---

17 Als Indikator bezeichnet man eine absolute oder relative Kennzahl, die durch eine eindeutige Definition einen Sachverhalt beschreibt. Eine solche Kennzahl kann jeweils für den ihr zugewiesenen Sachverhalt interpretiert werden.

eine derartige prozentuale Einstufung der Ausprägung eines intellektuellen Vermögenswertes bereits implizit die Kenntnis voraussetzt, wie dieser Vermögenswert schlussendlich gemessen werden soll. Darüber hinaus hat die sofortige Zuweisung von Indikatoren und damit der Verzicht auf die vorherige grobe prozentuale Abschätzung einen entscheidenden Vorteil. Die Teilnehmer des Strategieprozesses sind hierdurch gezwungen, sich zuerst Gedanken darüber zu machen, wie ein Indikator ausgeprägt sein sollte, um das angestrebte strategische Ziel – hier der Eintritt in die Kontraktlogistik – zu erreichen. Erst danach zeigt die Analyse der Daten des Unternehmens, wie es um diesen Indikator aktuell bestellt ist. Eine umgekehrte Vorgehensweise, also eine grobe prozentuale Abschätzung der Ausprägung eines intellektuellen Vermögenswertes mit anschließender Indikatorzuweisung, birgt die Gefahr, dass die aktuelle Ausprägung eines intellektuellen Vermögenswertes unreflektiert als geeignet oder nicht geeignet angesehen wird. Darüber hinaus hat eine Messung über Indikatoren den entscheidenden Vorteil, dass sowohl intern als auch extern eine deutlich höhere Transparenz erzielt werden kann.

Sind die Indikatoren für die jeweils ausgewählten intellektuellen Ziele bestimmt und ist die Datenerhebung durchgeführt, steht als letzter Schritt die Bestimmung der Zielwerte für die Indikatoren an. Erst hierdurch wird ein intellektuelles Ziel vollständig beschrieben. Zur Zielwertbestimmung kann im Bereich der intellektuellen Ziele wiederum auf die Dimensionen Quantität, Qualität und Systematik zurückgegriffen werden. Die Zielwerte sollten möglichst anspruchsvoll und ehrgeizig formuliert werden, aber auch glaubhaft erreichbar sein. Darüber hinaus sollten die Zielwerte in jedem Fall einen Bezug zur Realität bzw. der aktuellen Ausgangslage haben. Dieser Punkt muss im Bereich der intellektuellen Vermögenswerte besonders betont werden, da hier für ein intellektuelles Ziel nicht nur ein, sondern insgesamt drei Zielwerte in den Dimensionen Quantität, Qualität und Systematik festgelegt werden. Ermittelte Differenzen zwischen Ist- und Zielwerten liefern die Grundlage für die im nachfolgenden Abschnitt zu bestimmenden strategischen Aktionen.

4.3.4 Strategische Aktionen bestimmen

Erst die Tätigkeiten aller Mitarbeiter im Unternehmen führen dazu, dass die gesetzten strategischen Ziele auch erreicht werden können. In der Regel reichen die täglichen Aktivitäten der Mitarbeiter jedoch nicht aus, um gesetzte strategische Ziele zu erreichen. Es müssen vielmehr strategische Aktionen initiiert werden, mit deren Hilfe die in der Balanced Scorecard verankerten Ziele auch erreicht werden können. Hierbei handelt es sich beispielsweise um interne Projekte, Aktivitäten oder sonstige Aktionen, die wesentliche Ressourcen (z. B. Managementkapazitäten oder Finanzmittel) beanspruchen und außerhalb des Tagesgeschäfts liegen.

Strategische Aktionen werden direkt den jeweiligen strategischen Zielen zugordnet und verhindern damit – sofern sie konsequent umgesetzt werden –, dass einzelne Ziele aus dem Fokus des Unternehmens geraten. Darüber hinaus konkretisieren strategische Aktionen die ihnen zugeordneten strategischen Ziele ein weiteres Mal und sorgen somit für eine Überführung der Ziele von der strategischen in die operative Ebene des Unternehmens.

Letztlich sind es die strategischen Aktionen, die zur Erreichung der strategischen Ziele die ihnen zugewiesenen Ressourcen verbrauchen. Dabei kann es durchaus passieren, dass die zu Beginn des Projektes definierten intellektuellen Ziele mit strategischen Aktionen unterlegt werden, deren Umsetzung die vorhandenen Ressourcen übersteigt. In diesem Fall ist ein erneuter Abgleich der Zielvorstellungen mit den zur Verfügung stehenden Ressourcen und ggf. eine Priorisierung der Ziele vorzunehmen. Im Bereich der Ziele für die intellektuellen Vermögenswerte ergibt sich gegenüber „herkömmlichen" Zielen die Schwierigkeit, dass diese Priorisierung nicht nur für die eigentlichen Ziele, sondern auch für die drei Dimensionen Quantität, Qualität und Systematik eines jeden Ziels durchgeführt werden kann. Beispielsweise würde sich bei einer strategischen Aktion „Schulungen zur Steigerung der Fachkompetenz Kontraktlogistik" nicht nur die Frage stellen, welchen Stellenwert diese Aktion gegenüber geplanten Aktionen für andere intellektuelle Ziele hat, sondern auch, ob der Fokus der Schulungen eher auf der Qualität (beispielsweise weitergehende Schulungen für bereits erfahrene Mitarbeiter) oder auf der Quantität (beispielsweise Erhöhung der Anzahl der Mitarbeiter mit Grundkenntnissen in der Kontraktlogistik) liegen soll.

4.4 Organisation strategieorientiert ausrichten

Die strategieorientierte Ausrichtung der Organisation in Phase vier ist dadurch gekennzeichnet, dass die Ergebnisse aus Phase drei in der gesamten Organisation verankert werden. Dazu reicht es nicht aus, das Vorgehen aus Phase drei spiegelbildlich für jede nachgelagerte Organisation zu übernehmen. Vielmehr müssen für diese Unternehmensbereiche die strategischen Ziele, Messgrößen sowie strategische Aktionen aus den übergeordneten Ergebnissen abgeleitet werden. Ein solches Herunterbrechen wird auch als vertikale Zielintegration bezeichnet. Ein derartiges Vorgehen erhöht die Wahrscheinlichkeit, dass die strategischen Ziele des gesamten Unternehmens durch jede nachgelagerte Geschäftseinheit verfolgt werden.

Darüber hinaus kann mittels der Balanced Scorecard – neben der gerade beschriebenen vertikalen Zielintegration – ebenso eine horizontale Zielintegration zwischen organisatorisch nebeneinander angeordneten Geschäftseinheiten erreicht werden.

4.5 Kontinuierlichen BSC-Einsatz sicherstellen

Würde die Implementierung der Balanced Scorecard mit der Erarbeitung von strategischen Zielen, Strategy Maps, Messgrößen, Zielwerten und strategischen Aktionen ihr Ende finden, könnte lediglich eine singuläre Fokussierung auf das Thema Strategie erreicht werden. Viel wichtiger erscheint es jedoch, diese Fokussierung kontinuierlich sicherzustellen. Hierzu darf die Balanced Scorecard nicht isoliert im Unternehmen existieren, sie muss vielmehr in die bestehenden Management- und Steuerungssysteme eingebunden bzw. an diese angebunden werden. Hierbei handelt es sich nicht um eine triviale Aufgabe, da die bestehenden Management- und Steuerungssysteme in der Regel hierarchisch an der Organisationsstruktur des Unternehmens ausgerichtet sind, die Balanced Scorecard jedoch üblicherweise mehrere Organisationseinheiten parallel anspricht.

Typische Fragestellungen, die sich mit der Einbindung der Balanced Scorecard in die bestehenden Management- und Steuerungssysteme ergeben, sind beispielsweise:

- Angliederung der Balanced Scorecard an das Controllingsystem, hierbei insbesondere die konsequente Umsetzung der strategischen Ziele und Aktionen, die sich aus der Balanced Scorecard ergeben.

- Integration der Balanced Scorecard in die strategische und operative Planung des Unternehmens, wobei hier die passgenaue Transformation der operationalen Ziele und strategischen Aktionen in die Jahresplanung und Budgetierung einen kritischen Erfolgsfaktor darstellt.

- Integration in das Berichtswesen, um eine laufende Kontrolle der Zielerreichung für die Balanced Scorecard sicherzustellen.

- Integration in das System zur Mitarbeiterführung, um insbesondere die Ziele und strategischen Aktionen der Balanced Scorecard mit den persönlichen Zielvereinbarungen der Mitarbeiter zu verknüpfen.

Eine letzte, wenn auch überaus wichtige Aufgabe bei der Balanced-Scorecard-Implementierung stellt die Sicherstellung einer geeigneten IT-Unterstützung dar. Gerade in größeren Unternehmen mit mehreren Balanced Scorecards auf verschiedenen Unternehmensebenen stellt die IT-Unterstützung einen kritischen Erfolgsfaktor dar.

Ein dauerhafter und systematischer Einsatz der Balanced Scorecard im Unternehmen führt in der Regel zu einer bedeutenden Weiterentwicklung des Managementsystems. Im Hinblick auf die strategische und operative Planung kann häufiger festgestellt werden, dass der strategische Planungsteil durch die Balanced Scorecard teilweise deutlich mehr Ressourcen beansprucht, im Gegenzug der operative Planungsteil jedoch deutlich verkürzt werden kann. Zu beachten ist, dass die Balanced Scorecard erst mit Abschluss der Phase fünf als Management-Konzept wirken kann. Erst mit Abschluss dieser Phase sind die Voraussetzungen für eine strategiefokussierte Organisation gegeben. Wird das beschriebene Phasenmodell vor Abschluss dieser Phase abgebrochen, verliert die Balanced Scorecard einen Großteil ihres Potenzials und kommt in der Regel über den Status eines reinen Measurement-Ansatzes nicht hinaus.

5 Fazit

Ausgehend von der Fragestellung, wie sich Logistikdienstleister aufgrund eines sich verschärfenden Wettbewerbsumfeldes in Zukunft strategisch positionieren sollen, wurde festgestellt, dass insbesondere Dienstleistungsunternehmen – somit auch die Logistikdienstleister – ein erhöhtes Augenmerk auf die Identifizierung und Entwicklung ihrer intellektuellen Vermögenswerte legen sollten. Diese setzen sich aus den humanistischen, den strukturellen sowie den relationalen Vermögenswerten zusammen.

Um zu verdeutlichen, wie sich derartige Vermögenswerte in der Praxis konkretisieren können, wurde der Fall angenommen, dass ein Logistikdienstleister einen neuen Geschäftsbereich Kontraktlogistik etablieren will. In diesem Zusammenhang wurden hinsichtlich der humanistischen Vermögenswerte beispielsweise Fach- und Sozialkompetenz sowie die Motivation der Mitarbeiter als nützlich identifiziert. Im Bereich der strukturellen Vermögenswerte waren es beispielsweise Führungsinstrumente oder Prozessinnovationen, die sich als erfolgskritisch für den Einstieg in die Kontraktlogistik herausstellen konnten. Schlussendlich wurden im Bereich der relationalen Vermögenswerte sowohl die Beziehungen zu den zukünftigen Kontraktlogistikkunden als auch die Beziehungen zur Öffentlichkeit als förderlich erkannt.

Aufgrund der Tatsache, dass Entwicklungen im Bereich der intellektuellen Vermögenswerte eher mittel- bis langfristige Wirkungen für das jeweilige Unternehmen entfalten, wurde sodann der Frage nachgegangen, inwieweit sich die Entwicklung intellektueller Vermögenswerte in einen Strategieprozess integrieren lässt. Hierzu wurde auf einen standardisierten und praxiserprobten Balanced-Scorecard-Strategieprozess zurückgegriffen. Unterteilt in insgesamt fünf Phasen konnten in den Phasen eins und zwei des Strategieprozesses sowohl der organisatorische Rahmen als auch die strategischen Grundlagen geklärt werden. Dabei wurde insbesondere festgestellt, dass die vier Standardperspektiven einer Balanced Scorecard – „Potenziale", „Prozesse", „Markt" und „Finanzen" – prinzipiell für die Aufnahme strategischer Ziele im Bereich der intellektuellen Vermögenswerte geeignet sind.

Zur Erstellung der Balanced Scorecard sind für die bereits identifizierten intellektuellen Vermögenswerte sodann insgesamt zwölf strategische Ziele spezifisch und aktionsorientiert definiert worden. Um eine möglichst effiziente Ressourcenallokation auf diese Ziele zu erreichen, wurden in einem zweiten Schritt die Interdependenzen zwischen den Zielen analysiert. Dabei stellte sich heraus, dass fünf Ziele einen hohen Einfluss auf die Entwicklung der übrigen Ziele ausüben, woraus sich eine Priorisierung dieser Ziele ergab. Zur Kommunikation derart priorisierter Ziele eignet sich eine Strategy Map, in die ein Teil der bereits identifizierten Ursache-Wirkungs-Beziehungen zur Einordnung der fünf priorisierten Ziele innerhalb der vier Standardperspektiven übernommen wurde.

Um belastbare Aussagen über den aktuellen Stand sowie den Grad der Zielerreichung zu erhalten, wurde im folgenden Schritt ein Messverfahren für intellektuelle Ziele vorgestellt. In diesem erfolgte die Bewertung der intellektuellen Ziele über ihnen zugeordnete Indikatoren in den Dimensionen Quantität, Qualität und Systematik. Um einen Bezugsrahmen für die Zielerreichung eines jeden Indikators zu erhalten, wird jeweils sowohl ein Minimal- als auch ein Maximalwert definiert, der eine ausreichende Zielerreichung anzeigt. Eine sich anschließende Datenerhebung führt zur Darstellung der Ist-Situation und zeigt über den Vergleich mit den definierten Zielwerten diejenigen intellektuellen Ziele an, die eine ungenügende Zielerreichung und somit Entwicklungsbedarf aufweisen. Diesem Entwicklungsbedarf wird sodann über die Zuweisung strategischer Aktionen zu den jeweiligen Zielen Rechnung getragen, wodurch die strategischen Ziele in die operative Ebene des Unternehmens überführt werden.

Sollen durch den Strategieprozess der Balanced Scorecard mehrere Unternehmensbereiche angesprochen werden, so müssen in einem folgenden Schritt die bis dato vorhandenen Ergebnisse auf tiefere Unternehmensebenen heruntergebrochen werden (vertikale Zielintegration) oder zwischen Unternehmensbereichen gleicher organisatorischer Ebene abgestimmt werden (horizontale Zielintegration). Schlussendlich muss dafür gesorgt werden, dass die so entwickelte Balanced Scorecard nicht ein singuläres Ereignis bleibt, sondern dass vielmehr eine kontinuierliche Fokussierung auf das Thema Strategie erreicht wird. Hierzu ist die Anbindung der Balanced Scorecard an die bestehenden Management- und Steuerungssysteme des Unternehmens zwingend notwendig.

Mit der Einordnung der intellektuellen Vermögenswerte innerhalb eines standardisierten Strategieprozesses wie der Balanced Scorecard sollen Logistikdienstleister in die Lage versetzt werden, dieses Thema strukturiert und zielführend angehen zu können, um diese für sie überaus wichtigen Vermögenswerte als zukünftigen Wettbewerbsvorteil zu nutzen.

Svenja Deich

Rechtliche Herausforderungen des Personaleinsatzes bei Industriedienstleistern

1 Einleitung 273
2 Fremdvergabe und Betriebsübergang 273
3 Der Einsatz von Fremdpersonal: Welche Rechtsform ist die richtige? 275
   3.1 Arbeitnehmerüberlassung versus Werkvertrag 277
      3.1.1 Unternehmerische Dispositionsfreiheit/Personalhoheit 277
      3.1.2 Wertende Gesamtbetrachtung 278
      3.1.3 Sonderfall: Entstehen von Scheinwerkverträgen 278
         3.1.3.1 Gestaltung der Verträge 278
         3.1.3.2 Durchführung des Vertragsverhältnisses in der Praxis 280
   3.2 Auswirkungen der Einordnung als Arbeitnehmerüberlassung oder Werkvertrag 282
      3.2.1 Öffentlich-rechtliche Pflichten 282
      3.2.2 Individualarbeitsrechtliche Fragen 282
      3.2.3 Kollektivrechtliche Fragen 283
         3.2.3.1 Rechte des Betriebsrats bei einem Werkvertrag 283
         3.2.3.2 Rechte des Betriebsrats bei einer Arbeitnehmer-überlassung 284
      3.2.4 Sozialversicherungsrechtliche Fragen 285
4 Sonderfall: Konsequenzen der illegalen Arbeitnehmerüberlassung 286
   4.1 Arbeitsrechtliche Folgen 286
   4.2 Steuer- und sozialversicherungsrechtliche Folgen 287
   4.3 Strafrechtliche Folgen 287
5 Fazit 288

1 Einleitung

Der Einsatz von Fremdpersonal im eigenen Unternehmen gewinnt in der betrieblichen Praxis eine immer größere Bedeutung, denn er stellt für das Unternehmen gerade in Krisenzeiten eine Möglichkeit dar, Kosten zu sparen und flexibel auf die Auftragslage zu reagieren. Aus diesem Grund wurden in vielen Unternehmen in den letzten Jahren Outsourcing-Strategien umgesetzt. Dabei werden ganze Betriebe, Betriebsteile oder Funktionen aus dem Unternehmen ausgegliedert und anschließend durch rechtlich selbständige Rechtsträger durchgeführt. Solange diese Fremdfirmen ihre Dienstleistungen innerhalb eigener, räumlich vom Fremdleistungsbezieher getrennter Betriebsstätten erbringen, sind hiermit zwar einige arbeits- und betriebsverfassungsrechtliche Folgeprobleme verbunden. Die unternehmensrechtliche, betriebs- und arbeitsorganisatorische Eigenständigkeit sowie die ausschließliche arbeitsvertragliche Bindung und Betriebszugehörigkeit des Mitarbeiters zum Fremdbetrieb bleiben jedoch gewährleistet. Anders sieht die Situation aus, wenn die Fremdleistungen nicht in räumlich getrennten Betriebsstätten, sondern innerhalb desselben Betriebes durchgeführt werden. Vom äußeren Erscheinungsbild hat sich im Betrieb dann nicht viel verändert. Die vertraglichen Grundlagen, auf denen die Arbeitnehmer im Betrieb ihre Arbeitsleistung erbringen müssen, unterscheiden sich jedoch unter Umständen gravierend von denen der Stammbelegschaft.

Dieser Beitrag setzt sich zunächst mit dem Thema Fremdvergabe und Betriebsübergang auseinander und stellt die hierbei für beide Seiten bestehenden Chancen und Risiken dar. Des Weiteren werden die rechtlichen Gestaltungsmöglichkeiten des Personaleinsatzes selbst betrachtet, denn die Beteiligten haben dabei einen mehr oder weniger großen Spielraum, der zum Teil sehr unterschiedliche Rechtsfolgen auslöst. Dabei wird das Hauptaugenmerk auf den Einsatz des Dienstleistungspersonals im Betrieb des Auftraggebers gelegt.

2 Fremdvergabe und Betriebsübergang

Es unterliegt grundsätzlich der unternehmerischen Entscheidung, welche wirtschaftlichen Zwecke mit einem Betrieb verfolgt werden sollen oder ob bzw. in welchem Umfang hierbei betriebliche Eigenleistungen erbracht oder durch Fremdleistungen ergänzt bzw. ersetzt werden sollen (BAG, 17.06.1999 – 2 AZR 522/99). Tendenziell bewirken Strategien zur Verringerung der Produktionstiefe sowie die Konzentration auf den eigentlichen Unternehmenszweck durch Auslagerung bestimmter Bereiche, dass der

Svenja Deich

Kreis der durch eigene Leistung erbrachten betrieblichen Funktionen kleiner wird und andere Funktionen bei gleichzeitigem Arbeitsplatzabbau extern ausgelagert werden.

Dabei gibt es im Wesentlichen zwei Erscheinungsformen: erstens das Outsourcing von Hilfsfunktionen (z. B. Bewachung des Werksgeländes, Reinigung des Gebäudes, Betreiben der Kantine). In diesen Fällen wird ein auf diesen Aufgabenkreis spezialisiertes Unternehmen durch Werk- oder Dienstvertrag mit der Erledigung beauftragt. Im Regelfall verfügt dieses Unternehmen bereits über eine Organisation und versorgt eine Vielzahl von Betrieben mit der entsprechenden Leistung. Zweitens – und das passiert zunehmend häufiger – die Auslagerung von zentralen Teilfunktionen des Betriebes. Dabei werden eng mit dem eigentlichen Betriebszweck verbundene Tätigkeiten auf Werk- oder Dienstvertragsbasis an Fremdunternehmer vergeben (z. B. Fertigung bestimmter Vorprodukte durch Dritte, aber in den Räumlichkeiten des Auftraggebers, Erstellung bestimmter Software und Installation).

Es stellt sich die Frage, welche Rechtsfolgen (z. B. wegen eines Betriebsübergangs im Sinne von § 613a BGB) bei einer solchen Vergabe von Dienstleistungen an Fremdunternehmen ausgelöst werden. Die Antwort darauf gehört mit zu den anspruchsvollsten des Arbeitsrechts und kann immer nur anhand des Einzelfalls geklärt werden.

Ausgangspunkt für die rechtliche Beurteilung ist die Rechtsprechung vom Europäischer Gerichtshof (EuGH) und dem Bundesarbeitsgericht (BAG) zum Betriebsübergang, die anhand eines Sieben-Punkte-Kataloges (Art des Betriebes, Übergang der materiellen Betriebsmittel (z. B. Gebäude), Wert der immateriellen Aktiva (z. B. Kundenbeziehungen, Good Will), Übernahme der Hauptbelegschaft, Übergang der Kunden, Grad der Ähnlichkeit zwischen betrieblichen Tätigkeiten vor und nach dem Übergang, Dauer der eventuellen Unterbrechung der betrieblichen Tätigkeiten) eine Gesamtwürdigung vornimmt.

Insofern muss auch im Falle des Outsourcings eine Prüfung anhand dieser Kriterien durchgeführt werden. So kann ein Betriebsübergang im Regelfall dann ausgeschlossen werden, wenn der neue Auftragnehmer, also das Dienstleistungsunternehmen, weder Arbeitsmittel (z. B. Räume, Büros, Geräte, Maschinen) noch Personal übernimmt (BAG, 14.8.2007 – 8 AZR 803/06). In diesem Fall handelt es sich dann um eine bloße Funktionsnachfolge des Dienstleisters. Sofern allerdings Teilfunktionen aus der Produktion ausgelagert werden, kann schon die Tatsache, dass die konkrete Wertschöpfung und die ihr zugrunde liegende Betriebsorganisation maßgeblich durch konkrete Räumlichkeiten und Einrichtungen geprägt und identifiziert sind, für einen Betriebsübergang sprechen, obwohl der Dienstleister mit eigenem Personal arbeitet (dazu BAG 22.07.2004 – 8 AZR 350/03).

Die Ausführungen zeigen nur ansatzweise, wie komplex das Thema Outsourcing zu bewerten ist. Kommt es zu einem Betriebsübergang, so geht die betroffene Belegschaft gemäß § 613a BGB auf den neuen Inhaber über. Er tritt in alle Rechte und Pflichten aus den Arbeitsverhältnissen zum Zeitpunkt des Betriebsübergangs ein. Das Arbeitsverhältnis der Mitarbeiter mit ihrem bisherigen Arbeitgeber erlischt. Konkret bedeutet dies, dass der Fremdunternehmer, der zukünftig für den Auftraggeber die Arbeiten erbringen will, unter Umständen mit einem deutlich größeren Personalbestand rechnen muss. Auf der anderen Seite riskiert das outsourcende Unternehmen, Personal zu verlieren, das es nicht unbedingt verlieren will.

Die Auslagerung der Funktionen durch bloße Funktionsnachfolge hingegen lässt die Arbeitsverhältnisse der vom Outsourcing betroffenen Mitarbeiter unberührt. Ihr Arbeitsverhältnis verbleibt bei ihrem bisherigen Arbeitgeber, der Fremdunternehmer kann für die versprochenen Leistungen sein eigenes Personal einsetzen.

Wie der Dienstleister das unabhängig davon, ob er von vornherein eigenes Personal oder „geerbtes" Personal des Auftraggebers einsetzen will, genau gestalten kann, ist Gegenstand des nächsten Kapitels.

3 Der Einsatz von Fremdpersonal: Welche Rechtsform ist die richtige?

Will ein Dienstleistungsunternehmen eigenes Personal für die Erbringung der Dienstleistungen einsetzen, muss es zunächst entscheiden, wie das rechtliche Verhältnis zwischen den einzelnen Parteien aussehen soll. In der Regel liegt hier ein Dreiecksverhältnis vor: das Unternehmen, in dessen Betrieb die Leistung zu erbringen ist (= Leistungsempfänger/Auftraggeber), einerseits, das Unternehmen, das die Leistung verspricht (= Leistungsgeber/Dienstleister), anderseits und schließlich der betroffene Arbeitnehmer, der die Leistung faktisch erbringt bzw. daran mitarbeitet.

Abbildung 1: Dreiecksverhältnis

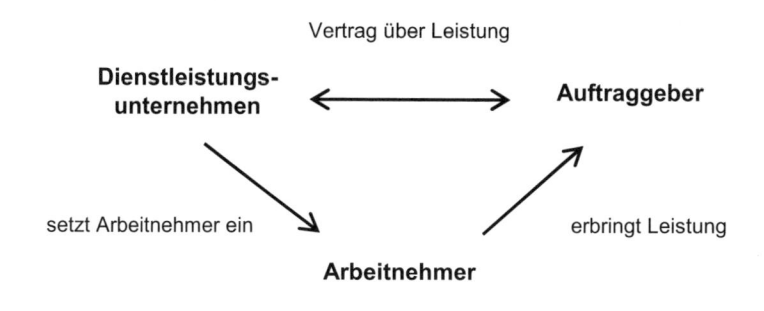

```
                    Vertrag über Leistung
   Dienstleistungs-
    unternehmen    ←——————————→    Auftraggeber
            ↘                      ↗
             ↘                    ↗
  setzt Arbeitnehmer ein      erbringt Leistung
                    Arbeitnehmer
```

Dienstleistungsunternehmen und Auftraggeber können bei einem drittbezogenen Personaleinsatz wählen: entweder eine Arbeitnehmerüberlassung im Sinne des Arbeitnehmerüberlassungsgesetzes (AÜG) oder einen Werkvertrag, der mittlerweile neben der Arbeitnehmerüberlassung die wichtigste Erscheinungsform der Fremdfirmenarbeit darstellt.[18] Die Abgrenzung dieser Fragen hat nicht nur individualarbeitsrechtliche, sondern auch kollektivarbeits- und sozialversicherungsrechtliche Auswirkungen. Ferner ist sie für straf- und ordnungswidrigkeitsrechtliche Sanktionen sowie für die Begründung öffentlich-rechtlicher Pflichten relevant.

Ausgangspunkt für die Abgrenzung zwischen den genannten Formen des drittbezogenen Personaleinsatzes im Betrieb des Auftraggebers ist die Definition der gewerbsmäßigen Arbeitnehmerüberlassung im Sinne des § 1 AÜG.

Infobox 1:   Abgrenzung Arbeitnehmerüberlassung – Werkvertrag ausgehend von § 1 AÜG

- Eine **Arbeitnehmerüberlassung** liegt vor, wenn ein Arbeitgeber (Verleiher) gewerbsmäßig Arbeitnehmer (Leiharbeitnehmer) zur fremdbestimmten Arbeitsleistung überlässt.
- Ein **Werkvertrag** liegt demgegenüber vor, wenn ein Werkunternehmer sich gegenüber dem Besteller dazu verpflichtet, ein bestimmtes Werk zu erbringen. Er schuldet also einen bestimmten Erfolg zu einem bestimmten Liefertermin und bedient sich bei der Erfüllung seiner Vertragspflichten eigener Arbeitnehmer (so genannte Erfüllungsgehilfen).

Auf den ersten Blick erscheint die Abgrenzung einfach, doch die Praxis zeigt, dass es oftmals erhebliche Probleme dabei gibt. Sie ist aber unerlässlich, da ein „Scheinwerkvertrag" als illegale Arbeitnehmerüberlassung zu werten ist und damit die Rechtsfolgen des AÜG ausgelöst werden. Dabei ist gleichgültig, ob beide Unternehmen vorsätzlich oder fahrlässig zur Umgehung des AÜG handeln. Genauso irrelevant ist es, ob das beauftragende Unternehmen schlicht gar nicht weiß, was in seinem Betrieb läuft oder darauf vertraut, dass seine Führungskräfte alles „richtig" machen. Insofern muss das Rechtsverhältnis zwischen Dienstleister und Auftraggeber in Bezug auf das eingesetzte Personal geklärt sein.

---

[18] Daneben können auch noch andere Gestaltungsformen wie z. B. der Dienstvertrag, der Geschäftsbesorgungsvertrag etc. gewählt werden; aufgrund ihrer untergeordneten Rolle in der Praxis sollen sie bei der vorliegenden Betrachtung jedoch nicht berücksichtigt werden.

3.1 Arbeitnehmerüberlassung versus Werkvertrag

Bei der Abgrenzung ist insbesondere auf die Durchführungsanweisungen zum AÜG der Bundesagentur für Arbeit (aktueller Stand: Oktober 2004)[19] sowie die von der Rechtsprechung seit Einführung des AÜG entwickelten Kriterien zurückzugreifen.

3.1.1 Unternehmerische Dispositionsfreiheit/ Personalhoheit

Zentrale Abgrenzungsmerkmale sind die unternehmerische Dispositionsfreiheit des Dienstleisters einerseits sowie die Verteilung der Personalhoheit andererseits.

Bei einem Werkvertrag organisiert der Dienstleister die Durchführung der übernommenen Aufgaben selbst und bedient sich dafür seines eigenen Personals. Er trifft alle personalrelevanten Entscheidungen selbst, d. h., er bestimmt, was seine Arbeitnehmer wie, wo und wann in welcher Reihenfolge tun. Er ist damit Arbeitgeber der eingesetzten Mitarbeiter und übt seine Arbeitgeberaufgaben auch aus. Folgende vertragstypischen Rechte und Pflichten gehören dazu:

- Entscheidung über Auswahl der eingesetzten Arbeitnehmer (Zahl, Qualifikation und Person),
- Ausbildung und Einarbeitung der eingesetzten Arbeitnehmer,
- Bestimmung der Arbeitszeit sowie die Anordnung von Überstunden,
- Gewährung von Urlaub und Freizeit,
- Durchführung von Anwesenheitskontrollen sowie
- Überwachung der Ordnungsmäßigkeit der Arbeitsabläufe (vgl. DA AÜG, 1.1.7, S. 19).

Festzuhalten ist also, dass der Werkunternehmer im Vergleich zum Verleiher ein erhöhtes Unternehmensrisiko trägt, denn bei ihm liegt die Vergütungsgefahr für das Werk und die Gewährleistungspflicht. Dabei muss er sich das Verschulden seiner Mitarbeiter anrechnen lassen (§ 278 BGB).[20]

Bei der Arbeitnehmerüberlassung hingegen schuldet der Dienstleister lediglich die rechtzeitige und ordnungsgemäße Auswahl und Überlassung der einzusetzenden Mitarbeiter, die das beauftragende Unternehmen dann in seinen Betriebsablauf integriert und nach eigenen betrieblichen Erfordernissen und eigenen Weisungen einsetzt.

---

[19] Im Folgenden als „DA AÜG" bezeichnet.
[20] Es ist unbedingt zu empfehlen, dass der Werkunternehmer sich gegen diese Risiken absichert (durch Versicherungen, Rückstellungen etc.).

Hier liegt also die Personalhoheit beim Einsatzunternehmen, das die eingesetzten Mitarbeiter in die betrieblichen Arbeitsabläufe integriert, indem es selbst die maßgeblichen Entscheidungen hinsichtlich Art, Umfang, Ort und Zeit der Arbeitsleistung trifft. Anders ausgedrückt: Das Einsatzunternehmen muss wenigstens einen Teil der Arbeitgeberstellung gegenüber dem Fremdpersonal übernehmen (vgl. BAG, 18.10.1994 – 1 ABR 9/94). Wenn hingegen nur die Führungskräfte des Dienstleisters den Arbeitseinsatz der betroffenen Mitarbeiter näher bestimmen, sind diese nicht in den Betriebsablauf des Unternehmens eingegliedert. Es muss also an dieser Stelle zwischen Anweisungen zur Erstellung bzw. Ausführung der Dienstleistung (d. h. Spezifizierung des geschuldeten Werkes) und solchen zur Ausführung der Arbeitsleistung unterschieden werden.

3.1.2 Wertende Gesamtbetrachtung

Bei der Unterscheidung zwischen Arbeitnehmerüberlassung und Werkvertrag darf nicht schematisch vorgegangen werden; vielmehr kommt es auf eine wertende Gesamtbetrachtung an. Dabei ist einerseits der Inhalt der vereinbarten schriftlichen Verträge, andererseits die praktische Durchführung der Verträge zu berücksichtigen. Widersprechen sich Vertrag und Durchführung, so hängt die rechtliche Einordnung ausschließlich von der Handhabung des Vertragsverhältnisses in der Praxis ab. Es reicht also nicht aus, den Vertrag korrekt zu gestalten, vielmehr müssen beide Parteien den Vertrag auch entsprechend leben. Daher sollten sie sich vergegenwärtigen, wie Scheinwerkverträge entstehen, wo die betrieblichen Schwachstellen dafür liegen und wie ihnen entgegenzuwirken ist. Nur so kann verhindert werden, dass aus dem vereinbarten Werkvertrag gewollt oder ungewollt eine Arbeitnehmerüberlassung wird, was für beide Seiten negative Konsequenzen hat.

3.1.3 Sonderfall: Entstehen von Scheinwerkverträgen

3.1.3.1 Gestaltung der Verträge

Scheinwerkverträge können bereits durch den Abschluss eines fehlerhaften Werkvertrages entstehen:

- So darf in dem Vertrag keine unwirksame Regelung getroffen werden, die schon von vornherein zu einer Arbeitnehmerüberlassung führt. Wenn sich der Auftraggeber also beispielsweise die Personalhoheit über das Fremdpersonal vorbehalten will, liegt schon dem Grunde nach kein Werkvertrag vor.

- Des Weiteren darf kein Werkvertrag über eine Leistung abgeschlossen werden, die sich nicht für einen Werkvertrag eignet, also nicht „werkvertragsfähig" ist (z. B. Dienstleister und Auftraggeber schließen Werkvertrag über den Einsatz von drei

Tischlern ab, um eine personelle Lücke im Einsatzbetrieb zu schließen). In diesem Fall sollte besser ein Arbeitnehmerüberlassungsvertrag abgeschlossen werden, denn auch eine „Vertragskosmetik" kann nicht darüber hinwegtäuschen, dass es sich nur um einen Scheinwerkvertrag handelt.

- Das Werk sollte möglichst präzise beschrieben sein. Allgemeine Formulierungen ohne Präzisierung des Auftragsgegenstandes wie „Montage ..." oder „Schweißen ..." genügen nicht. Die Beschreibung der auszuführenden Arbeiten soll so eindeutig sein, dass im Konfliktfall (z. B. Haftung wegen mangelhafter Ausführung) bestimmbar ist, wer die Leistungen erbracht hat.

- Ferner sollte auf den Abschluss eines Werkvertrages dann verzichtet werden, wenn das Dienstleistungsunternehmen aufgrund seiner personellen oder materiellen Ausstattung (z. B. Geschäftsräume, Betriebsmittel, fachliche Qualifikation) gar nicht in der Lage ist, die übernommenen Arbeiten selbständig und eigenverantwortlich zu planen und durchzuführen.

- Die Fremdleistungen sollten von den Aufgaben der Arbeitnehmer des Einsatzbetriebes unbedingt klar abgegrenzt werden. Dies ist unkritisch, sofern die Fremdfirma eigenes Know-how einbringt, über welches das beauftragende Unternehmen nicht verfügt (z. B. Büroreinigung, EDV-Leistungen, Kantinenbetrieb). Problematisch kann dies aber dann sein, sofern für ein bestimmtes Gewerk Stammpersonal und Fremdpersonal nebeneinander eingesetzt werden soll. In diesem Fall müssen die Parteien sich um eine klare Abgrenzung bemühen, z. B. horizontale Abgrenzung (einfache Arbeiten durch Fremdpersonal, qualifiziertere Arbeiten durch Stammpersonal) oder vertikale Abgrenzung (Arbeiten an Anlage A durch Stammpersonal, Arbeiten an Anlage B durch Fremdpersonal).

- Die Vergütung muss entsprechend dem erfolgsbezogenen Charakter des Werkvertrages erfolgsorientiert festgelegt sein. Die Abrechnung sollte konsequenterweise ebenfalls erfolgsorientiert und projektbezogen erfolgen. Hier bietet es sich an, kalkulierbare Arbeiten nach Pauschalpreisen, unkalkulierbare Arbeiten und Zusatzarbeiten nach Stunden abzurechnen. Außerdem sollte die Vergütungsgefahr, die beim Werkvertrag typischerweise beim Werkunternehmer liegt, ausdrücklich geregelt werden. Dasselbe gilt für die Gewährleistungspflicht für die vertrags- und fristgemäße Herstellung des Werkes.[21]

- Schließlich sollte der Werkvertrag unbedingt vor Beginn der Arbeiten abgeschlossen werden. In Eilfällen (z. B. bei dringenden Reparaturen) kann der Auftrag

---

[21] Indizien für das Bestehen einer Gewährleistungspflicht sind Regelungen zur Einrede des nichterfüllten Vertrages, Beseitigung des Mangels durch Nachbesserung, Rückgängigmachung des Vertrages (Wandelung) oder Herabsetzung der Vergütung (Minderung), Schadenersatz wegen Nichterfüllung, Rücktritt vom Vertrag. Diese Rechte ergeben sich zwar aus dem Gesetz, dürfen aber andererseits, um die Glaubwürdigkeit des Werkvertrages nicht zu erschüttern, nicht abbedungen sein.

mündlich abgestimmt werden, sollte dann aber schnellstmöglich schriftlich bestätigt werden.

3.1.3.2 Durchführung des Vertragsverhältnisses in der Praxis

Daneben kommt es aber auch auf die Durchführung des ursprünglich korrekt abgeschlossenen Werkvertrages an.

So kann die Zusammenarbeit zwischen Dienstleister und Einsatzunternehmen aus Rechtsunkenntnis oder Fahrlässigkeit von vornherein fehlerhaft organisiert sein. Dies ist beispielsweise der Fall, wenn die tatsächliche Personalhoheit nicht beim Dienstleister verbleibt, sondern auf den Unternehmer übergeht (insbesondere bei der Arbeitseinteilung). Hier muss der Werkunternehmer darauf achten, dass er selbst oder seine Repräsentanten (z. B. Meister, Obermonteure, Projektleiter, Vorarbeiter) Weisungs- und Aufsichtsbefugnisse tatsächlich ausüben. Dies gilt umso mehr beim Einsatz von Mitarbeitern auf dem Betriebsgelände des Auftraggebers.

Auch die schleichende Integration der Fremdarbeitnehmer gefährdet die Wirksamkeit des Werkvertrages: Statt der ursprünglich vereinbarten Erbringung einer Werkleistung kommt es aufgrund von Nachlässigkeiten auf der unteren und mittleren Führungsebene dazu, dass „bewährte" und langjährige Fremdfirmenmitarbeiter mehr und mehr wie eigene Arbeitnehmer behandelt und in den Betriebsablauf integriert werden.[22] Dies geschieht teilweise ohne Kenntnis der oberen Führungskräfte, teilweise aber auch mit deren stillschweigender Duldung. Hier zeigt sich also die besondere Bedeutung der Führungskräfte des Unternehmens, die sich auch im Gesetz widerspiegelt: So droht der Gesetzgeber für bestimmte Verstöße gegen das AÜG auch den Führungskräften, die den Betrieb leiten oder in eigener Verantwortung Aufgaben im Rahmen des AÜG wahrnehmen, eine Geldbuße an.

Insgesamt gibt es verschiedene Schwachstellen in einem Einsatzbetrieb, die für die Annahme eines Scheinwerkvertrages sprechen:

- Der Dienstleister erledigt seine Arbeiten ausschließlich auf dem Gelände des einsetzenden Unternehmens, obwohl die Arbeiten ihrer Natur nach auch in eigenen Geschäftsräumen ausgeführt werden könnten. Hier erhöht sich das Risiko, dass das Fremdpersonal wie eigenes Personal behandelt wird und für Außenstehende vom eigenen Personal nicht mehr zu unterscheiden ist. Es sollte – soweit möglich – auf eine räumliche und organisatorische Trennung von Stammbelegschaft und Fremdpersonal geachtet werden. Zudem sollte die Fremdfirma nach Möglichkeit mit eigenen Werkzeugen und eigenem Material arbeiten. Unkritisch ist allerdings, wenn das einsetzende Unternehmen dem Werkunternehmer große und teure Arbeitsmittel zur Verfügung stellt.

---

[22] Ausgeschlossen ist allerdings nicht, dass der Auftraggeber dem Fremdpersonal betriebsspezifische Hinweise/Anweisungen gibt.

- Der Dienstleister erledigt im Rahmen einer dauerhaften Geschäftsbeziehung schwerpunktmäßig Klein- oder Kleinstaufträge, die jeweils binnen kurzer Zeit erledigt werden können (z. B. Schweißnähte, Auswechseln defekter Glühbirnen). Hier besteht ein Risiko, dass das Fremdpersonal dem Weisungsrecht von Führungskräften des Einsatzbetriebes unterworfen wird, weil diesen die Ausstellung zahlreicher kleiner Einzelbestellungen viel zu lästig ist.

- Die Mitarbeiter des Dienstleisters werden als „Einzelkämpfer" oder „Mini-Gruppen" ohne unmittelbare Fremdfirmenaufsicht über den Betrieb des Unternehmens verteilt und bestimmten Aufgaben (z. B. Anlagen oder Abteilungen) zugewiesen. Eine solche fehlende Aufsicht durch das Führungspersonal des Dienstleisters ist riskant, als nunmehr Arbeitsanweisungen direkt durch die Führungskräfte des Bestellers erfolgen können, um die Arbeit voranzubringen.

- Bestimmte betriebliche Aufgaben werden auf Dauer sowohl von eigenem Personal als auch von Fremdpersonal erledigt. Der dadurch bedingten Gefahr der Vermischung der beiden Arbeitnehmergruppen kann nur durch eine klare Abgrenzung begegnet werden.

- Einzelne Fremdfirmenmitarbeiter werden jahrzehntelang in derselben Abteilung auf dem Gelände des Bestellers tätig; auch hier steigt das Risiko der Vereinnahmung dieser Mitarbeiter durch die Führungskräfte des Auftraggebers.

- Der Dienstleister rechnet mit dem Einsatzunternehmen überwiegend oder ausschließlich auf Stundenbasis ab, obwohl eine projektbezogene Abrechnung oder eine Abrechnung nach Pauschalpreisen bzw. nach Aufmaß problemlos möglich wäre.

Die genannten Kriterien können für einen Scheinwerkvertrag und damit für eine illegale Arbeitnehmerüberlassung sprechen. Allerdings reicht es nicht, dass eines der Kriterien erfüllt ist (z. B. Abrechnung auf Stundenbasis); vielmehr muss im Rahmen der bereits angesprochenen wertenden Gesamtbetrachtung geprüft werden, ob das Vertragsverhältnis im Übrigen einwandfrei ist. Gleichwohl ist beim Abschluss und bei der Durchführung des Werkvertrages mit Blick auf die Rechtsfolgen des AÜG Sorgfalt angebracht. Wenn Zweifel an der Wirksamkeit eines Werkvertrages bestehen, müssen sich die Parteien überlegen, wie das Fremdpersonal wirksam eingesetzt werden kann. Dann ist ein Ausweichen auf die legale Arbeitnehmerüberlassung durchaus naheliegend, setzt aber zugleich voraus, dass das Dienstleistungsenternehmen über eine Arbeitnehmerüberlassungserlaubnis verfügt. Ist dies der Fall, kann auch die Arbeitnehmerüberlassung für die Parteien attraktiv sein, insbesondere da es im AÜG keine zeitliche Obergrenze für den Einsatz eines einzelnen Leiharbeitnehmers mehr gibt und somit ein Einsatz des Fremdpersonals grundsätzlich auch für einen längeren Zeitraum möglich ist. Vorteilhaft ist, dass das Einsatzunternehmen das Fremdpersonal dann wie eigenes Personal einsetzen kann.

3.2 Auswirkungen der Einordnung als Arbeitnehmerüberlassung oder Werkvertrag

Die Einordnung als Arbeitnehmerüberlassung oder Werkvertrag löst unterschiedliche rechtliche Konsequenzen aus.

3.2.1 Öffentlich-rechtliche Pflichten

Der größte Unterschied zwischen der Arbeitnehmerüberlassung und dem Werkvertrag ist auf den ersten Blick die Erlaubnispflicht der Arbeitnehmerüberlassung gemäß § 1 AÜG. Dies bedeutet, dass der Dienstleister überhaupt im Besitz einer gültigen Arbeitnehmerüberlassungserlaubnis sein muss, wenn er mit dem Unternehmen einen Arbeitnehmerüberlassungsvertrag abschließen will. Kann er diese Erlaubnis nicht nachweisen, kommt das Instrument der Arbeitnehmerüberlassung von vornherein nicht in Betracht.

Diese Hürde besteht beim Werkvertrag nicht und macht ihn daher letztlich für einen Dienstleister interessant. Gleichwohl ist auch dem Dienstleister, der mit dem Auftraggeber einen Werkvertrag abschließt, dringend anzuraten, eine Arbeitnehmerüberlassungserlaubnis zu beantragen, da angesichts der scharfen Rechtsfolgen des AÜG im Falle von Scheinwerkverträgen immer mehr Unternehmen von ihren Fremdfirmen die Vorlage einer solchen gültigen Arbeitnehmerüberlassungserlaubnis verlangen. [23]

3.2.2 Individualarbeitsrechtliche Fragen

Mit Blick auf das Individualarbeitsrecht liegt der bedeutendste Unterschied zwischen der Arbeitnehmerüberlassung und dem Werkvertrag im Equal-Pay-Grundsatz gemäß § 3 Abs. 1 Nr. 3 AÜG. Danach muss ein Leiharbeitnehmer für die Zeit der Überlassung die im Betrieb des entleihenden Unternehmens für einen vergleichbaren Arbeitnehmer aus der Stammbelegschaft dieses Unternehmens geltenden wesentlichen Arbeitsbedingungen erhalten.

Zu den wesentlichen Arbeitsbedingungen gehören alle nach dem Arbeitsrecht vereinbarten Bedingungen, d. h.:

- Arbeitsentgelt (laufendes Entgelt, Zuschläge, Entgeltfortzahlungsansprüche, Sozialleistungen, sonstige Lohnbestandteile etc.),
- Dauer der Arbeitszeit,

---

[23] Das Antragsverfahren für die Arbeitnehmerüberlassungserlaubnis ist in § 2 AÜG normiert.

- Urlaubsansprüche und
- Nutzung sozialer Einrichtungen. [24]

Eine Ausnahme gilt nur dann, wenn im Betrieb des verleihenden Dienstleistungsunternehmens ein Tarifvertrag gilt (§ 3 Abs. 1 Ziffer 3 AÜG). In diesem Fall dürfen die Leiharbeitnehmer nach diesem Tarifvertrag bezahlt werden, auch wenn Arbeitsentgelt und sonstige Arbeitsbedingungen dann schlechter als beim Entleiher sind.

Eine solche Regelung existiert für den Werkunternehmer nicht. Setzt er seine Mitarbeiter als Erfüllungsgehilfen im Betrieb des Auftraggebers ein, so richtet sich deren Vergütung nach den Regelungen in ihrem individuellen Arbeitsvertrag mit dem Werkunternehmer bzw. nach den im Betrieb des Werkunternehmers geltenden Kollektivregelungen. Damit hat der Werkvertrag gegenüber der Arbeitnehmerüberlassung oftmals den Vorteil, dass der Werkunternehmer seine Arbeiten günstiger anbieten kann. Sofern er jedoch seinerseits auch einem Tarifvertrag im Sinne von § 3 AÜG unterliegt, kann sich dieser Vorteil auch wieder egalisieren.

3.2.3 Kollektivrechtliche Fragen

Die Auswirkungen der Fremdfirmenarbeit durch Werkvertrag oder Arbeitnehmerüberlassung auf die Beteiligung des Betriebsrats machen sich an verschiedenen Stellen bemerkbar.

3.2.3.1 Rechte des Betriebsrats bei einem Werkvertrag

Da der Arbeitnehmer beim Werkvertrag ausschließlich in arbeitsvertraglicher Beziehung zum Werkunternehmer steht, bleibt er auch während seines Einsatzes in Drittbetrieben Arbeitnchmer seines Stammbetriebes und ist daher betriebsverfassungsrechtlich diesem Betrieb zugeordnet (vgl. Ulber, AÜG, Einl. C Rn. 124; Schüren, AÜG § 14 Rn. 519). Dies gilt insbesondere für die Mitbestimmungsrechte in sozialen Angelegenheiten gemäß § 87 Betriebsverfassungsgesetz (BetrVG). Daraus folgt für den Entsendebetrieb:

- Bei der Festlegung von Beginn und Ende der Arbeitszeit des Fremdpersonals ist der Betriebsrat des entsendenden Betriebs zuständig. Dasselbe gilt auch für Fragen des Urlaubs sowie des Lohnes, da die betroffenen Regelungsgegenstände ausschließlich den Arbeitsvertrag zwischen Werkunternehmer und Mitarbeiter bzw. das Weisungsrecht des Arbeitgebers berühren, das nicht auf den Auftraggeber übertragen werden darf.

---

[24] Das in Zeiten des Nichtverleihs zu zahlende Entgelt bleibt davon unberührt und unterliegt weiterhin der Vereinbarung zwischen Fremdunternehmer und Mitarbeiter.

- Bei den Betriebsratswahlen nehmen die Mitarbeiter nur im Betrieb ihres eigenen Arbeitgebers, also dem Werkunternehmer, an der Betriebsratswahl teil.

Im Einsatzbetrieb hingegen gilt:

- Die Vergabe von Leistungen an einen Werkunternehmer und der damit verbundene Einsatz von Fremdpersonal löst grundsätzlich kein Mitbestimmungsrecht gemäß § 80 BetrVG aus, da diese Entscheidung in die freie unternehmerische Sphäre fällt.

- Der Betriebsrat kann aber verlangen, dass ihm Werkverträge mit drittbezogenem Personaleinsatz im Rahmen seines Rechts gemäß § 80 Abs. 2 BetrVG vorgelegt werden, um in die Lage versetzt zu werden zu überprüfen, ob unter dem Deckmantel des Werkvertrages eine illegale Arbeitnehmerüberlassung betrieben wird.

- Soweit der Arbeitnehmer den Weisungen des Auftraggebers unterliegt (z. B. beim Arbeitsschutz), ist der Betriebsrat des Einsatzbetriebes zuständig. Im Übrigen wird seine Zuständigkeit nur dann zu bejahen sein, wenn das arbeitsbezogene Weisungsrecht vollständig auf den Inhaber des Einsatzbetriebes übertragen wird (vgl. Schüren, AÜG, § 14 Rn. 519).

- Veränderungen beim Fremdfirmeneinsatz können die Personalplanung für das eigene Personal im Entleiherunternehmen beeinflussen. In diesem Fall können Unterrichtungs- und Beratungsrechte des Betriebsrats (§ 92 BetrVG) betroffen sein, unter Umständen sogar die des Wirtschaftsausschusses (§ 106 BetrVG).

- Ein Teilnahmerecht des Mitarbeiters an Betriebsversammlungen des Einsatzbetriebes besteht nicht (umstritten, so auch Schüren, AÜG, § 14 Rn. 521).

- Trifft der Inhaber des Einsatzbetriebes Anordnungen über das Ordnungsverhalten, die für alle Arbeitnehmer, also auch die Fremdarbeitnehmer, verbindlich sind (§ 87 Abs. 1 Nr. 1 BetrVG), ist der Betriebsrat des Einsatzbetriebes zuständig, da er Verhandlungspartner für den Arbeitgeber ist. Gleiches gilt für Anwesenheitskontrolllisten am Werkstor des Einsatzbetriebes, in denen die Einsatztage und die -zeiten der Fremdfirmenmitarbeiter festgehalten werden: Diese Listen sind ebenfalls dem Betriebsrat des Einsatzbetriebes auf Verlangen vorzulegen (§ 80 Abs. 2 BetrVG).

3.2.3.2 Rechte des Betriebsrats bei einer Arbeitnehmerüberlassung

Das Gesetz sieht für die Arbeitnehmerüberlassung eine Sonderregelung in § 14 AÜG vor. Daraus und aus den übrigen Vorschriften des BetrVG ergibt sich Folgendes:

- Der Betriebsrat hat bei der Einstellung von Leiharbeitnehmern ein Mitbestimmungsrecht gemäß dem §§ 99 BetrVG, 14 Abs. 3 AÜG.

- Der Leiharbeitnehmer kann die Sprechstunde des Betriebsrats des Einsatzbetriebes in Anspruch nehmen und an Betriebsversammlungen teilnehmen (§ 14 Abs. 2 S. 2 BetrVG).
- Der Betriebsrat des Einsatzbetriebes hat Unterrichtungs- und Erörterungsrechte gegenüber dem Entleiher (§ 14 BetrVG).
- Soweit es um die Eingliederung des Leiharbeitnehmers in die betriebliche Organisation geht, ist der Betriebsrat des Entleihers für alle Fragen des § 87 BetrVG zuständig (z. B. Verhalten und Ordnung der Arbeitnehmer im Betrieb (Nr. 1), Lage und Dauer der Arbeitszeit (Nr. 2), Überwachung durch technische Einrichtungen (Nr. 6)). Bezieht sich der Mitbestimmungstatbestand hingegen auf das Arbeitsverhältnis als solches (insbesondere bei Leistungspflichten des Arbeitgebers), so ist der Verleiherbetriebsrat mitbestimmungsberechtigt (z. B. bei der Urlaubsgewährung (Nr. 5), bei Sozialeinrichtungen (Nr. 8) oder bei der Entgeltgestaltung (Nr. 10)).
- Leiharbeitnehmer nehmen im Betrieb des Verleihers an der Betriebsratswahl teil, da sie gemäß § 14 AÜG auch während ihrer Tätigkeit für den Entleiher Angehörige des Verleiherbetriebes sind. Außerdem nehmen sie an der Betriebsratswahl des entleihenden Betriebes teil, sofern sie dort länger als drei Monate eingesetzt sind (§ 7 Abs. 2 BetrVG). Dabei zählen sie im entleihenden Betrieb allerdings nicht mit bei der Ermittlung der Zahl der zu wählenden und der Zahl der freizustellenden Betriebsratsmitglieder. Wählbar sind die Leiharbeitnehmer nur im Betrieb des Verleihers, nicht aber im Betrieb des Entleihers, § 14 Abs. 2 AÜG.

3.2.4 Sozialversicherungsrechtliche Fragen

Bei einer Arbeitnehmerüberlassung treffen grundsätzlich den Verleiher die Arbeitgeberpflichten des Sozialversicherungsrechts. Etwas anderes gilt nur bei einem nach § 10 AÜG zwischen dem Arbeitnehmer und dem Entleiher fingierten Arbeitsverhältnis.

Der Verleiher hat also den Gesamtsozialversicherungsbeitrag sowie die Beiträge zur Berufsgenossenschaft zu zahlen.

4 Sonderfall: Konsequenzen der illegalen Arbeitnehmerüberlassung

Einen Sonderfall stellt die illegale Arbeitnehmerüberlassung dar. Diese tritt grundsätzlich in zwei Erscheinungsformen auf: Von der offenen illegalen Arbeitnehmerüberlassung, bei der schon die gemäß § 1 Abs. 1 S. 1 AÜG erforderliche Arbeitnehmerüberlassungserlaubnis gar nicht vorliegt, ist die verdeckte illegale Arbeitnehmerüberlassung in Form von Scheinwerkverträgen zu unterscheiden.

4.1 Arbeitsrechtliche Folgen

Die illegale Arbeitnehmerüberlassung führt dazu, dass das Arbeitsverhältnis zwischen dem Dienstleister und dem beim Auftraggeber eingesetzten Arbeitnehmer nichtig ist (§ 9 AÜG). Kraft Gesetzes entsteht vielmehr ein fingiertes Arbeitsverhältnis zwischen dem entleihenden Unternehmen und dem Leiharbeitnehmer (vgl. § 10 Abs. 1 S. 1 AÜG), und zwar rückwirkend und automatisch. Der Arbeitnehmer hat also kein Wahlrecht dahingehend, sich zu entscheiden, ob er bei seinem bisherigen Vertragsarbeitgeber bleiben oder zum Auftraggeber wechseln möchte (vgl. Küttner, 2007, Rn. 28).

Dieses fingierte Arbeitsverhältnis ist unbefristet, es sei denn, dass der Arbeitsvertrag zwischen dem „Verleiher" und dem Mitarbeiter auch schon nur befristet war (§ 10 Abs. 1 S. 2 AÜG).

Der Inhalt des fiktiven Arbeitsverhältnisses richtet sich nach den im Betrieb des entleihenden Unternehmens geltenden Regeln (§ 10 Abs. 1 S. 4 AÜG). Dabei kann der Arbeitnehmer für zurückliegende Zeiten verlangen, dass ihm alle vertraglichen Leistungen, die er nicht vom Dienstleister empfangen hat, nunmehr vom Entleiher gewährt werden (z. B. höheres Arbeitsentgelt, Urlaubsgeld, betriebliche Altersversorgungsanwartschaften).

Der „Verleiher" ist Schadenersatzpflichtig gemäß § 10 Abs. 2 S. 1 AÜG, d. h., er muss dem Arbeitnehmer den Schaden ersetzen, den dieser dadurch erleidet, dass er auf die Gültigkeit des Arbeitsverhältnisses vertraut hat. Die Unwirksamkeit muss auf der fehlenden Arbeitnehmerüberlassungserlaubnis beruhen. Relevant wird dieser Anspruch beispielsweise, wenn der „Entleiher" die aufgrund der Fiktion des § 10 AÜG bestehenden Ansprüche (einschließlich des Mindestentgeltanspruchs nach § 10 Abs. 1 S. 5 AÜG) nicht auszahlt.

Im Hinblick auf das Betriebsverfassungsrecht kommt dem Arbeitnehmer eine doppelte Betriebszugehörigkeit zu, solange die Arbeitnehmerüberlassung tatsächlich vollzogen wird bzw. der Arbeitnehmer nicht eines seiner Arbeitsverhältnisse beendet hat (BAG v. 19.3.2002 – 7 AZR 267/02).

4.2 Steuer- und sozialversicherungsrechtliche Folgen

Dienstleister und Entleiher schulden die Lohnsteuer gesamtschuldnerisch (§ 42d Abs. 6 EStG). Gleiches gilt auch in Bezug auf die Sozialversicherungsbeiträge des betroffenen Mitarbeiters (§§ 10 Abs. 3 S. 2 AÜG, 28e Abs. 2 SGB IV).

4.3 Strafrechtliche Folgen

Gemäß § 16 Abs. 1 Nr. 1-1b AÜG handeln sowohl der Dienstleister als auch der Entleiher ordnungswidrig, wenn sie eine illegale Arbeitnehmerüberlassung betreiben. Unerheblich ist, ob ein Fall von Vorsatz oder Fahrlässigkeit vorliegt. Die Obergrenze der Geldbuße liegt bei 25.000 EUR. Allerdings kann der gesetzliche Höchstrahmen von 25.000 EUR auch überschritten werden, um den wirtschaftlichen Vorteil, den der Entleiher durch die Beschäftigung der illegalen Leiharbeitnehmer hatte, abzuschöpfen (§ 17 Abs. 4 OWiG). Dieser Vorteil wird im Bußgeldverfahren durch Schätzung auf der Grundlage der Stundensätze (d. h. Vergleich der Stundensätze der Fremdfirma und den gesamten Personalkosten für eigenes Personal) und der Einsatzdauer der Leiharbeitnehmer ermittelt. Dadurch sind in der Vergangenheit sogar Bußgelder in Höhe von mehr als einer Million Euro verhängt worden.

Neben dieser allgemeinen Haftung des Unternehmens selbst können auch gegen den Firmeninhaber sowie gegen Organmitglieder (z. B. AG-Vorstand, GmbH-Geschäftsführer) Bußgelder verhängt werden. Auch die Führungskräfte, die auf dem Gebiet des Fremdfirmeneinsatzes verantwortlich sind, können für Geldbußen herangezogen werden (§§ 9, 130 OWiG). Die überlassenen Leiharbeitnehmer hingegen können gemäß § 16 AÜG nicht belangt werden, da sie notwendige Tatbeteiligte sind, deren Tatbeitrag über die Verwirklichung des jeweiligen Ordnungswidrigkeitentatbestandes nicht hinausgeht.

Eine Besonderheit besteht bei der Entleihung nichtdeutscher Arbeitnehmer ohne Aufenthaltstitel und ohne Berechtigung zur Ausübung einer Beschäftigung. Hier kann gemäß § 15a AÜG sogar eine Freiheitsstrafe oder Geldstrafe wegen eines Vergehens verhängt werden.

Bei einer Beschäftigung von Leiharbeitnehmern, für die keine Steuern und Sozialversicherungsbeiträge abgeführt werden, kommt ebenfalls eine Freiheitsstrafe oder Geldstrafe wegen Beihilfe zur Steuerhinterziehung (§ 370 AO), Beitragsvorenthaltung (§ 266a StGB) sowie Beitragsbetruges (§ 263 StGB) in Betracht.

5 Fazit

Gerade in Krisenzeiten zeigt sich, dass Unternehmen durch den Einsatz von Fremdpersonal – sei es durch Arbeitnehmerüberlassung, sei es durch Werkverträge – deutlich mehr Flexibilität gewinnen können. Dies gilt aber nur, wenn die rechtlichen Rahmenbedingungen beachtet werden. Hierbei kommt es nicht nur auf die Vertragsgestaltung zu Beginn an; entscheidend ist gleichermaßen, wie das Vertragsverhältnis in der Praxis gelebt wird. Da die Rechtsfolgen teilweise sehr unterschiedlich sind, können sie für den Unternehmer zu unliebsamen Überraschungen führen.

Dunja Lang/Andreas Froschmayer/Aljoscha Kertesz

Change Management und Lernende Organisation
als Beitrag zur Umsetzung der Corporate Strategy

1 Einleitung 291
2 Grundlegendes zum Change Management 295
    2.1 Gründe für Change Management bei Dachser 295
    2.2 Herausforderungen des Change Managements 295
    2.3 Abgrenzung des Change Managements 295
    2.4 Notwendigkeit eines gemeinsamen Change-Management-Verständnisses . 296
    2.5 Nachteile durch schlechtes oder nicht vorhandenes Change Management .. 296
    2.6 Schwierigkeiten von Change-Management-Projekten 297
3 Change Management bei Dachser 299
    3.1 Ausgangsbasis für Change Management bei Dachser 299
    3.2 Sukzessive Einführung von Change Management nach dem Prinzip der geplanten Evolution 300
    3.3 Implementierung eines „Kompetenz-Center" Change Management 301
    3.4 Relevante Fragen vor Projektbeginn 302
4 Die Lernende Organisation als Bestandteil erfolgreichen Change Managements 303
    4.1 Das Lernen lernen als Voraussetzung für eine Veränderung der organisationalen Wissensbasis 305
    4.2 Change-Management-Bestandteile, die kontinuierliches Lernen fördern 307
5 Abschluss und Zusammenfassung 309

1 Einleitung

Als regionales Fuhr- und Speditionsunternehmen im Jahr 1930 gegründet, steuert Dachser heute im Zeitalter der Globalisierung international komplexe Warenwirtschaftsketten. Weltweit erwirtschaften 18.000 Menschen an mehr als 300 eigenen Standorten einen Umsatz von 3,5 Milliarden Euro (2007). Damit behauptet sich Dachser als eines der letzten Familienunternehmen unter den führenden Logistikkonzernen in Europa (vgl. Infobox 1) (vgl. Erker, 2008, S. 9 ff.).

Infobox 1: Logistik in Deutschland

In Deutschland ist die Logistik als Querschnittsbereich mit einem Umsatzvolumen von über 205 Milliarden Euro hinter dem Handel und der Automobilindustrie der drittgrößte Wirtschaftszweig (vgl. Klaus, 2008). Mehr als 2,7 Millionen Menschen arbeiten deutschlandweit in diesem Segment, über 10.000 davon beschäftigt der international tätige Logistikdienstleister Dachser in seinem Heimatmarkt. Vor dem Hintergrund des steigenden Outsourcing-Grades in der arbeitsteiligen Gesellschaft organisiert ein modernes Logistikunternehmen heute lückenlos sämtliche Transport- und Informationsprozesse – von der Beschaffung über die Produktion bis zum Absatz. Um seinen Kunden die weltweite Steuerung von Wertschöpfungsketten anzubieten, verfolgte das Unternehmen Dachser mit Sitz im Allgäu bereits früh und konsequent eine wachstumsorientierte Internationalisierungspolitik. Ausgehend von der zentralen europäischen Lage, wuchs Dachser zunächst in Europa und anschließend weltweit in den bedeutenden Wirtschaftszentren. Das Wachstum vollzog sich zum einen generisch, zum anderen über Mergers & Akquisitions.

Eine klare Strategie und die Fähigkeit, organisch gewachsene und zugekaufte Organisationen in das bestehende Netzwerk länderübergreifend zu integrieren sind somit entscheidende Voraussetzungen für den Erfolg. Um diesem Wachstum gerecht zu werden, müssen zahlreiche (neu akquirierte) Unternehmenseinheiten im Einklang mit der Geschwindigkeit der Ausdehnung miteinander verbunden und vernetzt werden. Der Weg dorthin führt über die Umsetzung einer klaren Vision und strategischer Schwerpunktprogramme für die einzelnen Geschäftsfelder. Konsequente Kundenorientierung und der unternehmerische Mut zum Aufbau eines der am stärksten integrierten Netzwerke waren der Hintergrund für die Formulierung der Vision:

„Wir wollen die Logistik-Bilanz der Kunden verbessern. Unsere Vision ist, dass wir als weltweit führender Anbieter von Europa-Logistik unsere Kunden in ihren Märkten durch zukunftsfähige Logistik stärken wollen. Die treibende Kraft ist dabei die homogene Vernetzung von Warenströmen, Informationen, Verkehrsträgern und Menschen." (vgl. Froschmayer/Göpfert, 2004, S. 66 ff.).

In der Vision ist verankert, dass also nicht nur Warenströme, Systeme und Prozesse, sondern vor allem die Menschen gemeint sind, die in einem homogenen Netzwerk weltweit zusammentreffen und zusammenarbeiten. Die Anpassungsfähigkeit an lokale Märkte, die aus der Vielfalt der Belegschaft und dem interkulturellen Know-how resultiert, ist ein wichtiger Erfolgsfaktor für Dachser. Gleichzeitig gilt es aber auch, eine gemeinsame Identität und eine gemeinsame Verbindung durch Werte, Strategien, Normen sowie Erfahrungsaustausch zu generieren, die das globale Unternehmen als Einheit etabliert. Dachser verfolgt damit konsequent einen transnationalen Ansatz, in dem Bewusstsein, dass die Annäherung an dieses Ideal einer Evolution bedarf, die nicht linear, sondern oft auch spiralförmig verläuft. Dies ist ein gewaltiger Transformationsprozess, der nur über ein exzellentes Change Management zu bewerkstelligen ist.

Abbildung 1: Dachser als transnationales Unternehmen

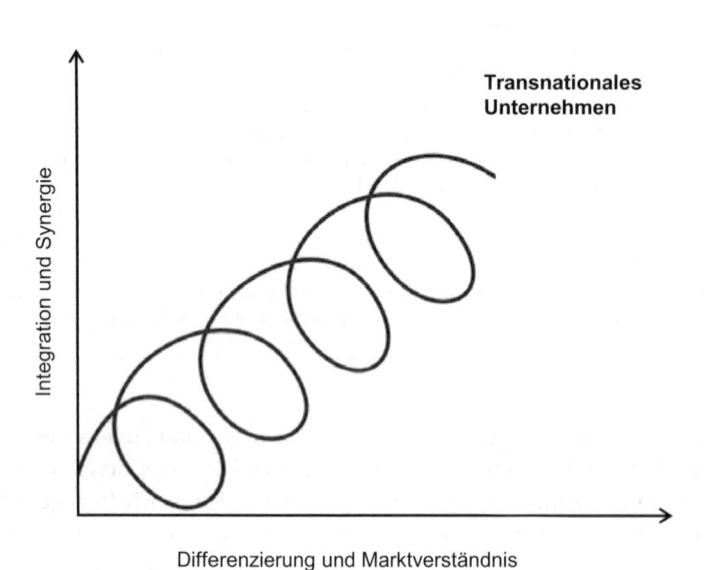

Anfang des 20. Jahrhunderts begannen große Unternehmen — etwa Bosch — damit, WertE-Kataloge zu formulieren. Schon damals haben die Konzernlenker erkannt, dass nur jene Unternehmen ihre unternehmerische Freiheit bewahren können, die ethische Grundlagen leben und ethische Grenzen einhalten. Dies gilt heute noch, vielleicht sogar noch viel mehr, denn die Herausforderungen, denen ein Unternehmen sich stellen muss, haben sich verschärft (siehe Infobox 2).

Infobox 2: *Strukturwandel als Auslöser für Wertemanagement*

Gesetzliche Auflagen, globaler Wettbewerb, Sicherheitsrisiken, Klimawandel, politische Konflikte usw. – die Liste ließe sich lange fortschreiben. Nicht nur die Volkswirtschaften, sondern auch jedes darin wirkende Unternehmen und jeder Einzelne steht unter steigendem Druck, auf diesen Strukturwandel zu reagieren. Doch reine Reaktion genügt nicht. Gefordert ist eine langfristige, aktive Orientierung an globalen Herausforderungen. Transparenz, Vertrauen und Integrität der Unternehmensführung sind heute wichtige Faktoren, die zum Wert und Image eines Unternehmens beitragen. Und bereits heute weiß man, dass Unternehmen, die sich in der Vergangenheit nicht nur ökonomischen, sondern auch sozialen und ökologischen Herausforderungen gestellt haben, Weitblick bewiesen haben und „gesund" sind. Sie haben erkannt, dass sich Gewinne nur dann langfristig erzielen lassen, wenn die Gewinnoptimierung nicht auf Kosten der Mitarbeiter, Kunden, natürlichen Ressourcen, Partner oder gesellschaftlichen Gruppen weltweit geht.

Für die weitere Argumentation sind insbesondere die Werte „Integrative Verantwortung" und „Empowerment" von Bedeutung.

Im Mittelpunkt der Überlegungen steht der Mitunternehmer. Aus der langen Tradition Dachsers, ein Familienunternehmen zu sein, war es schon immer die wesentliche Kernkompetenz, Mitarbeiter zu beschäftigen, die sich mehr als Mitunternehmer denn als Angestellte verstehen. Besonderen Ausdruck findet dieser Geist in der Organisation der Profit Center. Dieses Mitunternehmertum gilt es in allen Projekten zu erhalten und auch weiterzuentwickeln. Neben der sachlich-fachlichen Orientierung einzelner Projekte sollte deshalb darauf geachtet werden, das Projektmanagement auch immer so anzulegen, dass der Unternehmergeist weiter gefördert wird.

Wer intelligente Logistik anbieten will, braucht kreative Menschen, die den Mut haben, Logistik nicht nur umzusetzen, sondern pro-aktiv zu gestalten. Dachser nennt dieses Konzept „Unternehmer im Unternehmen". Was vielleicht beim ersten Lesen so klingt, als wäre es aus der gängigen Management-Literatur abgeschrieben, zeigt seine Kraft erst im langfristigen Leben solcher Strategien. Nur auf diese Weise ist es möglich, dass die Visionen, die das Unternehmen hat, auch tatsächlich Realität werden.

Diese Art des Empowerments ermöglicht dem Einzelnen, sich für das Ganze zu engagieren, sich über Innovationen und Optimierung für das Gesamtsystem einzusetzen. Die Verantwortung erstreckt sich dann nicht mehr nur auf den eigenen Arbeitsplatz, sondern in Form einer integrativen Verantwortung weit über das eigene Aufgabenfeld hinaus.

Die hier skizzierte Entwicklung von Dachser zeigt deutlich, dass das Unternehmen immer und in jeder Zeitphase tiefgreifende Transformationsprozesse zu bewältigen hat. Damit wird nachvollziehbar, dass ein professionelles Change Management auf dem weiteren Weg hin zu einem global integrierten Unternehmen enorme Potenziale bietet.

Change Management beinhaltet die Umsetzung der integrativen Verantwortung und begleitet das Unternehmenswachstum. Change Management und Transformation der Unternehmenskultur sind also ein kritisches und bedeutungsvolles Thema, da integrative Verantwortung die Integrationsfähigkeit der handelnden Führungskräfte voraussetzt. Change Management muss dabei unter Berücksichtigung der o. g. Werteorientierung immer mit den Menschen und für die Menschen bei Dachser durchgeführt werden.

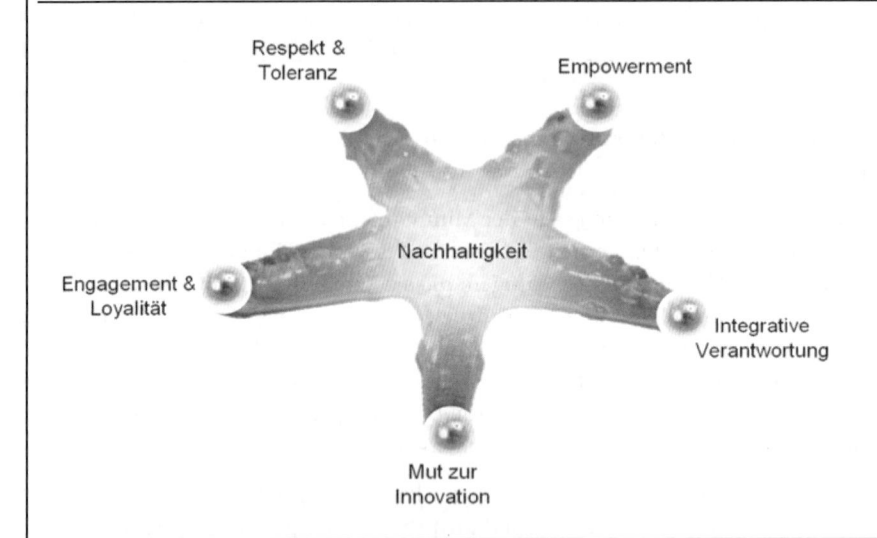

Abbildung 2: Die Werte von Dachser

- Respekt & Toleranz
- Empowerment
- Nachhaltigkeit
- Engagement & Loyalität
- Integrative Verantwortung
- Mut zur Innovation

Im Folgenden werden einige grundlegende Überlegungen zum Change Management dargestellt. Dabei soll nicht außer Acht gelassen werden, dass erfolgreiches Change Management für Unternehmen eine zunehmende Herausforderung darstellt, die nicht einfach zu bewältigen ist. Es gibt keine einfachen Patentrezepte, die bei der Realisation helfen. Stattdessen erscheint es sinnvoll, mögliche Gefahren für den Veränderungsprozess frühzeitig zu identifizieren.

Danach wird exemplarisch die konkrete Ausgestaltung von Change Management im Unternehmensalltag von Dachser beleuchtet. Hierdurch erhält der Leser einige Einblicke in die Herangehensweise, in dem Bewusstsein, dass es keinen Königsweg gibt und dass Dachser sich auf dem Weg, aber noch lange nicht am Ziel befindet.

2 Grundlegendes zum Change Management

2.1 Gründe für Change Management bei Dachser

Für Dachser sind Veränderungen Bestandteil des Unternehmensalltags; Veränderungsfähigkeit wird zunehmend als kritischer Faktor für den Unternehmenserfolg angesehen. Das steigende Interesse am Change Management verdeutlicht den wachsenden Bedarf an der zielgerichteten Steuerung von Veränderungsprozessen, der nicht nur für große Projekte, sondern auch für kleinere Vorhaben notwendig wird. Parallel zum beschleunigten Wandel ergibt sich für viele Menschen der Wunsch nach Orientierung, Sicherheit und Beständigkeit, da viele bisher „sicher" geglaubte Aspekte im Alltag der Arbeitnehmer zunehmend unsicher erscheinen.

2.2 Herausforderungen des Change Managements

Die Herausforderung beim Change Management besteht darin, den beteiligten Menschen Orientierung in einer sich ständig wandelnden Umgebung zu vermitteln und gleichzeitig auf deren „Commitment" zu setzen.

Dabei darf nicht übersehen werden, dass aus der Managementperspektive notwendige Veränderungen für einzelne Betroffene häufig schwer nachvollziehbar sind oder als nachteilig wahrgenommen werden. Aber auch die Beteiligten, die Prozesse und Bedingungen mitgestalten, sind oft gleichzeitig Betroffene eines Veränderungsprozesses, da sie über einen längeren Zeitraum erheblichen Mehrbelastungen ausgesetzt sind. Unternehmen brauchen daher ein integriertes Change-Management-Konzept, das sowohl die sachlogischen, operativen Erfordernisse als auch die menschlichen Aspekte sowie das Verhalten von Führungskräften und Mitarbeitern berücksichtigt. Erfolgreicher Wandel ist angesichts dessen nicht als Selbstverständlichkeit zu betrachten, sondern erfordert professionelle Begleitung.

2.3 Abgrenzung des Change Managements

Change Management wird als Überbegriff für das professionelle Management von Veränderungen verwandt. Darunter werden wiederum einzelne Konzepte und Ansätze subsumiert. Change Management ist also alles andere als ein einheitlich verwendeter Begriff. So gibt es beispielsweise eine eher ergebnisorientierte Definition von Change Management: „Change Management ist die systematische und nachhaltige Begleitung großformatiger Transformationen in Organisationen. Die adaptive Architektur der Interventionstechniken hat zum Ziel, die positive Motivation der Stakeholder und deren aktives Handeln im Sinne der Veränderung zu unterstützen." (vgl. Claßen, 2008, S. 40) Martin Claßen beschreibt in seinem Buch unterschiedliche Variationen von Definitionen. Eine eher prozessorientierte Definition lautet demnach wie folgt: „Change Management ist ein kontinuierlicher Prozess zur Sicherstellung von Veränderungsergebnissen (Planung-Realisierung-Stabilisierung-Controlling) und mehr als eine einmalige Aktivität." (vgl. Claßen, 2008, S. 39). Es gibt nicht die eine allgemeingültige Definition von Change Management. Häufig werden bei den diversen Varianten von Definitionen unterschiedliche Blickwinkel verdeutlicht, die sich in ihrer Sichtweise ergänzen.

2.4 Notwendigkeit eines gemeinsamen Change-Management-Verständnisses

Trotz der mittlerweile zahlreichen Literatur ist festzuhalten, dass Konzepte und Tools, die in einem Fall erfolgreich eingesetzt wurden, nicht zwingend zielführend auf das nächste Projekt transferiert werden können. Das Change Management Verständnis und der konkrete Ansatz müssen daher bei jedem neuen Veränderungsprojekt mit den jeweiligen Beteiligten definiert und eine gemeinsame Sichtweise im Projektteam gefunden werden. Je nach Change Management Verständnis ergeben sich unterschiedliche Rollen im Projekt. So wird in einem Fall der jeweilige Projektmanager als verantwortlich für Change Management Aktivitäten angesehen, in einem anderen Fall bedarf es eines speziellen Change Managers. Die Zusammensetzung und Formierung eines „Change Management Teams" ist daher schon als notwendiger Bestandteil des Prozesses zu sehen, da das jeweilige Change-Management-Verständnis von Anfang an Auswirkungen auf die Formierung und Durchführung des Projekts hat.

2.5 Nachteile durch schlechtes oder nicht vorhandenes Change Management

Über Change Management wird viel geredet, es gibt jedoch in der Praxis nur wenige Veränderungen, die als komplett erfolgreich bezeichnet werden können. Diverse Studien arbeiten die Nachteile von nicht vorhandenem oder schlechtem Change Management heraus (vgl. Claßen, 2008, S. 59):

- ineffizientes Arbeiten durch fehlende oder unzureichende Informationen über den Veränderungsprozess oder das Veränderungsergebnis,

- bewusstes Agieren gegen die Veränderung, z. B. in Form von Blockieren, Verzögern, Vermeiden,
- häufigere Unterbrechungen der Arbeit und
- höhere Fluktuation.

Martin Claßen zieht daraus den Schluss, dass „insbesondere die Auswirkungen auf die Produktivität nun wirklich als dramatisch zu bezeichnen" sind (Claßen, 2008, S. 61).

2.6 Schwierigkeiten von Change-Management-Projekten

Obwohl die Notwendigkeit von Change Management allgemein anerkannt ist, mangelt es oft an der Akzeptanz und Umsetzung. Auch die Kenntnis über offensichtliche Nachteile durch nicht vorhandenes oder schlechtes Change Management ändert nichts an diesem Umstand.

Dieses Phänomen erstaunt auf den ersten Blick. Auf den zweiten Blick lassen sich dafür einige Gründe und Fehler nennen, die vor allem bei den beteiligten Menschen selbst liegen:

- Ein Veränderungsprojekt wird nicht als solches wahrgenommen.
- Dominierend in der Diskussion sind häufig organisatorische bzw. sachlogische Aspekte. So wird beispielsweise die großflächige Implementierung einer neuen Software unter Kostengesichtspunkten oder IT-technischen Erfordernissen diskutiert, aber die Motivation und Fähigkeiten der betroffenen Mitarbeiter bzw. deren Personalentwicklungsbedarf außer Acht gelassen.
- Die eigene Sichtweise und „mentale Landkarte" werden unreflektiert auf andere übertragen.
- Was für die Verantwortlichen selbst kein Problem ist, darf auch keines für andere Beteiligte im Unternehmen sein. Kritisch ist dabei, dass die eigene Wahrnehmung als Realität betrachtet wird und keine anderen Sichtweisen zugelassen werden. Aufwand für Change Management wird als überflüssig erachtet.
- Das Bewusstsein und der Respekt für andere Sichtweisen und Kulturen sind oft nicht oder nur unzureichend entwickelt.
- Diese Faktoren sind aber insbesondere bei Projekten, bei denen interkulturelle Aspekte eine Rolle spielen, von enormer Bedeutung. Die Gefahr von Stereotypisierungen und daraus resultierenden Konflikten ist groß, da auftretende Schwierig-

keiten tendenziell anderen Beteiligten, nicht aber sich selbst zugeschrieben werden. Bei unterschiedlichen Kulturen ist dabei nicht nur an unterschiedliche Nationalitäten, sondern auch an unterschiedliche Professionen und Funktionen zu denken. Beispielsweise unterscheidet sich die Finanzperspektive häufig deutlich von einer Vertriebs-, IT- oder HR-Perspektive. Auch Manager, die von ihrer Funktion her mehrere Bereiche verantworten, haben häufig aufgrund ihres persönlichen Werdegangs besondere Sichtweisen und werden daher oft als parteiisch betrachtet. Die Gefahr ist groß, dass Projektteams in unterschiedliche „Lager" zerfallen und eigene Interessen verfolgen, nicht aber ihre Verantwortung für das gesamte Unternehmen wahrnehmen.

- Die Komplexität von Veränderungsprojekten wird häufig unterschätzt und Zusammenhänge außer Acht gelassen.

- Die Illusion der Machbarkeit und Beherrschbarkeit führt unter Umständen zu Sorglosigkeit am Anfang eines Projekts, die im späteren Projektverlauf nicht mehr zu korrigieren ist. Ganz abgesehen davon sind Menschen eher darauf ausgerichtet, Komplexität zu reduzieren, als deren Chance zu nutzen. Dazu trägt u. a. die begrenzte Kapazität unseres Arbeitsgedächtnisses bei, durch die Informationen, die nicht als relevant erscheinen, schnell aussortiert werden.

- Die „Erfahrungsfalle" schlägt zu.

- „Auch geübte Manager machen Fehler – und zwar häufig immer wieder die gleichen" – so das Ergebnis einer bemerkenswerten Studie (Sengupta et al., 2008, S. 91 ff.). Erfahrung kann ein Vorteil sein, aber auch in falscher Sicherheit wiegen und das Lernen behindern. In der genannten Studie wurde nachgewiesen, dass erfahrene Manager meist nicht weniger Fehler machen als unerfahrene. Dies liegt nach Ansicht der Autoren an folgenden „Komplikationen":

    o   Ursache und Wirkung treten häufig mit zeitlichem Abstand auf, so dass beide Aspekte nicht miteinander in Verbindung gebracht werden,

    o   Fehleinschätzungen zu Anfang eines Projekts werden nicht erkannt und korrigiert.

    o   Diese Phänomene werden auch durch die bekannten Forschungen von Dietrich Dörner unterstützt. Er hat mittels Simulation den menschlichen Umgang mit komplexen Problemen erforscht und kommt ebenfalls zu dem Schluss, dass nicht zwingend aus Fehlern gelernt wird: „Personen suchen und finden allerdings durchaus Möglichkeiten, die Konfrontation mit negativen Konsequenzen ihrer eigenen Handlungen zu vermeiden." (Dörner, 1992, S. 267) Dies bedeutet, dass auch ein unerwünschtes Ergebnis des eigenen Handelns nicht zwangsläufig zu dessen Hinterfragen führt. „Blinde Flecken" im Handeln in komplexen Situationen sind somit eher als Regel denn als Ausnahme zu betrachten.

- Fehlendes Handwerkszeug im Projektmanagement
- Professionelles Projektmanagement ist Voraussetzung für Zielerreichung, Effektivität und Effizienz im Projekt. Projektcontrolling und Transparenz des Projektfortschritts sind ohne professionelles Projektmanagement nicht möglich. Unumgänglich ist dabei das Prinzip der Schriftlichkeit. Zu den wichtigsten Aufgaben im Projekt zählt auch das laufende Projektcontrolling, das sich auf Projektmanagement-Standards wie z. B. Projektauftrag und Zieldefinition des Projekts, Risikoanalyse und Analyse möglicher Störungen, Projektplan mit Verantwortlichen und Meilensteinen etc. stützt.

3 Change Management bei Dachser

3.1 Ausgangsbasis für Change Management bei Dachser

Dachser verfügt als Familienunternehmen insbesondere im deutschsprachigen Raum über eine gewachsene Führungskräftestruktur mit langjährigen, erprobten und loyalen Mitarbeitern. Empowerment und eine Kultur des „Unternehmers im Unternehmen" stärken die dezentrale Verantwortung von Führungskräften und Mitarbeitern. Führungskräfte in der Linie übernehmen bereitwillig umfassende Verantwortung. Dabei gibt es in den Profit Centern und Bereichen durchaus unterschiedliche Lösungen für scheinbar ähnliche Probleme. Dies führt dazu, dass bei bereichs- und profitcenterübergreifenden Projekten häufig erst eine gemeinsame Vorgehensweise besprochen und etabliert werden muss. Dies gilt beispielsweise auch für das Projektmanagement, das derzeit durchaus unterschiedlich gehandhabt wird, was teilweise zu Produktivitäts- und Reibungsverlusten führt.

Veränderungen wurden auch in der Vergangenheit professionell gemanagt; als Begriff und explizites Konzept wird Change Management jedoch erst seit Kurzem bei Dachser eingesetzt. Der Logistikdienstleister hat als Familienunternehmen eine ausgeprägte, kollegiale Netzwerkstruktur etabliert, die hilft, Veränderungsprozesse durch Support über Grenzen hinweg zu unterstützen. Externe Berater sind eher die Ausnahme als die Regel, da es gilt, internes Know-how über systemeigene Besonderheiten zu etablieren.

Angesichts der zunehmenden Anzahl von grenzüberschreitenden, internationalen Projekten steigen jedoch die Anforderungen an die Koordination von unterschiedlichen Initiativen; es gilt, die vorhandenen Ressourcen möglichst produktiv zu nutzen. Change Management leistet hier zunehmend einen entscheidenden Beitrag.

Eine hohe Ausbildungsquote in Deutschland (über 10 %) hilft, Nachwuchs von „unten" zu generieren, aber dies reicht nicht aus. Dachser braucht auch erfahrene Manager, die Veränderungsprojekte professionell und produktiv steuern können. Dazu gehört, umfassende Veränderungsprojekte nicht nur sachorientiert, sondern auf der Basis von Change-Management-Wissen umfassend und integrativ steuern zu können.

Etablierte deutsche Ausbildungsprogramme für Gruppenleiter, Abteilungsleiter und Niederlassungsleiter erfassen vor allem die Anforderungen für eine Linienaufgabe innerhalb eines Profit Centers, nicht aber die Anforderungen für das Managen von komplexen, internationalen Veränderungsprojekten. Hier ist spezielles Know-how gefragt, das nicht so einfach und schnell international aufzubauen ist.

Fazit: Dachser besitzt als Unternehmen eine gute Ausgangsbasis für weiteres erfolgreiches Wachstum. Eine gewachsene Führungskräftestruktur, die Dachser-Werte und die gelebte Kollegialität im Familienunternehmen bieten die Möglichkeiten zum weiteren Ausbau des Unternehmens. Die angesichts des starken internationalen Wachstums entstehende Dynamik verlangt jedoch zunehmend nach mehr Integration und integrativem Vorgehen. Auf etablierte Führungskräfte, die häufig den primären Fokus auf die unternehmerische Führung eines Profit Centers legen, kommen neue Herausforderungen zu. Dies gilt auch für die eigene Ausbildung, die häufig eher auf die Tätigkeit in einer Linienfunktion ausgerichtet ist als auf die Steuerung von komplexen internationalen Projekten. Demzufolge galt es, Change Management sukzessive als Begriff und Konzept zu verankern und den Fokus der Führungskräfte – zusätzlich zu den „sachlogischen" Erfordernissen – auf das Thema Change Management zu lenken.

3.2 Sukzessive Einführung von Change Management nach dem Prinzip der geplanten Evolution

Seit 1951 expandiert Dachser international, wobei dieses Wachstum in den letzten Jahren sehr hohe Dynamik annahm. In diesem Zuge wurde in den letzten Jahren das bisher größte Integrationsprojekt im Ausland gestartet. Hierbei wurde von Anfang an ein integrativer Ansatz verfolgt, indem Projektteams aus den unterschiedlichen involvierten Nationalitäten zusammengestellt wurden. 50 ausländische Mitarbeiter wurden mehr als ein halbes Jahr in deutschen Niederlassungen ausgebildet, um das Projekt als Vollzeitmitarbeiter zu unterstützen. Gleichzeitig bereiteten sich ca. 50 deutsche Mitarbeiter darauf vor, ein oder mehrere Jahre im Ausland tätig zu sein. Der Kreis der involvierten Personen ist jedoch weit größer und umfasst Führungskräfte und Mitarbeiter aus allen Bereichen des Unternehmens im In- und Ausland. Die involvierten Führungskräfte und Mitarbeiter erhalten Beratung sowie praktischen Change Support in Form von Teamentwicklung, Training, Workshops und Begleitung von Kommunikationsmaßnahmen. Die hier geleistete Projektbegleitung wurde anschließend auf weitere Projekte ausgedehnt, was schrittweise zu mehr Akzeptanz und Systematisierung von Change Management führte. Der in den Workshops verfolgte Multiplikatorenansatz zeigt erste Erfolge. Dies ist zum einen positiv zu sehen, zum anderen ist in der internen Diskussion eine „Inflationierung" des Change-Management-Begriffs zu beobachten, die es wachsam zu betrachten und zu steuern gilt. Der „Umbau des Schiffs in voller Fahrt" ist eine wichtige Herausforderung für Dachser. Doch es entsteht die Frage: How to change the Change Management?

Infobox 3: Die geplante Evolution nach W. Kirsch (vgl. Kirsch, 1997, S. 41 ff.)

„Evolution" kann in einer ersten Annäherung als Gegenbegriff zur „Revolution" bzw. als ein „wie auch immer geartetes schrittweises Vorgehen" gesehen werden (vgl. Kirsch, 1997, S. 41). Die geplante Evolution ist damit als dritter Weg zwischen „synoptischer Totalplanung" und „Muddling Through" zu sehen. Totalplanung bleibt immer lückenhaft, da unerwünschte Nebenwirkungen auftauchen, die die Planrealisierung gefährden. „Muddling Through" hingegen ist stark vom Beseitigen akut auftretender Störungen ohne Berücksichtigung eines strategischen Gesamtplans in den einzelnen Maßnahmen geprägt. Kennzeichen einer geplanten Evolution nach Kirsch sind somit einzelne Schritte, die an den Status quo anknüpfen – wobei die Auslöser in akuten Ereignissen, Mängeln und Störungen liegen können. Diese einzelnen Schritte sind jedoch nicht nur als reine Anpassung zu sehen, sondern werden vielmehr durch eine konzeptionelle Gesamtsicht der Entwicklung gesteuert. Die dadurch gewonnenen Erfahrungen führen zu einer Modifikation und Konkretisierung der konzeptionellen Gesamtsicht – Letztere kann durch neue Ideen ebenfalls neue Impulse bekommen. „Die geplante Evolution ist durch ein bewusst erzeugtes Spannungsfeld zwischen deduktiver und induktiver Orientierung gekennzeichnet." (Kirsch, 1997, S. 47) Die geplante Evolution selbst kann in unterschiedlichen Varianten verwirklicht werden.

3.3 Implementierung eines „Kompetenz-Center" Change Management

Die Geschäftsführung hat auf einer Strategieklausur beschlossen, das Change Management als Kompetenz-Center innerhalb des Bereichs Corporate Development & PR zu institutionalisieren und damit das Thema Change Management weiter zu professionalisieren.

Ein im Jahr 2008 neu etabliertes Kompetenz-Center Change Management leistet daher interne Begleitung und Support für Führungskräfte und Mitarbeiter in umfassenden Veränderungsprozessen. Change Management wird damit systematisch in Schwerpunktprogramme und wichtige Projekte integriert.

Der „Change Support" deckt im Wesentlichen vier Handlungsfelder im Projektmanagement ab:

1. Strategische Steuerung: Definition der strategischen Ausrichtung und des genauen Projektauftrags, Projekt-Setup unter Beachtung von Projektmanagement-Standards sowie Projektcontrolling und Maßnahmenkoordination.

2. Kommunikation: Erstellung eines Kommunikationskonzeptes, das alle Beteiligten und Betroffenen erfasst und einbindet. Kommunikation ist aber nicht nur als Maßnahme, sondern vielmehr als Feedbacksystem für das Monitoring und die Steuerung der Prozesse zu sehen.

3. Kräftefeldmanagement: Antizipation und Begleitung möglicher Spannungsfelder und Risiken. Die Durchführung einer Kräftefeldanalyse kann Handlungsbedarf aufzeigen. Es gilt, eine möglichst breite Koalition für den Wandel zu etablieren, ohne der Illusion zu erliegen, dass alle Akteure für das Change-Projekt gewonnen werden können.

4. Projektteambuilding und -coaching: Formierung und Begleitung von Projektteams erfolgt auf verschiedenen Ebenen. Die jeweiligen Arbeitsteams in den Teilprojekten brauchen erfahrungsgemäß andere Unterstützung als Managementteams, die z. B. als Lenkungsausschuss tätig sind. Die beteiligten oder betroffenen Führungskräfte und Mitarbeiter brauchen wiederum anderen Support. Die Erfahrung zeigt, dass ein Multiplikatorenansatz, der „Change Agents" ausbildet und so die Selbstverantwortung fördert, auch gleichzeitig zur Unternehmensentwicklung beiträgt, indem immer mehr Personen in der Lage sind, Veränderungsprozesse ganzheitlich zu betrachten und zu begleiten.

3.4 Relevante Fragen vor Projektbeginn

Vor dem Beginn eines Projekts ist insbesondere die Frage zu klären: Sind alle betroffenen Personen in allen relevanten Change Management Aspekten und Instrumenten ausreichend ausgebildet, erfahren und handlungskompetent?

- Falls dem so ist, sollte der Change Management Support dadurch gewährleistet werden, dass jeder Projektbeteiligte kompetent als „Change Agent" agiert (Ansatz des „reifen" Change Managements).

- Falls dem nicht so ist, sollte genau definiert werden, wie der Change Management Support zu gewährleisten ist. Hierbei ist zu beachten, dass bei Einsatz eines Change Managers als Support- oder „Kompetenz-Center" dieser in das Projekt ganzheitlich integriert werden und zu allen Informationen, Gremien, Sitzungen, Kontaktpersonen und Beteiligten Zugang haben muss. Sonst fehlt ihm die ganzheitliche Perspektive. In kleineren Unternehmen bietet sich externer Support, z. B. in Form eines Consultants, an. Für größere Unternehmen mit permanentem Bedarf ist der Einsatz eines internen Change Managers lohnenswert.

Change Management und Lernende Organisation

Die wesentliche Aufgabe eines eigenen kompetenten „Change Managers" besteht darin, den Projektleiter und das Projektteam intensiv zu coachen und auszubilden, und zwar möglichst eng begleitet „on-the-job". Ein Change Manager ist gleichzeitig Experte für Change Management, Sparringspartner, Ratgeber, Feedbackgeber und Vertrauensperson. Kontinuierliches Feedback und Reflexion des Handelns im Veränderungsprozess sind notwendige Bestandteile, um die „Erfahrungsfalle" und „blinde Flecken" zu vermeiden. Nach einer Einführung in Change Management, z. B. in Form einer Multiplikatorenausbildung, ist daher erfahrungsbasiertes Lernen in Verbindung mit gezielter Reflexion und Feedback meist die erfolgreichste und gleichzeitig in zeitlicher Hinsicht am wenigsten aufwändige Lernform.

Die Weichen für ein erfolgreiches Change Management werden bereits am Anfang des Projekts gestellt. Die aus dem Projekt-Setup heraus resultierenden Diskussionen und unterschiedlichen Sichtweisen lassen sich effektiv nutzen. Hierdurch erhöht sich die Chance, dass alle verfügbaren Ressourcen auch produktiv genutzt werden und nichts übersehen wird.

Wie weiter oben ausgeführt, sind menschliche Phänomene und Verhaltensweisen, unreflektierte „mentale Landkarten" und mangelnde Ausbildung im Umgang mit Komplexität wesentliche Stolperfallen für Change-Management-Projekte.

Die mit dem Projekt verbundenen Risiken und die Gefahr von Irrtum und Fehleinschätzung sollten aktiv thematisiert werden. Permanentes Feedback und laufendes Projektcontrolling müssen gleichzeitig als Spielregel, Lernprinzip und Methode etabliert werden. Das permanente Lernen und der Prozess des „sich selbst Hinterfragens" sind integrale Bestandteile erfolgreichen Change Managements. Im Optimalfall wird nicht nur eine Veränderung erfolgreich durchgeführt, sondern es erhöht sich auch die Fähigkeit des Unternehmens, Veränderungen erfolgreich zu bewältigen. Die Lernende Organisation ist daher sowohl als Voraussetzug wie auch als Resultat von erfolgreichem Change Management zu sehen.

4 Die Lernende Organisation als Bestandteil erfolgreichen Change Managements

Das Konzept der Lernenden Organisation wurde Anfang der 90er Jahre intensiv diskutiert. Ähnlich wie beim Begriff „Change Management" sind damit viele Bedeutungen verbunden. Die Lernende Organisation umfasst dabei mehr als die Summierung der Lernprozesse einzelner Individuen. Es geht vielmehr um die Organisation, die sich kontinuierlich in Bewegung befindet. Die Wissensbasis und Lernfähigkeit der Organisation wird durch „Auslöser" und darauf folgende Entwicklungsprozesse ständig neu angepasst.

Die Lernende Organisation umfasst im Wesentlichen drei Bausteine (vgl. Garvin et al. 2008, S. 78 ff.):

1. Ein lernfreundliches Umfeld.

    Dieses soll unterschiedliche Sichtweisen und den offenen Austausch auch über Probleme und Unstimmigkeiten ermöglichen.

2. Konkrete Lernprozesse und Praktiken.

    Dazu gehören nicht nur die adäquate Ausbildung, Schulung und Weiterbildung von neuen und langjährigen Mitarbeitern, sondern auch Experimentierfreude, Analyse und Diskussion von abweichenden Meinungen sowie systematische Informationssammlung und Beobachtung von anderen Unternehmen. Wissenstransfer ist durch Foren und Netzwerke institutionalisiert. Bei Projekten gibt es regelmäßig Audits und Nachbesprechungen in Form von „lessons learned".

3. Führungskräfte, die Lernen fördern.

    Manager, die Input von anderen erbitten, eigene Überzeugungen in Frage stellen und anderen aktiv zuhören, ohne abweichende Meinungen zu kritisieren, sind ein wichtiger Baustein der Lernenden Organisation. Denn Führungskräften dieser Organisation ist bewusst, dass ihr Wissen und Blickwinkel limitiert sind und sie auf Sichtweisen von anderen angewiesen sind. Eine moderative Haltung und Ausbildung sind hier als hilfreich anzusehen.

Aus dem Gesagten resultiert, dass es zu kurz greift, die Lernende Organisation als Summierung verschiedener Personalentwicklungsmaßnahmen von einzelnen Individuen zu sehen.

Es geht vielmehr um eine zielgerichtete Organisationsentwicklung, bei der insbesondere die Kultur des gemeinsamen Lernens sowie die Einstellung und das Verhalten von Führungskräften zum Lernen im Fokus stehen müssen. Die Offenheit für Kritik und Toleranz für andere Sichtweisen und Überzeugungen sind wesentlicher Bestandteil einer entsprechenden Lernkultur, genauso wie das systematische Einholen von Feedback. Das Lernen selbst – und die Produktivität des Lernens – müssen zum Thema werden.

4.1 Das Lernen lernen als Voraussetzung für eine Veränderung der organisationalen Wissensbasis

Der Begriff „Lernen" kann aus zwei unterschiedlichen Perspektiven betrachtet werden:

1. Was soll gelernt werden, welches Ergebnis soll erzielt werden?
2. Wie soll gelernt werden, wie soll der Lernprozess an sich gestaltet werden?

Die erste Frage führt zu einer Sammlung von Informationen, in Form von Wissen oder Qualifikationen, sowie zu Fertigkeiten. Die zweite Frage führt zum Lernprozess selbst.

Wird im Rahmen von Veränderungsprozessen der primäre Fokus auf die erste Frage gelegt, ist die Gefahr groß, dass Chancen zu einer echten Weiterentwicklung des Unternehmens vertan werden. Wenn beispielsweise bei der Einführung neuer IT-Systeme vorwiegend an die kurzfristige Anpassungsqualifizierung von Benutzern in Form von „Bedienerwissen", nicht aber an die optimale Gestaltung des Lernprozesses selbst gedacht wird, ist die Möglichkeit zu einer Weiterentwicklung der Lernfähigkeiten aller Beteiligten vertan. Wenn von beteiligten Projektmitarbeitern und Trainern handlungsleitende Theorien und Annahmen über das Lernen selbst nicht hinterfragt werden und diese nicht Gegenstand von systematischem Feedback sind, so kann die Vermittlung von Wissen sogar kontraproduktiv sein.

Beispiel: Ein Mitarbeiter eines Projektteams zeigt als Trainer einem „Endanwender" das neue IT-System, mit dem er künftig arbeiten soll. Voller Enthusiasmus zeigt er die vielfältigen Möglichkeiten des Systems, indem er zügig hintereinander mehrere Fenster öffnet und deren „Features" wortreich und detailliert erläutert. Nach einem 30-minütigem Galopp durch die Details der neuen IT-Welt wird der Benutzer sich selbst überlassen, mit dem Hinweis, sich doch „selbst noch weiter durchzuklicken", denn da „gibt es noch viel mehr zu entdecken". Das Resultat: Der Lernende ist verwirrt und fragt sich „Wie soll ich das alles behalten?" und gelangt dann zu dem Schluss, dass früher doch alles einfacher war. Der Lerner schaltet ab, was der Trainer als Desinteresse und „Widerstand" wertet, „der will halt nichts Neues". Das Problem: Es erfolgt kein explizites und unmittelbares Feedback und systematisches Betrachten des Lernprozesses, beide Seiten sind enttäuscht und demotiviert und schieben sich die Schuld am Scheitern gegenseitig zu. Es bleiben negative Gefühle und Bewertungen übrig, ohne dass gleichzeitig deren Entstehungsprozess bewusst ist. Die folgende Zusammenarbeit der beiden Beteiligten wird sich vermutlich ohne weiteres Zutun nicht positiv entwickeln. Dies kann evtl. sogar negative Auswirkungen auf weitere Personen und das Projekt haben.

Was ist zu tun? Projektteammitglieder, die als Multiplikatoren für „Wissenstransfer" zuständig sind, müssen in der Lage sein, sich ihrer eigenen Lern- und Vermittlungsstrategien bewusst zu werden und diese gezielt zu hinterfragen. Ein gutes Train-the-Trainer-Seminar vermittelt nicht nur Fertigkeiten in der Vermittlung von Wissen, sondern regt auch dazu an, die bisherige Vorgehensweise kritisch zu hinterfragen. Allein die Durchführung eines solches Trainings impliziert die Annahme, dass ein gutes Training nicht selbstverständlich ist und der Lernprozess selbst der Aufmerksamkeit bedarf. Gemeinsam mit anderen Kollegen werden Trainings- und Lernkonzepte optimiert. In dem o. g. Fall müssten unter anderem die eigene Annahme „Viel hilft viel" sowie die Annahmen über eine effiziente Vermittlung von Wissen hinterfragt und revidiert werden.

Außerdem ist die Vermittlung von Wissen über Lehr- und Lernprozesse selbst essenziell, damit diese zielgruppenorientiert und „gehirngerecht" erfolgen.[25] Doch die betriebliche und leider auch die universitäre Ausbildung tragen häufig nicht zu einer professionellen und kritischen Betrachtung des Lernprozesses im Unternehmenskontext bei (vgl. Infobox 4).

Doppelschleifen-Lernen bringt Unternehmen also dazu, Fehler so wahrzunehmen und zu korrigieren, dass auch grundlegende Normen und Verhaltensweisen einbezogen werden. Die mögliche Schwäche des Einschleifen-Lernens besteht somit darin, dass sich ein reines Anpassungslernen vollzieht und der „Rahmen" des Handelns nicht hinterfragt wird, obwohl vielleicht gerade dieser einen Misserfolg verursacht.

Infobox 4:   *Die Lernende Organisation nach Chris Argyris und Donald A. Schön*

Chris Argyris und Donald A. Schön unterscheiden in ihrem Werk „Die Lernende Organisation" (vgl. Argyris/Schön, 2006, S. 35 ff.) das „Einschleifen- vom Doppelschleifen Lernen".

Unter Einschleifen-Lernen wird demzufolge instrumentales Lernen verstanden, bei dem die Handlungsstrategien oder Annahmen, die den Strategien zugrunde liegen, so verändert werden, dass die Wertvorstellungen einer Handlungstheorie unverändert bleiben (vgl. Argyris/Schön, 2006, S. 35-36).

Unter Doppelschleifen-Lernen wird ein Lernen verstanden, „das zu einem Wertwechsel sowohl der handlungsleitenden Theorien als auch der Strategien und Annahmen führt. Die Doppelschleife bezieht sich auf die beiden Rückmeldeschleifen, die die festgestellten Auswirkungen des Handelns mit den Strategien und Wertvorstellungen verbinden, denen die Strategien dienen. Strategien und Annahmen können sich gleichzeitig mit einem Wertewechsel oder als Folge davon ändern." (Argyris/Schön, 2006, S. 36).

---

[25] Grundkenntnisse der Gehirnforschung und der Lernpsychologie sind wichtige Grundlagen für den Lernerfolg. Alle Mühe beim Lernen ist umsonst, wenn beim Lernen und Lehren gegen biologische und psychologische Grundgesetzte verstoßen wird.

Für das Lernen in Veränderungs-Projekten ist daher ein angemessener Anteil des Doppelschleifen-Lernens anzustreben. Dies trägt erfahrungsgemäß immens zur Prävention und Entschärfung von Konflikten sowie zur Produktivität im Projekt bei. Dabei ist davon auszugehen, dass ein solches Lernen nicht automatisch passiert, sondern systematisch initiiert werden muss. So besteht die Chance, dass ein circulus vitiosus vermieden und ein circulus virtuosus etabliert wird.[26]

4.2 Change-Management-Bestandteile, die kontinuierliches Lernen fördern

Die folgenden Beispiele geben einen Einblick in Change-Management-Bestandteile, die eine Organisation dabei unterstützen können, das kontinuierliche Lernen zu fördern:

- Ein komplexes Veränderungsprojekt sollte durch ein heterogen zusammengesetztes Change-Team begleitet werden. Der Projektfortschritt ist dabei laufend zu evaluieren und zu hinterfragen. Alle Beteiligten sollten hierarchieübergreifend ihren Blickwinkel frei einbringen können. Empfehlenswert ist insbesondere bei umfassenden Projekten eine regelmäßige Zusammenkunft in Form eines „Jour fixe", bei dem der Fokus auf den Aspekt Change Management gelegt wird.

- Zu Beginn eines Veränderungsprojekts empfiehlt sich klassischerweise ein so genanntes Kick-off-Meeting, das alle Beteiligten umfassend über Ziele des Projekts, Projektplanung, Auswirkungen etc. informiert und gleichzeitig einen Dialog über offene und kritische Fragen ermöglicht. Gleichzeitig kann damit in einer integrativen Planung ein Workshop verbunden sein, in dem das Projektteam gemeinsam Erfolgsfaktoren und Spielregeln im Projekt herausarbeitet. Der Etablierung von Kommunikation und Feedback sollte insbesondere am Anfang des Projekts hohe Aufmerksamkeit gewidmet werden, was beispielsweise durch analoge Methoden wie Simulationen oder Teamübungen mit anschließendem Feedback begleitet werden kann. Wichtig ist, dass das Prinzip des Lernens durch kontinuierliches Feedback deutlich wird, damit die Beteiligten dieses dann in Selbstorganisation weiterverfolgen können. Change Management ist als „Hilfe zur Selbsthilfe" gedacht. Dies soll sich auch im jeweiligen Veranstaltungsdesign wiederfinden. Werden zur Gestaltung solcher Workshops externe Berater hinzugezogen, so ist darauf zu achten, dass ein interner Ansprechpartner die Weiterverfolgung des laufenden Fortschritts übernimmt.

---

26 Es soll also ein sich selbst verstärkender, positiv wirkender Perfektionierungskreislauf gefördert und ein ressourcenverzehrender Teufelskreis vermieden werden.

Dunja Lang / Andreas Froschmayer / Aljoscha Kertesz

Infobox 5: *Erfahrungen mit dem Change Management bei Dachser*

Interview mit dem Leiter des Dachser Logistikzentrums Köln, Herrn Markus Wiegand

Welche Herausforderungen sehen Sie für sich aus Sicht eines Niederlassungsleiters mit Blick auf das internationale Wachstum von Dachser?

Jeder Niederlassungsleiter ist als Teil des internationalen Netzwerkes bestrebt, den Kontakt mit anderen Landesgesellschaften und Niederlassungen zu pflegen und zu intensivieren. Hierbei ist es für uns ein besonderes Anliegen, unsere Mitarbeiter und Mitarbeiterinnen für interkulturelle Aspekte zu sensibilisieren und sie diesbezüglich zu trainieren. Der praktische Erfahrungsaustausch in Form von Partnerschaftsmodellen mit ausländischen Niederlassungen ist ein weiterer Baustein zum Wissenstransfer zwischen den jeweiligen Landesorganisationen.

Wie wollen Sie persönlich diesen Herausforderungen begegnen?

Niederlassungsleiter bei Dachser tragen integrative Verantwortung. Das bedeutet, dass ich zum einen die eigene Niederlassung und deren Erfolg verantworte. Zum anderen trage ich auch eine Mitverantwortung für das „Ganze", indem ich mich in Projekten, die über die eigene Niederlassung hinausgehen, engagiere.

Welche Werte spielen für Sie persönlich eine besondere Rolle?

In einem interkulturellen Netzwerk von vielen Nationen und Kulturen, so wie es bei uns etabliert ist, sind Respekt und Toleranz wesentliche Werte, um überhaupt vernünftig miteinander umgehen zu können. Darüber hinaus möchte ich meine Mitarbeiter immer weiter fördern, um durch „Empowerment" deren Kompetenzen und Verantwortung zu stärken. Ergänzend fordere ich Mut für Innovationen, da wir nur dann langfristig unsere Qualität sichern können.

Wie kann Dachser das internationale Wachstum mit Blick auf die involvierten Menschen weiter gut bewältigen?

Voraussetzung für ein weiteres profitables Wachstum ist eine gute strategische Planung unter Berücksichtigung der Führungsstruktur und der Finanzierungskonzepte. Komplexe und oftmals länderübergreifende Projekte sollten durch professionelles Change Management begleitet werden. Ein wichtiger Bestandteil davon sind kommunikative Plattformen zum interkulturellen Austausch, die laufend gepflegt werden müssen. Unsere gemeinsamen Werte sind letztendlich die Basis, die unser weltweites Netzwerk im Sinne eines Corporate Behaviors zusammenhalten und unser positives Image nach innen und außen gewährleisten.

- Maßgeschneiderte Ausbildungen und Trainings für ausgewählte Multiplikatoren, insbesondere in den Themen Projektmanagement und Change Management. Hier sollten sowohl Nachwuchskräfte wie auch erfahrene Manager aller Ebenen einbezogen werden. Aufgrund der oben erwähnten „Erfahrungsfalle" herrscht häufig die Meinung, dass die besten und erfahrensten Manager keine Weiterentwicklung und Reflexion ihres Handelns mehr brauchen. Oft ist das Gegenteil der Fall; gerade die Erfahrung und die eigenen „Glaubenssätze" verhindern eine kritische Selbstreflexion.

- Coaching unter vier Augen, um das eigene Handeln kritisch zu betrachten und Kräftefelder im Projekt in einer offenen und vertraulichen Atmosphäre betrachten zu können.
- Train-the-Trainer-Seminare, die zur Weiterentwicklung und kritischen Reflexion des Lernens selbst beitragen.
- Entwicklung eines strategieorientierten Personalentwicklungskonzepts, das alle Bestandteile und den Prozess der Personalentwicklung vor dem Hintergrund notwendiger Veränderungen überprüft und ggf. neu aufstellt (vgl. Lang, 2001, S. 15 ff.).

Einen Einblick in die Erfahrungen mit dem Change Management bei Dachser gibt die Infobox 5.

5 Abschluss und Zusammenfassung

Change Management und Lernende Organisation sind kein einfaches Thema, aber für Unternehmen wie Dachser zunehmend überlebensnotwendig. Die Beschäftigung mit Change Management lohnt sich insbesondere für große Projekte, aber auch für kleinere Vorhaben. Change Management erfolgt von Menschen mit Menschen und für Menschen. Veränderungen zu gestalten ist darüber hinaus nicht nur eine Notwendigkeit, sondern auch die Chance für Wachstum, Arbeitszufriedenheit, Produktivität und persönliches Lernen.

Erfolgreiche Change Manager tendieren nicht dazu, erst aus eigener – manchmal bitterer – Erfahrung zu lernen oder die Konzepte anderer ungeprüft zu übernehmen. Gefragt sind vielmehr die pro-aktive Auseinandersetzung mit dem Thema und das gezielte Nachdenken über maßgeschneidertes Change Management im eigenen Unternehmen.

Literaturverzeichnis

ALBS, N., Wie man Mitarbeiter motiviert: Motivation und Motivationsförderung im Führungsalltag, Berlin 2005.

ARGYRIS, C./SCHÖN, D. A., Die Lernende Organisation, Grundlagen, Methode, Praxis, 3. Auflage, Stuttgart 2006.

BACKHAUS, K./VOETH, M., Industriegütermarketing, 8. Auflage, München 2007.

BADEN, A., Strategische Kostenrechnung, Wiesbaden 1997.

BÄHRING, K./THOMMES, K., Kooperation und Konkurrenz in Personaldienstleistungsbeziehungen, in: Schreyögg, G./Sydow, J. (Hrsg.), Kooperation und Konkurrenz, Wiesbaden 2007, S. 41-73.

BALZERT, H., Die Entwicklung von Software-Systemen, Mannheim 1992.

BALZERT, H., Lehrbuch der Software-Technik: Software-Entwicklung, 2. Auflage, Heidelberg 2001.

BANDOW, G., Strategien zur Umsetzung moderner Instandhaltungskonzepte in die Praxis, Dortmund 2006.

BANDOW, G., Trends und Potenziale nachhaltiger Instandhaltung, in: Bandow, G. (Hrsg.), Strategien zur Umsetzung moderner Instandhaltungskonzepte in die Praxis, Dortmund 2006, S. 227-240.

BASLER, H., Grundbegriffe der Wahrscheinlichkeitsrechnung und Statistischen Methodenlehre, 9. Auflage, Heidelberg 1986.

BEA, F. X./HAAS, J., Strategisches Management, 4. Auflage, Stuttgart 2005.

BERGER, T. G., Service Level Agreements, Saarbrücken 2007.

BEVERUNGEN, D./KNACKSTEDT, R./MÜLLER, O., Entwicklung Serviceorientierter Architekturen zur Integration von Produktion und Dienstleistung – Eine Konzeptionsmethode und ihre Anwendung am Beispiel des Recyclings elektronischer Geräte, in: Wirtschaftsinformatik Jg. 50, Nr. 3/2008, S. 220-234.

BLICKLE, T./HEß, H./VON DEN DRIESCH, M., Analysieren, überwachen und steuern, in: BI Spektrum, 1/2009, S. 16-19.

Literaturverzeichnis

BODEN, M., Handbuch Personal: Personalmanagement von Arbeitszeit bis Zeitmanagement, Landsberg am Lech 2005.

BOHLMANN, B./KRUPP, T. (HRSG.), Strategisches Management für Logistikdienstleister, Hamburg 2007.

BÖHMANN, T./KRCMAR, H., Modularisierung: Grundlagen und Anwendung bei IT-Dienstleistungen, in: Hermann, T./Kleinbeck, U./Krcmar, H. (Hrsg.), Konzepte für das Service Engineering, Heidelberg 2005, S. 45-83.

BRENNER, W., Grundzüge des Informationsmanagements, Berlin/Heidelberg 1994.

BRENNER, W./LEMKE, C., Informationsmanagement, in: Thommen, J.-P./Achleitner, A.-K. (Hrsg.), Allgemeine Betriebswirtschaftslehre. Umfassende Einführung aus managementorientierter Sicht, 5. Auflage, Wiesbaden 2006, S. 979-1023.

BRÖMSER, H.-P., Potenzial der Zeitarbeit, in: Egle, F./Nagy, M. (Hrsg.), Arbeitsmarktintegration, 2. Auflage, Wiesbaden 2008, S. 471-505.

BUCHSEIN, R./VICTOR, F./GÜMTHER, H./MACHMEIER, V., IT-Management mit ITIL V3, Strategien, Kennzahlen, Umsetzung, Wiesbaden 2007.

BUCHTA, D./EUL, M./SCHULTE-CROONENBERG, H., Strategisches IT-Management, Wert steigern, Leistung steuern, Kosten senken, Wiesbaden 2004.

BUCK, C., Merian Reiseführer Dubai, V. A. Emirate und Oman, München 2007.

BUHL, U./HEINRICH, B./HENNENBERGER, M./KRAMMER, A., Service Science, in: Wirtschaftsinformatik, 1/2008, S. 60-65

BULLINGER, H.-J./SCHEER, A.-W. (HRSG.), Service Engineering, Entwicklung und Gestaltung innovativer Dienstleistungen, Heidelberg 2003.

CARR, N., The Big Switch, New York 2008.

CHALUPSKY, J./BERGER, M./HARTMANN, F., Change Management – (Über-)Leben in Organisationen, 6. Auflage, Gießen 2008.

CHANDLER, A., Strategy and Structure, Boston 1962.

CIRQUENT GMBH, Reporting Excellence – Erfolgsfaktoren für das Management Reporting, München 2008 (Studie in Kooperation mit der Lünendonk GmbH).

CLAßEN, M., Change Management aktiv gestalten – Personalmanager als Architekten des Wandels, Köln 2008.

CORSTEN, H., Dienstleistungsmanagement, 3. Auflage, München 1997.

CURRLE, M./SCHWERTNER, K., Ausrichtung der Prozesse an der Unternehmensstrategie, in: Horváth & Partners (Hrsg.), Prozessmanagement umsetzen, Stuttgart 2005, S. 29-46.

DÖRNER, D., Die Logik des Mißlingens – Strategisches Denken in komplexen Situationen, Hamburg 1992.

DOSTAL, W./JECKLE, M./MELZER, I./ZENGLER, B., Serviceorientierte Architekturen mit Web-Services, München 2005.

EHRENBERG, F./SEEGER, A., Weg von vagen Schätzungen: Effiziente Beschaffung von Services, in: Beschaffung Aktuell, Heft 01/2005, S. 48-50.

ELLIS, A./KAUFERSTEIN, M., Dienstleistungsmanagement – Erfolgreicher Einsatz von prozessorientiertem Service Level Management, Berlin 2004.

ENGELHARDT, W. E./RECKENFELDERBÄUMER, M., Trägerschaft und organisatorische Gestaltung industrieller Dienstleistungen, in: Simon, H. (Hrsg.), Industrielle Dienstleistungen, Stuttgart 1993, S. 261-294.

EREK, K./ZARNEKOW, R., Managementansätze für nachhaltiges Informationsmanagement, in Keuper, F./Neumann, F. (Hrsg.), Wissens- und Informationsmanagement, Wiesbaden 2008, S. 413-438.

ERKER, P., Das Logistikunternehmen DACHSER, Frankfurt am Main 2008.

ERNST, U./MALLMANN, T./ DOMBROWSKI, U., Full-Service Instandhaltung am Beispiel des Industrieparks Marl, in: Bandow, G. (Hrsg.), Strategien zur Umsetzung moderner Instandhaltungskonzepte in die Praxis, Dortmund 2006, S. 121-138.

FELL, U., Value Chain Managment – Teil 1: Outsourcing, in: Simon, H. (Hrsg.), Strategien im Wettbewerb, Frankfurt am Main 2003, S. 218-223.

FLIEß, S., Dienstleistungsmanagement – Kundenintegration gestalten und steuern, Wiesbaden 2009.

FLIEß, S./NONNENMACHER, D./SCHMIDT, H., Service-Blueprint als Methode zur Gestaltung und Implementierung von innovativen Dienstleistungsprozessen, in: Bruhn, M./Stauss, B. (Hrsg.), Forum Dienstleistungsmanagement: Dienstleistungsinnovationen, Wiesbaden 2004, S. 173-202.

FRETTER, T./THELEN, O., Reinigung und Küche – Eigenbetrieb oder Outsourcing, in: Arzt und Krankenhaus, Nr. 6/2006, S. 172-174.

FRIEDAG, H./SCHMIDT, W., Balanced Scorecard. Mehr als ein Kennzahlensystem, 4. Auflage, Freiburg im Breisgau 1999.

FROSCHMAYER, A./GÖPFERT, I., Logistik-Bilanz – Erfolgsmessung neuer Strategien, Konzepte und Maßnahmen, Wiesbaden 2004.

GARVIN, D./GINO, F./EDMONDSON, A. C., Das lernende Unternehmen, in: Harvard Business Manager, November 2008, S. 76-88.

GLEICH, R./ HORVÁTH, P./MICHEL, U., Management Reporting, Stuttgart 2008.

Literaturverzeichnis

GLEISSNER, H./FEMERLING, J. C., Logistik, Grundlagen – Übungen – Fallbeispiele, Wiesbaden 2008.

GÖRGEN, F., Kommunikationspsychologie, München 2005.

GOUTHIER, M. H. J./COENEN, C./SCHULZE, H. S./WEGMANN, C., Service Excellence, Eine Einführung, in: Gouthier, M. H. J./Coenen, C./Schulze, H. S./Wegmann, C. (Hrsg.), Service Excellence als Impulsgeber, Strategien, Management, Innovationen, Branchen, Wiesbaden 2007, S. 3-15.

GREINER, O., Strategiegerichtete Budgetierung, München 2004.

GUTMANN, J./KOLLIG, M., Zeitarbeit: Wie Sie den Personaleinsatz optimieren, Planegg 2004.

HALLER, S., Dienstleistungsmanagement, Grundlagen, Konzepte, Instrumente, 3. Auflage, Wiesbaden 2005.

HAMMER, M./CHAMPY, J., Reengineering the Cooperation, A Manifesto for Business Revolution, Reprint, New York 2003.

HANSEN, H. R./NEUMANN, G., Wirtschaftsinformatik, Band I, 9. Auflage, Stuttgart 2005.

HECHT-EL MINSHAWI, B., Wirtschaftswunder in der Wüste: Strategien für langfristigen Erfolg in den Golfstaaten, Heidelberg 2007.

HEINRICH, B./KLIER, H., Die Messung der Datenqualität im Controlling, in: Controlling & Management, 01/2009.

HEINRICH, L. J./HEINZL, A./ROITHMAYR, F., Wirtschaftsinformatik: Einführung und Grundlegung, 3. Auflage, München 2007.

HELLERFORTH, M., Facility Management, Immobilien optimal verwalten, Freiburg im Breisgau 2001.

HENDRICKS, K. B./SINGHAL, V. R., An Empirical Analysis of the Effect of Supply Chain Disruptions on Operating Performance, Working Paper from DuPree College of Management, Georgia Institute of Technology, Atlanta, GA, 2003.

HENDRICKS, K. B./SINGHAL, V. R., The Effect of Demand-Supply Mismatches on Equity Volatility: An Analysis of Different Types of Supply Chain Risks, Working Paper from DuPree College of Management, Georgia Institute of Technology, Atlanta, GA, 2007.

HENDRICKS, K. B./SINGHAL, V. R., The Effect of Supply Chain Glitches on Shareholder Wealth, in: Journal of Operations Management, No. 5/2003, S. 501-522.

HERMANN, W., Dynamic IT with Cloud Computing, in: Tecchannel, www.teccchannel.de, aufgerufen am 10. Januar 2009.

Literaturverzeichnis

HILGENFELD, M./SCHÖMMEL, I./WASMUTH, D., Personalkosten senken, Freiburg im Breisgau 2005.

HÖFT, U., Lebenszykluskonzepte, Grundlage für das strategische Marketing und Technologiemanagement, Berlin 1992.

HORVÁTH & PARTNERS (HRSG.), Performance Management in der Praxis, Zürich 2006.

HORVÁTH & PARTNERS (HRSG.), Prozessmanagement umsetzen, Stuttgart 2005.

HORVÁTH & PARTNERS (HRSG.), Balanced Scorecard umsetzen, 4. Auflage, Stuttgart 2007.

HORVÁTH, P./GLEICH, R./VOGGENREITER, D., Controlling umsetzen, 3. Auflage, Stuttgart 2001.

HORVÁTH, P./MAYER, R., Anmerkungen zum Beitrag von Coenenberg, A. G./Fischer, T. M.: Prozeßkostenrechnung – Strategische Neuorientierung in der Kostenrechnung, in: DBW, Heft 4/1991, S. 540-542.

HOYER, T., Hoyer GmbH, Bericht der Geschäftsführung, http//www.hoyer-group.de, zugegriffen am 20.01.2004.

JANZIR, A., Managerwissen Kompakt: Golfstaaten, München 2007.

JOCKEL, O./WOLF, J., Lieferkettenprobleme und effektives Supply Chain Management, in: Industrie Management, Heft 5/2004, S. 55-58.

JUNG, H., Personalwirtschaft, 7. Auflage, München 2008.

JUNG, R./SEEGER, A., Effiziente Dienstleistungsbeschaffung in anlagenintensiven Industrien, in: Giesserei, Heft 4/2005, S. 130-135.

JÜTTNER, U., Lieferkettenprobleme und effektives Supply Chain Management, in: Industrie Management, Heft 5/2004, S. 55-58.

JÜTTNER, U., Supply Chain risk management – Understanding the business requirements from a practitioner perspective, in: The International Journal of Logistics Management, Vol. 16, No. 1, 2005, S. 120-141.

JÜTTNER, U./PECK, H./CHRISTOPHER, M., Supply Chain Risk Management: Outlining an Agenda for Future Research, in: International Journal of Logistics: Research and Applications, Vol. 6, No. 4, 2003, S. 197-210.

KABASCI, K./OLDENBURG, J./FRANZISKY, P., Vereinigte Arabische Emirate: Handbuch für individuelles Entdecken, 5. Auflage, Bielefeld 2007.

KABASCI, K., Kulturschock kleine Golfstaaten/Oman, 2. Auflage, Bielefeld 2006.

KAGERMANN, H./ÖSTERLE, H., Geschäftsmodelle 2010, Wie CEOs Unternehmen transformieren, 2. Auflage, Frankfurt am Main 2007.

Literaturverzeichnis

KAPLAN, R./NORTON, D., Strategy Maps, Boston 2004.

KAPLAN, R./NORTON, D., The Balanced Scorecard. Translating Strategy into Action, Boston 1996.

KASTNER, M., Industriemanagement, in: Häberle, S. (Hrsg.): Das neue Lexikon der Betriebswirtschaftslehre, München 2008, S. 580-582.

KELTON, W. D./SADOWSKI, R. P./STURROCK, D. T., Simulation with Arena, 4. Auflage, New York 2007.

KEMPER, H.-G./MEHANNA, W./UNGER, C., Business Intelligence, Wiesbaden 2004.

KEUPER, F./VOCELKA, A./HÄFNER, M., Die moderne Finanzfunktion. Organisation, Strategie, Accounting und Controlling, Wiesbaden 2007.

KIEPEN, A./SEEGER, A., Strategische Lieferantenoptimierung – ein ganzheitlicher Ansatz zur nachhaltigen Reduzierung des Einkaufsvolumens, in: Eisen und Stahl 2005, Heft 10, S. 76-81.

KIRSCH, W., Strategisches Management: Die geplante Evolution von Unternehmen, München 1997.

KIVIKAS, M./PFEIFER, G., Wissensbilanzierung als Chance für den Standort Deutschland: Ein Fallbeispiel, in: Finanz Betrieb, 12/2005, S. 799-807.

KLAUS, P./KILLE, C., Die Top 100 der Logistik, Hamburg 2008.

KLUG, A., Analyse des Personalentwicklungsbedarfs, in: Ryschka, J./Solga, M./Mattenklott, A. (Hrsg.), Praxishandbuch Personalentwicklung, 2. Auflage, Wiesbaden 2008, S. 35-89.

KNISCHEK, S., Lebensweisheiten berühmter Philosophen, 7. Auflage, Hannover 2008.

KOCH, G./SZOGS, G. M., Wissensbilanzen: Bewertung und Entwicklung des intellektuellen Kapitals, http://www.execupery.com/dokumente/Szogs%20JB2006.pdf, aufgerufen am 06.10.2008.

KOLB, M., Personalmanagement: Grundlagen, Anwendung, Umsetzung, Wiesbaden 2008.

KOPPERGER, D./KUNSMANN, J./WEISBECKER, A., IT-Servicemanagement, in: Tiemeyer, E. (Hrsg.), Handbuch IT-Management, Konzepte, Methoden, Lösungen und Arbeitshilfen für die Praxis, München 2006.

KORSCHINSKY, C., IKB Branchenbericht Transport und Logistik, Düsseldorf 2007.

KOTLER, P./ARMSTRONG, G./SAUNDERS, J./WONG, V., Grundlagen des Marketing, 3. Auflage, München 2003.

KUHLMANN, E., Industrielles Vertriebsmanagement, München 2001.

KUNKEL, L., Integration von Lieferanten in die Wertschöpfungskette, in: BME, Best Practice in Einkauf und Logistik, Wiesbaden 2004, S. 239-252.

KÜTTNER, W./RÖLLER, J., Personalbuch 2008: Arbeitsrecht, Lohnsteuerrecht, Sozialversicherungsrecht, 15. Auflage, München 2008.

LANG, D., Führen in neuer Umgebung, Stuttgart 2001.

LANGE, U./SCHICK, E., Dienstleistungsentwicklung in der Praxis, in: Unternehmen der Zukunft, Heft 1/2005, S. 3-5.

LEGNER, C./HEUTSCHI, R., SOA Adoption in Practice – Findings from Early SOA Implementations, in: Proceedings of the 15th European Conference on Information Systems, St. Gallen 2007, S. 106–118.

LEMKE, C., Erfolgsfaktoren bei der Konzeption und Umsetzung der IT-Serviceorientierung – ein Projektbericht, in: IT Servicemanagement, 6/2008, 3, S. 13-18.

LEYKING, K./ZIEMANN, J./LOOS, P., Geschäftsprozessmodelle und Serviceorientierte Architekturen (SOA), in: WISU 8-9/2005, S. 1037-1040.

LÜTZENRATH, C./PEPPMEIER, K./SCHUPPENER, J., Bankstrategien für Unternehmenssanierungen: Erfolgskonzepte zur Früherkennung und Krisenbewältigung, 2. Auflage, Wiesbaden 2006.

MEFFERT, H., Marketing – Grundlagen der Absatzpolitik, 7. Auflage, Wiesbaden 1986.

MEFFERT, H./BURMANN, C./KIRCHGEORG, M., Marketing: Grundlagen marktorientierter Unternehmensführung; Konzepte, Instrumente, Praxisbeispiele, 10. Auflage, Wiesbaden 2008.

MENDE, T./SEEGER, A., Strategische Lieferantenpartnerschaft, in: PrÄzis, Heft 1/2007, S. 3-4.

MICHEL, S., Beschaffung von Dienstleistungen, in: Boutellier, R./Wagner, S. M./Wehrli, H. P. (Hrsg.), Handbuch Beschaffung, München 2003, S. 525-536.

NEGROPONTE, N., Being Digital, New York 1995.

O. V., When the chain breaks, in: The Economist: The physical internet – A survey of logistics, 17.06.2006, S. 16-18.

OECHSLER, W. A., Personal und Arbeit: Grundlagen des Human Resource Management und der Arbeitgeber-Arbeitnehmer-Beziehungen, 8. Auflage, München 2006.

ÖSTERLE, H., Business Eningeering, Prozess- und Systementwicklung I, Entwurfstechniken, 2. Auflage Berlin 1996.

ÖSTERLE, H./FLEISCH, E./ALT, R., Business Networking, shaping Enterprise Relationships on the Internet, Berlin 2000.

Literaturverzeichnis

OFFICE OF GOVERNMENT COMMERCE (OGC), Service Strategy, London 2007.

OHMAE, K., The Mind of the Strategist, Hardmansworth 1982.

PAFFRATH, R., Marktorientierte Planung des Produktsystems – Entwicklung eines objektorientierten Referenzmodells, Wiesbaden 2002.

PAFFRATH, R./WOLF, J., Grundstruktur des Datenmodells für die SAP-Integrations-Fallstudie „Produktionsplanung", Working Paper Nr. 8 der Europäischen Fachhochschule Brühl 2008 (ISSN 1860-3661).

PANSE, W./STEGMANN, W., Kostenfaktor Angst: Wie Ängste in Unternehmen entstehen, warum Ängste die Leistung beeinflussen, wie Ängste wirksam bekämpft werden, 2. Auflage, Landsberg 1997.

PERLITZ, M., Internationales Management, 5. Auflage, Stuttgart 2004.

PFOHL, H.-C., Supply Chain Risikomanagement – Vision oder pragmatisches Konzept?, Vortrag auf dem 4. Wissenschaftssymposium Logistik, München 2008 (zum Download verfügbares Vortragsmanuskript, zugegriffen am 30.07.2008).

PIDD, M., Computer Simulation, Chichester 1998.

POLOMSKI, S., Mehr als Marke: Employer Branding, in: Gaiser, B./Linxweiler, R./Brucker, V. (Hrsg.), Praxisorientierte Markenführung: Neue Strategien, innovative Instrumente und aktuelle Fallstudien, Wiesbaden 2005, S. 473-489.

PORTER, M. E., Competitive Strategy: Techniques for analyzing industries and competitors: with a new introduction, New York 1980.

PORTER, M., Competitive Advantage, Creating and sustaining Superior performance, New York 1985.

REESE, J., Produktion, in: Corsten, H./Reiß, M. (Hrsg.), Betriebswirtschaftslehre, München 1999, S. 723-807 ff.

REICHMANN, T., Controlling mit Kennzahlen und Managementberichten, 6. Auflage, München 2001, insbes. S. 599-623.

REINBERG, A./HUMMEL, M., IAB Kurzbericht, Nr. 9/07.07.2003.

RUDOLPH, S./BÖHMANN, T./KRCMAR, H., Struktur von IT-ServicE-Katalogen. Ein praxisorientierter Gestaltungsvorschlag für die Dokumentation des IT-Leistungsangebots, in: Bichler, M./Hess, T./Krcmar, H./Lechner, U./Matthes, F./Picot, A./Speitkamp, B./Wolf, P. (Hrsg.), Multikonferenz Wirtschaftsinformatik 2008, Berlin 2008, S. 651-662.

RÜTER, A./SCHRÖDER, J./ GÖLDNER, A. (HRSG.), IT-Governance in der Praxis, Berlin 2006.

SCHEER, A. W., ARIS-Modellierungsmethoden, Metamodelle, Anwendungen, 3. Auflage, Berlin et al. 1998.

SCHEER, A. W., Wirtschaftsinformatik, 2. Auflage, Berlin 1998.

SCHELLER, C., Arbeitsvermittlung, Profiling und Matching, in: Egle, F./Nagy, M. (Hrsg.), Arbeitsmarktintegration: Profiling, Arbeitsvermittlung, Fallmanagement, Wiesbaden 2005, S. 245-308.

SCHNEEWEIß, C., Einführung in die Produktionswirtschaft, 7. Auflage, Berlin 1999.

SCHUBERT, C., Cybermediaries als neue Geschäftsform im Internet, Grundlagen, Erscheinungsformen und strategische Handlungsempfehlungen, Wiesbaden 2000.

SCHÜREN, P., Arbeitnehmerüberlassungsgesetz (AÜG), 3. Auflage, München 2007.

SCHÜTTE, R., Grundsätze ordnungsmäßiger Referenzmodellierung, Wiesbaden 1998.

SCHUHMACHER, F./GESCHWILL, R., Employer Branding: Human Resources Management für die Unternehmensführung, Wiesbaden 2008.

SCHWEGMANN, A., Objektorientierte Referenzmodelle, Wiesbaden 1999.

SCHWOLGIN, A. F., Risikomanagement für Logistikdienstleister, in: Schneider, C. (Hrsg.): Controlling für Logistikdienstleister, Hamburg 2004, S. 129-146.

SCI VERKEHR 2007, Logistikbarometer März 2007, http://www.sci.de/logistikbarometer/pdf/Logistikbarometer_Mearz_2007.pdf, aufgerufen am 03.08.2007.

SEEGER, A., Procurement Performance – Zielkonforme Gestaltung von Beschaffungsprozessen, in: Seeger/Liman (Hrsg.), Zielorientierte Unternehmensführung, Wiesbaden 2008, S. 145-172.

SEEGER, A./JUNG, R./HAUK, B. (HRSG.), Wachstum – 7 effektive Strategien, Frankfurt am Main 2004.

SEEGER, K./LIMAN, B. (HRSG.), Zielorientierte Unternehmensführung, Wiesbaden 2008.

SEEGER, K./SEEGER, A., Gestaltung eines innovativen Geschäftsmodells in der Logistik – oder: „Kurzer Prozess für kleine Teile", in: Bohlmann, B./Krupp, T. (Hrsg.), Strategisches Management für Logistikdienstleister, Hamburg 2007, S. 194-208.

SEIDLMEIER, H., Prozessmodellierung mit ARIS, 2. Auflage, Wiesbaden 2006.

SLYWOTZKY, A., Value Migration, Boston 1996.

SPRENGER, R. K., Vertrauen führt: Worauf es im Unternehmen wirklich ankommt, 3. Auflage, Frankfurt am Main/New York 2007.

STAUD, J. L., Geschäftsprozessanalyse, 3. Auflage, Berlin 2006.

STAUSS, B./ENGELMANN, K./KREMER, A./LUHN, A. (HRSG.), Services Science, Fundamentals, Challenges and Future Develoupents, Heidelberg 2007.

Literaturverzeichnis

STEIN, S./LAUER, J./IVANOV, K., ARIS Method Extension for Business-Driven SOA, in: Wirtschaftsinformatik Jg. 50, Nr. 6/2008, S. 436-444.

STOCK-HOMBURG, R., Personalmanagement, Wiesbaden 2008.

STÖRRLE, H., UML 2 für Studenten, München 2005.

THEIßEN, S./SEEGER, A., Wachstum durch Outsourcing, in: Seeger, A./Jung, R./Hauk, B. (Hrsg.), Wachstum – 7 effektive Strategien, Frankfurt am Main 2004, S. 109-119.

THOMAS, O./LEYKING, K./DREIFUS, F., Prozessmodellierung im Kontext serviceorientierter Architekturen, in: HMD Praxis der Wirtschaftsinformatik, Heft 253, 2/2007, S. 37-46.

ULBER, J., AÜG. Arbeitnehmerüberlassungsgesetz und Arbeitnehmer-Entsendegesetz: Kommentar für die Praxis, 3. Auflage, Frankfurt am Main 2005.

VERGOSSEN, H., Marketing-Kommunikation, Ludwigshafen 2004.

VÖLKER, R./NEU, J., Supply Chain Collaboration, Berlin 2008.

WALTER, S. M./BÖHMANN, T./KRCMAR, H., Industrialisierung der IT – Grundlagen, Merkmale und Ausprägungen eines Trends, in: Praxis der Wirtschaftsinformatik (HMD), 256/2007, S. 6-16.

WEIS, H. C., Marketing, 14. Auflage, Ludwigshafen 2007.

WEIS, H. C., Verkaufsmanagement, 6. Auflage, Ludwigshafen 2005.

WELGE, M. K./HOLTBRÜGGE, D., Internationales Management: Theorien, Funktionen, Fallstudien, 4. Auflage, Stuttgart 2006.

WEUSTER, A., Personalauswahl: Anforderungsprofil, Bewerbersuche, Vorauswahl und Vorstellungsgespräch, 2. Auflage, Wiesbaden 2008.

WINKLER, H., Konzept und Einsatzmöglichkeiten des Supply Chain Controlling, Wiesbaden 2005, insbes. S. 353 ff.

WIRT, S./BAUMANN, A., Wertschöpfung durch vernetzte Kompetenz, Berlin 2001.

ZARNEKOV, R., Produktorientiertes Informationsmanagement, in: Zarnekow, R./Brenner, W./Grohmann, H. (Hrsg.), Informationsmanagement. Konzepte und Strategien für die Praxis, Heidelberg 2004, S. 41-56.

ZARNEKOV, R./BRENNER, W./PILGRAM, U. Integriertes Informationsmanagement, Heidelberg 2005.

ZERDICK, A./PICOT, A./SCHRAPE, K., Die Internet-Ökonomie, Strategien für die digitale Wirtschaft. European Communication Council Report, 3. Auflage, Berlin 2001.

ZWICKY, F., Morphologische Forschung, Winterthur 1959.

Managementwissen: kompetent, kritisch, kreativ
↗

Lebendigkeit im Unternehmen freisetzen und nutzen

Lebendigkeit ist der fundamentalste Wettbewerbsvorteil eines Unternehmens. Denn durch einen hohen Grad an Lebendigkeit entsteht alles andere: Spitzenleistung, Innovationskraft, Veränderungsbereitschaft, Dynamik und Tempo. Dieses Buch zeigt, wie diese hohe Lebendigkeit in Unternehmen erreicht werden kann.

Matthias zur Bonsen
Leading with Life
Lebendigkeit im Unternehmen freisetzen und nutzen
2009. 273 S.
Geb. EUR 39,90
ISBN 978-3-8349-1353-1

Anleitung zu mehr Mut, Entschlossenheit, Erfolg

Mut ist die fundamentale Antriebskraft, damit wir im Leben das erreichen, was wir wirklich wollen. Um mutig und erfolgreich handeln zu können, benötigen wir Metaphern einer mutigen Selbsterzählung. Denn in jedem Augenblick unseres Lebens handeln wir nach Geschichten, die wir uns selbst erzählen – so der Managementberater und Coach Kai Hoffmann. Mithilfe der Metapher des Boxens wirft der Autor einen überraschenden Blick auf unser Verhalten im Alltag. Eindringliche Praxisfälle belegen seine einzigartige und bewährte Coachingmethode, die auf neuesten Erkenntnissen der Gehirnforschung basiert. Um seine Selbstführung im täglichen Leben wirksam durchzuboxen, muss der Leser nicht in den Ring steigen.

Kai Hoffmann
Dein Mutmacher bist du selbst
Faustregeln zur Selbstführung
2009. 204 S.
Geb. EUR 29,90
ISBN 978-3-8349-1664-8

Besser führen mit Humor

Mit Humor erträgt sich vieles leichter. Wie man mit Humor besser führt, zeigt Gerhard Schwarz in dieser spannenden und aufschlussreichen Lektüre. Ein echtes Lesevergnügen. Der Autor unterscheidet folgende Formen des Komischen: Ironie, Schadenfreude, Satire, Sarkasmus, Zynismus und Humor. Jetzt in der 2., überarbeiteten Auflage. Neu sind nützliche Ergänzungen zur Rolle des Humors bei der Konsensfindung in Gruppen und Organisationen sowie zur reinigenden Funktion des Humors in stark emotional aufgeladenen Situationen.

Gerhard Schwarz
Führen mit Humor
Ein gruppendynamisches Erfolgskonzept
2., überarb, Aufl. 2008. 220 S.
Geb. EUR 29,90
ISBN 978-3-8349-0815-5

Änderungen vorbehalten. Stand: Juli 2009.
Erhältlich im Buchhandel oder beim Verlag

Gabler Verlag . Abraham-Lincoln-Str. 46 . 65189 Wiesbaden . www.gabler.de

GABLER

Wissen für die Unternehmensführung

↗

Die drei entscheidenden Kompetenzen für Führungskräfte

Führungskräfte sind für ihren Führungsjob nicht ausgebildet und lernen diesen, während sie ihn betreiben. Adolf Lorenz definiert die wirklichen Anforderungen und zeigt, dass es drei entscheidende Kompetenzbereiche gibt, die entwickelt werden müssen: die Orientierung in der Rolle, die persönliche Selbstreflexion und die Empathiefähigkeit. So weist das Buch den Weg zur kompetent und authentisch handelnden Führungskraft.

Adolf Lorenz
Die Führungsaufgabe
Ein Navigationskonzept für Führungskräfte
2009. 192 S. Mit 6 Abb.
Zusatzprodukt: Mindmap.
Geb. EUR 39,90
ISBN 978-3-8349-1029-5

Alle Geschäftsabläufe systematisch im Griff - mit Checklisten und Fallbeispielen

Eva Best und Martin Weth zeigen wie eine kontinuierliche Leistungsmessung implementiert und innerbetrieblicher Widerstand konstruktiv genutzt werden kann. Zahlreiche Beispiele, quantitative Tools, Checklisten zur Reorganisation und viele Praxistipps machen das Buch zu einem einzigartigen Werkzeug für effektive Prozessoptimierung. Die 3., überarbeitete Auflage liefert neben aktuellen Beispielen praxiserprobte Methodenchecklisten am Ende jedes Kapitels.

Eva Best / Martin Weth
Geschäftsprozesse optimieren
Der Praxisleitfaden für erfolgreiche Reorganisation
3., überarb. u. erw. Aufl. 2009.
236 S.
Geb. EUR 49,90
ISBN 978-3-8349-1384-5

Praxiserprobte Methoden und Beispiele für effiziente Wissensarbeit

Wertschöpfung durch Wissen wird die Hauptquelle unseres Wohlstands. Dieser Wohlstand lässt sich nur halten, wenn er auf produktiver und kreativer Wissensarbeit beruht. Dieses Buch stellt praxiserprobte Methoden und Beispiele für effiziente Wissensarbeit vor.

Klaus North / Stefan Güldenberg
Produktive Wissensarbeit(er)
Antworten auf die Management-Herausforderung des 21. Jahrh. Mit vielen Fallbeispielen
2008. 280 S.
Geb. EUR 44,90
ISBN 978-3-8349-0738-7

Änderungen vorbehalten. Stand: Juli 2009.
Erhältlich im Buchhandel oder beim Verlag
Gabler Verlag . Abraham-Lincoln-Str. 46 . 65189 Wiesbaden . www.gabler.de

GABLER